U0836790

全国高等院校财经类专业规划教材

宏观经济学

第二版

顾建平　陈瑛　主编

中国财政经济出版社

图书在版编目（CIP）数据

宏观经济学/顾建平，陈瑛主编．—2 版．—北京：中国财政经济出版社，2007.8
全国高等院校财经类专业规划教材
ISBN 978－7－5095－0060－6

Ⅰ．宏…　Ⅱ．①顾…②陈…　Ⅲ．宏观经济学－高等学校－教材　Ⅳ．F015

中国版本图书馆 CIP 数据核字（2007）第 102093 号

中国财政经济出版社 出版

URL： http：//www.cfeph.cn

E－mail：cfeph @ cfeph.cn

社址：北京市海淀区阜成路甲 28 号　邮政编码：100036

发行处电话：88190406　财经书店电话：64033436

北京财经印刷厂印刷　各地新华书店经销

787×1092 毫米　16 开　16.75 印张　406 000 字

2007 年 7 月第 2 版　2016 年 12 月北京第 8 次印刷

印数：20 081—21 081　定价：28.00 元

ISBN 978－7－5095－0060－6/F·0053

（图书出现印装问题，本社负责调换）

反盗版举报热线：88190492、88190446

再版说明

ZAIBANSHUOMING

宏观经济学研究一国总体经济的短期波动与长期增长，并将商品市场、货币市场和劳动市场作为一个整体，来分析相互间的互动及其结果。相对于微观经济学，她还是一门年轻的学科，由于学派纷呈，观点各异，至今尚未形成一个公认的、相对稳定的理论体系架构。

一本教材的创新主要体现在内容叙述和结构安排上。本书在结构上参考了多恩布什和费希尔的《宏观经济学》体系，同时兼顾教育部宏观经济学教学大纲的要求。全书分三大模块，第一、二章为第一模块，从中国的宏观经济现象入手，介绍宏观经济学的基本问题、主要概念和分析框架，作为学习宏观经济学的入门。第三章至第九章为第二模块，由浅入深地介绍国民收入的四大分析模型及其微观基础，即NI—AE、IS—LM、AD—AS和M—F模型。第十章至第十三章为第三模块，分析研究具体的宏观经济问题，如失业、通货膨胀、经济周期和长期经济增长等。我们在编写设计时，力求使宏观经济学中国化，尽管只是初步的尝试，但体现了一种学以致用的追求。

本教材的其他特色有：第一，语言风格上力求生动活泼，言简意赅，力免国内教材普遍存在的枯燥、晦涩倾向；第二，内容安排上做到深浅兼顾，既介绍基本理论，又介绍前沿进展，对学科前沿和数学推导部分用*号标出，以适应不同层次读者的需要；第三，试行案例教学和分析讨论，并附有现实经济案例，便于学生活学活用，提高理论水平和分析能力。

本教材自2004年出版以来，承蒙读者厚爱，发行量持续上升。但初版中也有不少疏漏和错误之处，曾有一些读者给我写信指出过书中的许多差错，我十分感激他们的帮助和厚爱。也热忱希望广大读者对第二版中可能存在的问题提出宝贵意见，以帮助我们不断改进。

这一次的修订，主要体现在以下方面：(1) 对于行文和排版中的明显错误做了修正；(2) 增加了复习思考题的题型种类和数量，并附上参考答案，以便读者可以自己练习；(3) 增补了一些内容，如第五章的债券价格与利率、第十二章的案例分析；改写了第十三章的新古典增长模型、罗默等的新增长理论和诺斯的新经济史学，等等。(4) 更新了部分“案例分析”中的数据，以更好地贴近现实，及时反映中国经济的快速进步。上述修改，只是局部调整和完善，全书的结构体系和主要内容并未改变。

参加本书编写的人员有：顾建平（第一、十章）、陈瑛（第二、三、五章）、朱淀（第六、七、八章）、涂涛（第九章）、刘记红（第四章）、纵敏（第十一章）、罗祥立（第十二章）、段进军（第十三章）。本次修订原则上由各章节的原撰写人负责，其后再由本人统稿和修正，由此带来的差错和不足，应由我负责。

最后，我要特别感谢本书的责任编辑刘瑞思女士，她为本书的初版和再版付出了大量心血，在写作和修订过程中提出了许多宝贵建议，请容许我不一一列举。也正是在她的鞭策、督促下，本书得以按时与读者见面。

顾建平

2007 年 6 月

目录

MULU

第一章 导 论

第二次世界大战以前，人们对经济学的研究主要集中在微观领域，即主要考察与分析个人行为、厂商行为、市场动态、社会福利增进等问题，并充分信任市场自身的均衡力量。然而，人们逐渐发现，个体经济活动的简单汇总并不等同于总体经济，总体经济有其自身的运行规律。一个最重要的问题是，如何解释总体经济始终呈不规则的周期性剧烈波动？物价、利率、汇率、失业、增长等经济变量是如何相互影响的？总体经济的波动对单个的家庭、企业或行业会构成哪些影响？世界经济一体化进程的加快，国际间商品和资本流动的日趋频繁，又会对各国的企业决策和政府政策提出什么样的挑战？由此，建立一门相对独立的、帮助人们洞悉宏观经济现象的学科确有必要。本章阐述宏观经济学的一些基本问题，从中你将了解到：

- 什么是宏观或总体经济？其与微观个体经济有何区别？
- 什么是总体经济的短期波动和长期增长？
- 如何判断一国的宏观经济走势？主要采用哪些指标？
- 总需求、总供给与国民产出的关系复杂吗？
- 宏观经济学中的流派之争说明了什么？

第一节 宏观经济的基本问题

一、什么是宏观经济学

“宏观经济学”一词，最早是挪威经济学家弗里希在1933年提出来的。经济学中对宏观经济现象的研究与考察可以上溯到古典学派。法国重农学派创始人魁奈的《经济表》就是经济学文献对资本主义生产总过程的初次分析。

现代宏观经济学的起源可追溯到1929—1933年的经济大萧条。在美国，大萧条造成几乎10年之久的大规模失业与资源利用不足，从而宣告了新古典微观经济学在解释失业等问题上的失败——传统的新古典理论认为，劳动力市场会通过价格机制即工资调节自发地实现劳动力供求的均衡，失业只是局部的、短暂的现象。为解释市场经济中长期存在的失业问题，凯恩斯（J.M.Keynes）在1936年出版了《就业、利息和货币通论》，并开创了现代宏观经济学这一分支。相对于微观经济学研究个体经济活动参与者的行为及其后果，宏观经济学研究的是社会总体的经济行为及其后果，即个体经济活动的总成果，包括对整个社会的产出、收入、价格水平和就业状况进行分析。需要指出的是，国际经济学是在经济全球化背景下宏观经济学的自然延伸，或者说是开放经济下的宏观经济学。

宏观经济学以国民经济总过程的活动为研究对象，着重考察和说明国民收入、就业水平、价格水平等经济总量是如何决定的、如何波动的，故又被称为总量分析或总量经济学。

微观经济学和宏观经济学之间的区别主要表现在：第一，微观经济学更关心各个市场是如何运作的，在研究单个市场的价格决定时，微观经济学需要假定其他行业的价格是给定的，也很少考虑经济作为一个整体的增长和波动周期。第二，在宏观经济学中，我们研究总产出、就业量、一般价格水平和利率等变量是如何共同决定并相互影响的，通常忽略不同行业之间商品的相对价格变化，而上述变量在微观经济学中是被视为给定的。第三，微观经济学中需要假定所有消费者的总收入是给定的，然后探讨消费者如何将他们的收入分配于不同商品的购物支出上。相反，在宏观经济学中，收入或支出的总水平是被研究的关键变量。

宏观经济学试图解释经济为什么和怎样随时间的增长而波动的。任何一个经济体，一般都会沿着向上的路径增长，但它又是不规则的：在有些年份，产出和就业迅速上升；而在其他年份，经济增长却十分缓慢，有时甚至出现衰退。例如，从1978年到2002年的25年中，中国经济年均增长9.1%左右，但波动很大：有些年份低，如1990年经济的增长率只有3.8%；有些年份高，如1992年达到14.1%。20世纪90年代以来，中国经历了1989—1990年的经济萧条、1992—1993年的经济高涨、1998—1999年的轻度紧缩和2003年后经济增长的高峰。

从研究宏观经济如何运行到探讨怎样才能使它运行得更好一些，政府能否以及如何干预经济以改善其运行……经济学家们总是以浓厚的兴趣热衷于宏观理论的政策运用。

二、宏观经济的基本问题

在宏观经济学的研究要目上，主要有如下五个主要问题：

（一）什么决定一国的长期经济增长

在20世纪50年代，缅甸和泰国的经济发展水平大致相当，而今泰国的人均收入已经是缅甸的近10倍；阿根廷的人均收入在50年前居世界前列，目前却后退为中等收入国家；为什么日本在战后不到30年的时间里就成为第二经济大国，而最近10多年经济又陷入了持续低迷；中国在过去的25年中取得了快速的增长，那么在未来的25年中又会实现多快的经济成长呢？

在回答如何实现高增长这一问题上，有人认为这是技术进步和基础设施改善的结果，有人认为这是源于经济结构的变动，还有人认为这是制度创新带来的，谁的回答更接近于事实呢？

（二）**是什么原因引起一国经济的波动**

20世纪60年代，美国经济经历了创记录的高速增长，年均增长率为4.4%，但到70年代中期却步入谷底，年均增长率仅为2.6%，80年代中期经济开始回升，但进入90年代再一次陷入收缩，经济增长率又回到较低水平。从90年代中期开始，美国经济又出现强劲增长势头，并一直持续到20世纪末。那么，到底是什么使一国经济在繁荣和衰退之间徘徊呢？

（三）**我们如何解释高的和持续的失业时期**

美国在20世纪30年代的一些年份里失业率超过20%，在战后的一些时期也出现了高失业率，1982年的失业率高达10.8%，直到80年代末才回落到6%，90年代至今一直为5%上下。而同为发达工业国的欧共体国家，包括英国和法国，在80年代的大多数年份都经历了两位数的失业率，90年代至今，这些国家的失业率一直在8%～12%之间徘徊。在中国，近年来出现了经济的高增长伴随高失业的现象。

宏观经济学把持续的失业作为一个中心问题进行重点研究。因此，有经济学家把微观经济学看做是价格理论，而把宏观经济学称为是就业理论。有很多理论用来解释为什么持续的高失业是可能的，以及分析不同状态下的失业类型及其治理政策，后面我们将介绍其中最重要的部分。

（四）**通货膨胀和通货紧缩是怎么回事**

从世界范围来看，20世纪70年代的美国、80年代的拉美国家以及90年代初的前苏联和东欧国家，均出现了较高的通货膨胀。究竟是什么原因导致80年代在拉丁美洲国家和90年代在俄罗斯出现高达三位数的通货膨胀现象？中国改革开放以后，物价也多次出现了迅猛的上涨，1988年居民消费价格指数上升18.8%，1994年达24.1%。通货膨胀的原因何在？政府又当如何应付呢？

（五）**全球经济体系对国民经济的运行有何影响**

从1997年到1998年，由外国短期资本冲击引起的东南亚金融危机引起了大范围的国际货币贬值，东南亚的经济实力被大为削弱，中国经济运行的外部环境急剧恶化，不可避免地成为间接受害者。国与国之间的经济联系，诸如国际贸易和国际资本流动，是如何影响单个国家的经济乃至整个世界经济呢？

政府在每一个这样的问题上是否能够而且应该做些什么，以及怎样做才是最好的？长期以来，这已成为宏观经济学的中心问题。经济学家们不断在这些问题上产生分歧，而且不断展开论战，以重新解释过去发生的事件。有趣的是，宏观经济学家可以被分为推崇政府干预和主张自由放任这两大思想流派，这两大阵营的追随者们对宏观经济学中的大多数问题和宏观经济政策的设计具有近似预见性的看法。

第二节 宏观经济的短期运行及其衡量

宏观经济学既考察长期的经济增长，也考察构成经济周期的短期波动，后一个问题一直是宏观经济学研究的核心。为了理解这些问题，我们必须把经济中复杂的细节简化成为易于把握的基本点。这些基本点体现在经济中的商品、劳动和资产市场的相互作用之中，体现在国与国经济的相互作用之中。因此，在宏观经济学中，我们把商品市场、劳动力市场、货币市场分别当作一个整体来处理，而后再加以整合来增加对商品、劳动力和货币市场之间相互作用的理解。对成千上万的单个市场细节的省略，使我们的研究能够更明确地集中在这些关键的市场。

一、产品市场、货币市场和劳动市场：宏观经济是如何运行的

一个经济体的运行问题也就是投入产出问题。宏观经济学是总量分析，它关注的是全社会的总投入和总产出。与总投入相关的是各类要素，包括土地、劳动、资本、技术等。由于宏观经济学注重短期波动分析，因此技术就可以被视为相对固定，这样，各要素间的匹配比例即技术系数不变，于是，劳动投入量——就业量就成了总投入量的一个表征。一般劳动力市场的供求状况用失业率来衡量，是总投入的重要指标：就业量增加，失业率下降，意味着经济中的总投入增加了，产出也应相应增加；反之则相反。

总产出是经济运行的结果，即一个经济体在一定时期内，全部商品和劳务的总产出量。它与总投入和生产效率有关，即与总供给能力有关。但这还不是问题的全部。在有分工和交易的市场经济中，人人都在为他人生产产品和提供服务，因此需求就成为重要的制约因素。如果全社会的有效需求——有支付能力的需求上升了，并超过了供给能力，那么，只能有两个结果：一是通过进口来满足需求，二是导致通货膨胀，这一方面可以抑制总需求，同时也能刺激总供给增加。如果社会的总需求下降了，并低于总供给能力，则又会出现相反的结果：一是通过增加出口来消化总供给，二是导致通货紧缩，这一方面可以刺激总需求，同时抑制厂商的生产动力，主动调减产量。因此，一国的实际总产出是总供给与总需求共同作用、相互适应的结果。当两者不一致时，一般是适用短边规则的。若总需求大于总供给能力，要素就会被充分调动并利用，大部分产品就会出现短缺；若总需求小于总供给能力，则要素的利用率就会不足，出现失业增加的情况；若总需求与总供给正好相一致，则实际产出量等于潜在产出量，经济就会出现充分就业的均衡状态，这是宏观经济学家及其政策制定者的追求目标。

由此可见，总需求是决定实际产出的重要变量，也正是因为这一原因，现有的宏观调控手段大多属于需求管理类型。那么，影响社会总需求的因素又是什么呢？一个浅显的道理是，任何需求，无论是最终消费还是中间投资以形成资本，都需要货币这一媒介来表现。因此，货币市场的运作情况，即货币的供给量和需求量及其价格——利率就成了重要杠杆，调控货币供求量及其利率也就成了调控社会需求的主要手段。

二、宏观经济主要指标

理解了上文有关宏观经济运行的基本知识后，现在，我们来提出衡量一国宏观经济形势——即反映一国经济短期波动态势的主要指标。这些指标是经济增长率、失业率和通货膨胀率，它们分别了反映产品市场、劳动市场和货币市场的活动水平。

（一）经济增长率：国民产出

经济增长率一般用国民总生产增长率来衡量，它能表示一国当年的实际产出量比往年增加了多少，由于是用可比价格来计算的，因此剔除了物价因素的干扰。

图 1－1 记录了过去 28 年中国经济的增长情况。图中曲线上的各点的数值表示相应年份的实际国内生产总值（GDP），我们将在下一章具体介绍这一概念。为了便于比较，对历年的价格水平变动进行调整而得到的货币价值总和。图 1－1 都是以 1978 年价格计算的历年中国 GDP 的数值。从中可以看出，1978—1980 年和 1989—1990 年这两个期间，经济增速相对缓慢一些，28 年的年均增速达到 9.4%，2005 年的实际产出是 1978 年的 1.2 倍。

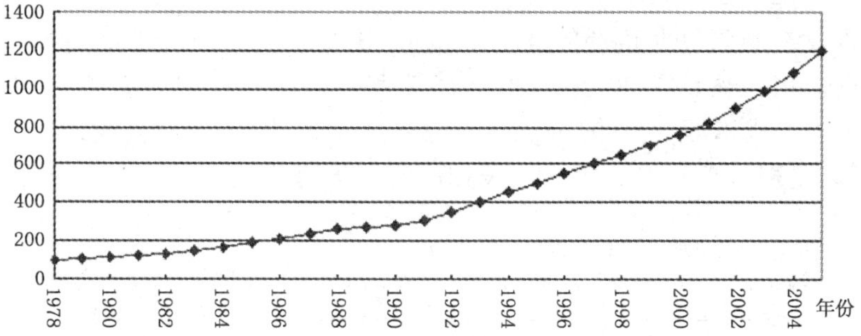

资料来源：《中国统计年鉴 2006》，中国统计出版社 2006 年版。

说明：GDP 指数 1978 年＝100。

图 1－1 中国的实际 GDP（1978—2006 年）

但是，不同年份的经济增长速度有高有低，图 1－2 反映了过去 28 年间中国经济增长的波动情况。我们以年均 9.4%作为这一时期的长期平均增长率（也可以称为潜在增长率），用各年的实际增长率与潜在增长率的离差值来反映增长波动，从中可以看出，1983—1988 年和 1988—1992 年这两个时期的中国经济增速要高于平均速度，其他年份则等于或低于平均增速。

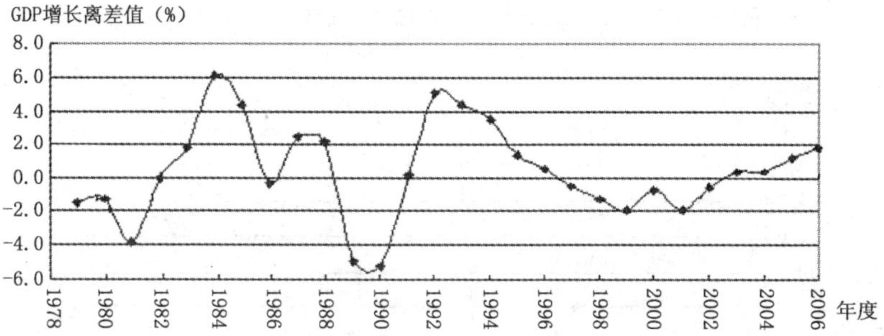

资料来源：《中国统计年鉴 2006》，中国统计出版社 2006 年版；2007 年经济和社会发展统计公报。

图 1－2 1978—2006 年中国 GDP 增长的离差

宏观经济学需要解释两个方面的问题：一是哪些因素在推动中国经济在过去 28 年里取得 9%以上的高增长？是要素投入增加（包括劳动、资本等），还是由于要素生产率提高？如果是后者，那么背后的因素又是什么呢？是技术进步、结构优化还是制度变迁？或许兼而有之，那么各自的比重是多少？在以后的 25 年中，中国经济还能取得如此高的长期增长速度吗？二是哪些因素导致中国经济出现周期性的波动？有什么规律可循？从 1984 年和 1992 年两个波峰以及 1981 年、1990 年和 2001 年三个谷底看，中国经济经历一个完整的周期是否为 9～10 年？2002 年后的中国经济正进入一轮新的扩张时期。

（二）失业率：就业状况

实际 GDP 增长率反映的是产品市场波动，失业率反映的是要素投入，尤其是劳动就业的波动情况。这两个市场是紧密相联的。产出多必然是投入多，因此，经济增长快，就业增长就快，失业率低。失业率的概念和计算方法，我们在第十章有详细介绍。由于中国目前还是一个开发中的经济体，农业中的就业人数有很大的不真实性，包含着大量的隐蔽失业，而政府公布的城镇登记失业率指标并没有反映全国劳动力市场的全貌。我们就用二、三产业的每年新增就业人口来观察就业市场的波动。图 1－3 列出了 1978—2002 年第二、三产业就业人数的增长情况。很明显，在 20 世纪 80 年代就业人口增长较快，到了 90 年代第二、三产业的就业增长放慢，尤其是在 1996 年后，二、三产业每年新增的就业人口已不足 1000 万。从图 1－4 也可以发现，近年来，就业增长速度有所下降。

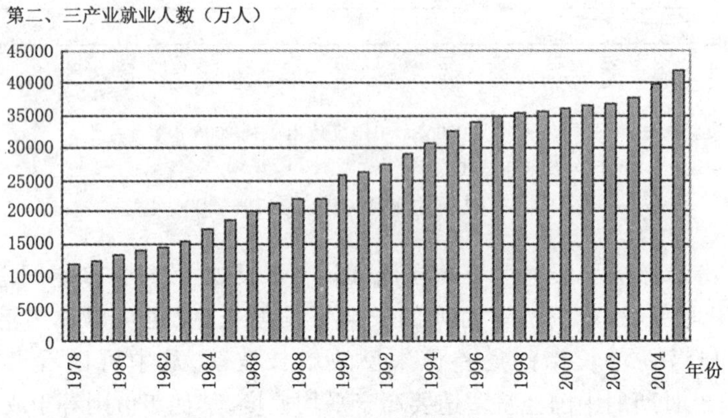

资料来源：《中国统计年鉴 2006》，中国统计出版社 2006 年版。

图 1－3　1978—2005 年中国第二、三产业就业人数变动

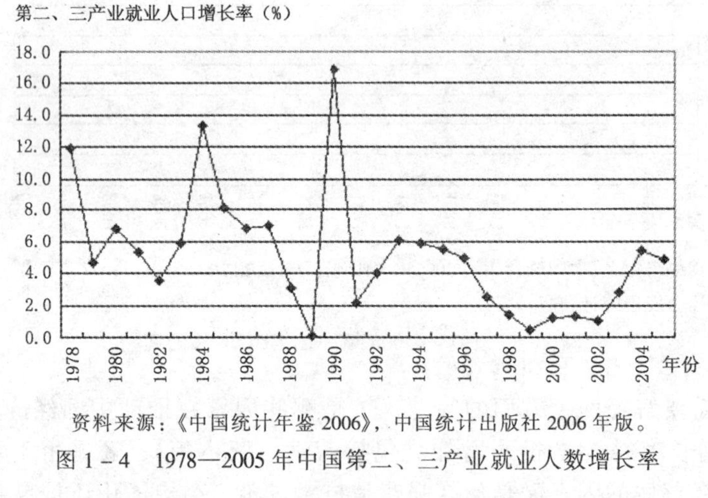

资料来源：《中国统计年鉴 2006》，中国统计出版社 2006 年版。

图 1－4　1978—2005 年中国第二、三产业就业人数增长率

国际劳工组织在 1982 年推出了“标准失业率”的统计方法，但目前各国公布的失业率在口径上并不一致，但在纵向比较时仍不失其价值。失业率指标反映了一国的生产要素尤其是劳动力资源的利用状况，不同国家造成高失业的原因并不相同。在成熟市场经济国家，失业率是反映宏观经济形势的重要指标，一般而言，失业率与经济增长率成反比。

（三）通货膨胀率：物价水平

通货膨胀率可以用居民消费物价指数、零售物价指数或生产者价格指数等指标来衡量。它既反映着一国的货币量与实物量是否适应，也反映了一国货物与劳务的总产出量与总需求量之间的总量平衡关系。物价的过快上升或下跌都表明总产出与总需求之间的失衡。经济学家追求的是物价相对稳定，即3%以下的低通货膨胀。

通货膨胀率是又一个重要的经济现象，与经济波动密切相关。通货膨胀率是经济中所有商品的平均价格变化的百分比。一般而言，当经济运行接近峰顶时，价格上升加快；当经济运行接近谷底时，价格上涨的速度放慢，甚至会出现通货紧缩现象。价格的这种上升或下降一般滞后于实际 GDP 的波动。

图 1－5 描述了 1978—2006 年中国的一般物价水平所经历的变动。1987—1989 年和 1993—1995 年两个时期出现了较为明显的通货膨胀，而在 1998 年、1999 年和 2005 年里出现了物价负增长，即通货紧缩。结合前面有关经济增长的图 1－1，我们发现，经济高增长与物价上涨之间有一定的联系。

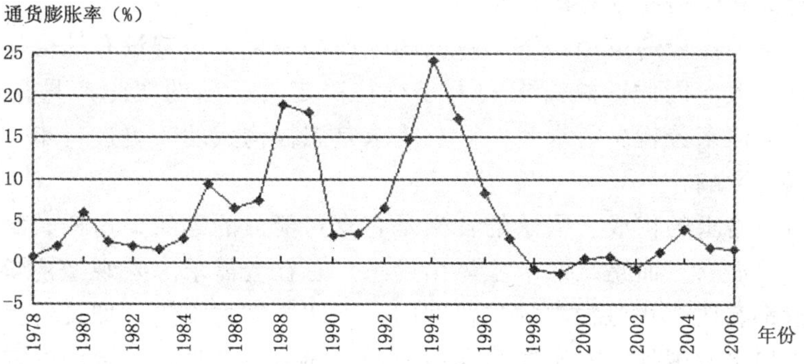

资料来源：《中国统计年鉴 2006》，中国统计出版社 2006 年版。

说明：其中，1978—1984 年为商品零售价格指数，其余年份都是居民消费价格指数（CPI）。

图 1－5　1978—2006 年中国的通货膨胀率

通货膨胀意味着货币购买力的下降，即货币贬值。引起通货膨胀的原因是多方面的，如流通中货币发行过多、投资需求和消费需求过旺以及工资等成本的上升等，都可能导致通货膨胀。通货膨胀曾是许多国家最为头痛的顽疾。

宏观经济学家以及政策制定者的目标，是实现经济增长、充分就业和物价稳定，即低失业、低通货膨胀下的高增长，简称“两低一高”。在开放经济中，还要实现国际收支平衡。

当然，为了比较全面地分析判断一国的宏观经济形势，除了上述三大主要指标外，还有一些次要指标，它们是：（1）消费者信心指数，反映了消费需求的未来走势；（2）企业家信心指数；反映投资需求的未来走势；（3）企业存货投资变化，如果上升，意味着大量产出没有销售出去，预示着在不远的将来，需求会下降，经济有可能萎缩，反之则相反。另外还有利率、汇率的变动等。

第三节
宏观经济的基本概念和变量

一、总需求和总供给

（一）总需求

人们通常所讲的市场需求是指对某产品的需求。譬如，2003 年中国市场对汽车的需求量是 440 万辆，或专指某厂家的一种特定规格产品的需求，如桑塔纳 2000 型汽车。这种单个产品和劳务的需求往往随着该产品的价格、消费者的收入和偏好以及其他替代或互补品价格的变化而变化。而**总需求指的是全社会在一定价格水平上对所有产品和劳务的需求总量，也就是各单个产品和劳务需求量的总和。**

市场经济是一种需求约束型经济，一国的生产能力再大，若没有社会需求相配合，这种生产能力就会被闲置。因此，总需求的大小往往决定着一国的实际产量，从而决定着就业量。那么，我们如何来分析总需求呢？即总需求是怎样构成的？更进一步，总需求的增长或下降又受哪些因素影响？

我们先来看总需求的构成。**需求的含义是有支付能力的购买**，这样，我们可以不从需求对象出发来理解总需求，而是从需求主体出发来汇总社会需求。宏观经济学家认为，任何一个开放经济国家都有四个相对独立的支付部门，即四个需求渠道，即最终消费支出、投资支出、政府购买支出以及国外对本国产品和劳务需求净支付。这四大部门的需求之和便是总需求，其中消费、投资和政府购买为国内需求，即内需；出口与进口的差额为国外需求，即外需。对于大多数国家来说，内需是主要的，而在内需中，最终消费支出又占有较大比重。

那么，总需求的增长或下降又受哪些因素影响呢？这是个相当复杂的问题，居民的收入水平和收入差距分布、对未来收入的预期、消费倾向、物价总水平、利率、税率、汇率、货币供给量，乃至风俗习惯、政治状况等等，都会影响总需求。宏观经济学要研究这些因素的综合作用，并找出调节总需求的政策性工具。这些政策有财政政策、货币政策和收入政策等。

（二）总供给

总供给是指经济社会在一定价格水平上所能提供的所有商品和劳务的价值总和。它取决于一个社会的生产能力，但并不等同于此。因为当产品缺乏需求时，厂商会选择停工，以销定产；而需求旺盛时，厂商会加班加点，以增加产量。因此，决定总供给的因素有两个：一是社会的最大生产能力，即所有资源都达到充分利用时的潜在产量，也就是厂商能够提供的产出量；二是受制于社会需求而按需定产的实际产量，也就是厂商愿意并实际提供的产出量。概括地说，总供给是在已有生产能力基础上，厂商适应当时的社会需求所实际提供的产出量。

但从长远看，总供给的增长与需求和物价无关，而是取决于一国资本形成、人力资源增长、技术进步和产业结构升级等因素。也就是说，一国生产能力的提高，往往是人口、资本、技术以及制度等因素综合作用的结果，要素投入量的增加和要素生产率的提升是生产能力扩张的源泉。我们在第八章中将有介绍。

二、流量和存量

如何判断一个国家或地区的富裕程度？通常的做法是查阅该国或地区一年内新创造的财富数额，也就是人均意义上的生产总值（GDP）。它是当前收入流的累计数，能反映经济活动的能量和水平。另一个判断方法是，看一国或一地区已积累起来的财富总量，这些财富包括：实物资产，如自然资源、厂房设备、土地、基础设施等；人力资本，它决定着居民的生产力、创造力和竞争力；国外净资产，即本国居民和政府拥有的在国外的资产减去外国居民和政府拥有的在本国的资产。所有这些资产每时每刻都在发生变化，但在某一时点上是一个既定的数额。财富的创造便是由上述资产投入生产后形成的收入流。一般来说，一个国家或家庭拥有的资产越多，其收入流也越大；反之，收入流越大也反映出其拥有的资产越多。

所谓流量，是指在一段时期内，某一变量发生值的累计数；所谓存量，是指某一时点上，某一变量的发生值。例如，在人口统计中，人口总数、劳动力人数、失业人数等指标是存量；当年出生人口、死亡人口、新增就业人口等指标就是流量。又如在经济统计中，国内生产总值、工业增加值、财政收入、出口总额、股票交易额等指标是流量；而年末金融机构存款总额、外汇储备、股票收盘价等就是存量。

清楚地区分存量指标与流量指标十分重要，以免发生下面的常识性错误。1998 年，中国发生了百年不遇的大洪灾，生命和财产损失很大，但当时也出现了这样一种声音——灾后重建将有利于当年国内生产总值的提高！难道自然灾害还有好处不成？无怪乎人们常说，中国的马路像拉链，挖了修，修了挖，这样做，每年的 GDP 是上去了，但积累起来的财富却很少，社会的生产效率和居民的生活质量提高却很慢。

三、注入和漏出

注入是指新加入经济体的收入流量；漏出是指脱离经济循环的收入流量。譬如，个人或企业在开户银行增加储蓄存款，对于宏观经济来说是漏出；而银行将这些存款贷出去，借贷者又将其用于实业投资，这就是注入。如果储蓄额大于投资额，即漏出大于注入，经济活动规模会收缩；如果投资大于储蓄，即注入超过了储蓄，经济活动规模会扩张。

再如，商品和劳务出口是注入，而进口是漏出，因为进口伴随着资金输出，出口引致资金输入；政府税收是漏出，政府支出是注入；向国外借款时是注入，还本付息时就是漏出；引进外商直接投资是注入，外资企业汇出利润就是漏出，等等。在宏观经济运行中，注入和漏出每时每刻都在发生，只要注入和漏出保持相对平衡，宏观经济运行就不会大起大落。

一个值得讨论的案例是，近年来中国的资金外逃相当严重，据有关部门估计，每年都在 400 亿元人民币以上。在宏观经济学的层面上，这便是漏出，它使国民经济收缩。但在微观经济层面上，这是资源配置和收入分配。

四、实际国民收入与潜在国民收入

从经济流程看，一国当年的国民收入是总需求与总供给相互协调、最终实现均衡的结果。因此，实际国民收入就是均衡国民收入。但必须注意，这一均衡的国民收入不一定是充分就业状态下的国民收入（这一点会在第六章有详细论述）。

充分就业下的国民收入，是指利用了社会上一切可利用的经济资源（劳力、资本、土地、技术等）所能够生产的产品和劳务的最大产出值，也就是一国的经济潜力充分利用或发挥时能够达到的最大产量，故又称潜在国民收入。而在各种要素的利用状态中，最值得关注的是劳动就业，同时各要素间在短期内的配合比例不变，因此，经济学家就以是否充分就业来判断经济是否达到了潜在产出水平。又由于资源充分利用与否较难判断，在实际分析时，往往以一个相当长时期的平均增长率来描述潜在增长率，并据此推算当年的潜在国民收入。

*第四节

宏观经济学的发展

自凯恩斯 1936 年出版《就业、利息和货币通论》开始，宏观经济学的发展经历了三个阶段：第二次世界大战后五六十年代，以新古典综合派为代表的凯恩斯主义时期；20 世纪七八十年代，以货币主义为代表的新古典主义复兴时期；90 年代以来的新凯恩斯主义时期。下面，我们沿着这一线索作简要介绍。

一、凯恩斯革命：对“萨伊定律”（Say's law）的批判

传统经济学对“市场自动出清”的充分信任，体现在萨伊于 1803 年出版的《政治经济学概论》中提出、被后人称为“萨伊定律”的著名论断：供给会创造自己的需求。这一理论命题系统论证了市场机制的自发调节功能，成为经济自由主义思潮的一面旗帜。其政策涵义是：在物物交换的社会，任何产品的生产，除了满足生产者自身的需求外，其余部分总是用来交换其他产品，从而形成某一产品对其他产品的需求。如果交换是以货币为媒介的，那么任何参与生产活动的生产要素所有者的收入，除去自身的消费外，剩余部分都会用于储蓄，并且储蓄的数量都会由于人们对非自己生产的产品的需求而将储蓄全部转化为投资。李嘉图进一步论证：人们从事生产是为了消费或出售，任何人出售产品的目的都是为了购买对他直接有用或有助于未来生产某种别的商品的商品。需求和供给是同一问题的两个侧面，需求只受生产的限制，所以任何数量的资本储蓄都不会得不到充分利用。“萨伊定律”的一个重要政策推论是：在货币出现后，尽管会出现商品生产与商品消费在结构上的不一致，部分商品的过剩和部分商品的生产不足会同时存在，但所有商品同时出现生产过剩的危机是不可能发生的。

但是，这一定律的存在实际上有三个重要的假设前提，如果这些前提条件不存在，那么萨伊定律也必然会失效。

前提条件之一：投资恒等于储蓄。这一命题涉及到古典经济理论中的利率理论。自斯密以来的传统经济学家都认为，资本的价格——利率是由资本供给（储蓄）和资本需求（投资）共同决定的，也就是说，储蓄和投资都是利率的函数。用公式表示为：

$$D_k = D(r) \qquad (1-1)$$

$$S_k = S(r) \qquad (1-2)$$

$D(r)=S(r)$ (1-3)

式中，D_k、S_k 和 r 分别代表资本的需求（投资）、资本的供给（储蓄）和资本的价格。

如图 1-6 所示，利率越高，储蓄者愿意提供的资本越多，资本的供给曲线是向右上方倾斜的；利率越低，投资者愿意借入的资本就越多，资本的需求曲线是向右下方倾斜的。于是，正如商品市场上的价格波动使商品的供给与需求趋于平衡，在资本市场上，利率的升降也会使储蓄与投资趋于平衡。

前提条件之二：工资具有充分的弹性。古典理论认为，当商品市场的供求达到平衡时，劳动力市场上也会实现充分就业。由于劳动的需求量与实际工资率呈反比，劳动的供给量又与实际工资率呈正比，因此，随着劳动力市场的供求变动，工资会灵敏地涨跌，最终总会形成一个实际工资水平，使劳动者愿意提供的就业量恰好等于厂商愿意雇用的人数，整个劳动力市场出清，不会存在非自愿的失业，如图 1-7 所示。用公式表示如下：

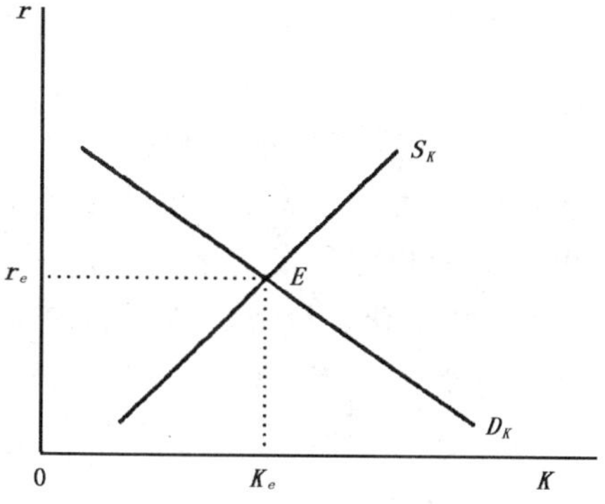

图 1-6 资本市场的均衡

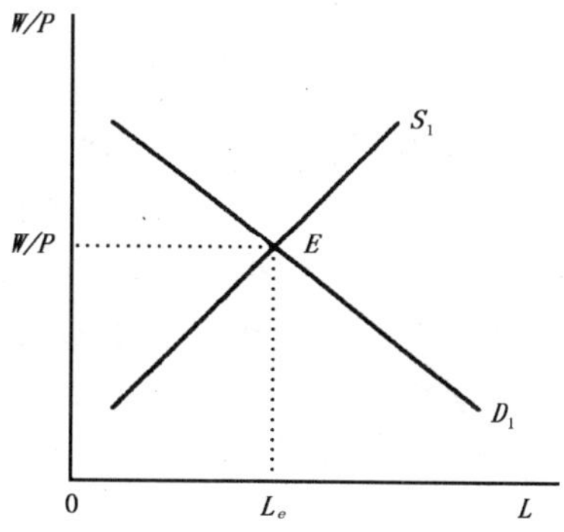

图 1-7 劳动市场的均衡

$D_l=D(w/p)$ (1-4)

$S_l=S(w/p)$ (1-5)

$D(w/p)=S(w/p)$ (1-6)

式中，D_l、S_l和 w/p 分别代表劳动需求、劳动供给和实际工资。

前提条件之三：货币中性。古典学派的货币理论是一种货币数量论。他们认为，人们需要货币是为了方便交换，即货币只有价值尺度和交易媒介的社会职能，而没有考虑人们会把货币作为一种资产形式贮存在身边。因此，萨伊定律认为，人们以货币形式取得的收入总是要花掉的，不是用于消费，就是用于投资。于是，货币供应量的多寡及其变动，只能决定商品价格的名义水平，而不会影响商品的供求总量和供求结构，也就是说，不影响社会生产和社会需求。这一特征被称为货币“中性”。

“凯恩斯革命”正是始于对萨伊定律的责难。面对现实经济频繁出现的经济萧条和大量失业，凯恩斯认为，从短期看，萨伊定律所要求的前提条件是不成立的。

1. **价格粘性与货币工资刚性理论**。在现实生活中，价格和工资并不像古典理论所认为的那样具有完全的弹性，相反，价格和工资是不易变动的，凯恩斯将这种呆滞的价格和工资称为“价格粘性”和“工资刚性”。原因在于：第一，在多数行业中，劳资双方订立长期的工作合同，在合同期间工人的货币工资是相对固定的，为了提高劳动效率，工资只会上涨不会下跌。第二，广泛发展的工会组织，在确保在职人员工资递增上起着越来越重要的作用。

这样，企业应付经营状况波动的调节手段往往是员工人数的增减，而不是工资的涨跌。因此，当经济形势恶化时，企业的普遍裁员就会导致失业率的上升，工资失去了自动调节劳动力市场供求平衡的机制。第三，为限制垄断或恶意竞争，政府实际控制着很多产品的价格，如电讯、水、电、铁路、航空和海运等产品的价格。第四，垄断组织的出现。经济生活中大公司对行业产品的价格控制在很大程度上提高了价格的粘性。总之，企业更愿意通过减产而不是降价来应付经济恶化、需求下降的危机。市场价格的变动远比想象中的要慢得多，这也表明，价格机制的自发调节功能是有限的。

2. **引入消费函数理论**。在传统理论中，储蓄是利率的函数，而储蓄又被定义为收入扣除消费后的余额，因此这一函数暗含着消费也是利率的函数的思想。再加上投资也是利率的函数，因此，利率就成了储蓄和投资趋于一致的最重要的变量。凯恩斯认为，消费主要取决于收入而非利率，消费倾向随收入的变化而变化。其推论是储蓄也是收入的函数，即储蓄 $S=S(Y)$，而投资却是利率的函数，即 $I=I(r)$。因此，传统理论所认为的，通过利率的调节能自动使储蓄与投资趋于相等的说法就不再成立了。

3. **货币具有"非中性"**。凯恩斯认为，市场利率由储蓄（资本供给）和投资（资本需求）决定是一种同意重复。相反，利率是由货币供求决定的。而货币需求又取决于流动性偏好，货币供给取决于中央银行政策，因此央行调节货币供给量会使利率变化，并进一步导致投资的变化。投资的变化又会通过乘数效应导致国民收入的变化。因此，货币供应量的变化，通过利率这一中介，影响到国民产出的总量和结构，进而影响就业水平。因此，凯恩斯认为，货币不仅是影响价格水平的名义变量，还是影响产出和就业的实际变量，货币具有"非中性"。

为此，凯恩斯提出了三大心理规律和国家干预主义经济政策。

解释经济大萧条的原因并提出相应的经济政策，是凯恩斯建立宏观经济学的出发点。凯恩斯认为，由于市场机制本身存在着某种缺陷（如价格、工资刚性），供给并不一定能创造自己的需求，相反，总需求是独立于供给并在经济中起着决定作用。那么，总需求又取决于什么呢？这便是凯恩斯提出的三大心理因素：(1) 边际消费倾向。在短期中，边际消费倾向一般会随收入的增加而递减，因而会出现消费需求不足；(2) 资本边际效率。投资的预期收益率，随着经济的发展和资本存量的增加，资本边际效率也会有递减的趋势；(3) 流动性偏好。利率是对借出人牺牲流动性偏好的补偿，因而利率不会下降到零。这样，由于投资与资本边际效率呈正比，与利率呈反比，资本边际效率递减和利率不会持续下降的结果便是投资不足。消费和投资是有效需求的内生因素，因此，消费和投资不足会导致有效需求不足，而总需求的不足又迫使厂商减少供给，于是国民收入下降，失业上升，经济会偏离充分就业的自然水平。

如何克服由有效需求不足引发的经济萧条呢？凯恩斯认为，应引入影响需求的外生变量，即增加政府支出和扩大出口。**具体的宏观经济政策有：财政政策、货币政策和以汇率调节为中心的对外经济政策等**。当经济萧条时，增加政府支出、减少政府收入（如减税）、增加货币供应，以降低利率刺激投资、用货币贬值来刺激出口，弥补有效需求的不足；当通货膨胀时，减少政府支出、增加政府收入（如增税）、减少货币供应，以提高利率抑制投资、用货币升值来增加进口，抑制总需求的过度膨胀，最终使总供求相一致，国民经济恢复均衡状态。因此，人们又把凯恩斯主义政策称为需求管理政策，通过调节总需求来使之与总供给相适应。这是因为，总供给是由劳动生产率、技术进步、结构调整等长期因素决定，在短期内变动不大，因此，指望通过调节总供给来使之与总需求相适应是不太现实的。

从 20 世纪 40 年代后，凯恩斯的理论得到了广泛的拓展，并不断完善和系统化，从而构成了凯恩斯宏观经济学的完整体系。这些拓展主要体现在四个方面：IS—LM 模型，消费、投资和货币需求理论，增长理论，宏观经济计量模型。这样，经过萨缪尔逊（Paul A.Samuelson）、克莱因（L.Klein）、托宾（James Tobin）、希克斯（John Hicks）等众多经济学家的努力，凯恩斯的宏观经济理论日趋完善，与微观经济学一起构成了经济学的基本理论体系，这一理论体系也被称为新古典综合派（the neoclassical synthesis），在战后相当长的时期内成为经济学的主流。

二、凯恩斯主义失灵和新古典主义的复兴

凯恩斯理论对战后西方各国经济的恢复、增长和稳定起到了积极的作用。然而，进入 20 世纪 70 年代，尤其是两次石油危机后，凯恩斯倡导的国家干预经济的政策开始显现弊端。由于政府过度使用反周期政策，形成了过高的财政赤字，通货膨胀持续高涨，并且出现了失业和通货膨胀并发的滞胀（stagflation）。正如传统经济理论无法解释 20 世纪 30 年代的经济大萧条一样，凯恩斯经济学也无法对 70 年代以后的滞胀现象做出满意的解释。在这种情形下，许多经济学家对凯恩斯主义理论的内在合理性表示怀疑，并涌现了众多的经济学流派，其中以货币主义（monetarists）、理性预期（rational expectations）和供应学派的影响最大。他们的一个共同主张是回到古典学派，因而被称为新古典主义复兴。但与此同时，那些仍信奉凯恩斯主义的经济学家，则在吸纳古典理论中某些论点的同时，对凯恩斯理论进行改造和发展，形成了新凯恩斯主义（new keynesian economics）。总的来说，现代宏观经济学仍然是以凯恩斯理论为基础的。

（一）货币主义

货币主义学派以弗里德曼（Milton Friedman）为代表，他提出了既区别于凯恩斯货币理论又与传统货币数量论不同的现代货币数量论。他认为，财政政策由于存在挤出效应是无效的，而货币政策尤其是货币供应量的变化正是造成短期经济波动的原因。但从长期看，实际国民收入和就业水平是由实际变量决定的，与货币因素同样无关。因此，货币主义提倡单一规则的货币政策，因为利率、汇率和物价水平等因素是不可控制的，要实现经济稳定，只要保证货币供给量增长率与经济增长率相一致就可以了。可见，政策主张的基调是经济自由，反对凯恩斯主义的反周期政策，认为扩张和收缩性的财政与货币政策是导致经济频繁波动和恶性通货膨胀的根源。

（二）理性预期

理性预期学派，也称为新古典宏观经济学，其代表人物是卢卡斯（R.Lucas）。所谓理性预期，就是各经济主体在掌握能够获得的有用信息基础上，按理性原则处理它们所形成的预期。他们认为，凯恩斯主义政策会引起物价变动，但只有当价格水平的上涨率超过人们预期的价格上涨率时，就业和实际产出才会增加，即只有未被预期到的价格水平才对总供给有影响。但人们会从过去的经历中吸取经验，形成准确的预期，因此，宏观政策反复使用的结果是，政府的政策及其后果事先被人们预料到，人们会做出相应的对策从而使政策失效。如果说，货币主义尚且主张政府的任务是保持货币供应量的稳定，理性预期学派则进一步认为，

任何形式的政府干预都是没有意义的。

（三）供应学派

20世纪70年代中期兴起的供应学派也叫供给经济学，其代表人物是欧根和拉弗。与凯恩斯的需求管理相反，他们主张供给管理，通过调节总供给来使之与总需求相适应，主要的政策手段是税收杠杆。供应学派的主要理论有“税收楔子模型”和“拉弗曲线”。税收楔子模型指出，对工资收入征税，其实质是减少劳动者的实际工资收入或抬高厂商雇用工人的成本，因而会导致劳动供给和劳动需求的同步减少；同样，对利润、利息征税会使资本的需求和供给减少。结果，增税政策会使劳动、资本等要素投入减少，总供给下降；减税政策则可使要素投入增加，总供给上升。拉弗曲线描述了税率与税收、税率与国民收入增长之间的函数关系，要使税收增加、国民收入增长，税率不是越高越好，也不是越低越好，而是分别有一个恰当的比率。而且，能导致国民收入增长最大化的税率往往要小于能带来政府收入最大化的税率，因此，政府要在两者之间做出选择。

三、新古典主义与新凯恩斯主义之争

由货币主义、理性预期和供应学派等融汇而成的新古典宏观经济学，对1970年代以后的宏观经济理论和政策产生了很大的影响，这些理论观点纠正了对凯恩斯主义政策的滥用，提醒人们不能忽视市场机制的基础性作用。但这些流派都没能形成像凯恩斯经济学那样完整的理论体系。因此，在解决经济的周期性波动和萧条问题上，凯恩斯主义至今依然是最核心的理论武器。

凯恩斯宏观经济理论体系的根本缺陷是缺乏微观基础。尽管在20世纪50年代凯恩斯理论在传入美国后，萨缪尔逊、汉森等人力图弥补这一缺陷，把凯恩斯的宏观经济学与新古典的微观经济学结合起来，形成了所谓的新古典综合派。但这种结合还是机械的，缺乏内在的有机联系，没有从微观经济分析中得出有价值的、新的宏观政策结论。而以货币主义为代表的新古典主义，虽然在一定程度上解决了宏观、微观分析的有机结合问题，但他们是以假定市场能自动出清为前提的，并得出了宏观经济政策无效的结论，这既不符合实际，而且从根本上偏离了凯恩斯主义的轨道。

新凯恩斯主义的出现是在20世纪80年代后。以斯蒂格利茨（Joseph E. Stiglitz）、克罗格曼（Paul Krugman）等为代表的美国年轻一代经济学家，他们在沿袭凯恩斯理论基本框架的基础上，吸收前人将宏观、微观分析结合起来的有益探索成果，同时又抛弃了新古典主义市场出清的假定，得出了新凯恩斯主义的结论：资本主义经济由于有效需求不足必然出现经济波动，因而国家干预经济是必要的，宏观政策是有效的。新凯恩斯主义的理论特征在于非市场出清的假定和市场不完全性假定这两点上。他们认为，市场之所以不能出清的原因在于市场的不完全性，即微观经济活动中的垄断、不对称信息、隐性合同等因素的影响。循着这一思路，新凯恩斯主义者着重分析了造成价格粘性、工资刚性的原因，信贷配给如何妨碍利率机制发挥作用，效率工资假说，经济的结构性改造对于宏观经济的重要性等问题。新凯恩斯主义的政策实践就是克林顿执政期间，以国情咨文形式公布的综合经济发展计划，如倡导大幅度削减财政赤字、加强对高科技产业的投资和倾斜等，这使美国经济取得了长达8年的在低通货膨胀、低失业基础上的高速增长，被称之为“克林顿经济学”。

目前，宏观经济学的争论主要集中在新古典学派和新凯恩斯学派两大学派之间展开，这实际上就是过去古典学派与凯恩斯学派之争的延续，其争论的内容主要集中在以下两个方面：

（一）市场机制的有效性

市场机制是否有效的核心是价格、工资是否具备充分伸缩性。如果价格、工资具有完全伸缩性，市场就会通过自我调节达到出清状态；如果工资和价格缺乏伸缩性，情况就会相反。

新古典学派从理性预期出发，认为人们的预期不是被动地重复过去，而是主动的、有理性的，人们能够利用现有的一切信息形成理性预期并指导自己的行动。由于理性预期的存在，价格、工资就具备完全伸缩性，市场是能够出清的。新古典学派用实际商业周期模型解释经济波动。该模型认为，造成经济波动的原因在于技术进步。当技术进步发生时，生产力提高进而提高工资，高工资吸引人们工作更长时间，从而带动产量和就业的增加；而当技术进步停滞时，经济衰退的情况就会出现。

新凯恩斯主义者提出，即使理性预期存在，市场有时候也不会出清，因为信息问题和改变价格的成本这两者使得某些价格具有刚性，这就促成了宏观经济中产出和就业的波动。

（二）政府干预的必要性

新古典学派认为价格、工资具有充分伸缩性，市场能够自动出清，因此政府干预经济是没有必要的。具体来讲，货币主义的基本观点是，从长远看，实际总产量和就业水平是由实际变量决定的，与货币因素无关；而短期内，货币决定着总产量与就业水平的波动。因此，稳定货币是稳定经济的关键，政府的财政政策是无效的。而理性预期学派相信，由于理性预期的存在，政府的政策有可能事先被人们预料到，人们会做出相应的对策从而使政策失效。因此，货币主义和理性预期学派都不主张政府对经济进行干预。不过，货币主义主张政府的任务就是保持货币供应量的稳定，而理性预期学派则认为任何形式的政府干预都是没有意义的。新古典学派还认为，最好的政策工具不是最优控制，而是一种博弈。在博弈的情况下，政府要保持政策的连贯性，否则，良好的愿望可能导致灾难性的后果。

新凯恩斯学派则认为，由于市场机制本身存在缺陷，市场出清只是一种理想状态，因此，政府要担负起市场出清的任务，政府对经济进行干预是必要的。

目前，新古典学派和新凯恩斯学派的争论仍然在继续。在这些理论中，无论哪一种观点都未能得到普遍的接受，也没有遭到普遍的拒绝。宏观经济理论的学派之争是宏观经济学的特色之一，这也是与微观经济学不同的地方。宏观经济学正是在不断的学术争论中得到发展。

第五节
本书的结构安排

本书主要为经济学和管理学专业本科学生撰写，但在内容安排上也兼顾了研究生的需要，并以＊号注明。由于宏观经济学还是一门相对年轻的学科，在许多问题的看法上存在不同观点和分析思路，争论此起彼伏。我们的介绍是以新古典综合派的分析框架为基本线索，并尽可能多地吸纳其他流派的观点和最新研究成果，以期提供一个较全面的宏观经济分析体系，供学生思考。

宏观经济学是从西方引进的，其理论体系以成熟的市场经济为背景。而我国还是一个发展中国家，同时尚处于市场体制亟待完善的进程之中，宏观经济运行的变数很大，存在大量的既有理论难于解释的经济现象。目前国内已有的宏观经济学教材大多也只是介绍西方既有的宏观经济理论，缺乏对中国经济的适应性分析。本书在写作过程中，尽量兼顾中国经济实情，体现对中国经济的关注，在理论介绍中结合中国的经济问题，以提高宏观经济学对中国经济的分析和指导意义。

本书共 13 章，大致分为三个模块。

第一模块：第一、二章，介绍宏观经济学的基本问题、概念、分析框架，作为学习宏观经济学的入门。

第二模块：第三、四、五、六、七、八、九章，由浅入深地介绍宏观经济学的四大分析模型。其中：

第三、四章的 NI—AE 模型，是抽象掉货币因素后的实物经济均衡模型。重点介绍构成总需求的消费、投资和进出口函数。在这一模型中，不考虑货币市场和劳动力市场对产品市场的影响，因此叫作简单国民收入决定模型。

第五、六、七章的 IS—LM 模型，是考虑了产品市场与货币市场双向互动后形成的宏观经济均衡模型。重点分析货币供求对总需求的影响，并据此分析了宏观政策的可行性和有效性，因而被称为扩展的国民收入决定模型。但在这一模型中，仍没有考虑劳动力市场与产品市场、货币市场的关系。

第八章的 AD—AS 模型，是将总供给与总需求结合起来分析的动态经济模型。这一模型的完整性体现在以下两点：第一，在产品市场、货币市场的基础上加入了劳动市场，从而使经济增长、物价变动和劳动就业这三个核心宏观经济问题在一个统一的模型中得到解释；第二，NI—AE 模型和 IS—LM 模型都从总需求角度展开分析的，而 AD—AS 模型的侧重点在于总供给，即分析了总需求与总供给的互动，因此，在封闭经济条件下，该模型是一个完整的国民收入决定模型。

第九章的 M—F 模型，是一个开放经济模型，是在放松前述的封闭经济假定后，考虑了经济的国际间互动情况下的短期宏观经济均衡模型。重点介绍开放经济条件下，由于国际商品和资本的流动所引发的内部均衡与外部均衡冲突，以及开放经济条件下，宏观政策选择的模型、变量与政策组合。

第三模块：第十、十一、十二、十三章，分析研究具体的宏观经济问题：失业、通货膨胀、经济周期和长期经济增长。

【案例分析】

中日差距的警示

武心波

《日本经济新闻》2002 年 1 月 13 日在一篇报道中，通过对一系列数据指标的对比分析，得出了这样一个结论：尽管经过了多年的持续、快速增长，中国目前的经济发展水平只相当

于20世纪60年代前期的日本。报道指出，2000年中国人均GDP达到855美元，只相当于日本1964年的水准；中国城市居民的恩格尔系数为39.2%，接近日本1960年38.8%的水平；因家电产品迅速普及而急速增长的人均年电力消费量与1960年日本的消费量接近；反映营养状况和医疗水准的中国男女平均寿命、婴幼儿死亡率分别与日本1965年、1960年的统计相一致。2000年，中国的GDP为日本的1/4，人均GDP只及日本的1/44，个人金融资产只相当于日本的1/7，人均电力消费仅为日本的1/6。即便是中国经济最发达的上海，人均GDP也只超过4000美元，这仅仅相当于日本20世纪70年代中期的水平。

对历史熟悉的人都知道，第二次世界大战后被炸成一片焦土的日本的人均GNP与刚解放时的中国大致相等，但55年后的今天，中日之间的差距正如《日本经济新闻》所报道得那样，中国的人均GDP只及日本的1/44。据统计，在战后日本经济高速与稳定增长时期，其年均经济增长率1955—1970年15年间为9.6%，1970年—1990年20年间平均为4.2%，实现长达30多年的经济持续高速、稳定增长。其中，1955年至1970年的15年间，其实际经济总量增长了约4倍，GDP总量从1958年仅相当于美国的7%、英国的51%、西德的60%、法国的70%，到1966年追上法国，1967年超过英国、西德，成为仅次于美国的世界第二经济大国。随着经济总量的迅速提升，人均GDP实现了从低收入→中等收入→高收入国家的转变。如在其经济起飞之初的1955年，人均GDP仅268美元，1970年即达到2341美元，1973年接近3000美元，从低收入国家迈向中等收入国家仅花了不到20年时间。20世纪70年代初至80年代末，随着其经济持续稳定增长与人口增长率的趋缓，加上日元汇率的大幅升值，这20年间人均GDP上升了10倍以上，1987年首次超过美国，到1990年达2.54万美元，跻身于高收入国家前列。

如果觉得这样的比较不具有可比性的话，那么可以换一种比较的方法，就是用中国1978年改革开放后20余年的快速发展与日本1955—1973年近20年的经济快速发展来进行比较，那时的日本人均GDP与改革开放初期的中国的人均GDP基本相等，但经过18年的发展，日本的人均GDP已达到了4000多美元，而中国从1978—2003年，虽然经历长达25年的经济快速发展（呈两位数），但人均GDP才刚刚达到1000美元。

为什么呢？一种观点认为，日本的高速发展是货真价实的发展，日本人的付出和他们的所得是均衡的。中国的高速发展是在为他人做嫁衣裳，中国人的付出与中国人的所得之间是严重失衡的。中国人创造了大量的物质财富，但结果他们并没有得到这些财富，那么这些财富究竟跑到哪里去了呢？

这是问题的症结所在。一种观点论为，中国人创造的财富跑到了外国人的口袋里去了。为什么会出现这种结果呢？原因很简单，一句话，就是中国人是在靠出卖自己劳动力替别人打工！因为中国人没有自己的资金和技术，没有培育出自己有效的消费市场。中国是靠引进别人的资金与技术（外资），靠别人的市场（外贸）来发展经济的。

有两个例子很能说明问题。

一个例子是芭比娃娃。美国市场上出售的芭比娃娃基本上都是在中国生产的，在美国市场上一个芭比娃娃的价格是10美元，但她的FOB到岸价格却只有2美元。也就是说，中国公司是以2个美元的价格向美国提供这个商品的。但这2美元并不是全部获利，因为其中的1美元是营销费和运输费，必须扣除，在剩下的1美元中，依旧有0.65美元是用于支付来料的费用，扣除后剩下的最后0.35美元才是中国企业的所得（包括企业的其他成本开支以及工人的工资和企业主的利润等等)。即一件商品的价值中，中国人只拿到其中的3.5%！

另一个例子是耐克运动鞋。一次朱总理在接待一位耐克鞋的台湾代理商时问他在中国的企业办得怎么样，该代理商说，耐克鞋的70%都是在中国生产的。总理问，一双鞋在美国能卖到多少价钱，代理商说大约是160美元一双。总理又问，那么我们中国能从每双鞋中赚取多少钱呢？代理商说，大约只有3~4美元吧。当朱总理得知实情后，气得连饭都没有吃。

够了！西方跨国资本就是这样公开地榨取着发展中国家人民的血汗的。但奇怪的是，对资本的肆无忌惮的扩张和榨取，包括中国在内的广大发展中国家不仅毫无愠色和怨言，相反却表现出一种出奇的温和与顺从，而且它们还依然无比热情地展开双臂热烈地拥抱着资本，敞开自己的大门迎接着资本的到来。西方发达国家的资本从没有像今天这样能在发展中国家享受到这样的一种得天独厚的特殊礼遇，资本也从没有像今天这样能极短的时间内从发展中国家的"慷慨与大度"中敛聚到大量的财富。资本的增殖效应在今天是空前的：西方发达国家的富人群从没有像现在这样能在短时间内成倍而迅速地膨胀起来，世界上的贫富差距也从没有像今天这样巨大得让人惊讶不已。

这一切都是为什么？你是怎样看的呢？

资料来源：《三联生活周刊》，2004年第5—6合期。

复习与练习

一、关键概念

萨伊定律　总需求　总供给　流量　存量　注入　漏出　实际国民收入　潜在国民收入　经济增长率　通货膨胀率　失业率

二、思考题

1. 宏观经济学研究的主要问题有哪些？
2. 什么是经济的长期增长？什么是经济的短期波动？两者的决定因素分别是什么？
3. 判断一国宏观经济形势的主要指标有哪些？怎样判断？
4. 宏观经济问题的研究有哪些流派？他们的观点主要区别在哪里？
5. 宏观经济学与微观经济学在研究方法和角度上有什么联系与区别？
6. 联系中国当前的经济形势，你认为中国宏观经济运行中面临的主要问题是什么？

第二章　国民收入及其核算

在本章中，你将了解到：国民收入的五个指标；国民经济的流程；国民收入的三种核算方法及国民经济中的恒等关系。假如今年你购买了一幅古画，其价值应计入今年的 GDP 吗？一个社会的产出、收入和支出是什么关系？这些问题你将在本章得到答案。

第一节　国民收入指标体系

国民经济核算理论可以追溯到 17 世纪的欧洲。以英国古典政治经济学创始人威廉·配弟为代表的一些经济学家开始估算国民收入。1947 年，联合国发表了第一个包括五张核算表和四张补充表的简明账户体系。1968 年正式推出了《国民账户体系》（A System of National Accounts，SNA）。1993 年在有中国代表参加的联合国第二十七届统计委员会上，一致通过各国建立统一的国民核算体系。目前，中国与国际接轨的新的国民经济核算体系的框架已基本建立，主要包括五大核算（生产总值、投入产出、资金流量、国际收支和资产负债）、七大账户和两个附属表（自然资源实物量核算表、人口资源与人力资本实物量核算表）。下面，我们将介绍其中的国民收入（生产总值）指标。

国民收入指标体系包括五个指标：国内生产总值（或国民生产总值）、国内生产净值（或国民生产净值）、国民收入、个人收入和个人可支配收入。

一、国内生产总值

（一）国内生产总值的涵义

国内生产总值（gross domestic product，GDP）**是指一国一定时期**（通常为 1 年）**在国家的领土范围内所生产的最终产品和劳务的市场价值总和。**国内生产总值有以下涵义：

1. GDP 以生产的国界为准，而不是以投资和劳动力的来源为准。这些产品和劳务无论是本国居民投资、生产的，还是外国居民投资、生产的，只要是在本国的领土范围内进行，就要计入该国的国内生产总值。与此相对应，若要统计一个国家的某一地区的生产总值，就称为地区生产总值。

2. GDP是当年内生产出来的产品和劳务的价值，不包括上年度生产而在本年度出售的存货的价值，因为这笔存货的价值已经计入上年的GDP。例如，某人今年买了辆旧自行车或一幅古画，这些物品的价值已经计入过去的GDP中，就不再计入今年的GDP中，否则会高估今年的GDP。

3. GDP是最终产品（final products）的价值，不包括中间产品（intermediate products）的价值。最终产品和中间产品的区分方法有：(1) 定义法。最终产品是指被购买后用于最终消费而不是再转卖或进一步加工的产品和劳务。中间产品是指被购买后不是用于最终消费，而是转卖或进一步加工的产品和劳务。可见二者不是从产品本身的物质属性来区别，而是从它们在再生产的循环流转中的功能来区分。根据不再转卖或进一步加工的这一定义，一般把用作个人消费、投资、政府购买和出口的产品称为最终产品。投资用的产品如某企业购买了一台机器作设备，虽然是用于生产其他产品的中间产品，但因不再转卖，所以还是最终产品，它和用作原料的中间产品不同。(2) 对象法。被消费者购买的产品和劳务为最终产品。被生产者购买的产品和劳务为中间产品。例如，一块布料卖给制衣厂作原料，是中间产品，卖给家庭主妇直接制衣就是最终产品了。但有时也要作具体分析，如投资品。(3) 增值法。有些产品在实践中区分有一定困难，为解决这一问题，可采用增值法，即只计算生产各阶段上所增加的价值，如表2-1所示。

表2-1 服装生产过程中的价值增值 单位：元

生产阶段	产品价值	中间产品价值	增值
棉花	100	0	100
棉纱	180	100	80
棉布	240	180	60
服装	310	240	70
合计	830	520	310

表2-1中，服装是最终产品，其价值为310元，用增值法计算也是310元。如果不区分最终产品和中间产品，把棉花、棉纱和棉布的价值都算为这一时期的价值，则总额为830元，结果棉花、棉纱和棉布的价值各被重复计算若干次，重复计算520元，只要用增值法，无论哪种产品作为中间产品，都不会造成重复计算。这也表明了这样一个道理：一国一定时期的国内生产总值等于该时期所生产的全部产品和劳务的市场价值减去所有中间产品的价值，即国内生产总值是该国家在这一时期的生产中新增加的价值（values added）或新创造的价值。

4. GDP是衡量在市场上交易的产品和劳务的价值，非市场交易活动，如家务劳动、自给自足的产品、转移支付（价值单方面的转移，属于资源的重新组合，没有增加价值；如政府给付的失业保险金、退休金、抚恤金等）、赠与的价值等不计入GDP中。GDP必须是按照对等交换原则实现的价值，计入GDP的产品和劳务必须进入市场进行交易，其价值转移是双向的，而非单向的。上述如家务劳动和自给自足的产品并未进入市场进行交易；而转移支付、赠与的价值转移都是单向的，所以不能计入GDP。例如，一个教师请木匠给他做一个书架，这个书架的价值被计入GDP中，但假如这个书架由教师自己来做，那么书架的价值就不被计入GDP中。同样，家庭主妇完成的洗衣、做饭、买菜等家务劳动的价值不包括在GDP中，但如果雇佣保姆完成这些家务，保姆的收入则计入GDP中。当然，有些国家为了能够使GDP较真实地反映一国经济的总量水平，也把一些非市场交易的产品价值计入GDP，例如，我国的GDP就把农民自给自足的粮食产值包含在内。

5. GDP用货币作为衡量单位。一个社会经济体系生产千百万种产品和劳务，它们之所以能加总统计，是因为都用货币来衡量其价值。例如，每公斤香蕉3元，每公斤柑桔2元。这样，各种不同的产品的价值才可以比较并合计，每种最终产品的市场价值就是用各种产品和劳务的单位价格乘以产量获得的，把所有最终产品的市场价值加总，就得到了GDP。

（二）国内生产总值与国民生产总值的关系

国内生产总值和国民生产总值（gross national product，GNP）都是描述总体经济活动的指标。国民生产总值是一国国民在一定时期（通常为1年）所生产的全部最终产品和劳务的市场价值。GDP和GNP作为国民收入核算的两个指标，反映了统计上的两种原则：GDP与国土原则相联系，按照这一原则，凡是在本国领土上创造的收入，不管是不是本国国民创造的，都被计入GDP。例如，A国公司在B国的子公司的利润应计入B国的GDP，而B国企业在国外子公司的利润就不应该被计入。而GNP与国民原则相联系，按照常住居民的范围计算。一国的常住居民是指：(1)居住在本国领土内的本国公民；(2)暂住外国的本国公民；(3)虽未获得本国国籍但却长期居住在本国的居民。根据国民经济核算体系的规定，本国的常住居民在外国投资通过利润、利息形式所获得的收入，或者本国常住居民到国外工作通过工资形式获得的收入，应计入本国的GNP和外国的GDP。同样，外国的常住居民到本国投资通过利润、利息形式获得的收入，或者外国常住居民到本国工作通过工资形式获得的收入，则应计入外国的GNP和本国的GDP（如图2-1）。

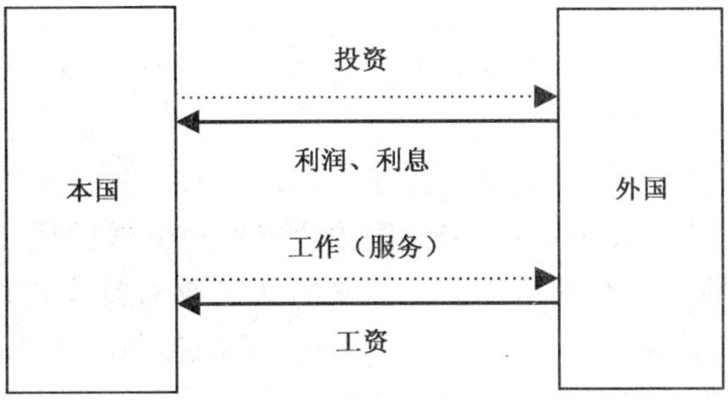

图2-1　本国常住居民在外国投资、工作获得的收入

本国投在外国的资本和劳务的收入减去外国投在本国的资本和劳务的收入之差，称为国外要素收入净额。GDP就等于GNP扣除国外要素收入净额之后的社会最终产值，公式为：

$$\text{国外要素收入净额} = \text{本国投在外国的资本和劳务的收入} - \text{外国投在本国的资本和劳务的收入}$$

$$GDP = GNP - \text{国外要素收入净额}$$

$$= GNP - \left(\text{本国投在外国的资本和劳务的收入} - \text{外国投在本国的资本和劳务的收入}\right)$$

统计资料显示，通常在经济发达国家，由于资本和劳务输出较多，因而GNP要大于GDP；而经济落后的国家，资本和劳务输入较多，因而GDP往往大于GNP。现在，许多国家都同时核算GNP和GDP两个指标，而联合国一般只发表各国的GDP。但如果研究经济发展水平、预测经济发展趋势、反映人民生活水平时，则常使用 GNP 指标。

二、从国内生产总值到个人可支配收入

（一）国民生产净值和国内生产净值

国民生产净值（net national product，NNP）是指一国在一定时期（通常为 1 年）新增加的产值，它等于 GNP 扣除当年固定资产消耗（即折旧）后的余额。它所表示的是能够用于消费和追加固定资产及储备（即净投资）的产品以及劳务的总量。它与 GNP 的不同点是：前者不包括折旧，后者包括折旧。公式为：

$$NNP = GNP - \text{固定资产折旧}$$

相应于国内生产总值，也有国内生产净值（net domestic product，NDP），它等于 GDP 减去折旧或 NNP 扣除国外要素收入后的余额。其公式为：

$$NDP = GDP - \text{折旧}$$

或

$$NDP = NNP - \text{国外要素收入净额}$$

（二）国民收入

国民收入（national income，NI）有广义和狭义之分。**广义的国民收入包括国内生产总值**（或国民生产总值）、**国内生产净值**（或国民生产净值）、**国民收入、个人收入和个人可支配收入五个总量指标。狭义的国民收入就是指国民收入**（NI）**本身**。NI 是指一国在一定时期（通常为一年）用于生产和劳务的各种生产要素（土地、劳动、资本等）所获得的全部收入，即工资、利息、租金和利润等的总和。用公式表示为：

$$NI = NNP - \text{企业间接税} - \text{企业转移支付} = \text{工资} + \text{利息} + \text{租金} + \text{利润}$$

企业间接税是指由企业缴纳并非由企业负担的税，如货物税等。间接税不是生产要素创造的收入，它只是以成本形式计入产品价格转嫁给消费者，可看成是要素报酬以外的追加，因此，计算 NI 时必须扣除。企业转移支付包括企业对非营利组织的社会捐款和消费者赊账。它与间接税一样，也不是生产要素所得，也是以成本形式计入到产品价格中转嫁给消费者，属于要素报酬以外的追加，因此也要在 NI 中扣除。

（三）个人收入

个人收入（personal income，PI）是指个人从各种来源所实际得到的收入。生产要素报酬意义上的国民收入并没有全部成为个人的收入，例如公司的未分配利润、公司所得税和社会保险税。另外，政府转移支付（包括公债利息）虽然不属于国民收入（生产要素的报酬），却会成为个人收入。因此，个人收入用公式表示为：

$$\begin{aligned} PI &= NI - \left(\begin{array}{c}\text{公司未}\\\text{分配利润}\end{array} + \begin{array}{c}\text{公司}\\\text{所得税}\end{array} + \begin{array}{c}\text{社会}\\\text{保险税}\end{array}\right) + \begin{array}{c}\text{政府和企业对}\\\text{个人的转移支付}\end{array} + \begin{array}{c}\text{公债}\\\text{利息}\end{array} \\ &= \text{工资} + \begin{array}{c}\text{企业主}\\\text{收入}\end{array} + \begin{array}{c}\text{个人租}\\\text{金收入}\end{array} + \text{股息} + \begin{array}{c}\text{个人利}\\\text{息收入}\end{array} + \begin{array}{c}\text{政府和企业对}\\\text{个人的转移支付}\end{array} - \begin{array}{c}\text{公司和个人缴纳}\\\text{的社会保险税}\end{array} \end{aligned}$$

（四）个人可支配收入

个人可支配收入（personal disposable income，PDI）**是指个人在一定时期**（通常为一年）**缴纳了个人税和非税支付后留下的，可用于消费和储蓄的收入**。个人税包括所得税、财产税和遗产税等；非税支付包括罚款、馈赠等。PDI 也被称为税后收入，用于个人消费（包括食品、衣物、居住、交通和文娱和其他杂项）和个人储蓄（包括个人存款和购买债券等）两个

方面。用公式表示如下：

$PDI = PI -$（个人税 + 非税支付）= 个人消费支出 + 个人储蓄

第二节
经济总流程

一、产出 = 收入 = 支出

国民收入核算以计量全社会经济活动的总成果为出发点。表现这个总成果的指标便是产出、收入和支出。这三者之间的关系如何呢？下面将作回答。

（一）产出 = 收入

产出是从实物角度考察全社会创造的总成果，收入是从价值角度考察全社会创造的总成果。在商品经济中，生产过程既是产品生产过程，也是价值形成过程。因而，作为同一事物的两个不同侧面，在经济核算中表现为同一的量，其区别只不过在于考察问题的角度不同而已。为了说明这个问题，试以单个企业为例。假定棉农共生产 15 万元的棉花，并假定这 15 万元就是新增价值，那么，这 15 万元实际上就是生产棉花所投入的劳动、土地、资本等生产要素共同创造的。现在假定这 15 万元卖给纺纱厂，纺纱厂经过加工纺成纱卖出去为 20 万元，这样，棉纱的价值 20 万减去棉花的价值 15 万，新增价值就是 5 万元。之所以增值 5 万元，是因为纺纱厂把棉花纺成纱也需要投入生产要素，如雇佣工人要支付工资，使用资本要支付利息，厂房占用土地要支付租金，这些要素的报酬就等于这些要素在生产中的贡献，因而这 5 万元增值要转化为要素提供者的收入，假定工资是 2 万元，利息是 1.5 万元，地租是 0.5 万元，则 5 万元中剩余的 1 万元在国民收入核算中被当做利润。上述情况如表 2 - 2 所示。

表 2 - 2　　某纺纱厂年产出和收入报表　　单位：元

收入（支）		产出（收）	
工　资	20000	生产出成品（纱）	200000
利　息	15000	减去购买棉花	150000
地　租	5000		
利　润	10000		
总计收入	50000	产出（增值）	50000

纺纱厂情况如此，织布厂、制衣厂、售衣厂的情况也是如此，他们生产的产品价值，都要转化为生产要素报酬和企业利润。由于把利润看成是产品卖价扣除工资、利润、地租等成本支出后的余额，因此，它是销售收入的一部分。为了记账方便，上例中的 1 万元的利润被看成是收入的一部分。由此可见，企业所有的销售所得都支付出去从而形成了各种收入，因

此，产出与由此而产生的收入是一致的，任何一个企业的产出总是等于收入，一个国家的总产出也必然等于总收入。

（二）产出 = 支出

产出与支出相等也可以从记账原则中看出。例如，一件上衣卖 50 元，就意味着消费者购买时支付 50 元。同时，这 50 元也是许多与之有关的生产者如棉农、纱厂、织布厂、售衣商等创造的价值，即产出。一件产品是这样，千千万万件最终产品也是如此，即全社会的总产出等于最终购买的总支出。但是，假如社会某一年生产 1 万亿元的最终产品，只卖掉 8000 亿元的产品即总支出为 8000 亿元，还有 2000 亿元的产品没有卖掉，成为企业新的库存（或存货），这样，是否违背了上述恒等式呢？然而，经过一种特殊的记账处理，上述恒等式仍然成立。因为剩下的 2000 亿元，虽然没有卖掉，但既然已经生产出来了，总归是总产出的一部分，为了不致于从支出核算方面漏掉这一部分，可把这部分新增存货看成是企业自己掏钱按市价购买的产品，这种购买行为实际上没有发生，也没有发生货币支出，只是为了记账方便，把它归入总支出的一部分。通常把这种企业所不情愿的支出称为非意愿的存货投资。非意愿的存货投资是私人投资中的一部分，经过如此处理，总支出等于消费支出（8000 亿元）加非意愿的存货投资支出（2000 亿元）仍然等于总产出（1 万亿元）。

总之，总产出、总收入和总支出实际上是同一个量在生产、分配和使用三个角度上的具体表现：从生产角度看，它表现为各产业部门的净产出；从分配角度看，它表现为工资、利润等收入分配项目；从使用角度看，它表现为消费支出、投资支出等支出项目。产出 = 收入 = 支出是研究宏观经济运行的出发点，也正因为有这种恒等关系，在核算 GDP 时，既可以从产出的角度核算，也可以从收入的角度核算，还可以从支出的角度核算，其计算结果都应该是相等的。

二、总体经济的部门构成与收入—支出流程图

宏观经济学研究总体经济的活动及其运行规律。从总体经济的角度看，市场可以分为最终产品市场、生产要素市场和金融市场三大类；经济活动的主体即经济活动的参与者为厂商、家庭和政府，因为经济活动又可以分为国内经济活动和国际经济活动，所以，通常把厂商、家庭、政府和国外作为四个部门或四个总体。另外，宏观经济既可以从存量着手分析，又可以从流量着手分析，在经典凯恩斯理论中，虽然也分析存货数量、银行存款总额等存量的变动，但重点是对流量进行分析，而在各经济总量中，最能反映总体经济的活动及其运行规律的是国民收入，所以，收入流量是宏观经济的基本流量。综上所述，宏观经济学就是在三大市场和四大部门组成的宏观经济结构中，以国民收入流量为核心，研究各经济总量的决定机制及其相互影响。

（一）两部门经济的收入—支出流程

1. 两部门经济的假定。两部门经济是由厂商和家庭两个部门组成的经济。厂商部门是指所有生产最终产品和劳务的厂商的总和。家庭部门是指各种生产要素的所有者的总和，即劳动所有者、资本所有者和土地等自然资源的所有者。同时，家庭部门也是所有消费者的总和，他们使用自己的收入购买最终产品。在现实中，两部门经济是不存在的，它是理论的抽象，被称为最简单的模型，并且它是三部门、四部门经济的出发点，因此有必要先介绍。两部门经济假定：（1）一国经济中没有政府或政府对经济起的作用很小，可忽略不计；（2）经济是封闭的；(3) 家庭部门花费他们的全部收入，没有储蓄。

2. 两部门经济的收入—支出流程。图 2-2 表示经济活动分为两大部门：厂商部门和家庭部门；相应的有两大市场：产品市场和要素市场。

图 2-2 的上半部分表示：家庭部门向厂商部门提供土地、劳动、资本和企业家才能等生产要素，厂商部门向生产要素的所有者即家庭支付生产要素的报酬——租金、工资、利息和利润，这种交易形成了生产要素市场。而家庭部门所得的全部收入就是国民收入。

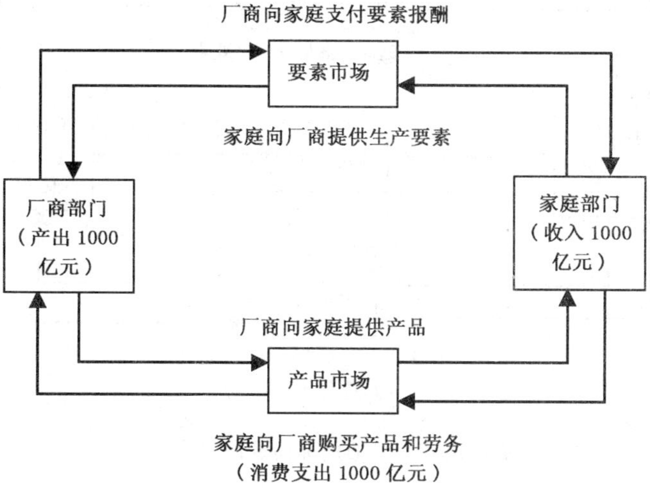

图 2-2　两部门经济的收入—支出流程

图 2-2 的下半部分表示：家庭部门和厂商部门的另外一种交易关系，即厂商部门购买生产要素后生产出产品销售给消费者——家庭部门，而家庭部门用出售生产要素的收入购买最终产品和劳务，这种交易形成了最终产品市场。

这样，国民经济活动就形成了两股循环流量：一是图 2-2 中内圈所代表的实物流量；二是图 2-2 中外圈所代表的收入（或货币）流量。这两者在量上是相等的，即实物流量 = 收入流量。

例如，厂商部门每年购买 1000 亿元的生产要素，生产出了 1000 亿元的产品和劳务。家庭部门每年的收入为 1000 亿元，它们每年向厂商购买产品和劳务的消费支出也是 1000 亿元，而这 1000 亿元又成为厂商部门的销售收入。这符合我们在上面介绍的恒等式：产出 = 收入 = 支出，这三者都等于 1000 亿元。在下一期，厂商部门再次用这 1000 亿元购买 1000 亿元的生产要素进行再生产。收入就在厂商部门和家庭部门之间循环不息地流动。

从上述的例子中我们可以看出：社会对产品和劳务的总需求正好等于总供给或总产出，厂商部门总是把它们生产的东西全部卖掉，家庭部门总是把它们的要素收入全部花掉。

3. 有漏出和注入的两部门经济的收入—支出流程。漏出（leakage）和注入（injection）有广义和狭义之分。广义的漏出是指家庭将其部分收入用于储蓄。用于储蓄的收入未形成对当期总产出的支出，显然，储蓄是国民收入的漏出量，它使国民收入不能全部流入最终产品市场，因而被喻为“漏出”。广义的注入是指厂商获得的追加投资。厂商从金融机构得到贷款购买机器、设备等，那么，对当期总产出进行这笔购买支出的不是当期收入主体——家庭部门，而是非当期收入主体——厂商部门，因此，被称为“注入”。注入的来源是漏出。漏出等于注入，收入流量的循环就会处于均衡状态。而狭义的漏出是指减少或退出消费。狭义的注入是指增加或进入消费。

如果考虑现实经济中的漏出和注入现象，就有了新的两部门经济的收入—支出流程，请看图2-3。

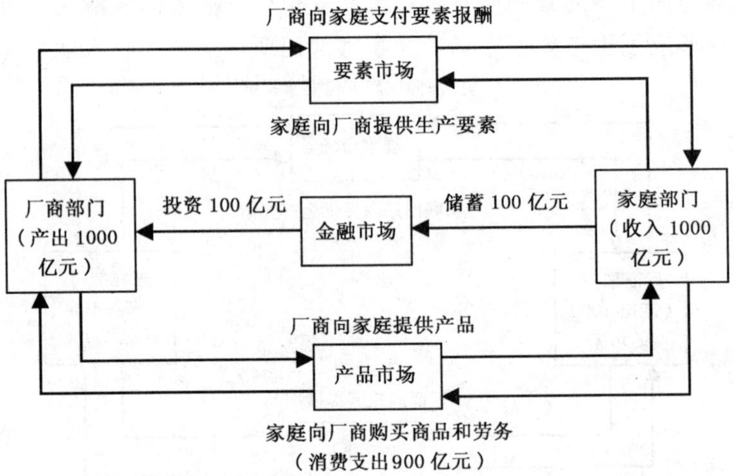

图2-3　有漏出和注入的两部门经济的收入—支出流程

图2-3与图2-2相比，增加了一个收入环流：储蓄—投资环流；增加了一个市场——金融市场。家庭把一部分收入存入金融机构，厂商则从金融机构获得用以投资的货币。

例如，家庭部门通过提供生产要素获得收入1000亿元，厂商部门的产出也为1000亿元，家庭部门的消费支出为900亿元，储蓄100亿元。这100亿元的储蓄未形成对总产出的支出，属于收入流量循环管道中的漏出量，但是，厂商会从金融机构获得贷款100亿元，形成投资支出100亿元，即收入流量循环管道中的注入量为100亿元。这里储蓄和投资都假定为100亿元，至于它们实际上会不会正好相等，凯恩斯以前的古典学派和凯恩斯的理论有着不同的看法，古典学派认为通过资本市场上利息率的调节，储蓄和投资一定自动相等，凯恩斯的理论则认为二者不一定相等，因此需要由政府来调节，才能实现总供给和总需求的相等。这样，产出、收入和支出（消费支出900亿元加投资支出100亿元）都等于1000亿元；从注入和漏出来看，两者也相等，都是100亿元，收入流量的循环仍然周而复始地进行下去。

（二）三部门经济的收入—支出流程

三部门经济是指存在家庭、厂商和政府的经济。政府的作用就是通过税收获得收入和通过预算进行支出。政府税收主要包括直接税和间接税。直接税对财产和收入征税，而间接税是对产品和服务征税。政府支出包括政府购买和转移支付。

图2-4是三部门经济的收入流量循环模型，在图2-4的上半部分，加入了政府部门。为了简明起见，我们略去了厂商向政府缴纳的税收，即略去了间接税，而政府向厂商征收的所有直接税则包含在家庭部门的税收中。当加入政府部门以后，政府部门对家庭部门征税，会使家庭的消费和储蓄减少，假定征税是100亿元，这是收入流量循环管道中又一次漏出，家庭部门的1000亿元收入中漏出100亿元，可以支配的收入只有900亿元了，假定消费和储

蓄水平各下降 10%，分别为 810 亿和 90 亿元，而对厂商的投资不变，仍为 100 亿元，则厂商能够卖掉的产品和劳务共计 910（810 + 100）亿元，这样厂商部门的 1000 亿元的产出中就要有 90 亿元卖不出去，于是生产和收入又会减少。然而，政府也会有支出，政府的支出是向厂商部门购买产品和劳务 90 亿元，则厂商的销售就仍与生产量相等，即总供给与总需求平衡，这里的政府购买是收入流量循环管道中的又一次注入。这样，产出、收入和支出（消费支出 810 亿元 + 投资支出 100 亿元 + 政府购买 90 亿元）都等于 1000 亿元；而总漏出（储蓄 + 税收）和总注入（投资 + 政府购买）相等，都为 190 亿元，收入流量的循环仍然周而复始地进行下去。

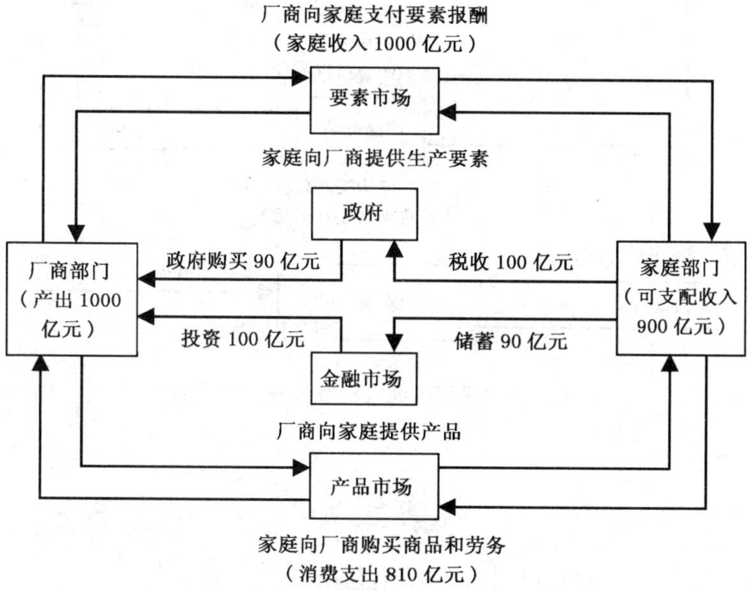

图 2－4　三部门经济的收入—支出流程

（三）四部门经济的收入—支出流程

四部门经济是指由家庭、厂商、政府和国外（包括国外的消费者、厂商和政府）四个部门组成的经济。图 2－5 说明了国民收入在三个市场、四个经济部门中的循环情况。

图 2－5 在图 2－4 的基础上增加了国外部门。上面部分基本上和三部门经济的收入—支出流程一样，但不同之处在于，假定厂商出口商品获得收入 10 亿元，这笔收入用于国内分配，因而，家庭收入增加 10 亿元。家庭将增加的 10 亿元，一半用于进口，一半用于储蓄，而增加的储蓄又全被转化为投资。厂商用增加的 5 亿元投资购买外国的机器即进口，其收入流到外国厂商手里。其他都不变，与图 2－4 一样。另外，因为进口商品在国外生产，没有用国内的要素，其收入在外国分配，因此，进口商品没有相应的反方向收入流程。这样，产出、收入和支出（消费支出 810 亿元 + 投资支出 105 亿元 + 政府购买 90 亿元 + 消费者进口 5 亿元）都等于 1010 亿元；而总漏出（储蓄 + 税收 + 进口）和总注入（投资 + 政府购买 + 出口）相等，都为 205 亿元，收入流量的循环仍然周而复始地进行下去。

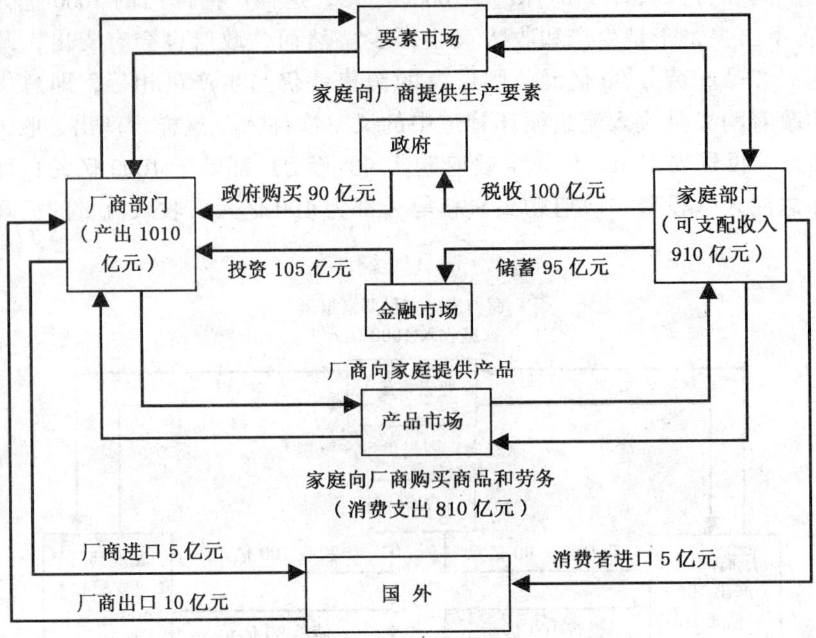

图2－5 四部门经济的收入—支出流程

第三节 国内生产总值的核算方法

前面已经讲述了一国经济的产出、收入和支出总是相等的，所以，核算GDP的基本方法有支出法、收入法和生产法，下面分别介绍。

一、国内生产总值核算的基本方法

（一）支出法（expenditure approach）

支出法又叫产品流量法（flow product approach）**或最终产品法**（final product approach）。**它是从最终产品的使用出发，把一国在一定时期内购买的各种最终产品和劳务的支出加总得出GDP。**按照支出法计算GDP，大致有以下项目：

1. **个人消费支出**（C）。个人消费支出是指居民户用于购买企业生产和销售的全部产品和劳务的支出，包括耐用品支出（汽车、彩电和空调等支出）、非耐用品支出（食物与衣服等支出）以及劳务支出（教育、医疗、旅游等支出）。个人消费不包括居民户购买新住房的支出，尽管它类似耐用消费品支出，但它包括在投资中。

2. **私人国内总投资**（I）。私人国内总投资是增加和替换资本资产（即固定资产折旧）的支出。**投资和资本的关系是：投资是一定时期增加到资本存量中的新的资本流量，而资本存

量是经济社会某一时点上的资本总量。投资可分为固定资产投资（fixed investment）和存货投资（inventory investment）两大类。固定资产投资是用来增加新厂房、新设备、营业用建筑物即非住宅建筑物以及住宅建筑物的支出，这里固定的含义是指这种类型的投资品可以长期存在并使用。GDP 中的固定资产投资是指总投资，即折旧（depreciation）和净投资（net investment）之和，因而所有投资品都是国民产出的一部分，不论投资品是属于净投资还是属于折旧。折旧也称重置投资（replacement investment），是指更新在生产过程中被消耗掉的那部分资本存量的投资。净投资是指资本存量的增加量，它等于总投资减去资本折旧。

存货是企业所持有的原料、半成品和未销售出去的最终产品的存量。存货投资分为意愿存货投资和非意愿存货投资。意愿存货投资是指企业为使经营更有效率而有选择地在手头储存一些货物。这些货物可以被看成是一种投资，作为总支出的一部分。存货投资并不一定代表产品与劳务的实际支出，而是企业持有的存货数量的变化即产量实际超过销售量时的存货积累，这种积累对于企业正常运转和占有市场是十分重要的。如果一个企业没有必要的原料存货，它就必须迅速而不断地进原料才能维持生产过程正常进行；如果一个企业没有半成品存货，当前一段的生产因偶然事故而中断时，后一段的生产也就会中断；企业只有保持一定的最终产品存货，才能对突发的销售量的变化及时做出相应的反应。非意愿存货投资是指企业想卖而没有卖出的货物，这些东西使企业的库存增加，增加的部分超过了他们希望保持的水平。如果生产（供给）大于需求，企业的非意愿存货水平就会上升，如果生产（供给）小于需求，企业库存就会减少。假如计算 GDP 时不包括存货投资，那么就会低估（存货投资为正值时）或高估（存货投资为负值时）当年的生产水平。

3. **政府对产品和劳务的购买**（G）。这是指各级政府购买产品和劳务的支出。政府利用购买的产品和劳务为社会提供公共教育、卫生事业、社会治安、道路建设、环境保护和国防等公共产品。国防、法院、公共设施、道路、学校等都属于政府购买，这些政府购买作为最终产品计入 GDP。政府购买在计入 GDP 时，与个人消费、投资和出口不同，因为政府购买通过雇请公务员、教师、司法人员，建立公共设施、造潜艇等为社会提供劳务，这些劳务不是典型地卖给最终消费者，因此，对政府提供的劳务难以有一个市场估价，例如，谁也无法确定法院的劳务的市场价值是多少。所以，政府购买在计入 GDP 时，不是根据政府提供劳务的市场价值来计算，而是根据政府提供劳务的成本计算。

另外，政府购买只是政府支出中的一部分，政府支出中的另一部分即政府的转移支付如失业保险金、退休金、抚恤金等福利性支出以及国债的利息支出等并不包括在政府购买中。这是因为政府购买是指购买产品和劳务的支出，一手付出钱，一手收回产品和劳务；而转移支付是只有支付，而没有收回任何东西，所以这种支付不能直接导致产出的增加，所以不能计入 GDP。

4. **净出口**（X－M）。净出口是产品和劳务的出口总额（X）与进口总额（M）的差额。在计算 GDP 时要加出口、减进口，因为出口产品是本国生产的，而进口产品是其他国家生产的。当出口大于进口时，净出口为正值；反之，则为负值。

把上述四个项目相加，便得出用支出法计算的 GDP 公式，即

$$GDP = C + I + G + (X - M)$$

（二）收入法（income approach）

收入法又称所得法（earning approach）。**它从收入的角度出发，将一国一定时期投入生产**

的各种生产要素（劳动、资本、土地和企业家才能）**所取得的收入加总得出 GDP**。如果从生产的角度来看，这些收入是对生产过程中生产要素报酬的支付，形成产品和劳务的成本，因此，又可称为成本法（cost approach）。按照收入法计算的 GDP 大致有如下项目：

1. 工资、利息和租金等主要生产要素的报酬。工资是广义的概念，包括所有对工作的酬金、津贴和福利费，也包括工资收入者应缴纳的所得税及社会保险税。利息是指居民户的储蓄在本期应得的净利息收入，即从居民户得到的利息中减去他们支付的利息，但是，政府公债利息及个人之间因借贷关系而发生的利息不包括在内，政府公债利息一般被作为转移支付。租金包括个人出租土地、房屋等租赁收入，也包括个人居住自己住宅的估算租金。个人居住自己住宅的估算租金计入 GDP 的意义是真实地反映一国人们的生活水平。一般人们不给自己的住宅缴租金，因此，这是一个估计数字，相当于我国农民自给自足的粮食产值要计入 GDP 一样。

2. 非公司企业收入。非公司企业收入是指各种类别的非公司型企业的纯收入，如医生、律师、农民和小店铺主的收入。他们被自己雇佣，使用自有资金，如果把他们的收入分为工资、利息、利润和租金等是困难的，因此他们的工资、利息、利润和租金等是混合在一起作为非公司企业收入的。

3. 公司税前利润。公司税前利润由四个部分构成：公司所得税、社会保险税、股东红利和公司未分配利润。

4. 企业间接税和企业转移支付。如前所述，间接税不是生产要素创造的收入，但它以成本形式计入产品价格转嫁给购买者，可看成是要素收入外的追加，是总收入的一部分，所以要计入 GDP。间接税与直接税不同，直接税如工资所得税就包含在工资里，所以直接税就不再计入 GDP，否则会重复计算。企业转移支付与间接税一样也不是生产要素所得，但因它以成本形式计入到产品价格中转嫁给消费者，是要素收入以外的追加，因此也要计入到 GDP 中。

5. 资本折旧。资本折旧即资本耗费，它不是生产要素的收入，但它在支出法中计入总投资。所以，在收入法中，也要计入 GDP。

上述各个项目之和为用收入法计算的 GDP 公式为：

$$GDP = \text{工资} + \text{利息} + \text{利润} + \text{地租} + \text{业主收入} + \begin{matrix}\text{企业间接税和}\\ \text{企业转移支付}\end{matrix} + \text{折旧}$$

（三）生产法（product approach）

生产法是从生产的角度出发，计算一国在一定时期内生产物质产品和提供劳务的各个部门的产值得出 GDP。通常把经济中的企业按几大部门分类进行核算，所以，生产法也被称为部门法（sector approach）。另外，为了避免重复计算，生产法仅计算新增加的价值，即加总各个部门的增值得到 GDP。一般可以计算下列部门的增值情况：农业，采掘业，建筑业，制造业，运输和公共事业，批发和零售贸易，金融、保险和不动产业，服务业以及政府部门。

以上三种方法是从不同角度核算的，其中，支出法核算能够说明最终产品的使用去向，资料也较容易搜集；收入法核算能够说明收入的分配情况；生产法核算能够说明经济中的各个部门对最终产品的价值的贡献。理论上讲，这三种方法核算的结果是一致的，但因为资料来源不同以及计算误差，三种核算方法的结果可能不完全一致，此时一般以支出法计算的结果为准，利用统计误差调整收入法和生产法的数字。

二、国民收入的价格调整

（一）名义国内生产总值和实际国内生产总值

名义 GDP（nominal GDP）是用当年市场价格计算的 GDP。以 P_t 表示 t 期某种产品的市场价格，Q_t 表示 t 期该产品的数量，则 t 期的 GDP 可以表示为：

名义 $GDP_t = \sum P_tQ_t$

例如，2006 年我国的名义 GDP 是用 2006 年的市场价格计算出来的 2006 年生产的全部最终产品和提供的全部劳务。

可见，名义 GDP 的变动由两个因素决定：一个是实际产量的变动；另一个是价格的变动。产量的变动引起 GDP 的变动是正常的、实际的变动；而价格的变动所引起 GDP 的变动则是虚假的、失真的。从一定意义上讲，名义变量只解决了将不同种类的产品和劳务加总的问题，但是，当比较两个不同时期的同一宏观变量的变化情况时，名义变量就不好使用了。例如，比较某国今年的名义 GDP 和 10 年前的名义 GDP，这时，即使知道名义 GDP 的数值，也无法确定这两个不同的 GDP 中，多少是由于产品和劳务的增加所带来的，多少是由于价格的变化引起的。

实际国内生产总值（real GDP）是用做为基年的某一年价格（不变价格）计算的 GDP。以 P_0 表示某种产品在某一基年的价格，则 t 期的实际 GDP 可以表示为：

实际 $GDP_t = \sum P_0 Q_t$

例如，如果把 1992 年作为基年，那么 2003 年的实际 GDP 是指用 1992 年的价格计算出来的 2003 年生产出来的全部最终产品和提供的全部劳务的市场价值。

实际 GDP 的变动仅仅是由于产量的变动所引起的，它剔除了价格变动因素，反映了宏观变量的真正变动情况。因此，实际 GDP 可以用来比较两个不同时期的同一宏观变量的变化情况。

名义 GDP 和实际 GDP 的计算及区别可用表 2－3 说明。

表 2－3　　名义 GDP 和实际 GDP 的计算与区别　　单位：元

物品名称	1984 年产量 (1)	1984 年价格 (2)	1984 年 GDP (3) ＝ (1) × (2)	1999 年产量 (4)	1999 年价格 (5)	1999 年 GDP (6) ＝ (4) × (5)	1999 年实际 GDP (7) ＝ (4) × (2)
香蕉	15	0.20	3	20	0.30	6	4.00
柑桔	50	0.22	11	60	0.25	15	13.20
合计			14			21	17.20

说明：以 1984 年价格计算。

（二）GDP 价格矫正指数

GDP 价格矫正指数是名义 GDP 与实际 GDP 的比率，即

GDP 价格矫正指数 = 名义 GDP/实际 $GDP \times 100\%$

GDP 价格矫正指数衡量与某一基年相比，t 期各种产品的价格平均变化幅度。

例如，根据表 2－3 中数据得出 1999 年的 GDP 价格矫正指数为 122.1%（21/17.2 × 100%），而 1984 年为基年，GDP 价格矫正指数为 100%，这说明从 1984 年到 1999 年该国价

格水平上升了22.1%。

显然，知道名义GDP和GDP矫正指数，就可求得实际GDP，即将名义GDP用相应的GDP价格矫正指数矫正得出。其公式为：

实际 *GDP* = 名义 *GDP*/*GDP* 矫正指数

三、与国民收入核算有关的若干问题

GDP是衡量一国经济总体情况的指标，但它并没有囊括所有的经济活动。因为一国经济中有些经济活动不进入公开市场交易，没有市场价格，也就无法被计入GDP之中，这主要有以下几种情况：

(一) 非市场经济活动价值

人们日常从事的大量的家务劳动通常被忽视它们的生产性。家务劳动与其他经济活动的区别在于它们的生产和交换都不通过市场进行，人们也没有向政府申报从事各种家务劳动的义务。其实家务劳动也创造供自己消费的产品和劳务。如：自己做的饭就是最终产品；自己打扫房间、抚养子女也是提供了劳务。这些家务劳动如果通过市场进行，都可能带来收入。但是它们没有采取市场交易的方式进行，而是属于"自己雇佣自己"的活动，因此不会产生直接的支付和收入，而无法被计入GDP中。在市场经济不发达的发展中国家，往往是这种非市场经济活动价值占有很大的比例。

(二) 地下经济活动

地下经济活动分为两类：一类是非法的犯罪活动，如毒品的生产和交易、非法赌博活动等，虽然这些活动被法律禁止，却屡禁不止，原因在于其丰厚的利润。从某种程度上讲，这些犯罪活动也属于经济活动的性质，同样有产值，有相当一部分人靠这种非法活动谋生。这些非法的经济活动以隐蔽的形式进行，显然无法将其产值计入到GDP中，成为被遗漏的一种重要的经济活动。当然，这些非法经济活动的产值理应不能被计入到GDP中，否则会助长它们的发展。另一类是合法的、但未申报的经济活动。这些活动的目的是为了逃避安全管制、最低工资法、社会保险的支付、所得税或其他对自己不利的法律与规章制度。由于这些经济活动没有经过正当途径申报，所以不能在GDP中得到反映。但这部分经济活动的产值相当可观。据推测，即使在美国这样的法制国家，这种经济活动的产值要占到GDP的5%~15%之间。在一些落后的、法制不健全的国家，这种经济活动的规模则更大。

(三) 环境、闲暇与社会福利

GDP虽然是衡量国民产出的一个重要经济总量，但不能全面地衡量与人们生活有更直接关系的社会福利。社会福利增加具体地体现在人们工作时间的缩短、闲暇时间的延长、收入的公平分配、产品质量和档次的提高、环境质量的改善等方面。但是，GDP反映不出闲暇即人们所拥有的可以自由支配的时间所带来的福利，反映不出社会上收入分配的公平情况及其对社会福利的影响，也反映不出产品质量的改进与产品类别的变动对社会福利的影响。甚至尽管GDP增加了，但是增加的是与人们生活无关的产品如军火等，或者环境被污染、被破坏了，收入分配更加不公平了，人们的精神更紧张了，那么，社会福利就不会有所增加，甚至会减少。

第四节 国民收入核算中的恒等关系

一、两部门经济的国民收入构成及恒等关系

（一）两部门经济的国民收入构成

国民收入的构成，可以从总供给和总需求两个方面进行分析。

从总供给角度看：国民收入是一国一定时期（通常为一年）内各种生产要素按供给价格计算的金额总和。它也等于各种生产要素相应取得的报酬总和。居民的收入可以用于消费和储蓄。所以，两部门经济中国民收入的构成为：

国民收入（Y）= 总供给（AS）
= 各种生产要素按供给价格计算的金额总和
= 各种生产要素提供者所得收入的总和
= 工资 + 利息 + 地租 + 利润
= 消费（C）+ 储蓄（S）

即

$$Y = AS = C + S$$

从总需求角度看：国民收入又是一国一定时期（通常为一年）内用于购买消费品的支出和用于购买投资品的支出之和。所以，两部门经济中国民收入的构成为：

国民收入（Y）= 总需求（AD）
= 消费需求 + 投资需求
= 用于消费的支出 + 用于投资的支出
= 消费（C）+ 投资（I）

即

$$Y = AD = C + I$$

从以上可以得到下式：

总供给（AS）= 国民收入 = 总需求（AD）

$C + S$　　　　Y　　　　$C + I$

↓　　　　↓　　　　↓

货币流量 = 国民收入循环流量 = 产品与劳务流量

（二）两部门经济的国民收入恒等式

总供给和总需求是决定均衡国民收入的基本力量，由此可以得出两部门经济的国民收入恒等式：

总供给（AS）=总需求（AD）

即

$$C+S=C+I$$

两边同时消去C，得：

$$S=I$$

这一恒等式就是两部门经济的总供给和总需求的恒等关系，即只要储蓄等于投资，总供给就等于总需求。当然，这是理论上的假设，或者说是人们意愿的或事先计划的平衡条件。现实经济生活中往往储蓄和投资的主体及动机都不一样，这就会使计划投资和计划储蓄不一致，形成总供给和总需求不平衡，引起经济的扩张和收缩。以后我们分析宏观经济均衡时所讲的投资要等于储蓄，是指只有计划投资等于计划储蓄时，才能形成经济的均衡状态，这和现实经济生活不同，因为现实中总供给与总需求往往不平衡，平衡是短暂的，是人们的愿望，是人们追求的目标。

二、三部门经济的国民收入恒等式

（一）三部门经济的国民收入构成

如果考虑政府的作用，则从总供给的角度看：

国民收入（Y）=总供给（AS）
=各种生产要素按供给价格计算的金额总和
=各种生产要素提供者所得收入的总和
=工资+利息+地租+利润
=消费（C）+储蓄（S）+税收（T）

即

$$Y=AS=C+S+T$$

式中，T为净税收，T=税收总额-转移支付。

从总需求的角度看：

国民收入（Y）=总需求（AD）
=消费需求+投资需求+政府需求
=消费支出+投资支出+政府支出
=消费（C）+投资（I）+政府购买（G）

即

$$Y=AD=C+I+G$$

（二）三部门经济的国民收入恒等式

总供给（AS）=总需求（AD）

即

$$C+S+T=C+I+G$$

两边同时消去C得：

$$S+T=I+G$$

或

$$I=S+(T-G)$$

在这里，（T－G）可以看做是政府储蓄，因为它是政府收入扣除政府支出后的余额，它可以是正值，也可以是负值。这样，I＝S＋（T－G）也就表示投资和储蓄（私人储蓄和政府储蓄之和）恒等。

三、四部门经济的国民收入恒等式

（一）四部门经济的国民收入构成

在三个市场和四个部门的经济中，共有三个国民收入的漏出量：储蓄、税收和进口。也就是国民收入分为四大部分：消费是国民收入中用来购买国内最终产品和劳务的部分，它将流入最终产品市场；储蓄是可支配收入没有用于购买产品和劳务的部分，它将流入金融市场；税收是国民收入中由政府实际拿走的部分，它成为政府的财政收入；进口是国民收入中用于购买外国产品和劳务的部分，它将流往国外。

对国内最终产品的总需求也分为四个部分：消费、投资、政府购买和出口。其中，消费是本国消费者购买本国最终产品的支出；投资是本国为增加和替代资本资产的购买支出；政府购买是政府对本国最终产品和劳务的购买支出；出口为国外对本国最终产品和劳务的购买支出。因此，

从供给的角度看：

国民收入（Y）＝总供给（AS）
＝各种生产要素按供给价格计算的金额总和
＝各种生产要素提供者所得收入的总和
＝工资＋利息＋地租＋利润
＝消费（C）＋储蓄（S）＋税收（T）

即

$$Y = AS = C + S + T$$

从总需求的角度看：

国民收入（Y）＝总需求（AD）
＝消费需求＋投资需求＋政府需求＋国外需求
＝消费支出＋投资支出＋政府支出＋国外支出
＝消费（C）＋投资（I）＋政府购买（G）＋净出口（$X-M$）

即

$$Y = AD = C + I + G + (X - M)$$

（二）四部门经济的国民收入恒等式

总供给（AS）＝总需求（AD）

即

$$C + S + T = C + I + G + (X - M)$$

两边同时消去C得：

$$S + T = I + G + (X - M)$$

或

$$I = S + (T - G) + (M - X)$$

式中，S代表本国（假定是甲国）居民的私人储蓄；（T－G）代表政府储蓄；而（M－

X）则代表外国（假定乙国和丙国）对本国（甲国）的储蓄。因为从本国（甲国）的立场看，M（进口）代表其他国家（乙国和丙国）出口商品，获得收入，而X（出口）代表其他国家从本国（甲国）购买商品和劳务，需要支出，可见，M>X时，外国（乙国和丙国）对本国（甲国）的收入大于支出，于是有了储蓄；反之，则有负储蓄。这样，I=S+（T-G）+（M-X）就表示四部门经济中总储蓄（私人、政府和国外）和投资的恒等关系。

以上是用GDP表示的二部门经济、三部门经济和四部门经济中的国民收入的构成及恒等关系，所有等式两边的I和S分别表示包括折旧的总投资和总储蓄。如果国民收入是指国内生产净值即NDP，则等式两边的I和S分别表示不含折旧的净投资和净储蓄。如果国民收入是指狭义的国民收入即NI，则C、I和S是按出厂价计算的，等式两边减少了一个相同的等于间接税的量值。可见，不论收入代表哪一种国民收入概念，只要其他变量的意义能够和收入的概念一致，储蓄等于投资的恒等式总是成立的。

【案例分析】

中国的绿色GDP的核算

中国自1985年开始采用国际通行的国民经济核算体系（SNA）来核算国民收入。1992年正式颁布实施《中国国民经济核算体系（试行方案）》。2002年对试行方案作了重大修订，形成了《中国国民经济核算体系（2002）》。自90年代以来，GDP日益成为考核各级政府政绩的核心指标。改革开放以来，中国经济高速增长，到2006年，中国的GDP已达到209407亿元（折26971亿美元），年均增长9.6%，经济总量跃居世界第四位，按美元计算的人均GDP为2057美元，进入中等收入国家行列。

但是，随着资源和环境问题的日益加重，GDP越来越暴露出它的缺陷：它仅能反映经济活动中货币化的部分，体现经济发展、繁荣的一面，而不反映对社会、资源、环境的消极影响的一面。我国当前正处于工业化阶段，尚未摆脱粗放型的增长模式，生产工艺总体上还相对落后，GDP的高增长率与高消耗、高排放相伴随，造成了资源的惊人消耗和数量巨大的污染物排放。片面追求GDP的增长，对经济的可持续发展构成了巨大的挑战。

在这样的背景下，实行绿色GDP的重要性和迫切性就进一步显现出来。必须把资源成本和环境成本纳入国民经济核算体系，以从根本上改变党政领导的政绩观，推动粗放型增长模式向低消耗、低排放、高利用的集约型模式转变。

在GDP中扣除自然资本的消耗，得到经过环境调整的国内生产总值，也就是绿色GDP（即G-GDP）。但是，当前实行绿色GDP存在许多重大难题：

一是绿色的范畴和标准尚不明确。目前，绿色GDP只是提出了一个概念，但其具体标准和界线尚还不清。过去认为是绿色的东西今天也许就不怎么绿了，今天的绿色明天可能就变灰或变黑了。搞清概念是统计首先要解决的课题。如废水的排放，可灌溉和可饮用就是不同的绿色标准。

二是资源环境的实物量核算尚不健全。资源环境的核算通过两种基本手段来实现，即实物量核算和价值量核算。价值核算要建立在实物核算的基础上，而我国对自然资源和环境的实物量的核算尚在研究之中。在我国国民经济核算体系附录表中的一张自然资源实物核算表目前尚未全面组织实施。

三是资源环境如何定价。资源、环境是无价的。能够市场交易的资源可用市场交易价格来估价，但不能交易的各种资源的估价就争议很大，特别是自然资源、无形环境的价格就更不容易确定。

四是微观的绿色会计还有待建立。绿色会计核算是绿色国民经济核算体系的微观基础，从我国会计理论与实践看，科学合理、系统完整并符合国情的企业绿色会计理论与方法体系还有待研究，具有可操作性的绿色会计准则还没有建立。

五是资源环境的损耗与经济发展不同步。比如，工业污染引发的生态破坏和健康损失是污染发生之后逐渐显现的，有的需要几年甚至是十几年才被发现，其成本算到哪一年才准确难以确定。再比如物种的灭绝，很难把它归结为哪一项经济活动。

为使绿色 GDP 由神话变为现实，我们不得不对客观现象做出某些现实的规定。对经济发展的“总成本”可分为以下四类：

1. 人造成本，即原材料、燃料、动力及服务等的消耗。这部分成本已在 GDP 核算中扣除。

2. 环境成本，即社会生产活动所造成的污染物排放的治理成本，其中工业和城市的“三废”排放是主体，也是当前急需治理的主题。

3. 资源成本，即社会生产活动所耗减和破坏的矿产、森林等资源的价值。

4. 社会成本，即一切非理性活动的社会影响，包括生产活动中的重复浪费和其他灰色经济造成的长期的社会影响。

全面建立绿色 GDP 核算体系，尚需在理论和实践中进行不懈努力。

本章小结

1. 国民收入核算体系包括五个指标：国内生产总值（或国民生产总值）；国内生产净值（或国民生产净值）；国民收入；个人收入；个人可支配收入。国内生产总值（GDP）是指一国一定时期（通常为一年）在国家的领土范围内所生产的最终产品和提供的劳务的市场价值总和。国民生产净值（NNP）= GNP－折旧 = 工资 + 利息 + 租金 + 利润 + 间接税。国民收入（NI）= NNP－企业间接税－企业转移支付 + 政府补贴 = 工资 + 利息 + 租金 + 利润 + 政府补贴。个人收入（PI）= NI－（公司未分配利润 + 公司所得税 + 社会保险税）+ 政府和企业对个人的转移支付 + 公债利息。个人可支配收入（PDI）= PI－（个人税 + 非税支付）= 个人消费支出 + 个人储蓄。

2. 总产出、总收入和总支出实际上是同一个量在生产、分配和使用三个角度上的具体表现。从生产角度看，它表现为各产业部门的净产出；从分配角度看，它表现为工资、利润等收入分配项目；从使用角度看，它表现为消费支出、投资支出等支出项目。产出 = 收入 = 支出是研究宏观经济运行的出发点，也正因为有这种恒等关系，在核算 GDP 时，既可以从产出的角度核算，也可以从收入的角度核算，还可以从支出的角度核算，其计算结果应该是相等的。

从总体经济的角度看，市场可以分为三大类：最终产品市场、生产要素市场和金融市场；经济活动的主体即经济活动的参与者为厂商、家庭和政府，因为经济活动又可以分为国内经济活动和国际经济活动，所以，通常把厂商、家庭、政府和国外作为四个部门或四个总体。

3. 国内生产总值（GDP）的核算方法有三种：支出法、收入法和生产法。支出法是从最终产品的使用出发，把一国在一定时期内购买的各种最终产品和劳务的支出加总得出GDP。收入法是从收入的角度出发，将一国在一定时期投入生产的各种生产要素（劳动、资本、土地和企业家才能）所取得的收入加总得出GDP。生产法是从生产的角度出发，计算一国在一定时期内生产物质产品和提供劳务的各个部门的产值得出GDP。名义GDP是用当年市场价格计算的GDP。实际GDP是按某一基年的价格核算的GDP。GDP价格矫正指数是名义GDP对实际GDP的比率。GDP是衡量一国经济总体情况的指标，但它并没有囊括所有的经济活动，如非市场经济活动价值、地下经济活动价值，环境、闲暇和社会福利等没有得到充分的体现。

4. 两部门经济的恒等式为：$C+S=C+I$ 或 $I=S+(T-G)$；三部门经济恒等式为：$S+T=I+G$ 或 $I=S+(T-G)$；四部门经济恒等式为：$S+T=I+G+(X-M)$ 或 $I=S+(T-G)+(M-X)$。

复习与练习

一、关键概念

国内生产总值　国民生产总值　国内生产净值　国民生产净值　国民收入　个人收入　个人可支配收入　名义国内生产总值　实际国内生产总值　国内生产总值矫正指数　最终产品　间接产品　总投资　净投资　重置投资　存货投资　政府购买　政府转移支付　净出口　间接税　政府补贴

二、单项选择题

1. 下面哪一项不是公司间接税？(　　)

A. 销售税　B. 公司利润税　C. 货物税　D. 公司财产税

2. 下列哪一项不是转移支付？(　　)

A. 退休军人津贴　B. 失业救济金　C. 困难家庭补贴

D. 退休人员的退休金　E. 支付给公务员的奖金

3. 在国民生产和国民收入中，哪种行为被经济学家视为投资？(　　)

A. 购买新公司债券　B. 生产性活动而导致的当前消费

C. 购买公司债券　D. 上述都不对

4. 某国的GNP大于GDP，说明该国居民从外国获得的收入与外国居民从该国获得的收入相比的关系(　　)。

A. 大于　B. 小于　C. 等于　D. 无法判断

5. 在下列项目中，(　　)不是要素收入。

A. 总统薪水　B. 股息

C. 公司对灾区的捐献　D. 银行存款者取得的利息

6. 下列哪一项不计入GDP？(　　)

A. 出口到国外的一批货物　　B. 政府给贫困家庭发放的一笔救济金
C. 经纪人为一座旧房买卖收取的一笔佣金　D. 保险公司收到一笔家庭财产保险费

7. 下列说法错误的是(　　)。
A. 某建筑去年已完成，今年销售金额应加入今年的 GDP
B. 总投资和净投资的差就是 GDP 与 NDP 的差额
C. 转移支付增加了，但 GDP 不增加
D. 如果两个邻居互相为对方扫雪，并且分别向对方支付费用，会增加 GDP
E. 国民产出的增加并不意味着个人生活水平的提高

8. 今年的名义 GDP 增加了，说明(　　)。
A. 今年的物价上涨了　　B. 今年的物价和产出都增加了
C. 今年的产出增加了　　D. 不能确定

三、简答题

1. 下列各项能否被计入 GDP? 为什么?
(1) 优秀的厨师在自己家里烹制的膳食。
(2) 购买一块地产。
(3) 购买一幅伦勃朗的绘画真品。
(4) 政府转移支付。
(5) 购买一辆用过的卡车。
(6) 购买普通股票。
(7) IBM 公司设在英国的工厂所创造的利润。

2. 为什么从公司债券得到的利息应计入 GDP，而人们从政府得到的公债利息不计入 GDP?

3. 为什么间接税应计入 GDP?

4. 举例说明 GDP 与 GNP 的区别。

5. 如何理解产出等于收入以及产出等于支出?

6. 国民收入核算中五个总量指标存在着怎样的数量关系?

7. 简述 GDP 核算的三种方法。

8. 现行国民收入核算指标有哪些缺陷?

四、计算题

1. 一国国民收入以万美元为单位的资料如下：

国内生产总值：4800；消费：3000；总投资：800；政府购买：960；净投资：300；政府预算盈余：30。

【计算】
(1) 国内生产净值。
(2) 净出口。
(3) 政府税收减去政府转移支付的收入。
(4) 个人可支配收入。
(5) 个人储蓄。

2. 已知某国经济以亿美元为单位的资料如下：

出口：	3670；	资本消耗：	3070；
股息：	600；	工资和薪金：	14420；
租金：	330；	政府购买：	5770；
间接税：	2550；	其他酬劳：	2800；
转移支付：	3200；	私人国内总投资：	4370；
利息：	2010；	个人消费支出：	18100；
业主收入：	1320；	公司所得税：	880；
进口：	3380；	公司未分配利润：	550；
社会保险金：	1480；	个人所得税：	3720。

【计算】

(1) 计算雇员酬劳、净出口和私人国内净投资。

(2) 用支出法和收入法分别计算国内生产总值。

(3) 计算国内生产净值、国民收入、个人收入和个人可支配收入。

3. 假定某国某年发生了以下活动：

(1) 一银矿公司支付7.5万美元给矿工，开采了50磅银卖给一银器制造商，售价10万美元。

(2) 银器制造商支付5万美元工资给工人造一批项链卖给消费者，售价40万美元。

【要求】

①用最终产品生产法计算国内生产总值。

②每个生产阶段生产多少价值，用增值法计算国内生产总值。

③在生产活动中赚得工资和利润各自总共为多少，用收入法计算国内生产总值。

4. 甲、乙分别为对方做家务，甲应付乙350美元，乙应付甲300美元，两人经过协商，甲只付给乙50美元。计算计入GDP的金额，并比较自己做家务的情况。

5. 假定一经济社会生产三种产品：书本、面包和菜豆，它们在1998年和1999年的产量和价格如表2-4所示。

表2-4

	1998年		1999年	
	数量	价格	数量	价格
书本（套）	100	10美元	110	10美元
面包（条）	200	1美元	200	1.5美元
菜豆（磅）	500	0.5美元	450	1美元

【计算】

(1) 1998年名义GDP。

(2) 1999年名义GDP。

(3) 以1998年为基期，1998年和1999年实际GDP是多少？这两年实际GDP变化多少百分比？

(4) 以1999年为基期，1998年和1999年实际GDP是多少？这两年实际GDP变化多少百分比？

(5) 计算1998年和1999年的GDP折算指数，1999年价格比1998年价格上升多少？

第三章

有效需求与国民收入决定：NI—AE 模型

——简单国民收入决定模型

上一章讨论了国民收入的涵义及如何核算，这一章你将了解国民收入是如何决定的。为什么战时大量军事开支会导致 GDP 的快速增长？为什么 20 世纪 60 年代和 80 年代的减税引发了一场时间较长的经济扩张？这些问题你可以在本章的乘数理论中找到最简单的解释。

第一节 消费函数和储蓄函数

一、基本假定

依据凯恩斯的观点，国民收入取决于有效需求。一个社会的有效需求由消费、投资、政府购买和净出口四个部分构成。为了说明一个国家的生产和收入如何决定，要从分析最简单的经济体系开始，也就是说本章的分析均属于简单国民收入决定模型。在这一节里，我们先分析两部门经济，为此：

1. 假定不存在政府，也不存在对外贸易，只有家庭部门和厂商部门。消费行为和储蓄行为都发生在家庭部门，生产和投资行为都发生在厂商部门。

2. 假定厂商的投资是自发的，即不随利率和产量的变动而变动。

3. 假定社会总需求变动时，只会引起产量变动，价格不易变动或者说具有粘性。当总需求与潜在产出有差距时，价格调整与产出调整都有可能发生，但价格调整发生很慢，而产出与就业调整比较迅速；总需求所包含的消费、投资等都可能在较短时间内变化，当这种变化出现时，首先引起产出的变化，然后是价格的变化，因此在短期中认为价格是近似不变的。这也被称为凯恩斯定律，这一假设反映了凯恩斯对资本主义经济运行常态的看法，即资本主义经济是萧条经济，资本主义经济的运行是小于充分就业的均衡，这实际上是一种短期均衡分析。

4. 假定折旧和公司未分配利润为 0，这样 GDP、NDP、NI、PI 和 PDI 都相等，我们用国民收入 Y 表示。

我们先分析的是两部门经济。消费和储蓄行为都发生在家庭部门，生产和投资行为都发生在企业部门。而投资的来源又是储蓄，所以，消费和储蓄是决定国民收入的两个重要因素。为此，我们的分析就从对消费函数和储蓄函数开始。

二、消费函数

消费是花费在最终产品和劳务上的各项开支。决定消费的因素是多方面的，包括收入、财富、商品价格、个人偏好、社会时尚、利率水平、收入分配状况、家庭财产状况、消费信贷状况、消费者年龄构成以及风俗习惯等。凯恩斯认为收入是影响消费的最重要的、决定性的因素，为此，从诸多因素中抽出这一因素单独分析。所以，消费函数（consumption function）就是表示消费和收入之间的依存关系。消费函数有下面三种表达方式：

（一）消费函数式

消费函数的公式可以表示为：

$$C=f(Y) \tag{3-1}$$

该公式的含义是人们的消费支出是其收入的函数，消费支出随收入的变化而变化。凯恩斯认为，消费和收入存在着一条基本的心理规律，即随着收入的增加，消费会增加，但消费的增加不及收入增加得多。消费和收入的这种关系可以用消费倾向来表示。消费倾向可以从平均消费倾向和边际消费倾向两个角度考察。平均消费倾向（APC）是指人们的消费支出占其收入的比率。其公式为：

$$APC=C/Y \tag{3-2}$$

边际消费倾向（MPC）是消费增量和收入增量之比，一般用 b 来表示。它是衡量收入增加所引起的消费增加量的程度的一个概念，也就是增加一单位收入中用于增加消费部分的比率。其公式为：

$$MPC=\Delta C/\Delta Y \text{ 或 } b=\Delta C/\Delta Y \tag{3-3}$$

若收入增量和消费增量为极小时，上述公式可写成：

$$MPC=dC/dY \tag{3-4}$$

由于消费增量只是收入增量的一部分，因此，边际消费倾向总是大于 0 小于 1，即 $0<MPC<1$。另外，如前所述，边际消费倾向是递减的。因为消费可能大于、等于或小于收入，则平均消费倾向可能大于、等于或小于 1。

为了论述简便，可假设消费函数为线性消费函数，这时，边际消费倾向为一常数，用公式表示为：

$$C=a+bY \tag{3-5}$$

式中，a 为自发消费或基本消费，表示全部消费支出中不随收入变化而变化的那部分消费支出，从数学意义讲，它表示收入为 0 时也会有的消费支出；b 为边际消费倾向；bY 为引致消费，表示在全部消费支出中，随收入变化而变化的那部分消费支出。公式 3－5 的经济含义是：消费是自发消费和引致消费之和。例如，若已知 $a=300$，$b=0.75$，则 $C=300+0.75Y$。这就是说，若收入增加 1 单位，其中就有 75%用于增加消费。只要 Y 为已知数，就可以计算出全部消费量。

（二）消费表

将不同的收入水平代入消费函数式，则有不同的消费水平与之相对应，将消费与收入这种一一对应关系用表表示出来，就构成消费表。假定某家庭的消费和收入之间有如表 3－1 所示的关系。

表 3－1 的数字表明，当收入为 9000 元时，消费为 9110 元，入不敷出。当收入为 1 万元时，收支平衡。当收入依次递增为 1.1 万元、1.2 万元、1.3 万元、1.4 万元和 1.5 万元时，消费依次增加到 10850 元、11600 元、12240 元、12830 元和 13360 元。这就是说，消费随着收入增加，但增加得越来越少。这就反映了在前面提到的凯恩斯关于边际消费倾向递减的基本心理规律。在表中，收入依次增加 1000 元时，消费依次增加到 890 元、850 元、750 元、640 元、590 元和 530 元。另外，平均消费倾向始终大于边际消费倾向，即表中列（4）的数据始终大于列（3）的数据。随着收入的增加，平均消费倾向也是递减的。

表 3－1　　**某家庭的消费表**　　单位：元

组合	(1) 收入（Y）	(2) 消费（C）	(3) 边际消费倾向（MPC）	(4) 平均消费倾向（APC）
A	9000	9110		1.01
B	10000	10000	0.89	1.00
C	11000	10850	0.85	0.98
D	12000	11600	0.75	0.97
E	13000	12240	0.64	0.94
F	14000	12830	0.59	0.92
G	15000	13360	0.53	0.89

（三）消费曲线

首先我们介绍一种重要的分析工具——收支相等的 45°线，如图 3－1 所示。在图 3－1 中，纵轴 C 表示支出，用 Y 表示收入。从原点出发的 45°线上的各点到纵横轴的垂直距离都相等，表示支出和收入相等。例如，A 点表示收入和支出各为 100 亿元。

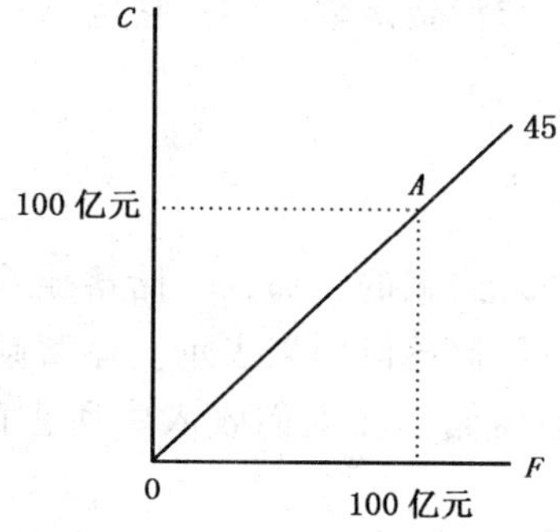

图 3－1　收支相等的 45°线

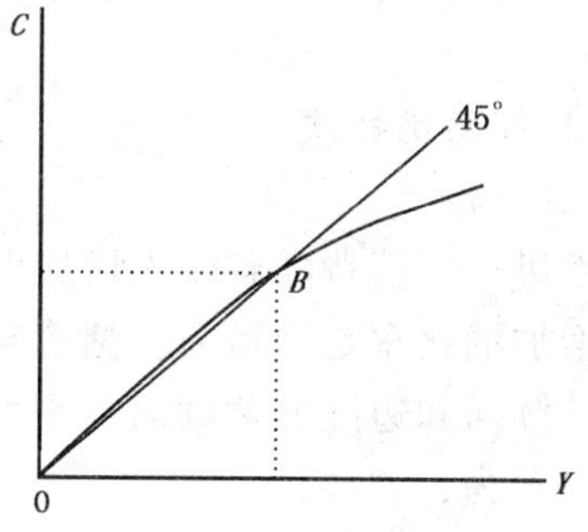

图 3－2　消费曲线

将表 3－1 中的各种组合描绘在图 3－1 中，便可得出消费曲线，如图3－2所示。在图 3－2中，横轴表示收入 Y，纵轴表示消费 C，45°线上的任何一点都表示收入全部用于消费，因此，45°线可以被看做收入线。C＝C（Y）是消费曲线，表示消费和收入之间的函数关系。B 点是消费曲线和 45°线的交点，表示这时候的消费支出和收入相等。B 点的左方表示消费大于收入，B 点的右方表示消费小于收入。

随着消费曲线向右延伸，它和 45°线距离越来越大，表示消费随收入的增加而增加，但增加的幅度越来越小于收入增加的幅度。消费曲线上任意一点的斜率都是与这一点相对应的边际消费倾向，而消费曲线上任意一点与原点相联而成的射线的斜率，则是与这一点相对应的平均消费倾向。从图 3－2 中的消费曲线的形态可以联想到，随着这条线向右延伸，曲线上各点的斜率越来越小，说明边际消费倾向递减。同时，消费曲线上各点与原点的连线的斜率也越来越小，说明平均消费倾向递减。但平均消费倾向始终大于边际消费倾向。这和表 3－1 所得的数据也是一样的。

根据一般规律，边际消费倾向递减，因而消费函数在图像上表现为一条曲线。但为了研究方便，我们假定，消费和收入存在线性关系，这时消费函数就是一条向右上方倾斜的直线，如图 3－3 所示。在线性消费曲线上每一点的斜率都相等。

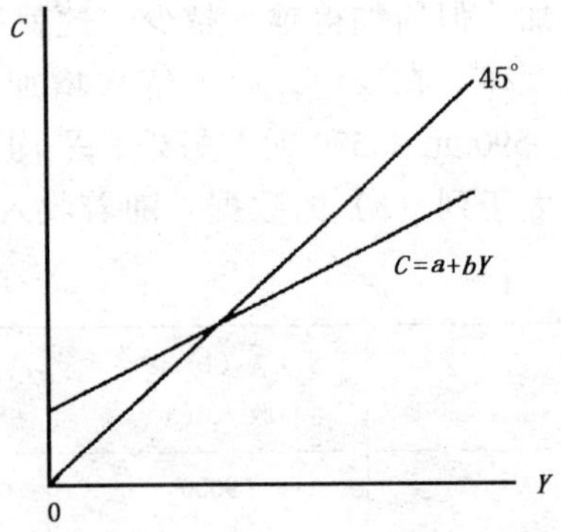

图 3－3　线性消费曲线

三、储蓄函数

经济学意义上储蓄的概念与日常生活中储蓄的概念有很大区别。在经济学上，储蓄是一个广义的概念，它是指可支配收入中未用于消费的那一部分，用公式表示为：

$$S = Y - C \quad (3-6)$$

也就是说，可支配收入无论是用于银行存款、手持现金，还是用于购买股票、债券等金融资产，或用于购买机器、设备等资本品，只要未用于消费，都属于储蓄的范畴。影响储蓄的因素有收入、社会保障体系、资本市场、税率、利率、人口结构等。在这些因素中，收入是影响储蓄的最重要的、决定性的因素。另外，从储蓄的定义也可以看出储蓄和收入的函数关系。所以，储蓄函数就是表示储蓄对收入的依存关系。与消费函数一样，它也有三种表达方式。

（一）储蓄函数式

$$S = S(Y) \quad (3-7)$$

前面讲过，消费随着收入增加而增加，但增加的比率是递减的，那么，储蓄随着收入而增加，增加的比率是递增的。储蓄与收入的这种关系可以用储蓄倾向来表示。储蓄倾向分为平均储蓄倾向和边际储蓄倾向。平均储蓄倾向（APS）是指储蓄在人们收入中所占的比例，用公式表示为：

$$APS = S/Y \quad (3-8)$$

边际储蓄倾向是指储蓄增量与收入增量之比，它是用来衡量收入增加引起储蓄增加程度的一个概念，记为：

$$MPS = \Delta S/\Delta Y \quad (3-9)$$

如果收入和储蓄增量极小，上述公式可写成：

$$MPS = dS/dY \quad (3-10)$$

如果假设储蓄函数和消费函数为线性函数，则储蓄函数可以表示为：

$$S = Y - C = Y - (a + bY) = -a + (1 - b)Y \qquad (3-11)$$

式中，-a 是负值的自发消费；(1-b) 为边际储蓄倾向；(1-b)Y 引致储蓄。储蓄函数表示储蓄等于引致储蓄减去自发消费。

（二）储蓄表

将不同水平的收入代入储蓄函数式，则可得出不同水平的储蓄，将储蓄与收入之间这种一一对应关系用表表示出来，即形成储蓄表。根据表 3-1 的数据，我们可列出储蓄表，如表 3-2 所示。

表 3-2　某家庭储蓄表　单位：元

组合	(1) 收入（Y）	(2) 消费（C）	(3) 储蓄（S）	(4) 边际储蓄倾向（MPS）	(5) 平均储蓄倾向（APS）
A	9000	9110	-110		-0.01
B	10000	10000	0	0.11	0
C	11000	10850	150	0.15	0.01
D	12000	11600	400	0.25	0.03
E	13000	12240	760	0.36	0.06
F	14000	12830	1170	0.41	0.08
G	15000	13360	1640	0.47	0.11

上述储蓄表清楚地表明了储蓄和收入的关系，随着收入依次地增加，储蓄也依次地增加，边际储蓄倾向和平均储蓄倾向都呈现出递增的趋势。

（三）储蓄曲线

将储蓄表中的各个组合描绘在坐标图上，便得出储蓄曲线，如图 3-4 所示。

在图 3-4 中，S=S（Y）表示储蓄和收入之间的函数关系，B 点是储蓄曲线和横轴的交点，表示这时收入和支出相等，即收支平衡。B 点以左有负储蓄，B 点以右有正储蓄。随着储蓄曲线向右延伸，它和横轴的距离越来越大，表示储蓄随收入增加而增加，且增加的幅度越来越大。储蓄曲线上任意一点的斜率都是与这一点向对应的边际储蓄倾向。而储蓄曲线上任意一点与原点的连线的斜率，则是与这一点相对应的平均储蓄倾向。

图 3-4 表示的储蓄和收入的关系是非线性的，如果两者呈线性关系，则线性储蓄曲线为图 3-5。

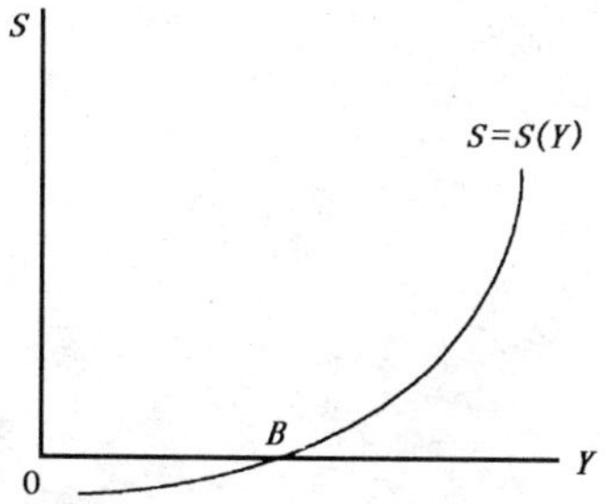

图 3-4　储蓄曲线

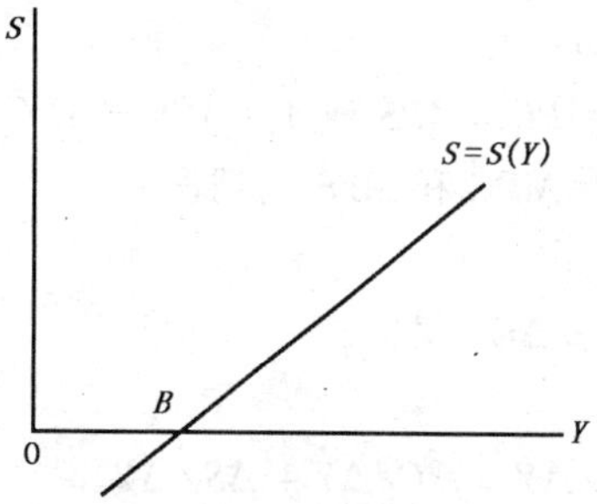

图 3-5　线性储蓄曲线

四、消费函数和储蓄函数的关系

由于储蓄被定义为收入与消费之差，所以，消费函数与储蓄函数有以下关系：

第一，消费函数与储蓄函数互为补数，二者之和恒等于收入。

由于

$C = a + bY$，$S = -a + (1 - b)Y$

则有：

$C + S = a + bY - a + Y - by = Y$

下面，我们将消费曲线和储蓄曲线画在同一坐标中，来看消费函数和储蓄函数的关系。

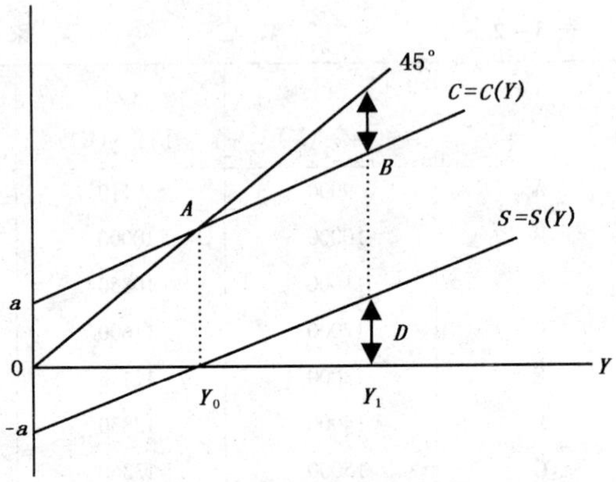

图 3-6 消费曲线和储蓄曲线的关系

在图 3-6 中，当收入为 Y_0 时，收支相等，储蓄为 0；当收入为 Y_1 时，消费为 $a + bY_1$，消费曲线与 45°线（可看成收入线）的距离 BC 为储蓄，它等于储蓄曲线和横轴在收入为 Y_1 时的距离 DY_1。在 A 点左方，消费曲线位于 45°线之上，表明消费大于收入，因此，储蓄曲线在横轴下方。在 A 点右方，情况则相反。

第二，若 APC 和 MPC 随收入增加而递减，但 APC > MPC，则 APS 和 MPS 都随收入增加而递增，但 APS < MPS。

在图 3-6 上，在 Y_0 的右方储蓄曲线上任意一点与原点的连线的斜率总是小于储蓄曲线上该点切线的斜率。

第三，APC 和 APS 之和恒等于 1，MPC 和 MPS 之和也恒等于 1。

因为

$Y = C + S$

所以，

$Y/Y = C/Y + S/Y$，

即

$$APC + APS = 1 \quad (3-12)$$

由此可知：

$1 - APC = APS$ 或 $1 - APS = APC$

再看 MPC 和 MPS 的情况：

因为

$\Delta Y = \Delta C + \Delta S$

所以，

$\Delta Y/\Delta Y = \Delta C/\Delta Y + \Delta S/\Delta Y$，

即

$$MPC + MPS = 1 \quad (3-13)$$

由此可知：

$1-MPC=MPS$ 或 $1-MPS=MPC$

根据以上性质，消费函数和储蓄函数中只要有一个确立，另一个随之确立：当消费函数已知时，就可得到储蓄函数；当储蓄函数已知时，就可求得消费函数。

第二节 两部门经济均衡国民收入的决定

一、两部门经济的均衡收入

我们分析国民收入就是分析均衡收入的决定，那么什么是均衡收入呢？经济社会的产出或收入决定于社会总需求（总支出），和总需求相等的产出称为均衡产出或均衡收入。两部门经济的均衡收入可用公式表示为：

$Y=AD$ 或 $Y=C+I$ （3－14）

经济学中所指的均衡是一种相对静止的状态，当一个社会的产出水平等于总需求水平时，社会的生产就会稳定下来。现实中，生产（供给）经常偏离需求，即实际收入经常大于或小于均衡收入，但经济社会有一种内在的机制调节着实际收入趋向均衡收入，这个过程是通过存货调整实现的。如第二章所述，存货投资分为意愿存货投资和非意愿存货投资。意愿存货投资（或计划存货投资）是指厂商为使经营更有效率而有选择地在手头储存一些货物。这些货物可以被看成是一种投资，作为总支出的一部分。非意愿存货投资（或非计划存货投资）是指厂商想卖而没有卖出的货物，这些东西使厂商的库存增加，增加的部分超过了他们希望保持的水平。如果生产（供给）大于需求，厂商的非意愿存货投资水平就会上升，厂商就会减产；如果生产（供给）小于需求，非意愿存货投资就会减少，厂商就会增加生产；如果生产（供给）等于需求时，非意愿存货投资等于0，厂商的生产就处于均衡状态。可见，厂商在存货调整中坚持的原则是非意愿存货投资等于0。总之，厂商会根据产品的市场销售情况来安排生产，会把产品生产水平调整到与产品需求相一致的水平上。

二、两部门经济均衡国民收入的决定

（一）收入—支出法

将收入恒等式和消费函数式等结合起来就可以求得均衡收入。

$Y=AD=C+I$（均衡收入的定义）

$C=a+bY$（消费函数）

$I=I_0$（投资，假定投资为自发投资，不考虑引致投资）

解联立方程，就可以得到均衡收入：

$$Y=\frac{1}{1-b}\times(a+I_0) \quad (3-15)$$

从上式可以看出：自发总需求越大，均衡收入越大，反之，自发总需求越小，均衡收入越小；边际消费倾向越大，则均衡收入越大，反之，边际消费倾向越小，均衡收入越小。如果知道了消费函数和投资量，就可以求得均衡收入。例如，假定消费函数 $C = 1000 + 0.8Y$，自发投资 $I_0 = 600$ 亿元，则均衡收入为：

$$Y = \frac{1}{1-b} \times (a + I_0) = \frac{1}{1-0.8} \times (1000 + 600)$$
$$= 8000 \text{（亿元）}$$

假设消费函数 $C = 1000 + 0.8Y$，自发投资 $I_0 = 600$ 亿元，均衡收入决定过程可用表 3-3 表示。

表 3-3　**均衡收入的决定**　单位：10 亿元

(1) 收入 (Y)	(2) 消费 (C)	(3) 储蓄 (S)	(4) 投资 (I)	(5) 经济趋势	
300	340	-40	60	AD > AS	扩张
400	420	-20	60	AD > AS	扩张
500	500	0	60	AD > AS	扩张
600	580	20	60	AD > AS	扩张
700	660	40	60	AD > AS	扩张
800	740	60	60	AD = AS	均衡
900	820	80	60	AD < AS	收缩
1000	900	100	60	AD < AS	收缩

表 3-3 说明，当 $Y = 8000$ 亿元时，$C = 7400$ 亿元，$I_0 = 600$ 亿元，因此，总需求或总支出为 $Y = C + I = 7400 + 600 = 8000$（亿元），说明 8000 亿元是均衡收入。

现实中，实际收入经常偏离均衡收入，但市场的内在机制自发地调节实际收入趋向均衡收入，即我们在前面介绍的存货调整。厂商在存货调整时，所坚持的原则是非意愿存货投资等于 0。例如，表 3-3 中，当实际收入小于均衡收入 8000 亿元时，如均衡收入 8000 亿元以上的均为这种情况，比方说实际收入为 6000 亿元时，消费为 5800 亿元，加上投资 600 亿元，总需求为 6400 亿元，超过了总供给 6000 亿元，即总需求大于总供给，这意味着厂商销售出去的产量大于它生产出来的产量，非意愿存货投资小于 0，这时厂商扩大生产是有利可图的，于是，厂商增雇工人，增加产量，从而社会经济出现扩张趋势，直至实际收入达到均衡收入的水平。相反，如果实际收入大于均衡收入，比方说实际收入为 10000 亿元时，消费为 9000 亿元，加上投资 600 亿元，总需求为 9600 亿元，小于总供给 10000 亿元，即总需求小于总供给，这说明厂商生产出来的产量大于它的销售量，非意愿存货投资大于 0，于是，厂商便会减少生产，从而社会经济出现收缩趋势，直至实际收入达到均衡收入的水平。只有收入达到均衡水平时，非意愿存货投资等于 0，产量正好等于销量，存货保持正常水平，这就是厂商愿意保持的产量水平。

均衡收入的决定也可以采用几何方法给出，如图 3-7 所示。

如图 3-7，横轴表示收入，纵轴表示消费和投资。在消费曲线（C）加上投资曲线（I）得到消费加投资曲线（C+I），即为总需求曲线。由于投资为常数 600 亿元，因此消费曲线与所形成的总需求曲线平行，其两条线的垂直距离为投资。总需求曲线与45°线相交于E点，E点为均衡点，它所对应的收入就是均衡收入8000亿元，这时总需求等于总供给，非意愿存货投资等于0。如果经济离开了这个均衡点，厂商的销售量就会大于或小于它们的产量，非意愿存货投资就会减少或增加，就会引起生产的扩张或收缩，一旦回到均衡点，这种波动便会停止。

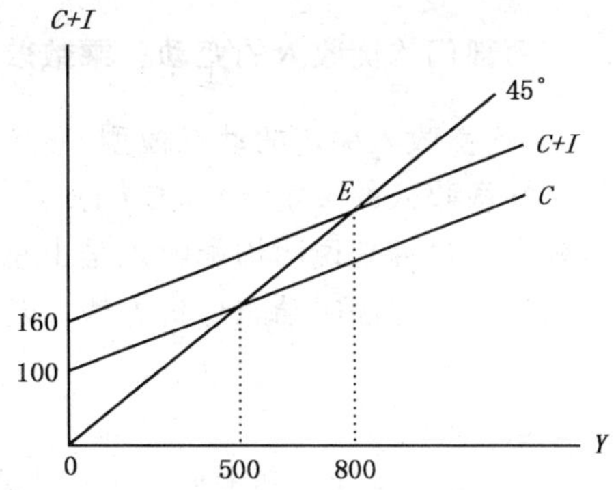

图 3-7　收入—支出法决定的均衡收入(单位:10 亿元)

（二）储蓄—投资法

将收入恒等式和储蓄函数等结合起来就可以得到均衡收入。

$I = S$（均衡条件）

$S = -a + (1-b)Y$（储蓄函数）

$I = I_0$（投资，假定投资为外生变量）。

解联立方程，便可得到均衡收入：

$$Y = \frac{1}{1-b} \times (a + I_0)$$

依上例，当 $C = 1000 + 0.8Y$ 时，$S = -1000 + 0.2Y$，$I_0 = 600$（亿元），由均衡条件 $I = S$，即可得出均衡收入 $Y = 8000$（亿元）。

从表 3-3 中也可以用储蓄—投资法得到均衡收入，当收入 $Y = 8000$亿元时，S 和 I 正好相等为 600 亿元，从而达到了均衡。

储蓄—投资法的图形如图 3-8 所示。

图 3-8 中横轴表示收入，纵轴表示储蓄和投资，S 表示储蓄曲线，I 表示投资曲线。由于假定投资为自发投资，没有引致投资，因此，投资曲线与横轴平行，其间距等于自主投资。投资曲线与储蓄曲线相交于 E 点，与 E 点相对应的收入水平 8000 亿元为均衡收入。在 E 点左侧，实际收入小于均衡收入，I > S，表示生产供不应求，厂商非意愿存货小于 0，厂商就会扩大生产，使收入水平向右移动，直到均衡收入为止。在 E 点右侧，实际收入大于均衡收入，I < S，表示生产供过于求，厂商非意愿存货大于 0，厂商就会减少生产，使收入水平向左移动，直到均衡收入为止。只有在均衡收入水平上，厂商的生产才会稳定下来。

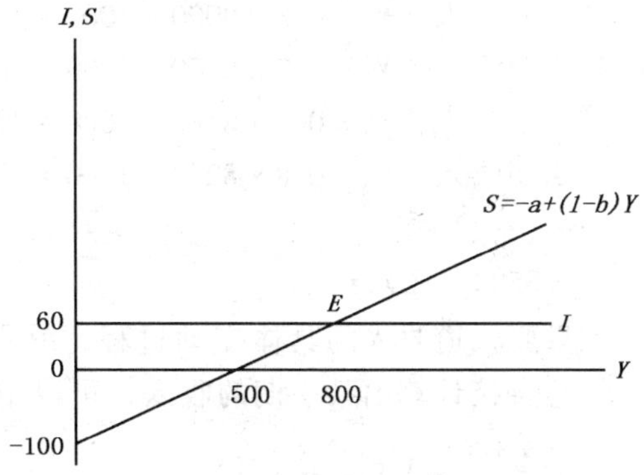

图 3-8　储蓄—投资法决定的均衡收入(单位:10 亿元)

因为储蓄函数是从消费函数推导出来的，所以，无论使用消费函数还是使用储蓄函数，得出的均衡收入是一样的。

二、两部门均衡收入的变动：乘数效应

（一）均衡收入决定的动态模型

以上均衡收入的决定（$Y=C+I$）是一种静态分析方法，即不考虑时间因素、不考虑变量的实际变动过程来说明均衡收入是由总需求即消费和投资决定的。考虑时间因素和变量的具体变动过程的方法叫动态分析方法。若对均衡收入决定进行动态分析，那么均衡收入的公式为：

$$Y_t = C_t + I_t$$

式中，t 表示时期，即本期收入由本期消费和本期投资决定（I 表示自主投资）。而本期消费由上期收入决定，因为居民消费必须先有收入，而收入只能来自上一时期的生产，即 $C_t=a+bY_{t-1}$，代入 $Y_t=C_t+I_t$，得到：

$$Y_t = bY_{t-1} + a + I_t \quad (3-16)$$

此方程注明了方程中所有变量的时间，是差分方程的一种类型，一组这样的差分方程，构成了一个动态模型。

仍以上面的例子来说，假定投资从 600 亿元增加到 700 亿元，则 $I>S$，原有的均衡被打破，如果用静态分析方法，则均衡收入为：

$$Y=\frac{1}{1-b}\times(a+I)=\frac{1}{1-0.8}\times(1000+700)=8500\text{（亿元）}$$

即均衡收入会从 8000 亿元增加到 8500 亿元，这里没有说明时间因素和均衡收入变动的具体过程。如果用动态分析方法，则收入从原先的 8000 亿元增加到 8500 亿元的时间和具体变动过程是：

第一期收入：$Y_1=0.8\times8000+1000+700=8100$（亿元）

第二期收入：$Y_2=0.8\times8100+1000+700=8180$（亿元）

第三期收入：$Y_3=0.8\times8180+1000+700=8244$（亿元）

第四期收入：$Y_4=0.8\times8244+1000+700=8295.2$（亿元）

…………

$Y_n=8500$（亿元）

如果要知道收入的具体变动过程，就得一期期顺次计算。如果不要如此一期期顺次计算，而想直接计算出某一期的收入，可以用差分方程的通解公式直接算出。这个公式为：

$$Y_t=\frac{a+I_t}{1-b}+\left(Y_0-\frac{a+I_t}{1-b}\right)b^t \quad (3-17)$$

式中，Y_t 表示任何一期收入；Y_0 表示基期收入或初始收入；I_t 表示任何一期投资。若想算出第二期收入，则可代入上述差分方程的通解公式求解：

$$Y_2=\frac{1000+700}{1-0.8}+\left(8000-\frac{1000+700}{1-0.8}\right)\times0.8^2$$
$$=8500-320=8180\text{（亿元）}$$

从这个用动态分析方法计算的均衡收入的例子可以看出，由于假定 $0<b<1$，因此，不管 Y_0 和 $\frac{a+I_t}{1-b}$ 之间有多大差距，但随着时间 t 的推移，$\left(Y_0-\frac{a+I_t}{1-b}\right)b^t$ 之值必然越来越小，最终将趋于 0，从而 $Y_t=\frac{1}{1-b}\times(a+I_t)$。

（二）乘数原理

1. 乘数。通过以上分析，我们了解到，无论是静态分析还是动态分析，若自发投资从 600 亿元增加到 700 亿元，均衡收入就会从 8000 亿元增加到 8500 亿元，在这里投资增加 100 亿元，收入增加 500 亿元，收入增量是投资增量的 5 倍。为什么投资增加会引起收入成倍的增加呢？为什么战时大量军事开支会导致 GDP 的快速增长？为什么上世纪 60 年代和 80 年代的减税引发了一场时间较长的经济扩张？这些问题都可以通过乘数理论找到最简单的解释。

所谓乘数，就是指自发总需求的变动所引起的均衡收入变动的倍数。如均衡收入的公式为：

$$Y=\frac{1}{1-b}(a+I_0)$$

式中，系数$\frac{1}{1-b}$就是乘数。

它说明：自发总需求增加，能提高均衡收入水平。乘数也是总需求或总支出的变动所引起的均衡收入变动量与总需求最初变动量的比值。用公式表示为：

$$K=\Delta Y/\Delta A$$

式中，K 为乘数；ΔY 为均衡收入变动量；ΔA 为自发总需求变动量。

乘数这个概念最先由英国经济学家卡恩于 1931 年提出，后来被凯恩斯加以利用，成为凯恩斯主义的一个重要思想。由于自发总需求由多个部分构成，因而乘数有很多种，下面我们以投资乘数为例来解释乘数的一般原理。

2. 投资乘数。**投资乘数是指均衡收入的变动量与带来这种变化的投资支出变动量的比率。**用 K_I 表示投资乘数，ΔY 表示均衡收入的变动量，ΔI 表示投资支出的变动量，则：

$$K_I=\Delta Y/\Delta I \qquad (3-18)$$

上述的例子中，$K_I=500/100=5$。

为什么投资增加 100 亿元，均衡收入增加 500 亿元呢？投资变化引起的乘数作用是因为经济社会的各个部门是相互联系的：投资品增加→投资品生产者的收入增加→消费品生产增加→消费品生产者的收入增加→，…，→国民收入达到新的均衡水平。我们可以通过表 3－4 来说明乘数发生作用的过程。

表 3－4　投资乘数的作用过程　MPC＝0.8

	（1）ΔAD	（2）ΔY	（3）ΔC	（4）ΔS
第一轮	ΔI＝100	100	80	20
第二轮	80	80	64	16
第三轮	64	64	51.2	12.8
⋮	⋮	⋮	⋮	⋮
合计	500	500	400	100

首先，增加的投资支出 100 亿元转化为投资品生产者的收入。增加的 100 亿元投资用来购买投资品，即购买机器设备等最终产品，就如消费者购买的上衣是最终产品一样，最终产品的价值是国民收入，因此，这 100 亿元以工资、利息、租金和利润的形式流入投资品的生产者手中，即居民手中，这 100 亿元是投资对国民收入的第一轮增加。

其次，假定该社会的边际消费倾向为 0.8，投资品生产者会把 100 亿元的收入增量分解为消费增量 80 亿元和储蓄增量 20 亿元。于是，这 80 亿元又以工资、利息、租金和利润的形式流入到消费品的生产者手中，从而使该社会居民收入又增加了 80 亿元，这是国民收入的第二轮增加。

同样，这些消费品生产者会把这 80 亿元收入中的 64 亿元用于消费，使社会总需求提高 64 亿元。这个过程不断进行下去，最终使国民收入增加 500 亿元。上述过程可以表示为：

$$\Delta Y = 100 + 100 \times 0.8 + 100 \times 0.8^2 + 100 \times 0.8^3 + \cdots + 100 \times 0.8^{n-1}$$
$$= 100 \times (1 + 0.8 + 0.8^2 + 0.8^3 + \cdots + 0.8^{n-1})$$
$$= \frac{1}{1-0.8} \times 100 = 500\text{（亿元）}$$

此式表明，当投资增加 100 亿元时，收入最终会增加 500 亿元。这 500 和 100 之比率就是投资乘数，即

$$K_I = \frac{\Delta Y}{\Delta I} = \frac{500}{100} = 5$$

以上例题表明：

$$\Delta Y = K_I \times \Delta I$$

$$K_I = 1/1 - b$$

我们可以用简单的代数方法对上述乘数公式作一般性的证明：令 ΔY 为收入增量，ΔI 为投资增量，b 为边际消费倾向，则：

$$\Delta Y = \Delta I + \Delta I \times b + \Delta I \times b^2 + \Delta I \times b^3 \cdots \Delta I \times b^{n-1}$$
$$= \Delta I\ (1 + b + b^2 + b^3 + \cdots + b^{n-1})$$

$$K_I = \Delta Y / \Delta I$$

$$\Delta Y = K_I \cdot \Delta I$$

推导得出：

$$K_I = 1 + b + b^2 + b^3 \cdots + b^{n-1}$$

即

$$K_I = \frac{1 - b^n}{1 - b}$$

由于 $0 < b < 1$，所以当 $n \to \infty$ 时，$b^n \to 0$，则有

$$K_I = \frac{1}{1 - b} \qquad (3-19)$$

已知 b 为 MPC，由于 MPC + MPS = 1，因此，

$$K_I = \frac{1}{1 - MPC} = \frac{1}{MPS} = \frac{1}{s} \qquad (3-20)$$

可见，乘数大小和边际消费倾向有关。边际消费倾向越大，或边际储蓄倾向越小，则乘数越大。

以上介绍的是投资乘数，同样自发消费也具有乘数作用，由于自发消费是总需求的一个组成部分，所以如同投资变动一样，自发消费的变动也会引起均衡收入成倍的变动。其公式为：

$$K_C = \frac{1}{1 - b} \qquad (3-21)$$

（三）均衡国民收入的乘数效应

1. 投资、消费的乘数效应。乘数效应是双重的，即自发总需求增加时，引起均衡收入成倍的增加，自发总需求减少时，引起均衡收入成倍的减少，所以，经济学家称乘数为一把

“双刃剑”。投资的乘数效应可用图 3 - 9 表示。

如图 3 - 9 所示，C + I 代表原来的总支出曲线，C + I′代表新的总支出曲线，I = I + ΔI，原来的均衡收入为 Y，新的均衡收入为 Y′。ΔY = Y′ - Y，$\Delta Y = K_I \cdot \Delta I$，相当于上例中投资从 600 亿元增加到 700 亿元，即 ΔI = 100 亿元时，收入从 8000 亿元增加到 8500 亿元，即 ΔY = 500 亿元，K = 5。

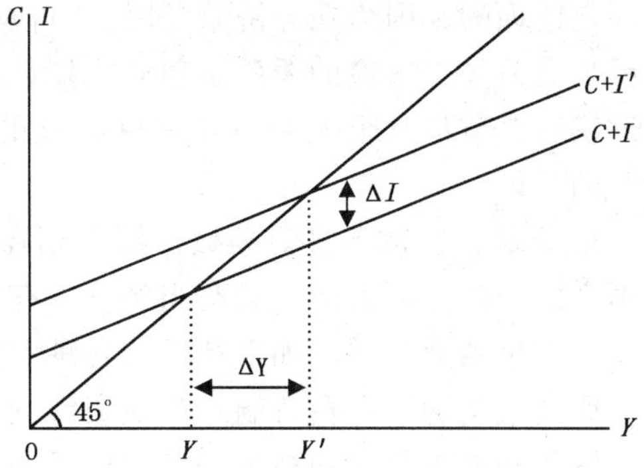

图 3 - 9　投资的乘数效应

以上是投资变动的乘数效应，那么在两部门经济中还有消费变动的乘数效应。如假定原来的消费函数为 $C_0 = 100 + 0.8Y$，投资 I = 600亿元，均衡收入为 8000 亿元，现假定自发消费由 1000 亿元增加到 1200 亿元，消费函数变为 $C_1 = 1200 + 0.8Y$，则均衡收入 $Y_1 = \frac{1}{1-b} \times (1200 + 600) = 9000$ 亿元。反过来，若假定自发消费由 1000 亿元减少到 800 亿元，消费函数变为 $C_2 = 800 + 0.8Y$，则均衡收入 $Y_2 = \frac{1}{1-0.8} \times (800 + 600) = 700$ 亿元。自发需求变动的乘数效应如图 3 - 10 所示。

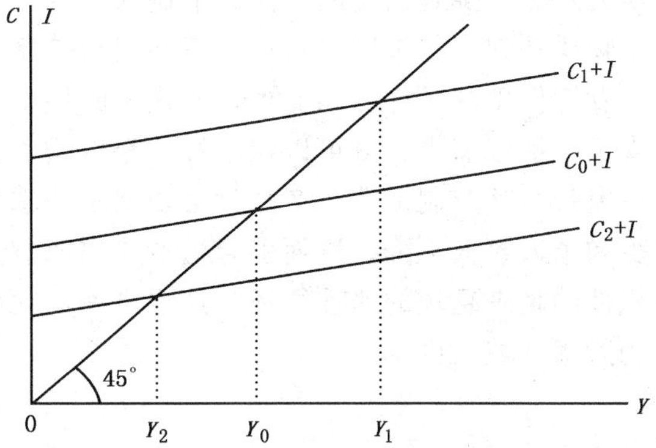

图 3 - 10　消费的乘数效应

乘数理论是凯恩斯理论中一个重要的内容，它为国家进行宏观调控提供了一个重要的理论依据。国家可以根据经济形势，利用乘数的积极作用，对宏观经济进行适当的干预，但并不是乘数越大越好，因为乘数越大，引起国民收入的波动就越大，社会经济就越不稳定。因此，经济学家认为，乘数越小，越有利于经济稳定。

2. 节俭的悖论。根据消费变动与均衡收入变动的关系，我们还可以研究储蓄与均衡收入变动的关系。在既定的收入中，消费与储蓄是反向变动的关系，消费增加则储蓄减少，消费减少则储蓄增加。消费是总需求的一个部分，储蓄增加，意味着消费减少，总需求减少，从而均衡国民收入减少；储蓄减少，意味着消费增加，总需求增加，从而均衡国民收入增加。因此，储蓄与均衡收入相反变动。

根据消费和储蓄对均衡收入的不同影响，凯恩斯提出了一个与古典经济学相矛盾的推论，按照传统的观念，勤俭持家，增加储蓄是一种美德，而奢侈浪费、减少储蓄是一种罪恶。但按照储蓄变动引起均衡收入反向变动的理论，增加储蓄会减少均衡收入，使经济衰退，是恶的；而减少储蓄，会增加均衡收入，使经济繁荣，是好的。这种矛盾被称为“节俭的悖论”。实际上，古典经济学和凯恩斯的理论各有不同的适用范围。古典经济学是指在充分就业的经济中，要增加财富，必须以减少消费、增加储蓄为前提，如农业社会转变为工业社会便是如此。另外，如果储蓄必然转化为投资，那么，传统的道德观是完全正确的。而“节俭的悖论”是凯恩斯在 20 世纪 30 年代经济萧条时提出的观点，它说明在经济萧条或社会未达到充分就业时，应鼓励人们有更多的消费支出，以便利用闲置的资源增加收入，这是有一定道理的，因为在经济萧条时，节俭会使萧条更加严重，并会减少社会实际资本，使收入减少。另外，节俭的矛盾是建立在储蓄与投资并无直接联系基础上的。“节俭的悖论”还告诉我们，节俭对个人来说是一件有益的事情，对整个社会来说不一定有益，如“谷贱伤农”的道理。

3. 乘数作用的条件。乘数发挥作用需要有一定的条件，并不是说奢侈浪费就可以使一个国家的经济走向繁荣。只有当经济中存在闲置资源时，总需求的增加才会使各种资源得到利用，产生乘数作用。如果社会的各种资源已经得到了充分利用，或者某些关键部门（如能源、原料或交通）存在着制约其他资源利用的瓶颈状态，乘数的作用就无法发挥或中断。

资源和需求是制约社会经济发展的两条边，其中的短边限定社会产出规模。当资源是短边的时候，社会产出规模就由资源决定。古典经济学关于减少消费、增加储蓄以增加资本积累的观点无疑是正确的。因为节制眼前的消费，意味着为将来更多的生产和更多的消费提供了物质基础，如果这时增加消费支出，扩张需求，将不可能拉动社会经济增长，乘数就失去了发挥作用的条件。当需求是短边的时候，社会产出规模由有效需求决定。这时若增加消费支出，扩张需求，就可以拉动社会经济增长，乘数就有了发挥作用的条件。如果这时全社会每家每户都节制消费，产品就会因缺乏需求而表现为生产过剩，由此导致社会生产进一步减少和个人收入下降，进而引起消费支出相应下降，从而短边越来越短。而且，这个过程是累积性的越来越坏的恶性循环。这也进一步说明了古典经济学和凯恩斯经济学关于节俭的看法的适用领域及区别。

第三节 三部门经济的国民收入决定

一、政府收入和支出

前面的两部门经济分析是假定没有政府，现在其他假定不变，加入政府的作用变为三部门经济。在现代市场经济中，政府的作用通过其掌握的政策工具对经济变量进行调控，实现充分就业、物价稳定、经济稳定增长和国际收支平衡目标。政府收入和支出的变化是主要的政策工具。

政府收入主要来自税收。税收制度有两种基本形式：一种是固定税收制度，即税收是一次性支付的一个固定数额，与收入无关，这种税收也叫自发税收或定量税收；另一种是变动税收制度，即税收是收入水平的函数，随收入变化而变化，这种税收也叫引致税收或比例税收。

考虑到税收后，三部门经济的消费相对于两部门经济中的消费而言发生了变化。在两部门经济中，由于净税收为0，国民收入等于可支配收入，这时可以把消费看做国民收入的函数。而在三部门经济中，由于净税收不等于0，消费是可支配收入（Y_d）的函数，即 $C = a + bY_d$。可支配收入为国民收入减去净税收，即 $Y_d = Y - T$。假定税收函数为 $T = T_0 + tY$，其中，T_0 为自发税收或叫定量税，即不随国民收入变动而变动的税收；t 为边际税率；tY 为引致税收或比例税，即随国民收入变动而变动的税收。这样可支配收入的计算公式为：

$$Y_d = Y - T = Y - T_0 - tY = Y(1-t) - T_0 \qquad (3-22)$$

居民户的预期消费是其可支配收入的一部分。假定最初的边际消费倾向 b 为 0.75，t＝0.2，那么扣除净税收以后的边际消费倾向 $b' = b \times (1-t) = 0.75 \times 0.8 = 0.6$，如图 3－11。

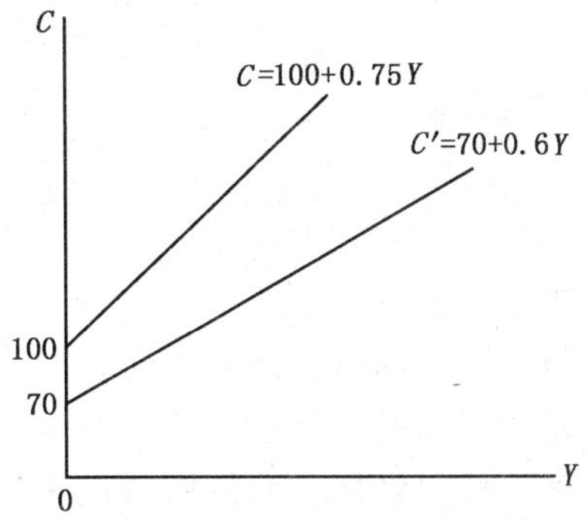

图 3－11　净税收与消费函数曲线

在图 3－11 中，设没有税收时消费函数为 $C = 100 + 0.75Y$，有了税收后消费函数变为 $C' = 100 + 0.75Y_d$，若净税收函数为 $T = 40 + 0.2Y$，则 $C' = 100 + 0.75(Y - T) = 100 + 0.75[Y - (40 + 0.2Y)] = 100 - 30 + 0.6Y = 70 + 0.6Y$。如果没有税收，国民收入 Y 与可支配收入 Y_d 相等。消费曲线 C 表示居民户在每一水平上愿意消费的数量。但现在居民户仅消费增加的每一单位国民收入的 $0.75 \times 0.8 = 0.6$。与国民收入相联系，受净税收的影响，消费曲线由 C 变动到 C′，边际消费倾向变小了。

正因为有了税收，边际消费倾向降低，所以总需求下降，从而导致国民收入下降。可见，政府税收作为国民收入流量循环中的漏出对总需求起收缩作用。

与消费函数相对应，储蓄函数也发生了相应的变化，即

$$S = -a + (1-b)Y_d$$

政府支出包括政府购买和转移支付。政府购买是指政府在商品和劳务上的支出，它包括政府在教育、卫生、防务、警察和公共投资及其他经常性支出。在均衡收入的分析中，政府购买由 G 表示，为一固定量。一般假定政府购买 G 是一个外生变量，其水平不受任何其他因素影响，由政府的行政和立法部门单方面决定。

转移支付是政府在社会保险、公债利息及其他方面的支出，它把购买力从纳税人转移到转移支付的接受者手中，使国民收入在不同社会成员之间进行再分配，实现社会公平目标。政府支出引起总需求增加，但政府购买和政府转移支付对总需求的影响方式不同：政府购买是一种实质性的支出，直接引起对商品和劳务需求的增多；转移支付则要通过国民收入的再分配使个人可支配收入增加，进而引起所消费的商品和劳务的需求增加，需求增加多少要受边际消费倾向影响。

二、三部门经济均衡收入的决定

在三部门经济中，用 AD 表示总需求，则三部门经济中的总需求为：AD＝C＋I＋G。前面说过，与总需求相等的收入即为均衡收入或均衡产出。所以，三部门经济的均衡收入是：

$$Y = AD = C + I + G \qquad (3-23)$$

这里，政府购买就代表政府支出。政府支出原本包括政府购买和政府转移支付，但在三部门经济中，税收（T）为净税收，等于税收总额减去转移支付，即转移支付已经被扣除，因此，这里不再考虑。

在三部门经济中，国民收入从总支出角度看，包括消费、投资和政府购买。而从总收入角度看，包括消费、储蓄和净税收。因此，如果从总收入等于总支出来看，三部门经济的均衡条件是：

$$C + I + G = C + S + T$$

整理后得：

$$I + G = S + T \qquad (3-24)$$

或

$$T - G = I - S \qquad (3-25)$$

公式 3－25 中，左边 T－G 为财政盈余，右边 I－S 为意愿的或计划的净投资超过计划储蓄的部分，即三部门经济均衡时，两者对应。也可以说，三部门经济均衡时，预算赤字与计划储蓄超过计划投资对应。

对于三部门经济，我们同样既可以用收入—支出法来确定均衡收入，也可以用储蓄—投资法来确定均衡收入。这里我们只用收入—支出法来确定均衡收入。

在三部门经济中，有：

$Y = AD = C + I + G$（均衡收入）

$C = a + bY_d$（消费函数）

$Y_d = Y - T$（可支配收入）

$T = T_0 + tY$（税收函数）

$I = I_0$（投资）

$G = G_0$（政府购买）

解联立方程，便得到三部门经济的均衡收入，即

$$Y = C + I + G = a + b\,[Y - (T_0 + tY)] + T_0 + G_0$$

整理得：

$$Y = \frac{1}{1 - b\,(1 - t)} \times (a - bT_0 + T_0 + G_0) \qquad (3-26)$$

例如，设消费函数为 $C = 100 + 0.75Y_d$，税收函数为 $T = 40 + 0.2Y$，投资为 $T_0 = 200$，政府购买为 $G_0 = 130$（单位：10 亿元），则三部门经济的均衡收入为：

$$Y = \frac{100 - 0.75 \times 40 + 200 + 130}{1 - 0.75\,(1 - 0.2)} = 1000\text{（10 亿元）}$$

根据上例，三部门经济均衡收入的决定如表 3－5 所示。

从表 3－5 可以看出，当 Y＝10000 亿元时，总需求＝C＋I＋G＝6700＋2000＋1300＝10000亿元，说明 10000 亿元是均衡的收入。在这一收入水平上，储蓄$_S$ ＝ Y_d － C ＝ 7600 － 6700＝900 亿元，税收 T＝2400 亿元，S＋T＝I＋G＝3300 亿元。除此之外的任何收入都不能达到均衡。在均衡收入为 10000 亿元以上的均为实际收入小于均衡收入的情况，即总需求大于总供给，这意味着厂商销售出去的产量大于它生产出来的产量，非意愿存货投资小于 0，这时厂商扩大生产是有利可图的，于是，厂商增雇工人，增加产量，从而社会经济出现扩张趋势，直至实际收入达到均衡收入的水平。相反，在均衡收入 10000 亿元以下的均为实际收入大于均衡收入的情况，即总需求小于总供给，这说明厂商生产出来的产量大于它的销售量，非意愿存货投资大于 0，于是，厂商便会减少生产，从而社会经济出现收缩趋势，直至实际收入达到均衡收入的水平。只有收入达到均衡水平时，非意愿存货投资等于 0，产量正

好等于销量，存货保持正常水平，这就是厂商愿意保持的产量水平。以上结果也可用图 3－12 表示。

表 3－5　　**三部门经济均衡收入的决定**　　单位：10 亿元

收入	税收	可支配收入	消费	投资	政府购买	总需求
Y	T	Y_d	C	I	G	C + I + G
(1)	(2)	(3)	(4)	(5)	(6)	(7)
300	100	200	250	200	130	580
400	120	280	310	200	130	640
500	140	360	370	200	130	700
600	160	440	430	200	130	760
700	180	520	490	200	130	820
800	200	600	550	200	130	880
900	220	680	610	200	130	940
1000	240	760	670	200	130	1000
1100	260	840	730	200	130	1060
1200	280	920	790	200	130	1120

如图 3－12 所示，横轴表示收入，纵轴表示总支出，45°线表示沿此线收支相等，因此可以被看做收入线。在三部门经济中，首先消费曲线发生了变化。所以，消费函数变为 $C = (a - bT_0) + b(1 - t)Y$，与两部门经济 $C = a + bY$ 相比，消费曲线不仅斜率变小了，而且与其纵轴的截距也变小了（参见图 3－9）。其次，总支出曲线也发生了变化。三部门经济中，总支出 = C + I + G，与两部门经济的总支出 = C + I 相比，总支出曲线向上方平行移动了 G 个单位。总支出曲线与 45°线相交的 E 点所对应的收入水平就是均衡收入。在图 3－12 上表现为 10000 亿元。

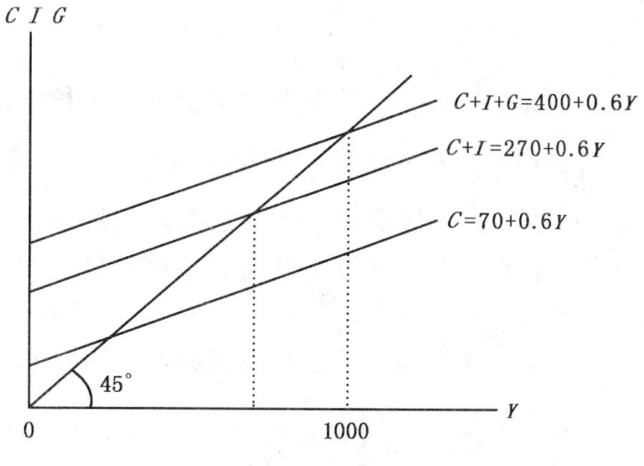

图 3－12　三部门经济的均衡收入（单位：10 亿元）

三、三部门经济均衡收入的变动：乘数效应

（一）政府购买乘数

由于加入了政府部门，不仅投资支出变动有乘数效应，政府购买支出、税收和政府转移支付的变动同样具有乘数效应。下面我们来讨论各种乘数的计算问题。

前面我们讨论的税收为净税收，净税收等于总税收减去政府转移支付，因而在均衡收入的公式中，没有政府转移支付项目。现在为了考虑政府转移支付（TR）的影响，我们用 T 来表示总税收，税收函数为 $T = T_0 + tY$，这样，个人可支配收入变为 $Y_d = Y - T + TR$，由此

根据均衡收入 $Y=C+I+G$ 和消费函数 $C=a+bY_d$，推导出均衡收入公式，即

$$Y=\frac{1}{1-b(1-t)}\times(a-bT_0+bTR_0+T_0+G_0) \tag{3-27}$$

利用上式，可以求出各种乘数。

首先介绍政府购买乘数。政府购买乘数是指均衡收入变动对引起这种变动的政府购买变动的比率用 ΔG 表示政府购买的变动，用 ΔY 表示均衡收入的变动，K_G 表示政府购买乘数，则：

$$K_G=\frac{\Delta Y}{\Delta G}$$

在式 3－27 中，若其他条件不变，只有政府购买变动，则：

$$\Delta Y=\frac{\Delta G}{1-b(1-t)}$$

所以，

$$K_G=\frac{\Delta Y}{\Delta G}=\frac{1}{1-b(1-t)} \tag{3-28}$$

其次，由于加入了政府的作用，投资乘数也发生了变化。从上一节已经知道，投资乘数的公式为 $K_I=\Delta Y/\Delta I$。那么，在式 3－27 中，若其他条件不变，只有投资变动，则：

$$\Delta Y=\frac{\Delta I}{1-b(1-t)}$$

所以，

$$K_I=\frac{\Delta Y}{\Delta I}=\frac{1}{1-b(1-t)} \tag{3-29}$$

可见，在三部门经济中，由于加入了税收因素，投资乘数变小了，没有税收时，投资乘数 $K_I=\frac{1}{1-b}$，有了税收，投资乘数 $K_I=\frac{1}{1-b(1-t)}$。显然，投资乘数与边际消费倾向成正比，与边际税率成反比。因为边际消费倾向越大，由增加总支出所增加的收入中有更大的部分用作消费。而边际税率越高，说明由增加总支出而增加的收入中税后可支配收入越小，因而用于消费的也越小。

可见，政府购买乘数与投资乘数相等，即

$$K_G=K_I=\frac{1}{1-b(1-t)}$$

（二）税收乘数

1. 税收乘数（税收只有定量税）。税收乘数是指均衡收入变动与引起这种变动的税收变动的比率。用 ΔT 表示税收的变动，K_T 表示税收乘数，则：

$$K_T=\Delta Y/\Delta T$$

税收变动有两种：一种是税收绝对量变动对均衡收入的影响；另一种是包括税率变动对均衡收入的影响。这里讨论第一种情况。

若不考虑税率，只有定量税，则公式 3－27 改写为：

$$Y=\frac{1}{1-b}\times(a-bT_0+bTR_0+T_0+G_0)$$

在上式中，若其他条件不变，只有定量税变动，则：

$$\Delta Y=\frac{-b\Delta T}{1-b}$$

所以，

$$K_T=\frac{\Delta Y}{\Delta T}=\frac{-b}{1-b} \tag{3-30}$$

税收乘数为负值，它表示均衡收入随税收增加而减少，随税收减少而增加。因为税收增加表明人们的可支配收入减少，从而消费相应减少，因而税收与均衡收入反方向变动。

2. 税收乘数（税收包括定量税和比例税）。如果税收考虑比例税，税收乘数不能向上面那样给出，这是因为投资、政府购买是总需求的一部分，它们的变动对均衡收入产生直接影响。而税收并不是社会总需求的一个组成部分，它的变化对均衡收入产生间接影响。前面在分析定量税变动的税收乘数时，因为不考虑税率，故可以像得出投资乘数和政府购买乘数的方法一样得出税收乘数。而现在要考虑税率，那么，税收对均衡收入的影响是通过先影响个人可支配收入、再影响消费的路径产生的，即 $\Delta T\rightarrow\Delta Y_d\rightarrow\Delta C\rightarrow\Delta AD\rightarrow\Delta Y$。例如，假定 $b=0.75$，$t=0.2$，增加 800 亿元投资或政府购买，总需求的第一轮增加就是 800 亿元，第二轮才是 $480=800\times0.75\times(1-0.2)$。但如果减税 800 亿元，对总需求的第一轮影响不是 800 亿，而是 480 亿元，这 480 亿元是通过 800 亿先转化为 640 亿可支配收入，再转化为 $640\times0.75=480$ 亿元的消费支出。减税后对总需求的第二轮影响为 288 亿元($480\times0.75\times(1-0.2)=288$)。这样，减税最终引起收入的变化将是：

$$\begin{aligned}\Delta Y&=480+480\times0.8\times0.75+480\times0.8\times0.75\times0.8\times0.75+\cdots+480\times(0.8\times0.75)^{n-1}\\&=480\times(1+0.6+0.6^2+\cdots+0.6^{n-1})\\&=480\times\frac{1}{1-0.6}=1200\ (\text{亿元})\end{aligned}$$

可见，减税 800 亿元，最终使均衡收入增加 1200 亿元，这 1200 亿元和 800 亿元之比就是税收乘数，即 $K_T=\frac{\Delta Y}{\Delta T}=\frac{1200}{800}=1.5$。由于税收变化和均衡收入变化是反方向的，因此，税收乘数的代数值是负的。

如果用 ΔY、ΔT、b、t 分别表示收入变化量、税收变化量、可支配收入的边际消费倾向和边际税率，则税收乘数可用简单代数推导如下：

$$\begin{aligned}\Delta Y&=b(1-t)\Delta T+b(1-t)^2\Delta T+b(1-t)^3\Delta T+\cdots+b(1-t)^n\Delta T\\&=[b(1-t)+b(1-t)^2+b(1-t)^3+\cdots+b(1-t)^n]\Delta T\\&=\frac{b(1-t)}{1-b(1-t)}\Delta T\end{aligned}$$

这样，$K_T=\frac{\Delta Y}{\Delta T}=\frac{b(1-t)}{1-b(1-t)}$

由于收入与税收变动方向相反，因此，

$$K_T=\frac{-b(1-t)}{1-b(1-t)} \tag{3-31}$$

我们将包含比例税的税收乘数与政府购买乘数相比，则有 $K_T<K_G$ 的结果，因为 ΔG 会全部转化对自发总需求的影响，而 ΔT 并不会全部转化为对自发总需求的影响，而只有 $b(1-t)\Delta T$ 部分转化对自发总需求的影响。因此，税收乘数小于政府购买乘数。

（三）政府转移支付乘数

政府转移支付乘数是指均衡收入的变动与引起这种变动的政府转移支付变动的比率。用 ΔTR 表示政府转移支付的变动，用 K_{TR} 表示政府转移支付乘数，则：

$K_{TR}=\Delta Y/\Delta TR$

增加政府转移支付对收入的影响和减税对收入的影响是一样的。例如政府增加 800 亿元转移支付，并不会一开始就直接形成 800 亿元总需求，而必须先形成可支配收入，再按边际消费倾向形成消费需求。如果 $b=0.75$，$t=0.2$，则增加 480 亿元的消费，这样，对总需求产生一轮的影响。所以增加 800 亿元转移支付，最终会使收入增加 1200 亿元。这样，$K_{TR}=\frac{\Delta Y}{\Delta TR}=\frac{1200}{800}=1.5$。正因为如此，我们可以得到：

$$K_{TR}=\frac{\Delta Y}{\Delta TR}=\frac{b(1-t)}{1-b(1-t)} \tag{3-32}$$

比较政府转移支付乘数与税收乘数，二者的计算过程和公式相同，但符号相反。因为增加税收使总需求下降，而增加政府转移支付使总需求上升。并且，可以把政府转移支付看成是一种负税收。

（四）平衡预算乘数

平衡预算乘数是指政府收入和支出同时以相等的数量增加或减少时，均衡收入变动对政府收支变动的比率。用 ΔT 表示政府收入的变动，ΔG 表示政府支出的变动，ΔY 表示 $\Delta T=\Delta G$ 时均衡收入的变动，用 K_B 表示平衡预算乘数。由于存在边际税率问题，使得税收随收入的变动而变动，在这种情况下，均衡收入的变化为政府购买的变化 ΔG 和消费支出的变化 ΔC，而消费支出的变化可以表示为 $\Delta C=b\Delta Y_d$，即 $\Delta Y=\Delta G+b\Delta Y_d$，而可支配收入的变动为：

$$\Delta Y_d=\Delta Y-\Delta T$$

因此，

$$\begin{aligned}\Delta Y&=\Delta G+b\Delta Y_d=\Delta G+b(\Delta Y-\Delta T)\\&=\Delta G+b(\Delta Y-\Delta G)\end{aligned}$$

上式左右移项，得：

$$(1-b)\Delta Y=(1-b)\Delta G$$

即

$$\frac{\Delta Y}{\Delta G}=\frac{\Delta Y}{\Delta T}=\frac{1-b}{1-b}=1=K_B$$

这一结论也可以通过将政府购买乘数和税收乘数直接相加得到：

$$K_B=K_G+K_T=\frac{1}{1-b(1-t)}+\frac{-b(1-t)}{1-b(1-t)}=1 \tag{3-33}$$

假定政府购买增加 800 亿元，税收也相应增加 800 亿元，预算是平衡的，但国民收入会增加 800 亿元。

第四节

四部门经济的国民收入决定

一、进口函数和出口函数

以上三部门经济是假定不包括国外部门。其实，市场经济的发展必然导致对外贸易和其他对外经济关系。因此，现在我们在三部门经济中引入国外部门，便成了四部门经济，其他假定不变。

在四部门经济中，我们将引入进口函数和出口函数。一个国家的进口会随着本国收入的变动而变动。因为随着本国收入的增加，人们对进口消费品和投资品（比如机器设备、仪器等）的需求会增加。这样，把进口看成是国民收入的函数，即所谓进口函数是表示进口和国民收入的依存关系。进口函数可表示为：

$$M = M_0 + mY \tag{3-34}$$

公式 3-34 中，M_0 为自发进口，即不随国民收入的变动而变动的进口部分。例如，本国不能生产、但又是国计民生所必须的产品，不管收入水平如何都必须进口的产品。m 为边际进口倾向，即收入增加一个单位时进口会增加多少，也就是收入增量与进口增量的比率。mY 称为引致进口，表示有收入变动引起的进口。

一个国家的出口由外国的购买力和购买要求决定，本国难以左右，即甲国的出口可看做是乙国收入水平的函数。乙国收入水平变化会直接影响甲国的出口，进而影响甲国的收入水平。同样，甲国收入变化也会影响乙国的出口和收入。为了方便分析，可假定甲国是一个小国，其进口不足以影响乙国的收入与进口。由于乙国进口就是甲国出口，因此，说甲国从乙国进口不会影响乙国的收入与进口，等于说甲国从乙国进口不会影响甲国的出口。因此，在小国模型中，甲国出口不受本国进口和收入的影响，因而一般假定出口 X 为一个外生变量。

二、四部门经济均衡收入的决定

在四部门经济中，用 AD 表示总需求，则四部门经济中的总需求为：AD = C + I + G + (X - M)。前面说过，与总需求相等的收入即为均衡收入或均衡产出。这样，四部门经济的均衡收入是：

$$Y = AD = C + I + G + (X - M) \tag{3-35}$$

公式 3-35 中，X - M 为净出口，它现在构成了总需求的一个组成部分。对于四部门经济，我们同样既可以用收入—支出法来确定均衡收入，也可以用储蓄—投资法来确定均衡收入。这里我们只用收入—支出法来确定均衡收入。在四部门经济中有：

$Y = AD = C + I + G + (X - M)$（均衡收入）

$C = a + bY_d$（消费函数）

$Y_d = Y - T + TR$（可支配收入）

$T = T_0 + tY$（税收函数）

$M = M_0 + mY$（进口函数）

$I = I_0$（投资）

$G = G_0$（政府购买）

$X = X_0$（出口）

$TR = TR_0$（政府转移支付）

根据以上公式，可以得出四部门经济的均衡收入，即

$$\begin{aligned} Y &= C + I + G + (X - M) \\ &= a + b[Y - (T_0 + tY) + TR_0] + I_0 + G_0 + X_0 - (M_0 + mY) \end{aligned}$$

整理得：

$$Y=\frac{1}{1-b\ (1-t)\ +m}\times\ (a-bT_0+bTR_0+I_0+G_0+X_0-M_0)\qquad(3-36)$$

公式 3-36 便是四部门经济的均衡收入，也是完整的简单国民收入决定模型。

三、四部门经济均衡收入的变动：乘数效应

（一）对外贸易乘数

在开放条件下，对外贸易的增长可以使国民经济成倍增加，对外贸易乘数研究一国对外贸易与国民收入、就业之间的相互影响，描述在开放经济体系内部出口促进经济增长的动态过程。对外贸易乘数的作用是指进出口数量的变化会使国民收入水平发生倍数的变化。这就是说，进出口差额给国民收入总量带来的影响大于进出口差额本身的数量。由于这种变化是对外贸易的结果，因此，反映这种关系的倍数就叫做对外贸易乘数（foreign trade multiplier）。对外贸易乘数与消费、投资以及政府支出乘数是一样的。因为进出口之间的差额（X - M）同 C、I、G 一样，都是总需求的组成部分。

所谓对外贸易乘数，是指均衡收入的变动与引起这种变动的出口变动之间的比率。用 ΔX 表示出口的变动，ΔY 表示均衡收入的变动，用 K_X 表示对外贸易乘数，则：

$$K_X=\Delta Y/\Delta X$$

在公式 3-36 中，若其他条件不变，只有出口发生变动，则：

$$\Delta Y=\frac{\Delta X}{1-b\ (1-t)\ +m}$$

所以，

$$K_X=\frac{\Delta Y}{\Delta X}=\frac{1}{1-b\ (1-t)\ +m}\qquad(3-37)$$

假定 $b=0.8$，$t=0.25$，$m=0.1$，则：

$$K_X=\frac{1}{1-0.8\ (1-0.25)\ +0.1}=2$$

它表示，如果出口增加 200 亿元，则均衡收入增加 400 亿元；如果出口减少 200 亿元，则均衡收入减少 400 亿元。

（二）四部门经济中的其他乘数

加入国外部门以后，形成了开放经济，与封闭经济相比，不仅出口的变动形成对外贸易乘数，而且投资、政府购买、转移支付和税收的变动对均衡收入变动的影响也发生了相应的变化。在四部门经济中，投资乘数、政府购买乘数、政府转移支付乘数和税收乘数的计算公式分别为：

投资乘数：$K_I=\dfrac{1}{1-b\ (1-t)\ +m}$

政府购买乘数：$K_G=\dfrac{1}{1-b\ (1-t)\ +m}$

税收乘数：$K_T=\dfrac{-b\ (1-t)}{1-b\ (1-t)\ +m}$

政府转移支付乘数：$K_{TR}=\dfrac{b\ (1-t)}{1-b\ (1-t)\ +m}$

由于 $0<t<1, 0<m<1$，因此，$1-b<1-b(1-t)<1-b(1-t)+m$。可以看出，在四部门经济中，各种乘数变小了。这是因为增加的收入的一部分现在要用于进口商品上了。

【案例分析】

1978—2005 年中国的支出法 GDP

社会总需求包括消费需求、投资需求、政府支出需求和出口需求。根据凯恩斯的有效需求理论，如果生产能力没有得到完全利用，当社会总需求增加时，总产出将会上升。

表 3-6 是 1978—2005 年间按当年价格计算的中国国内生产总值的构成及变化。1978—2005 年，中国的 GDP 增长了将近 50 倍（按可比价格增长了 11 倍）。但是，GDP 的主要构成部分，如消费、资本投资和净出口等的变化却是不同的。试根据 NI-AE 模型，分析这些因素的变化对中国 GDP 的影响。

表 3-6　　单位：亿元

年　份	支出法国内生产总值	最终消费	资本形成总额	货物和服务净出口	最终消费率（%）	资本形成率（%）
1978	3605.6	2239.1	1377.9	-11.4	62.1	38.2
1979	4092.6	2633.7	1478.9	-20.0	64.4	36.1
1980	4592.9	3007.9	1599.7	-14.7	65.5	34.8
1981	5008.8	3361.5	1630.2	17.1	67.1	32.5
1982	5590.0	3714.8	1784.2	91.0	66.5	31.9
1983	6216.2	4126.4	2039.0	50.8	66.4	32.8
1984	7362.7	4846.3	2515.1	1.3	65.8	34.2
1985	9076.7	5986.3	3457.5	-367.1	66.0	38.1
1986	10508.5	6821.8	3941.9	-255.2	64.9	37.5
1987	12277.4	7804.6	4462.0	10.8	63.6	36.3
1988	15388.6	9839.5	5700.2	-151.1	63.9	37.0
1989	17311.3	11164.2	6332.7	-185.6	64.5	36.6
1990	19347.8	12090.5	6747.0	510.3	62.5	34.9
1991	22577.4	14091.9	7868.0	617.5	62.4	34.8
1992	27565.2	17203.3	10086.3	275.6	62.4	36.6
1993	36938.1	21899.9	15717.7	-679.5	59.3	42.6
1994	50217.4	29242.2	20341.1	634.1	58.2	40.5
1995	63216.9	36748.2	25470.1	998.6	58.1	40.3
1996	74163.6	43919.5	28784.9	1459.2	59.2	38.8
1997	81658.5	48140.6	29968.0	3549.9	59.0	36.7
1998	86531.6	51588.2	31314.2	3629.2	59.6	36.2
1999	90964.1	55636.9	32951.5	2375.7	61.2	36.2
2000	98749.0	61516.0	34842.8	2390.2	62.3	35.3
2001	108972.4	66878.3	39769.4	2324.7	61.4	36.5
2002	120350.3	71691.2	45565.0	3094.1	59.6	37.9
2003	136398.8	77449.5	55963.0	2986.3	56.8	41.0
2004	160280.4	87032.9	69168.4	4079.1	54.3	43.2
2005	186700.9	96918.1	79559.8	10223.0	51.9	42.6

数据来源：《中国统计年鉴（2005）》，中国统计出版社 2005 年版；本表按当年价格计算。

本章小结

1. 消费函数是表示消费和收入之间的依存关系。储蓄函数是表示储蓄对收入的依存关系。消费函数和储蓄函数互为补数，二者之和恒等于收入。消费函数和储蓄函数中只要有一个确立，另一个随之确立。

2. 两部门经济的均衡收入 $Y=\frac{1}{1-b}\times(a+I)$；投资乘数 $K_I=\frac{1}{1-b}$。

3. 三部门经济的均衡收入 $Y=\frac{1}{1-b(1-t)}\times(a-bT_0+I_0+G_0)$；政府购买乘数 $K_G=\frac{1}{1-b(1-t)}$；投资乘数 $K_I=\frac{1}{1-b(1-t)}$；自发税收乘数 $K_T=\frac{-b}{1-b}$；引致税收乘数 $K_T=\frac{-b(1-t)}{1-b(1-t)}$；政府转移支付乘数 $K_{TR}=\frac{b(1-t)}{1-b(1-t)}$。

4. 四部门经济的均衡收入 $Y=\frac{1}{1-b(1-t)+m}\times(a-bT_0+bTR_0+I_0+G_0+X_0-M_0)$；对外贸易乘数 $K_X=\frac{1}{1-b(1-t)+m}$；投资乘数 $K_I=\frac{1}{1-b(1-t)+m}$；政府购买乘数 $K_G=\frac{1}{1-b(1-t)+m}$；税收乘数 $K_T=\frac{-b(1-t)}{1-b(1-t)+m}$；政府转移支付乘数 $K_{TR}=\frac{b(1-t)}{1-b(1-t)+m}$。

复习与练习

一、关键概念

均衡产出或均衡收入　消费函数　储蓄函数　边际消费倾向和平均消费倾向　边际储蓄倾向和平均储蓄倾向　投资乘数　政府购买　政府转移支付　政府购买乘数　税收乘数　政府转移支付乘数　对外贸易乘数

二、单项选择题

1. 从短期来看，当居民的可支配收入等于0时，消费支出可能(　　)。

A. 大于0　　B. 等于0

C. 小于0　　D. 以上几种情况都有可能

2. 投资乘数在哪一种情况下较大？(　　)

A. 边际消费倾向较大　　B. 边际储蓄倾向较大

C. 边际消费倾向较小　　D. 通货膨胀率较高

3. 计划投资若超过计划储蓄，那么(　　)。

A. 总供给将大于总需求　　B. 在未充分就业情况下将增加就业

C. 将产生通货膨胀缺口　　D. 经济将处于非预期状态

4. 在收入的均衡水平上，(　　)。

A. 非自愿的存货积累为 0　　B. 计划支出等于实际支出

C. GDP 没有变动的趋势　　D. 上述各项都正确

5. 若实际产出位于储蓄曲线和投资曲线交点的右方，则(　　)。

A. 存在超额产出　　B. 非计划存货小于 0

C. 计划储蓄大于计划投资　　D. 以上各项都对

6. 若计划投资支出减少而使原来 GDP 的均衡水平改变，可以预期(　　)。

A. GDP 下降，储蓄 S 不变　　B. GDP 下降，储蓄 S 上升

C. GDP 和储蓄 S 都下降　　D. GDP 不变，储蓄 S 下降

7. 财政政策的实际作用往往比简单乘数所表示的要小，这主要是因为简单乘数(　　)。

A. 没有考虑时间因素　　B. 没有考虑国际市场因素对国内市场的影响

C. 没有考虑货币和价格因素　　D. 没有考虑货币政策的作用

8. 凯恩斯理论中的自发支出乘数可应用于(　　)。

A. 当投资增加时

B. 仅当在闲置资源的经济中增加投资

C. 仅当在某些经济变量（比如投资）变化，从而增加或减少闲置资源

D. 仅为财政政策变化时

三、简答题

1. 能否说明边际消费倾向和平均消费倾向都总是大于 0 而小于 1，为什么？

2. 在均衡收入水平上，是否意愿存货投资和非意愿存货投资都必然为 0？

3. 按照凯恩斯主义观点，增加储蓄对均衡收入会有什么影响？

4. 为什么投资对国民收入具有乘数作用？乘数在经济中发生作用的前提条件是什么？

5. 一些西方经济学家常断言，将一部分国民收入从富者转给贫者，将会提高总收入水平，你认为其理由是什么？

6. 税收、政府购买和转移支付这三者对总支出的影响方式有何区别？

四、计算题

1. 假设某经济社会的消费函数为 $C=100+0.8Y$，投资为 50（单位：10 亿美元）。

【要求】

(1) 求均衡收入、消费和储蓄。

(2) 如果当时实际产出（即收入）为 800，试求企业非意愿存货积累为多少？

(3) 若投资增至 100，试求增加的收入。

(4) 若消费函数变为 $C=100+0.9Y$，投资仍为 50，收入和储蓄各为多少？投资增至 100 时收入增加多少？

(5) 消费函数变动后，乘数有何变化？

2. 假设某经济社会储蓄函数为 $S=-1000+0.25Y$，投资从 300 增加到 500 时，均衡收入增加多少？若本期消费是上期收入的函数，即 $C=a+bY_{t-1}$，试求投资从 300 增至 500 的过程中的第 1、2、3、4 期收入各为多少？

3. 假设某经济社会的消费函数为 $C=100+0.8Y_d$，意愿投资 $I=50$，政府购买性支出 $G=200$，政府转移支付 $TR=62.5$（单位：10 亿美元），税率 $t=0.25$。

【要求】 试求：

(1) 均衡收入。

(2) 投资乘数、政府支出乘数、税收乘数、转移支付乘数和平衡预算乘数。

(3) 假定该社会达到充分就业所需要的国民收入为1200，试问：①用增加政府购买；②或减少税收；③或增加政府购买和税收同一数额（以便实现预算平衡）；对实现充分就业，各需要多少数额？（均不考虑货币市场作用，即不考虑货币需求变动对利率，从而对投资和消费的影响）。

4. 假定在上题中加入进口因素，并假定净出口函数为 $NX = 50 - 0.05Y$。

【要求】 试求：

(1) 均衡收入。

(2) 投资乘数、政府支出乘数、税收乘数和转移支付乘数，并与上题中求出的乘数作比较，说明这些乘数的值变大了还是变小了，为什么？

第四章　消费、投资与对外贸易：模型的微观基础

投资和消费的关系是国民经济中最重要的关系之一，历来是国家宏观调控的核心变量。投资、消费和净出口被称为拉动经济增长的“三驾马车”，而对我国这样一个发展中大国而言，投资和消费（内需）对经济增长的拉动作用尤为重要。从本章开始，为了建立 IS—LM 模型，我们根据微观经济主体效用最大化目标，进一步研究各种决定因素与消费、投资、净出口等方面的关系。

通过本章学习，你能够：了解凯恩斯的消费函数的理论内涵与不足，掌握相对收入理论、永久性收入理论、生命周期理论，掌握影响投资决策的因素并进行实际地分析，理解和分析消费和投资在当前中国宏观经济中的重要作用。

第一节　消费函数理论

1936 年，凯恩斯在《就业、利息和货币通论》第三篇消费倾向中首创消费函数（consumption function）理论以后，消费函数就成为经济学家关注和研究的一个专门领域，一些杰出的经济学家如杜森贝里（J.S.Duesenberry）、西蒙、托宾、弗里德曼（M.Fridman）、莫迪里安尼（F.Modigliani）等都对凯恩斯的消费函数理论进行了补充，做出了杰出的贡献。对消费部分的研究历来是宏观经济学的重点。本节中，我们将说明凯恩斯消费函数理论及其局限性，并讨论持久收入假说、生命周期学说、相对收入假说等主要消费函数理论。

一、凯恩斯消费函数及其缺陷

在 20 世纪 30 年代以前，经济学家认为消费支出是利率的函数。凯恩斯认为，消费支出主要决定于人们的可支配收入，即 $C = C(Y - T)$。这说明消费支出是当期可支配收入水平的函数，即消费会随着收入的增加而增加，但是，消费的增加额会小于收入的增加额。因此，凯恩斯的消费函数也被称做绝对消费函数或绝对收入假说（absolute income hypothesis）理论。

正如第三章已介绍的，凯恩斯的消费函数常常被写成：C = a + bY，**此消费函数的经济意义可以解释为：消费等于自发消费和引致消费之和。**

概括起来，凯恩斯的绝对消费函数理论包括以下四个要点：第一，消费支出是可支配收入的函数。第二，边际消费倾向是一个大于0、小于1的数。第三，随着收入的增加，边际消费倾向（MPC）是下降的。第四，平均消费倾向也随收入的增加而下降，边际消费倾向小于平均消费倾向。

凯恩斯指出，一般而论，当收入增加时，人们将增加其消费，但消费的增加没有其收入增加的那么多。这就是说，随着人们收入的增加，人们的消费会随之增长，但是消费支出在收入中所占的比重是不断减少的。这就是所谓的边际消费倾向递减规律。边际消费倾向递减规律是凯恩斯有效需求不足理论的三大基石之一。

早期的凯恩斯主义者非常赞赏凯恩斯的绝对消费理论，主要有两个方面的原因：第一，如果在消费和收入之间存在稳定的收入关系后，那么，在知道了投资支出以后，就能确定可以充分就业的政府购买支出。第二，当时的实证研究支持了凯恩斯的消费理论，经济学家对消费和收入数据进行了回归分析，的确得到了一条与纵轴有正截距、同时斜率在0.6到0.8之间的消费函数曲线。

二、库兹涅茨的长期消费函数

虽然早期的实证研究支持了凯恩斯的消费理论与人们的消费倾向是基本符合的，但是，此后很快发现凯恩斯关于平均消费倾向的假设是有问题的。在二战以后的美国，人们的收入急剧增加，同时消费配额被取消，导致消费支出迅猛增加，但并没有出现凯恩斯理论所预期的平均消费倾向下降和储蓄率不断上升的现象。这二者之间的不一致被称为“消费函数之谜”，具体表现在：平均消费倾向从长远看是不变的，在短期内是递减的；长期边际消费倾向大于短期边际消费倾向。

库兹涅茨(S.Kuznets)运用时间交替的方法,研究了美国在1869—1933年之间消费支出和收入之间的长期经验关系(见表4-1)。他的研究结果进一步说明了凯恩斯理论的局限性。

表4-1　　美国三个长时期平均消费倾向（APC）的测算表

时　期	1869—1898	1884—1913	1904—1933
平均消费倾向（APC）	0.867	0.867	0.879

参阅杰菲：《宏观经济学与微观经济学应用》，机械工业出版社1985年版，第164~186页。

由此，库兹涅茨指出，长期平均消费倾向是稳定的，边际消费倾向作为一个长期趋势并不一定存在。这便是有名的“库兹涅茨悖论”。他否定了凯恩斯的绝对消费函数理论的第三个命题。

库兹涅茨指出：第一，从长远看，消费支出在收入中所占的比重即平均消费倾向（APC）没有下降的趋势，所以当收入沿着长期趋势增长时，边际消费倾向和平均消费倾向是相等的，这就说明，在长期中，消费函数曲线是一条直线。第二，在经济繁荣时期，消费支出在收入中所占的比重即APC高于长期平均水平。这就意味着，消费支出在收入中所占的比重在经济周期性波动中，与收入水平同方向变动（见图4-1）。因此，在短期中，才有

APC < MPC。而在凯恩斯的绝对消费理论中，只进行了短期的分析。

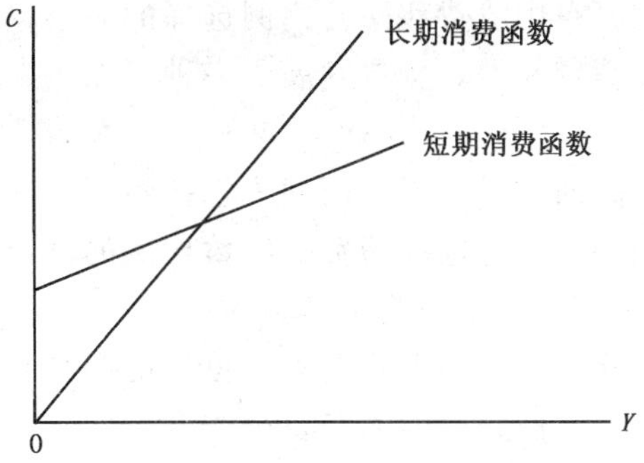

图 4－1 消费函数之谜

三、相对收入假说（relative income hypothesis）

相对收入消费理论是美国经济学家杜森贝里（James.S.Duesenberry）首先提出来的。杜森贝里的相对收入理论体现在两点假设上。首先，杜森贝里认为，消费者的消费支出会受到自己过去的消费习惯、消费水平的影响。如图 4－2 中所示，消费为收入的固定比例，所以长期的消费函数为 $C=\beta y$。当经济变动，短期的消费函数会有不同的形态，假如原先的收入为 y_1，消费为 C_2，当收入减少时，消费不是沿着 C 变动，而是沿着 C_2 途径变动；反之，当经济恢复时，收入由 y_2 恢复时，消费沿着 C_2 路径变动，直至达到原来收入的最高水平 y_1 为止。当经济由 y_1 稳定增长时，消费又走 $C=\beta y$ 的路径，使消费和收入成固定比例。然而，当经济又发生衰退，收入在 y_3 处时，短期的消费函数为 C_1，如此继续变动。

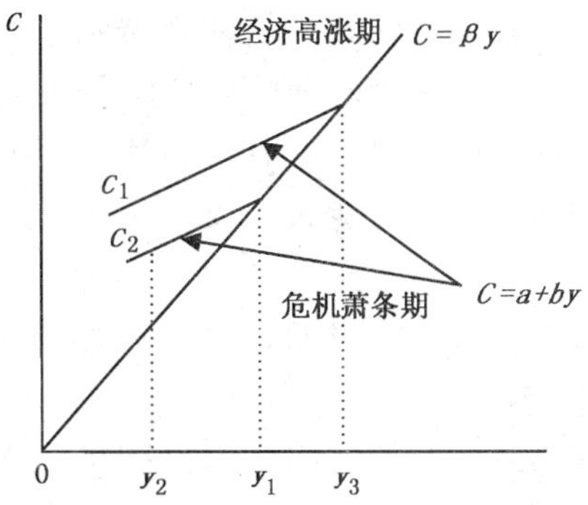

图 4－2 相对收入消费理论对短期消费函数的解释

结果就会有长期消费函数 $C=\beta y$ 和短期消费函数 $C=a+bY$。所以，人们的当期消费是相对决定的。消费和个人可支配收入在长时间内会维持一个相对固定的比率。因此，长期消费函数是由原点出发的一条直线，但是，短期消费函数却是一条有正截距的曲线，杜森贝里把短期消费函数的正截距归因于经济周期波动期的不同消费行为。其理论核心是消费者易于随着收入的增加而增加消费，而不易随着收入的减少降低消费，这种短期消费行为和长期消费行为的结合，就产生了所谓的“棘轮效应”，即经济中消费的变动要比收入的变动稳定得多。

另外一个方面，消费者的消费要受周围人们消费水准的影响。一个家庭在决定其消费时，常常会参考有着相近收入家庭的消费。如果一个家庭的收入慢于其他家庭的收入的增长，其收入的地位下降了，但是，由于消费惯性，仍然会维持原来的消费水平，导致其消费在收入中的比重上升。相反，如果这一家庭的收入的增长快于其他家庭，其消费会效仿新收入水平的家庭。这种模仿和攀比别人的消费行为，就是所谓的“示范效应”。

20 世纪 50 年代，弗里德曼、莫迪里安尼等都对凯恩斯的消费函数理论进行了补充，提出了持久收入假说、生命周期学说等消费函数理论，因为他们的消费理论都是以费雪的消费理论为基础的，所以我们先介绍费雪的跨期选择（intertemporal choice）的消费理论。

四、消费偏好、利率和跨期选择理论

当人们决定消费多少和储蓄多少的时候，他们肯定既会考虑将来又会考虑现在。即使不考虑未来收入的变化，在收入既定的情况下，也有现在消费和将来消费之间的替代，因此一

个家庭在作消费和储蓄比例选择的时候，必然既会预计一下将来的收入，也会考虑将来能得到的消费水平。费雪发展了一种可以用来研究理性和有远见的消费者如何进行跨期选择的模型。

跨期选择是指在模型中包括不同时期的多个选择。费雪的模型说明了消费者面临的约束和他们是如何选择消费与储蓄比例的。

（一）利率和跨期预算约束

人们总是想消费更多、更好的商品和服务，但由于受到了支付能力的限制，所以实际的消费比他们想要的消费要少或差一些。这就是我们所说的，当消费者考虑消费问题时，不仅是当前的消费，而且要决定当前和将来的不同时间的消费以及现在和将来很长时间的总体消费，消费者面临的是一种长期的总收入的有限性形成的跨期预算约束（inter – temporal budget constraint）。要理解消费者对消费水平的选择，我们必须考察受到的这种约束条件。

我们讨论两个时期的消费者的消费决策问题。假设用 Y_1 和 C_1，Y_2 和 C_2 分别表示该消费者生活的两个时期的收入和消费，假设该消费者既可以借贷，也可以储蓄，因此在任何一个时期的消费都可能大于或者小于当期的收入。我们来看消费者的收入是如何约束他的消费的。

首先在第一个时期，消费者的储蓄 S 等于收入减消费，即

$$S = Y_1 - C_1 \tag{4-1}$$

在第二个时期，因为不再存在后续的第三时期，所以该消费者不但不会再储蓄，而且会把他的所有财富都消费掉。因此，第二期的消费等于该期收入加上第一期的储蓄以及第一期的储蓄得到的利息，即

$$C_2 = Y_2 + (1+r)S \tag{4-2}$$

式中，r 是实际利率。

如果消费者在第一个时期是借贷而不是储蓄，这两个方程仍然是正确的，因为 S 既可以理解为储蓄，也可以把它理解为借贷，不过前者意味着第一期的消费小于收入，S 的符号为正，而后者意味着第一期的消费大于收入，S 的符号为负。假设储蓄和借贷的利率是相同的。即把（1）式代入（2）式，得：

$$C_2 = Y_2 + (1+r)(Y_1 - C_1) \tag{4-3}$$

进一步可以得到：

$$(1+r)C_1 + C_2 = (1+r)Y_1 + Y_2$$

或

$$C_1 + \frac{C_2}{1+r} = Y_1 + \frac{Y_2}{1+r}$$

以上方程表明两个时期的消费的一种加权和，必须与两个时期收入的相应加权和（现在值和将来值）相等，或不超过收入的加权和。因此，他们是对该消费者两个时期总体消费的跨期预算约束。由于利率一般是大于 0 的，因此上述预算约束方程说明，两期消费的将来值或现在值之和必须等于两期收入的将来值和或现在值之和。

图 4 – 3 中的预算约束线与通常消费者在两种商品之间选择的预算约束线有所不同，现在消费者选择的是两个时期的消费数量 C_1，C_2，或者说是比率 C_1/C_2。图中预算约束线实际上就是对应两个时期收入水平的一个特定组合（Y_1，Y_2）的消费者的消费可能性边界，在该

边界以内面积中所有各点对应的组合（C_1，C_2）都是该消费者可以实现的。如果消费者选择在第一时期消费掉收入的全部，那么最大消费量是［$Y_1+Y_2/(1+r)$］，反过来如果全部在第二个时期消费，则可以消费的数量是［$(1+r)Y_1+Y_2$］。这两种情况是两个极端，也是预算约束线与 C_1，C_2 的两个交点。注意由于 $r>0$，因此不管两期的收入 Y_1、Y_2 的相对大小如何，都有［$Y_1+Y_2/(1+r)$］＜［$(1+r)Y_1+Y_2$］，即预算约束线的坡度大于45°，其斜率为 $1+r$，意味着第二期消费的比例越高，最大可能的总消费水平就越高。这当然是由于减少前期消费进行储蓄能获得利息收入，从而使总收入增加，而反过来则要付出利息，使可消费的总收入减少的结果。

（二）消费者偏好

预算约束只是给出了所有可能的最大限度结合，我们同样需要研究消费者对消费者的时期结合的偏好问题来分析消费者对这些结合的相对偏爱程度和消费者选择的根据和结果。

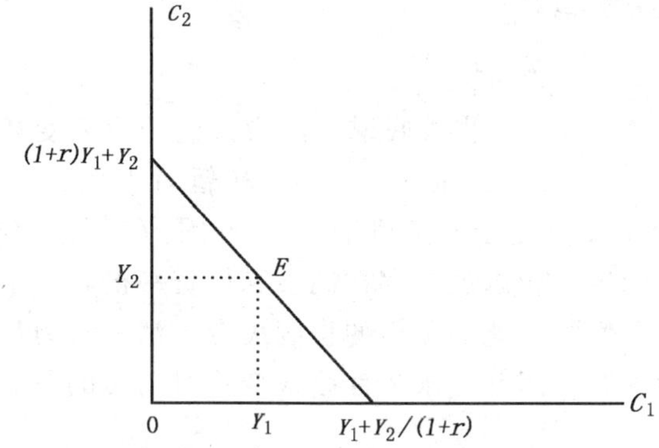

图4－3　消费者预算约束线

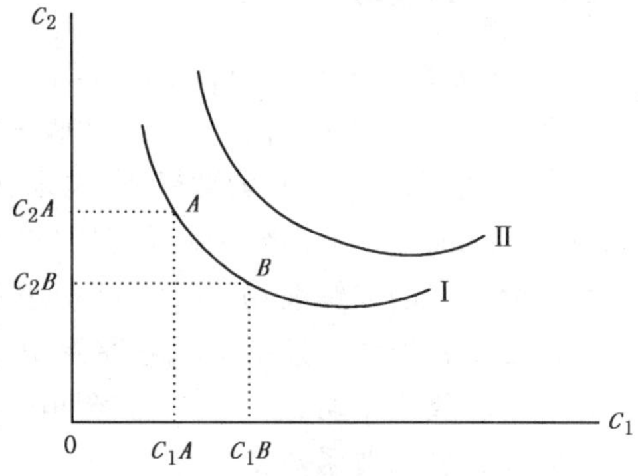

图4－4　消费者无差异曲线

图4－4中画了两条代表不同满意程度的时期选择无差异曲线Ⅰ和Ⅱ。在同一条曲线上的点代表的两个时期消费水平的组合，如曲线Ⅰ上的A和B两点对应的（C_1A，C_2A）和（C_1B，C_2B），对消费者来说是无差异的，有相同的效用。消费者对两个时期消费水平组合的偏好和排序，构成上述坐标平面的一组无差异曲线。

（三）收入与利率对跨期选择的影响

在预算约束允许的情况下，使自己两期的消费组合位置落在位置尽可能高的无差异曲线上，以实现两个时期消费的最佳组合，从而得出了消费者跨期选择的原则，如下图4－5中的Z点。

收入对两期消费的影响：当收入增加后，只要利率不变，预算约束线就会向上平移，这时与预算约束线相切的无差异曲线位置会更高（Z′）；如果收入下降，则情况正好相反。利率在人们的跨期消费中有着重要的影响，原因是其决定了预算约束线的斜率，而该斜率又直接影响预算约束线与哪条无差异曲线相切。图4－6中反映的是利率上升时，在第一个时期有储蓄的消费者跨期选择的变化，利率的提高使消费者消费组合从A点变化到B点。第一时期的消费减少了，而第二时期的消费增加了，新的消费组合落在较高的位置上，总体效用增加。这被称为“收入效应”，同时利率上升使第一期消费成本增加，第二期消费成本降低，消费者倾向于用将来的消费代替现在的消费，这是利率变化产生的替代效应。当前消费最终是增加还是减少，取决于这两种效应哪种更大。图4－6所反映的是收入效应小于替代效应，从而第一时期消费减少的情况。

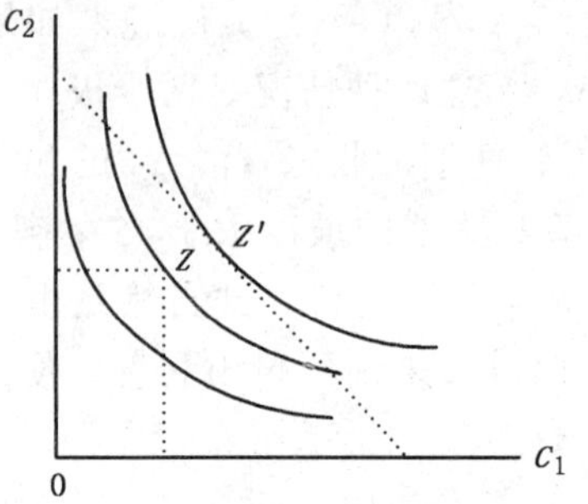

图 4－5 消费者最佳跨期选择

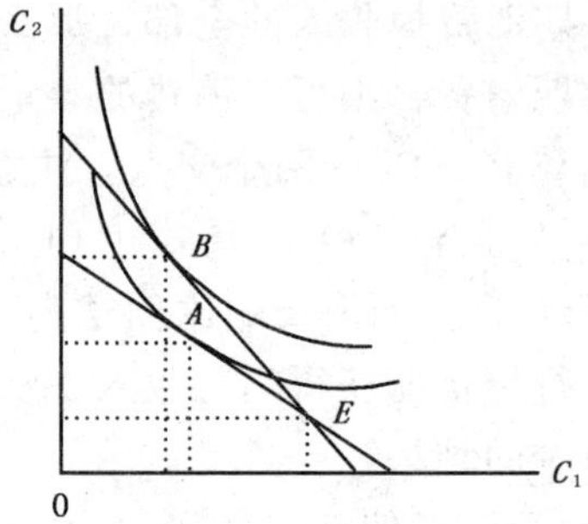

图 4－6 利率变化的影响

五、前向预期的消费理论

（一）永久性收入理论（permanent income hypothesis of consumption）

弗里德曼 1957 年提出的"永久性收入假说"（又称持久收入假说）认为人们的收入变动存在不确定性。他将人们的收入分成永久性收入 Y_p（permanent income）和暂时性收入 Y_t（transitory income）两个部分，而人们的消费行为主要决定于永久性收入 Y_p，因为人们通常不喜欢消费水平的大幅波动，希望消费水平相对稳定。所以虽然存在储蓄和借贷平衡收入水平的偶然波动，但各时期的消费水平最终会由永久性收入能够负担的程度决定。消费行为与人们的永久性收入密切相关，而与当期收入很少关联。因此，永久性收入变化对消费的影响较大。也就是说消费函数是：

$$C = aY_p \tag{4-4}$$

式中，a 是常数。该方程表示从长远看，人们的消费水平是永久性收入的线性齐次函数，消费水平与永久性收入成比例。

根据上述消费函数计算得到消费者的平均消费倾向为：

$$C/Y = aY_P/Y \tag{4-5}$$

该式说明消费者的平均消费倾向取决于永久性收入与当前收入的比例。当目前收入比永久性收入高时，消费者的平均消费倾向会下降，反之则会上升。

（二）消费的生命周期理论（life－cycle hypothesis of consumption）

莫迪里安尼等在 20 世纪 50 年代利用费雪的跨期消费选择模型，研究了由凯恩斯的消费理论引起的"消费之谜"，进一步考虑了人们在一生中不同时期的收入变化，以及储蓄对不同时期收入变化和波动进行平衡的问题。莫迪里安尼提出的理论被称为"生命周期假说"。

在人们一生中的许多时期，会由于多种原因发生收入水平的变化，例如从读书到参加工作，从有职业到失业，从一个工作到另一个工作，以及从工作到退休等，都常常伴随着收入水平的变化，有些情况导致收入上升，而另一些则导致收入下降。这样，个人可支配收入和财富的边际消费倾向取决于该消费者的年龄。他认为在人一生的某个年龄段，收入相对于一生的平均收入较高时，储蓄也高；收入相对于一生的平均收入较低时，储蓄也低。总储蓄取决于经济增长率以及人口的年龄分布等变量。

另外，理性预期学派认为，消费者是理性的，是前向预期决策者。消费者会利用经验和信息对未来收入进行预测，从而做出消费安排，而不只是将过去收入的平均值作为永久收入水平。

理性预期、生命周期理论、永久性收入理论结合在一起称为前向预期消费理论。

【案例分析】

中国消费率持续下降的主因是什么？

最近20多年来，中国最终消费率一直处于低位水平，并保持持续走低态势，最终消费率从1985年的66.36%下降到2005年的52.1%，居民消费率下降尤其厉害，从1981年的53.1%下降到了2005年的38.2%。从图4－7中可以看到，“十五”时期中国最终消费率急剧下降，2005年降到改革开放20多年来的最低点。

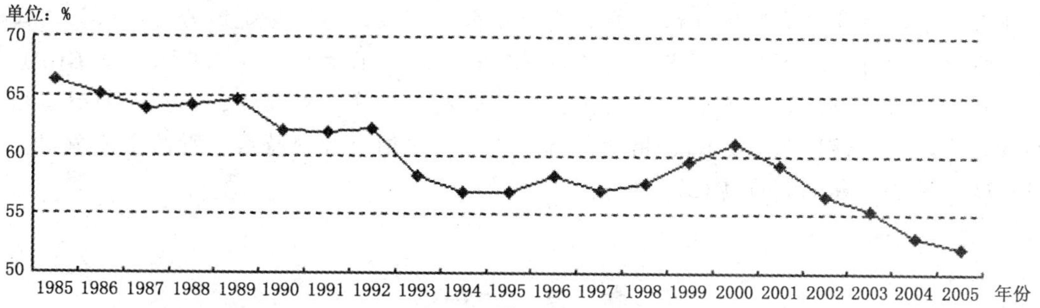

资料来源：国家计委、国家统计局、国家信息中心。

图4－7　1984—2005年中国最终消费率

过去10年，中国最终消费率平均为59.5%，这比世界平均水平低了近20个百分点。据世界银行数据，20世纪90年代以来，世界平均消费率基本稳定在77%～79%，在所统计的36个国家中，只有8个国家低于70%。以2002年为例，当年世界平均消费率为80.1%，其中低收入国家的平均消费率为80.7%，中等收入国家为74.3%（其中，上中等国家为75.2%，下中等国家为72.4%），高收入国家为81.0%；而2002年中国当年的消费率仅为58.2%。与中国发展水平相当的发展中国家（人均GDP在1000美元左右）的菲律宾、印度尼西亚、泰国的当年的消费率分别为81.2%，78.8%和68.9%（见图4－8）。

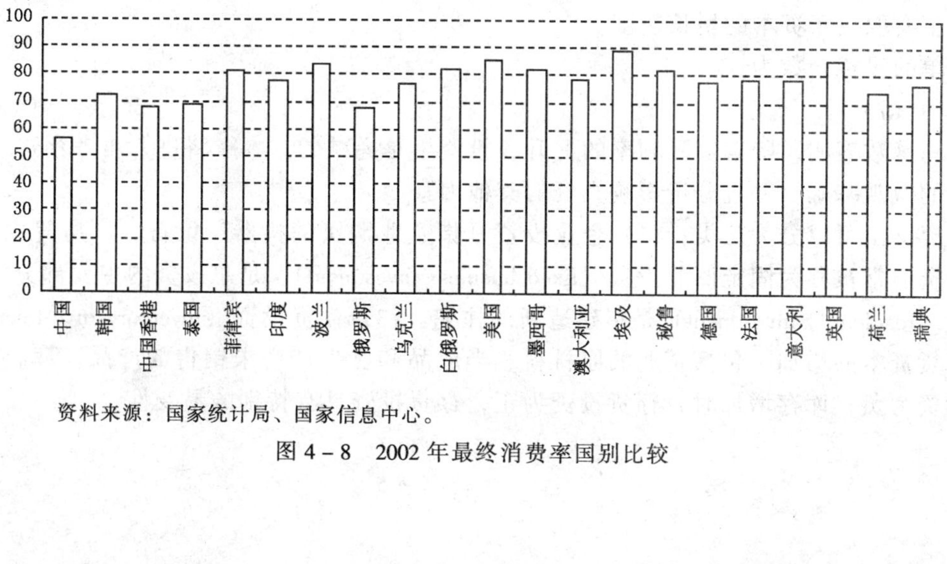

资料来源：国家统计局、国家信息中心。

图4－8　2002年最终消费率国别比较

根据世界银行发展指数数据库数据，1970—2002年间，世界各国平均投资率由25.6%下降到19.9%；消费率由74.2%上升到79.6%。另一方面，伴随着中国消费率的逐年下降，投资率持续高企。2000—2004年，中国投资率分别为36.4%，38%，39.2%，42.3%和43.9%。中国消费率明显偏低，并且其中1/5左右是政府消费，居民消费率异常低下。中国的消费与储蓄（以及投资）比例明显失衡。消费率过低（与此相对应的是高储蓄率、高投资率和高银行存贷差）已经成为中国经济面临的重要问题之一。过低的消费率以及与之相伴的高储蓄率使得国内需求相对不足，经济增长长期过度依赖投资的增长，在净出口不能持续增长的情况下，投资增长最终会受消费增长的制约。此外，投资受到企业对消费增长的预期以及政府宏观调控等影响而极易波动，由投资增长驱动的经济容易大起大落，机会成本高昂。毫无疑问，消费率过低已经越来越严重地制约着中国经济的协调、健康和可持续高速发展。

那么，中国消费率连续下降的主要原因是什么？有人认为，这是因为近年来的国民收入分配结构中，相对于城乡居民（尤其是农村居民）收入增长速度和国民收入（如GDP）的增长速度而言，政府财政收入增长相对过快，企业的利润增速相对过快，少数人的财富增长速度相对过快。这种国民收入分配的相对失衡正是造成中国消费率持续下滑的主要原因。你是否同意这一说法，或者还有其他原因吗？

第二节 投资函数理论

一、投资和投资分类

投资是总需求中最容易变动的部分，它虽然在数量上小于消费，但波动远远大于消费。投资的波动会通过乘数效应引起总产量的波动，因而人们普遍把投资当作引起经济周期波动的一个重要变量。从长期来看，投资也是决定经济长期增长的关键因素，一个国家经济的增长取决于长期生产能力的增长，而长期生产能力的增长，除了取决于劳动力增长和技术进步以外，主要取决于资本的增长速度。

简单的投资函数为：

$$I = I(r) \qquad (4-6)$$

这一函数表明，随着实际利率的上升，投资量是递减的。本章将进一步考察这一投资函数背后的微观基础，并且分析影响投资的其他因素。

投资支出可以分为三类：(1) 企业投资是指企业购买的机器、设备、厂房等固定资本，这类投资通常被称为固定商业投资（fixed business investment），是总投资的主要部分。(2) 住宅投资（residential investment）是指建造新的住宅。(3) 存货投资（inventory investment）是指企业存货资本的增加，包括企业的原材料、半成品和已生产尚未销售的产品。库存下降时，存货投资为负；库存增加时，存货投资为正，存货投资具有特别的易变性。

二、企业投资的决定因素

投资者的主要动机是为了赚钱。从获取利润的角度看，决定投资的经济因素主要有两个：一是投资的预期利润率，即投资所产生的利润率与投资额的比率。二是资本市场的利率水平。投资者在决定是否应该投资或增加投资时，都要考虑资本市场的利率水平并与其投资的预期利润相比较。如果投资的利润高于市场利率，则说明投资者可以向市场借贷来进行投资，假如投资的预期利润率小于资本市场的利率时，他完全不必进行投资，而将资本直接通过资本市场借贷出去从而获得更大的利息收入。只有当投资的预期利润率大于资本市场利润率水平并有利可图时，投资者才会进行投资。

（一）资本的边际效率

资本的边际效率（marginal efficiency of captial，简写成 MEC）是凯恩斯提出来的概念，**指的是能使投资的预期净收益的现值等于投资物供给价格的一种折扣率。**

以 C_R 代表投资物的供给价格，即投资物的代价，也称为重置成本；R_1，R_2，R_3，…，R_n 分别代表第一年、第二年、第三年……和第 n 年的预期净收益；r 代表的边际效率，则按上述 MEC 的定义可写成如下公式：

$$C_R = \frac{R_1}{1+r} + \frac{R_2}{(1+r)^2} + \frac{R_3}{(1+r)^3} + \cdots + \frac{R_n}{(1+r)^n} \tag{4-7}$$

现说明如下：以 Q 代表资本预期值；S 代表资本现值；r 代表预期收益率；则每年所获得的预期值为：

第一年：$Q_1 = S(1+r)$

预期现值：$S_1 = \frac{Q_1}{(1+r)}$

第二年：$Q_2 = S(1+r)(1+r) = S(1+r)^2$

预期现值：$S_2 = \frac{Q_2}{(1+r)^2}$

第三年：$Q_3 = S(1+r)^2(1+r) = S(1+r)^3$

预期现值：$S_3 = \frac{Q_3}{(1+r)^3}$

…………

第 n 年：$Q_n = S(1+r)^{n-1}(1+r) = S(1+r)^n$

预期现值：$S_n = \frac{Q_n}{(1+r)^n}$

n 年后的预期收益现值则为：

$$S = \sum_{i=1}^{n} S_i = \frac{Q_1}{(1+r)} + \frac{Q_2}{(1+r)^2} + \frac{Q_3}{(1+r)^3} + \cdots + \frac{Q_n}{(1+r)^n}$$

折扣率 r 实际上就是资本的预期平均利润率。从上式中可看出，在 C_R 值不变时，如果 R 值越大，r 值也越大；如果 R 值不变而 C_R 价格上升，则 r 值越小。在上述资本的边际效率公式中，假定每年所获得收益一样，即 $R_1 = R_2 = R_3 = \cdots = R_n$，但实际上，第二年的预期收益小于第一年的预期收益，第三年的预期收益又小于第二年的预期收益，以此类推，即 $R_1 > R_2 > R_3 > \cdots > R_n$。因此，上述计算出来的利润率 r 为平均利润率。

根据凯恩斯的观点，资本的边际率是递减的，这是因为：(1) 投资越多，对资本设备的需求越多，资本设备的价格也越高，为添置资本设备付出的成本也越大，所以投资的预期利润率将下降。(2) 投资越多，产品未来的供给越多，产品未来的销路越受到影响，所以投资的预期利润率将下降。

(二) 利率和投资需求曲线及其变动因素

投资者在进行投资决策时，需要考虑两个因素：利润率和资本市场利率。当投资所产生的边际效率高于资本市场利率时，投资者一定会增加投资，反之，则会减少投资。因此，投资均衡点即在利润率等于资本市场利率时的数量。当资本市场利率下降时，表示投资所付出的代价减少，在利润率不变情况下投资者的收益增加，这样会促使投资者增加投资。反之，当资本市场利率上升时，说明投资代价增大，因而投资者增加投资。所以，投资需求曲线是一条从左上到右下倾斜的负斜率曲线。

(三) 托宾的 q 理论

诺贝尔经济学奖获得者——美国耶鲁大学的教授詹姆斯·托宾 (James Tobin) 提出，企业根据股票的市场价值对资本重置成本的比率来决定投资额，这一比率被称为 q。

$$q=\frac{\text{股票的市场价值}}{\text{资本的重置成本}} \tag{4-8}$$

资本的重置成本是指企业在市场上重新购置资本支付的价格，股票的市场价值是指由股票市场决定的资本价值。

托宾的 q 理论提出了一种新的考虑投资函数的方法：企业的净投资取决于 q 的大小。当 $q>1$ 时，企业发行的股票市场价值大于资本的重置成本，因此企业经营者购置新的资本能够提高企业资本的市场价值，企业会进行新的投资；当 $q<1$ 时，企业股票的市场价值小于资本的重置成本，企业经营者就不会进行新的投资。

托宾的 q 理论反映了资本的预期收益与实际收益一样能够刺激投资。举例来说，如果公众预期下一年公司所得税会降低，导致股票持有者预期收益提高，这会提高当前的股票市场价值，使 q 变大，从而鼓励当前的投资。q 理论强调了投资决策不仅取决于当前的经济政策，而且受预期经济政策的影响。

q 理论还提供了一种分析股票市场对实际经济作用较为便捷的方法。假如股票价格水平大幅下降，由于资本重置成本相对比较稳定，可以推断 q 减小了。q 的减小反映了投资者对当前和未来资本预期收益状况比较悲观，根据 q 理论，q 减少将降低投资，减少总需求。这样，q 理论就把股票市场的价格波动和实际产出的波动联系起来了。

【案例分析】

1996—1999 年央行七次降息对投资的影响

自 1996 年至 1999 年，为扩大内需、刺激消费和投资，中国人民银行连续七次下调人民币存贷款利率。1996 年 5 月 1 日，央行首次降息，股市对这一利好做出了积极反应，步入持续上升的态势；1996 年 8 月 23 日，央行实施第二次降息，存款利率平均降低 1.5 个百分点，贷款利率平均下调 1.2 个百分点，幅度之大超出了人们的预期。受此消息刺激，股指屡创新高，并在当年年底冲上历史高点。1997 年 10 月 23 日，央行第三次大幅降息，存、贷款利率平均下调幅度分别为1.1和1.5个百分点。1998年3月25日和7月1日，央行再次降息，虽然幅度减小，但对准备金利率做出大幅下调。1998年12月7日，央行第六次宣布降息，一年内三次降息的间隔之短，在我国银行利率调整史上也实属罕见。但降息当日，股指均出现下跌，对后市的影响则不尽相同。1999年6月10日，央行宣布第七次降息。金融机构存款利率平均下降1个百分点，贷款利率平均下降0.75个百分点。这是1990年代以来人民币最后一次降息。7次降息存款利率平均下调6个百分点，而贷款利率平均下调7个百分点。从2002年2月21日起，中国人民银行第八次宣布降低人民币存贷款利率，沪深两市股指也于消息宣布后开市首日应声而涨。股市传导货币政策的投资渠道可用托宾（Tobin）的q理论来解释。托宾把公司的市场价值与当期重置资本成本的比率定义为q：q>1时，企业的资产价格高于重置成本，相对企业市值而言，新的厂房和设备比较便宜，企业必然会选择发行新股票，以扩张新的投资，投资增加，经济呈现景气态势；q<1时，企业与其投资新项目，还不如在市场上收购现有企业进行扩张，相应的投资活动会减少，投资萎缩，产出下降。根据这一理论，当中央银行实行宽松的货币政策时，股价因降息上涨，从而使公司市值相对高于其资本存量的重置成本，此时公司很容易以相对较高的价格发行股票并相应扩大投资。反之，当中央银行实行紧缩的货币政策时，则会出现相反的情况。

三、住宅投资

房地产是一个社会投资的重要领域。由于住宅作为资产具有寿命长的特点，任何一年内的住宅投资流量一般只占既有住宅存量很小的一部分，因此住宅投资理论就从考察住宅的存量市场入手来分析住宅投资的决定。

（一）住宅投资的决定

我们的模型分为两部分：首先由住宅的存量市场决定住宅的均衡价格，然后由住宅价格决定住宅投资量。

图4-9（a）描述了住宅的存量市场如何决定住宅价格。我们用向下倾斜的DD曲线表示对住宅存量的需求，住宅的价格P_H越高，住宅的需求就越小，在任一时点上，住宅的供给存量是固定的，用垂直的SS曲线来表示，因为既定的住宅存量无法迅速改变。均衡的住宅价格P_H^0由需求曲线和供给曲线的交点决定。在任一时点上，住宅存量市场的均衡决定了住宅的资产价格。

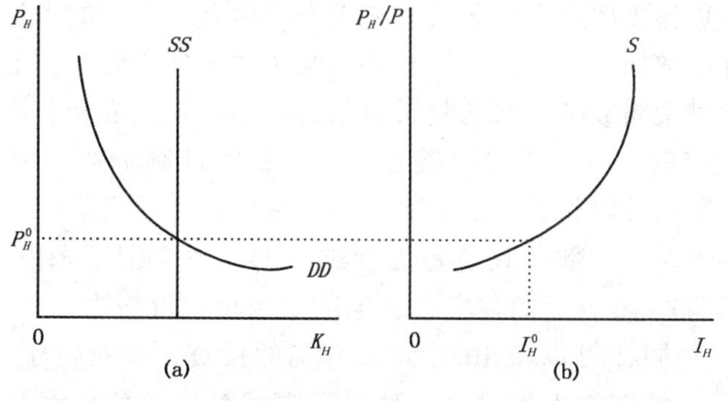

图4-9(a)　住宅的存量市场　图4-9(b)　新住宅的供给

图4-9（b）描述了住宅价格如何决定新住宅的供给量。S曲线表示作为住宅价格函数

的新住宅供给曲线，与一般的供给曲线类似是向上倾斜的。建筑企业购买原材料、雇佣劳动力来新建住宅，并按市场价格来出售住宅。S曲线的位置受建筑业中所使用生产要素成本以及影响建筑成本的技术性因素的影响。

在住宅存量市场所确定的住宅价格 P_H^0 上，建筑企业将提供 I_H^0 量的新住宅以供销售。住宅价格越高，新住宅的供给就越大。新住宅供给就是住宅总投资，S曲线代表了某一给定时期内的住宅投资曲线，而存量供给曲线SS代表了某一时点上市场上的全部住宅量。

（二）住宅投资的影响因素

1. 住宅需求和利率。拥有住宅的总收益由两部分构成：一是租金收入，即使住宅不用于出租，房屋拥有者通过居住得到的隐含报酬也等于租金收入；另一部分是由住宅价值上涨产生的资本收益，因为住宅是一种特殊的金融资产，有保值、增值的功能。拥有住宅的成本包括利息成本、所有不动产税和折旧。

在决定住宅需求的诸多因素中，实际利率起着非常重要的作用。很多居民采用抵押贷款的形式购买住宅，利率就是借贷的成本。即使购房不用贷款，利率仍然构成居民拥有住宅的机会成本，由于拥有住宅这一资产形式而放弃了将这部分财富存入银行可得的利息收入。假设利率上升，那么住宅资产需求下降，从而住宅价格下降，这会进一步引致新住宅供给量或住宅投资下降。

由于新的住宅投资量相对于既有住宅存量来讲是很小的，我们在短期内可以忽略新住宅供给对住宅价格的影响。然而从长期来看，住宅存量因新住宅的供给和住宅的折旧而变动。在增长率等于零的经济中，当资产存量不再发生变化时就达到了住宅业的长期均衡。固定的住宅存量要求住宅总投资等于折旧，即净投资等于零。在长期均衡时，住宅价格必然调整到使住宅投资率与住宅存量折旧率相等的水平上。如果人口或国民收入以不变速率增长，长期均衡时的住宅投资率恰好用于抵消折旧率和稳定增长的存量需求。

2. 货币政策对住宅投资的影响。货币政策对住宅投资有很大的影响，这是因为住宅需求对利率变动非常敏感，由于住宅折旧速度比较慢，因此，实际利率是构成住宅成本的主要部分。如果向别人租借房屋，那么需支付的租金大部分是对住宅占用的资金报酬，如果自己拥有住宅，则支付的主要成本是住宅的抵押贷款利息。

住宅需求不仅受实际利率的影响。由于绝大部分住宅是利用分期付款方式购买的，而常规的分期付款要求借款者在分期付款的期限内每月支付某一固定数额。因此，即使实际利率不变，仅仅因预期通货膨胀率上升使名义利率上升，借款人当期的支付也会上升。在实际月支付因名义利率上升而增加时，我们可以预期名义利率同样会影响住宅需求。所以，宏观经济政策的制定可以通过紧缩或者扩张的货币政策，使利率发生变动，进而影响住宅投资。

3. 税收对住宅投资的影响。我们知道公司收入税将抑制企业投资，而个人收入税将刺激住宅资产的投资。我们可以将住宅拥有者视作把住宅出租给自己，因此租金是他的隐含收益。在征收个人收入税时，这部分收益是无须纳税的。举个例子来说，如果一个居民有10万元钱，他可以用于购置10万元的住宅，住宅的市场租用价格为每年5000元，他每年的隐含收益就是5000元。他同样可以将10万元进行别的投资，如投资于年利率为5%的债券，年收益也是5000元。当没有收入税时，两种投资方式对他而言是无差异的。现在假定政府征收20%的个人收入税，拥有住宅的隐含收益不需要纳税，净收益仍是5000元，而投资于债券的税后净收益变成5×（1－20%）＝4000元。个人收入税使得住宅的相对净收益提高，因此个人对住宅资产的需求量必然上升。换个角度来考虑，如果10万元的购房款来自于银行抵押贷款，贷款利率为5%，那么他购置住宅的总收益为5000元，总成本也是5000元，净收益等于0。征收个人收入税以后，个人收入税相当于降低抵押贷款利息，从而增加了住宅资产的需求和投资。这种对住宅拥有者的利息减免与通货膨胀率相关，因为个人收入税减少时名义利息就上升，税收使其减免的利息成本同样也会上升。

四、存货投资

存货投资的变动也是投资变动的一个重要内容。存货的变动又与投资和经济景气变动关系密切。一般来说，厂商处于交易、投机、缓冲存货（buffer stock）、需求积压（backlog of demand）等原因会需要存货。

投资性存货投资是由于厂商预期物价上升或货源紧缺而增加持有的存货，其目的是为抓住有利时机，获取更多的利润。缓冲存货投资是为实现产销平稳而进行的一种存货投资。需求积压的存货投资，是为了应付已有需求，使商品的时间流量更趋均匀而持有的存货的投资。交易性存货投资是为满足交易需求变动而进行的存货投资。它既要考虑持有存货的成本，也要满足销售的需要。

假定订货量为O，预期销售额为S_e，利率为r，手续费为b，则厂商平均持有存货额为O/2，订货次数为S_e/O。因为持有存货需要利息成本，而每次订货必须支付手续费，所以，其总成本包括利息成本和手续费两部分：

$$C = \frac{O}{2}r + \frac{S_e}{O}b \tag{4-9}$$

就上式对O求微分，并令其等于零，再求解O，就可求得最适度存货额：

$$Q^* = \sqrt{\frac{2bS_e}{r}} \tag{4-10}$$

这表明，最适度的交易性存货是手续费与预期销售额的增函数，和利率的减函数。如果厂商最适度的交易性存货与销售量成直线型关系，则存货投资的将受销售量变动的影响而具有加速的效果。

第三节　对外贸易与汇率

对于宏观经济的大部分问题，为了使分析简化，经常假设的是一个封闭经济，即不与世界其他经济交易的经济。但是，很多新的宏观经济的问题是产生在开放经济即自由地与其他经济交易的经济上的。本节内容讨论一个开放经济在世界市场上交易的基本的宏观经济变量，如出口、进口、净出口、汇率等。在开放经济中，一国的总支出由消费、投资、政府支出和进出口四部分构成。本国储蓄扣除本国投资的结余部分构成对外净投资。在国民经济账户体系中，对外净投资恒等于净出口。

一、汇率（exchange rate）

汇率也叫汇价，是一个国家的货币与另一个国家的货币相互拆借或兑换的比率。汇率在国际经济活动中起着重要的作用。经济学上，将汇率分为名义汇率和实际汇率。这就是汇率的两种标价方法，即直接标价法和间接标价法。

名义汇率是指两国货币之间的相对比价。例如国际市场上，人民币和美元的汇率是 1 美元兑换 7.9 元人民币，这就意味着在外汇市场上，如果一个持有人民币的人想要得到美元，或者一个美元持有者想要得到人民币，那么，他要为 1 个美元支付 7.9 元人民币。人们通常所说的汇率即指名义汇率。

实际汇率（real exchange rate）**是指两国间货币的相对价格。**实际汇率也被称做贸易条件，它表明两国在进行贸易时，商品是按什么比例交换的。

我们通过不同国家对同一商品的生产来看名义汇率和实际汇率的关系。以运动鞋为例，假设在中国生产运动鞋每双售价 100 元人民币，美国所生产的运动鞋售价每双 50 美元，如果人民币与美元之间的名义汇率以 1 元人民币兑换 0.2 美元计算，中国产的运动鞋按照美元计价则为每双 20 美元。于是，我们可以得出，可以用 5 双中国产的运动鞋去换 2 双美国产的运动鞋。通过这个例子，可以推出计算实际汇率的公式：

$$实际汇率=\frac{名义汇率\times本国商品价格}{外国商品价格} \tag{4-11}$$

在上式中，名义汇率采用的是以外币来衡量本币的算法。如果名义汇率采用本币衡量外币来计算，则公式将作相应的修正。这样，名义汇率就是以外币表示的本币价格。如果用 e 表示名义汇率，P 表示本国物价水平（以本币来计），P^* 表示外国物价水平（以外币计算），则实际汇率 ε 可以用以下公式表示：

$$\varepsilon = e\ (P/P^*) \tag{4-12}$$

其实，实际汇率相当于以外国商品表示的本国商品的价格。如果实际汇率比较高，说明外国商品相对比较便宜，本国商品相对较贵；如果实际汇率较低，则说明外国商品相对较贵，本国商品相对较便宜。

按外币衡量的本国货币价值的增加就是升值，反之，按外币衡量本国货币的价值的减少就是贬值。如果汇率的变动，使 1 美元能够购买更多的外国通货，这种变动被称为美元升值。如果汇率的变动，使 1 美元能够购买的外国通货减少，这种变动被称为美元贬值。例如，1 美元兑 7 元人民币上升到 8 元，就可以说美元升值。同时，由于 1 元人民币现在购买的美国通货减少了，所以，人民币就贬值了。

二、净出口（net export）函数

（一）净出口的涵义

出口是向其他国家销售产品和提供劳务，进口则是从其他国家购买产品和劳务。在开放条件下，一国的总支出从支出的角度来看，可以由四部分构成：

$$Y=(C-C^f)+(I-I^f)+(G-G^f)+EX \tag{4-13}$$

式中，C 是私人企业部门用于消费的总支出；I 是私人部门用于投资的总支出；G 是政府部门的总支出；C^f 是私人消费中用于购买外国产品和劳务的支出；I^f 是私人投资中用于购

买外国产品和劳务的支出；EX 是外国所购买的本国产品或劳务的支出。上公式可以改写为：

$$Y = C + I + G + EX - (C^f + I^f + G^f) \quad (4-14)$$

式中右边括号中的各项就构成了一国的进口的全部和劳务的总和。净出口用 NX 表示，则上式可以改写为：

$$Y = C + I + G + NX \quad (4-15)$$

该等式表明，一国的总产出可以表示为私人消费、私人投资、政府支出和净出口之和。因为（C+I+G）构成本国的总支出，所以净出口就等于本国总产出减去本国的总支出。如果总产出大于总支出，则本国产品有剩余，因此，净出口为正，若总产出小于总支出，则说明本国的产出不足于以满足本国的支出，需要从外国进口以填补差额，因此，净出口为负。

将一国所出口的产品和劳务的价值总和减去所进口产品和劳务的价值总和后得到的净值定义为净出口，用 NX 表示，净出口也被定义为出口与进口的差额。又称贸易余额。当出口大于进口时，净出口为正值，存在贸易顺差；当出口小于进口时，净出口为负值，存在贸易逆差。

（二）影响净出口的因素和净出口函数

汇率和国内收入水平被认为是两个最重要的因素。

1. 汇率对净出口的影响。当本国汇率提高时，会使本国出口商品变得相对昂贵，从而使出口变得困难。一般来说，出口反向地受本国汇率影响。对于进口，若本国汇率提高，则本国货币换成的外汇就多，国外的货物相应地变得相对便宜，因此，进口与外汇成正向关系。由于净出口为进口与出口之差，故一般而言，净出口与实际汇率呈反比。

2. 净出口还取决于一国的实际收入。当收入提高时，消费者用于购买本国产品和进口产品的支出都会增加。一般认为，出口不会直接受到一国的实际收入影响。因此，净出口反向地取决于一国的实际收入。

基于以上考虑，可将净出口简化地表示为：

$$NX = q - \gamma y - n\frac{EP_f}{P} \quad (4-16)$$

这就是净出口函数，式中，q、γ 和 n 均为参数。参数 γ 被称为边际净出口倾向，即净出口变动与引起这种变动的收入变动的比率。

从净出口函数表达式中可以知道，本国汇率下降会增加净出口。但究竟能在多大程度上增加出口、减少进口，从而改变国际收支状况，则取决于该国出口商品在世界市场上的需求弹性和该国国内市场对进口商品的需求弹性。如果两者之和的绝对值大于 1，则本国货币贬值可以改善一国贸易收支状况。这一结论首先由马歇尔提出，后来又经过勒纳发挥，因此称为“马歇尔—勒纳”模型。

一个国家的出口收入应更多地买国内的产品，如果出口收入中较大部分用于进口，则对经济的刺激作用较小；反之较大。因此当需求倾向不变时，出口收入的增量应该尽量少用于进口，这样可以扩大出口对经济的刺激作用。

本章小结

本章主要介绍了消费、投资和对外贸易的基本理论。

消费理论都是以消费者行为为基础，来研究收入和消费之间的关系。凯恩斯的绝对消费理论侧重消费者短期行为研究。相对收入理论、永久收入理论、生命周期理论都在不同程度上侧重对消费者长期消费行为的研究。消费理论的发展建立在跨期选择模型基础上。我们借助于一个两期模型来描述家庭的消费决策问题。费雪发展了一种可以用来研究理性和有远见的消费者如何进行跨期选择的模型。

杜森贝里的相对收入理论认为，消费者的消费支出会受到自己过去的消费习惯消费水平的影响，产生棘轮效应，还要受到周围环境的影响，即示范效应。弗里德曼的永久收入理论认为，消费行为与人们的永久性收入密切相关，而与当期收入很少关联。莫迪里安尼的生命周期学说进一步考虑了人们在一生中的不同时期的收入变化，以及储蓄对不同时期收入变化和波动进行平衡的问题。

投资是总需求中最容易变动的部分，它虽然在数量上小于消费，但波动远远大于消费。投资的经济因素主要有两个：一是投资的预期利润率，即投资所产生的利润率与投资额的比率。二是资本市场的利率水平。托宾q理论是新古典投资理论的一个重要的表达方法，这一理论认为投资取决于q值，即资本的市场价值与重置成本之比。q理论反映了资本预期收益对投资的作用，同时还可用于分析股票市场对实际经济的作用。

开放经济的宏观经济变量包括出口、进口、净出口、汇率等。在开放经济中，一国的总支出由消费、投资、政府支出和进出口四部分构成。进出口数量的变化会使国民收入水平发生倍数的变化。进出口差额给国民收入总量带来的影响大于进出口差额本身的数量，反映这种关系的倍数就叫做对外贸易乘数。边际进口倾向是指所获得的收入中用于购买进口商品数量的比例。

复习与练习

一、关键概念

消费函数　绝对收入假说　相对收入假说　生命周期假说　流动偏好　跨期选择理论　投资函数　资本边际收益率　汇率　名义汇率　实际汇率　净出口函数　边际进口倾向　贸易乘数

二、思考题

1. 评析凯恩斯的消费理论。
2. q理论对企业的投资决策有什么样的影响？
3. 试解释投资和产出水平变化之间的关系。
4. 试解释利率变动对住宅投资的影响。
5. 影响投资决策的主要因素有哪些？
6. 名义汇率和实际汇率的关系是什么样的？

第五章　货币需求、货币供给和均衡利率

在简单国民收入决定模型中，投资被假定为外生变量，利率的决定问题并未加以分析。对国民收入决定进一步的分析要求把投资由外生变量转变为内生变量。因此，我们需要对货币供求及均衡利率进行分析。人们为什么手持货币？货币供给由谁决定？为什么当预期利率上升时，人们将卖出持有的有价证券？这些问题，你都将在本章得到答案。

第一节　货币需求理论

一、货币需求及其决定因素

货币需求是指一定时期内，社会各阶层（个人、企业和政府）愿意以货币形式持有财产的数量，或社会各阶层在商品生产与交换过程中所需要的货币量。

一般地看，影响和决定货币需求的主要因素有以下几个方面：

（一）收入水平

收入水平是决定货币需求的一个重要变量。收入水平和货币需求同方向变动，收入水平越高，需要的货币数量也越多；反之，收入水平越低，需要的货币数量也越少。例如，某人每月税后收入是 1800 元，并且计划在 30 天内全部花光，则他每天平均持有的货币量就是 900 元，因为每天要开支 60 元，第一天结束还剩 1740 元，第二天结束还剩 1680 元，月中还剩 900 元，月底全部花光，因此 30 天中平均每天持有 900 元（$\frac{1800+0}{2}$）。如果他每月税后收入是 1000 元，且在 30 天中花光，则他每天平均持有的货币量为 500 元（$\frac{1000+0}{2}$），这样他为开支而实际需要的货币量就是他实际收入的 0.5 倍。若用 m_d 表示实际需要的货币量，持币量在实际收入 y 中的比例为 k，k 称做货币需求的收入弹性，则 $m_d = ky$。

（二）物价水平

人们需要货币是为了购买商品，即需要货币具有实际的购买力。当物价水平提高时，人

们为保持货币原有的购买力，他所持有的名义货币量必须相应增加，这就是说物价水平和货币需求量呈正比例关系。物价水平越高，货币需求量就越大；反之，物价水平越低，社会的货币需求量就会越小。

（三）利息率

一个人的财富可以有以下五种形式存在：货币——其面值固定不变，也不能产生利息，但方便交易；股票——可分配红利，其价值不受通货膨胀（货币贬值）的影响；债券——其面值固定不变，但能获得利息收入；实物财货（房屋）——其价值不受货币贬值的影响，所有者可享用其提供的服务效用；人力资本——指人们对自己在一生中挣得的收入的投资。为了分析方便，可把以上后面四种非货币资产统称为债券。人们在货币资产和债券资产之间进行选择。债券的市场价格是经常波动的，债券价格的未来不确定性是人们持有货币即产生货币需求的必要前提，这种货币需求与利率成反方向变化。如果债券价格越低，利率则越高，人们若认为债券的价格已经降低到正常水平以下，预计很快会回升，就会抓住机会及时买进债券，于是，人们手中的持币量就会减少，即货币需求减少。相反，债券价格越高，利率则越低，人们若认为这一价格已经涨到正常水平以上，预计就要回跌，于是，人们就会抓住机会卖出债券，而持有货币，即货币需求增加。所以，货币需求和利息率是反方向变化的关系。若用 r 表示利率，实际需要的货币与利率的关系可用公式表示为：

$$md = -hr$$

式中，h 为货币需求的利率弹性；“－”表示实际需要的货币与利率负相关。

（四）货币流通速度

货币流通速度即每一单位货币媒介商品流通的次数。在其他条件不变时，货币流通速度与货币需求量成反比。货币流通速度越快，社会的货币需求量就会越少；反之，货币流通速度越慢，社会的货币需求量就会越大。

（五）社会商品供给量

在其他条件不变时，商品供给量与货币需求量成正比例关系，商品可供量增加，社会的货币需求量也会增加；反之，商品可供量减少，社会的货币需求量也会减少。

（六）人们的心理预期与偏好

人们的心理预期与偏好是一种主观感觉和意识，因人而异。心理预期包括对市场利率变动的预期、对物价的预期和对投资利润率的预期。人们预期市场利率上升时，一般会增加货币需求；预期物价上涨和投资利润率上升时，就会减少对货币的需求。有的人偏好货币，有的人偏好其他财产形式如金融资产和实物资产。前者是增加货币需求的因素，后者则是减少货币需求的因素。

除了以上因素以外，影响货币需求量的还有消费倾向、信用发达程度、宏观政策等。

根据对上述影响货币需求的诸因素的重视程度不同，我们将经济学史上探讨货币需求的各种理论分为两派：一派是从社会角度出发，仅仅把货币视为交易媒介，探讨完成一定的交易量，需要多少货币来支撑，如费雪、马克思等的传统货币数量论；另一派是从微观的个人出发，把货币视为一种有别于股票、债券、实物的资产形式，货币需求被理解为人们愿意以货币这种形式持有的财富量。自剑桥学派提出现金余额学说以来，经济学家便以后一种角度来讨论货币需求。

下面，我们分别来介绍历史上的各种货币需求理论。

二、传统货币数量理论

起初，传统货币数量论并非为货币需求理论，但随着其发展，其作为货币需求理论的特征愈加明显，故一般把它归为货币需求理论。货币数量论是一种关于货币数量和价格水平之间存在一个直接的比例关系的理论。在传统的古典理论中，表示这种直接比例关系的理论有两种，即现金交易说和现金余额说。

（一）现金交易说

现金交易说着眼于货币的交易媒介职能，认为货币在社会经济生活中主要是一种交易工具，货币均衡的要求就是全社会货币交易总额应等于全部出售商品的总价格。美国耶鲁大学欧文·费雪（Irving Fisher）于1911年出版的《货币的购买力》一书是现金交易说的代表作，他建立了费雪交易方程式，主要说明货币数量变动是物价变动的原因。交易方程式为：

$$MV = Py \tag{5-1}$$

在公式5-1中，P为商品的平均价格；y为实际商品和劳务总量，也就是按基期价格计算的实际收入水平；M为流通中的货币数量；V为货币流通速度。费雪认为，公式中的P完全是被动因素；y所代表的实际商品与劳务的数量总能保持在充分就业的水平上，因而是稳定的；V所代表的货币流通速度也是外生的，在短期内固定不变，主要受支付习惯和支付制度等因素的支配。这样，上述交易方程式仅表现为价格（P）和货币流通量（M）之间的正比例关系：当M增加，价格也上涨，于是产生通货膨胀。M增长得快，通货膨胀越严重；M停止增长，通货膨胀也停止。因此，通货膨胀仅仅是一种货币现象，只需政府控制货币流通量，就可以控制总支出，从而控制物价水平和通货膨胀。

（二）现金余额说

现金余额说着眼于货币的贮藏手段职能，是从现金余额（即人们以通货形式持有的收入和财富）保有量的角度分析货币数量的一种理论。它最早是由英国经济学家马歇尔所倡导，后来经庇古、罗宾逊等加以充实发展。由于他们曾于英国剑桥大学执教，故又被称为剑桥学派的货币数量说。

现金余额说分析了现金余额保有量的原因，认为人们保留现金余额的原因，不仅是由于人们的收入与支出之间存在时差，而且在其他资产形式和货币的转换之间也可能会出现成本大于收益的情况以及不可预见的偶发事件。现金余额说用公式表示为：

$$M = KPy \tag{5-2}$$

公式5-2被简称为剑桥方程式，其中M，P，y分别表示货币数量、价格水平和实际产量或收入，K为一个比例系数，是现金余额在收入或财富量中所占的份额。假如K=0.25，就是说社会所持有的现金余额为购买产品的年支出量的1/4。剑桥学派认为，影响K的因素有两个：(1）人们对持有货币的利弊所作的衡量。庇古运用新古典主义的边际分析，明确指出人们拥有的财产与收入是用于从事生产，还是直接用于消费，或者还是以货币形态保持而形成现金余额，会依照“使得他们的收入的最后一个单位用于生产或用于持有货币都会产生同一数量的满足”来进行安排。(2）人们的价格预期。对总的商品价格将会下降的预期，加强了人们持有货币的愿望；预期价格上涨则会产生相反的结果。

从形式上看，似乎费雪方程式和剑桥方程式存在着明显的不同，但是，实际上两个方程式都是恒等式。因为现金交易方程式为：MV=Py，也就是M=（1/V）Py，因此，算术上看，V 和 K 互为倒数，即 V = 1/K 或 K = 1/V。如果我们用 K 去除剑桥方程式，(1/K) M = Py，再用 V 代替 1/K，就得到交易方程式 MV = Py。

可以看出，虽然两者在研究方法上有所不同，但结果和基本思想是一致的，是古典货币数量说的不同表述。古典理论家对 V、P、y 分别作了三个重要的假定：第一，假定货币流通速度是一个常数，至少在短期内不变；第二，物价随供求关系变化立即做出相应调整；第三，实际产量总能保持在充分就业的水平上。这样就得到了货币数量论的重要结论：货币存量 M 的任何变化都会带来价格水平同等比例的变化。

尽管这两个等式表述了一个类似形式的货币需求函数，但是两者强调的角度还有一点区别。费雪的交易方程式关心的是一个经济社会为实现一定交易量所必需的货币量；而剑桥方程式关心的是，假定必须实现的交易额是一定的，个人所愿意持有的货币数量是多少。

1929—1933 年的经济大萧条动摇了货币数量论。在这期间，货币的供给和价格的同时下跌虽然看来接近货币数量论，但货币流通速度大大下降了，而不是稳定不变；实际产量也大大下降了，而不是保持在充分就业水平上。这些事实需要新理论来解释，凯恩斯的理论应运而生了。

三、凯恩斯的流动性偏好理论

（一）流动性偏好（liquidity preference）和货币需求的三个动机

在《就业、利息和货币通论》中，凯恩斯系统地提出了自己的货币需求理论。凯恩斯认为，货币需求是指人们宁肯牺牲持有生息资产（如债券）会取得的利息，而把不能生息的货币保存在手中。这是因为同其他资产相比，货币是流动性最大的资产，具有使用方便、灵活的特点，持有货币可以满足人们的交易、预防和投机动机。因此，人们对货币的流动性产生偏好，也就有了对货币的需求。

按照凯恩斯的说法，人们需要货币，是出于三个动机：

1. **交易动机**。交易动机（transaction motive）是指为了进行日常交易而产生的持有货币的愿望。它又可以分为所得动机和营业动机，前者是指经济单位、家庭和个人为花费所得，在收入和支出之间必须保持一定数量的货币；后者是指企业为支付营业费用必须保持一定数量的货币。交易动机的货币需求往往取决于收入的多少和交易额的多少，所以，为交易动机而保留的货币额是收入的递增函数。

2. **预防动机**。预防动机（precautionary motive）是指人们为应付意外事故或紧急情况而需要持有货币的愿望。这种愿望的产生是由于人们的未来收入和支出的不确定性。因此，为了应付日后未曾料到的支出的增加，企业或家庭、个人都需要保留一部分货币。这部分货币的大小，也取决于收入的多少。大企业和高收入的家庭为以防万一而保留得多些，小企业和低收入的家庭保留得就少些。因此，为预防动机而保留的货币额也是收入的递增函数。

在凯恩斯看来，上述两个动机有一些共同的特征：(1) 相对稳定，可以预计；(2) 货币充当媒介；(3) 因为这两种动机所保留的货币是经济单位或个人在生产中和生活中所不可缺少的，往往对利率不十分敏感，机会成本再大也得保留；(4) 它们都是实际收入（具有不变购买力的收入）的递增函数。用公式表示为：

$$m_d = ky$$

式中，m_d 表示实际货币需求量（具有不变购买力的货币需求）；k 是持币量在实际收入中的比率，可称货币需求的收入弹性；y 为实际收入。

例如，若实际收入 y = 1000 万元，交易和预防动机的货币需求量占实际收入的 20%，即 k = 20%，则 $m_d = 1000 \times 0.2 = 200$（万元）。

3. **投机动机**。投机动机（speculative motive）是指由于未来利率的不确定性，人们为避免资产损失或增加资本收益，需及时调整资产结构，因而形成的对货币的需求；也就是人们想利用利率水平或有价证券价格水平的变化进行投机。在实际生活中，债券价格高低以反比率关系表现利率的高低。债券的市场价格是经常波动的，凡是预计债券价格上涨的人，就会用货币买进债券以备日后用更高的价格卖出；反之，凡是预计债券价格下跌的人，会抛出债券，持有货币，以避免损失。这种预计价格下跌而需要将货币保留在手中的情况就是对货币的投机需求。

凯恩斯认为，用于投机动机的货币需求具有如下特征：(1) 货币需求难以预测，它随着人们对未来情况的估计不同而不同。(2) 货币主要充当储藏手段职能。凯恩斯假设经济体系中只有货币和债券两种金融资产，人们在对金融市场做出分析和判断的基础上，权衡这两种资产带来的收益后，才决定以何种方式保存自己的资产。(3) 它是现行利率的递减函数。如果现行利率高，即债券价格过低时，人们估计未来利率会下降，债券价格会上升，就会抛出货币，买进债券，变为"多头"，以备日后价格确实上涨时，再高价抛出，此时，货币的投机需求减少。反之，如果现行利率低，即债券价格过高时，人们估计未来利率会上升，债券价格会下降，就会抛出债券，持有货币，变为"空头"，此时，货币投机需求增加。

这种投机性货币需求还存在两种形式：一种是利率高到一定程度时，货币的投机需求为 0；另一种是当利率降低到某一不可能再低的低点时，货币的投机需求会变得无限大，即人们手边不管有多少货币，都不肯去买债券。因为利息极低，就是债券价格极高，人们预计债券价格要跌致使公众均愿持有货币而不愿持有债券，货币的需求趋于无限大。此时政府难以通过运用利率政策来调节经济，因为无论增加多大的货币供给量，都会被人们持有，这种现象被称为"流动性陷阱"或"凯恩斯陷阱"。

（二）货币需求函数和货币需求曲线

凯恩斯认为由以上三种动机而产生的货币需求就构成了社会的货币总需求。货币需求与其影响因素之间的关系称为货币需求函数或货币流动偏好函数，用公式表示为：

$$L = L_1 + L_2 = L_1(y) + L_2(r) \tag{5-3}$$

式中，L 表示对货币的实际需求；L_1 表示由交易动机和预防动机而产生的交易性货币需求；L_2 指由投机动机而产生的投机性货币需求；y 为实际收入；r 为市场利率。

如果用 M_d/p 表示实际货币需求，则货币需求函数也可以表示为：

$$M_d/P = ky - hr \tag{5-4}$$

式中，k、h 都为系数。

凯恩斯的货币需求函数可用图 5－1 来表示。

在图 5－1 中，L_1 表示为满足交易动机和预防动机的货币需求曲线，它与利率无关，因此垂直于横轴。L_2 线表示为满足投机动机的货币需求曲线，起初它向右下方倾斜，表示货币的投机需求量随利率下降而增加，最后为水平状，表示"流动性陷阱"。上方的 L 线，是包括 L_1 和 L_2 在内的全部货币需求曲线。这条货币需求曲线表示在一定收入水平上货币需求量和利率的关系：利率上升时，货币需求量减少，利率下降时，货币需求量增加。

至于货币需求量和收入水平的正向关系，则可通过在同一坐标图上画若干条货币需求曲线来表示，如图 5－2。

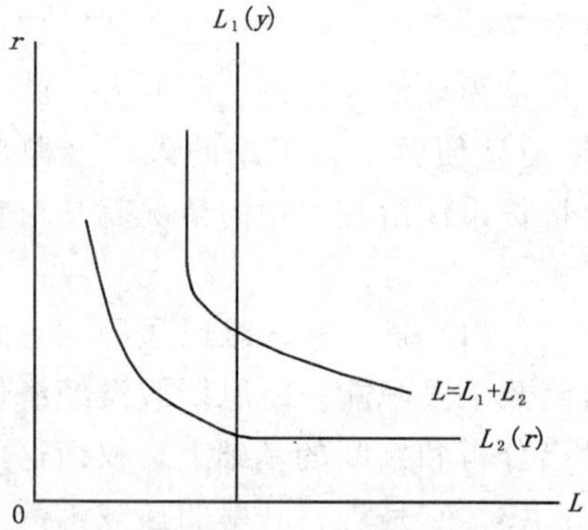

图 5－1　货币需求曲线

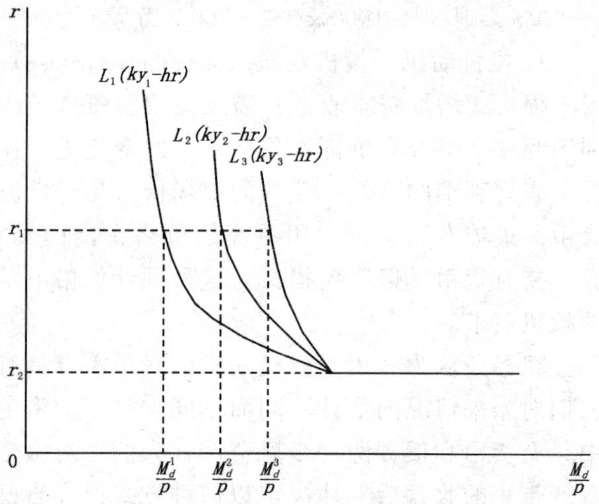

图 5－2　货币需求曲线的移动

在图 5－2 中，L_1，L_2 和 L_3 都是货币需求曲线，依次分别代表收入水平 y_1，y_2 和 y_3，并且，$y_1 < y_2 < y_3$。由此可见，货币需求量与收入的正向关系是通过货币需求曲线向右和向左移动来表示的。例如，当利率均为相同的 r_1 时，不同收入水平对货币的需求量不一样，由于 $y_1 < y_2 < y_3$，相对应地 $M_d^1/p < M_d^2/p < M_d^3/p$；当利率降低到 r_2 时，货币需求成为无限大，这时因收入不同对货币需求量不同的差别已不复存在，即出现流动性陷阱。

四、弗里德曼的现代货币数量论

弗里德曼是货币学派的主要代表人物，他在 1956 年发表的《货币数量论》中，明确提出了现代货币数量论。他在吸收前人成果的基础上，创建了自己的货币需求理论。

弗里德曼所研究的货币需求是指消费者和企业对具有不变购买力的货币的需求。消费者需要货币，是因为人们手中有了现款可以有安全感；企业需要货币是为了支付工资或其他开支，从而使生产可以进行。货币作为财富持有者的资产，货币需求就是人们手中以货币形式持有的对商品和劳务的支配力。影响人们持有实际货币的因素归纳为以下四个方面：

（一）财富总额

财富总额是包括货币在内的各种资产的集合。由于财富总额难以直接计量，因此用收入变量来代表，并且，该收入不是年度收入而是持久收入，是一个人所拥有的各种财富在相当长时期内获得的收入流量，相当于过去、现在和未来收入的加权平均数。持久收入越高，所须持有的货币越多。

（二）财富构成

弗里德曼将财富分为两种：人力财富和非人力财富。人力财富是指一个人靠自己的劳动获得财富的能力；非人力财富是靠资本所有权所取得的财富，是物质性财富。人力财富非常不易实现，如对劳力的需求很少时，就难以把人力财富转变为收入。财富构成是指人力财富和非人力财富的比例。非人力财富占总财富的比例越大，对货币的需求越大。

（三）资产预期收益

这是指持有货币和其他金融资产或实物资产的预期收益。当货币以通货方式出现时，不仅无利息收入，而且还会因通货膨胀受到损失，因此其预期收益一般小于0；当货币以收取服务费为条件的活期存款方式出现时，预期收益率为负；货币以有利息的活期存款和定期存款形式出现时，预期收益率为正；股票、债券等其他金融资产以及不动产等等预期收益率一般大于0。如有利息的活期存款和定期存款、股票、债券的收益率提高，持有货币的数量减少，反之，则持有的货币数量增加。通货膨胀率可以表示物质资产的预期收益率，因为通货膨胀率上升时，房屋、土地等物质资产的价格会随之上升，可以取得收益。因此通货膨胀率的变动，也会影响货币需求。

（四）货币的效用

这主要是指货币的流动性效用，即人们持有货币可以用以日常交易的支付，又可以用来应付紧急之需，还可以用于投机获利。这种效用无法准确、直接测量出来，但它的确存在，并且影响人们对货币的需求。不仅如此，影响流动性效应的其他一些因素，如人们的嗜好、兴趣等也影响货币的需求。

在对上述影响货币需求的因素进行分析和研究的基础上，弗里德曼提出了他的货币需求函数：

$$\frac{M_d}{P}=f\left(r_m,\ r_b,\ r_e,\ \frac{1}{p}\cdot\frac{dp}{dt},\ y,\ W,\ u\right) \tag{5-5}$$

式中，P为平均物价水平；r_m为预期的货币收益率；r_b为预期的债券收益率；r_e为预期的股票收益率；$1/p\cdot dp/dt$为预期物价变动率，即预期的真实资产收益率；y为实际的持久性收入；W为非人力财富在总财富中所占比例（或财产收入占总收入的比例）；u为除收入以外的其他任何可能影响货币效用的变量。

为了便于分析，弗里德曼又对货币需求函数中的诸多自变量进行了假定。首先，u是相对稳定的，因为短期内人们的嗜好、兴趣等影响货币流动性效用的因素及流动性效用本身不会发生剧烈的变动。其次，假定$1/p\cdot dp/dt$相对稳定，物价变动率在短期内变动不大，对货币需求影响可以忽略不计。再次，假定W是个常量，由于在一定时期内财富的构成比例相对稳定，不会引起货币需求的极大波动。最后，将r_m、r_b和r_e归结为市场利率r的作用。因为货币的收益率r_m通常为0，可以忽略；债券的预期收益率r_b和股票的预期收益率r_e主要决定于市场利率的高低。这样货币需求函数就可以简化为：

$$Md/P=f(y,\ r)$$

即货币需求由人们的收入和市场利率决定。在对此函数进一步分析和论证的基础上，弗里德曼认为，该货币需求函数最重要的特点是其稳定性。首先，他通过研究，论证货币需求的利率弹性非常小，差不多接近于0，因此，利率对货币需求的影响非常小。其次，他以持久收入代替现期收入，更加减少了收入的波动性，从而货币需求函数更加具有稳定性。货币需求的稳定性为中央银行比较准确、客观地制定货币供应增长率目标，从而实施稳定的货币政策提供了理论依据。正因为如此，弗里德曼的货币需求理论成为继凯恩斯货币需求理论之后又一重要理论。

五、比较与总结

（一）现代货币数量论与传统货币数量论

弗里德曼的现代货币数量论的基本原则与传统货币数量论相同，都认为货币数量的变动在整个经济生活中起支配作用。传统的货币数量论的公式为：

$M/P = Ky$　　或　　$MV = Py$

如果把K和V看做决定于r_m，r_b，$r_e \cdot 1/p \cdot dp/dt$以及W等因素共同作用的结果，则弗里德曼的货币需求函数与交易方程式、剑桥方程式非常相似。不同之处在于：首先，传统货币数量论把V或K当作由制度决定的一个常数，而现代货币数量说则把V看做是几个可观察到的变量（r_m，r_b，$r_e \cdot 1/p \cdot dp/dt$）的稳定函数；其次，在传统的货币数量论中，y是现期收入（交易）水平的代表，而现代货币数量论中y是持久性收入。最后，传统货币数量论认为，货币流通速度和商品、劳务总量在短期内都不会变动，因此，物价水平必然决定于货币的数量。而现代货币数量论则认为，货币数量的变动既影响物价总水平的变动，也影响总产量或国民收入以及就业水平的变动。即M既能影响P，也能影响Y，或同时影响P和Y。究竟影响哪一个取决于当货币数量变动时经济所处的状态。如果经济处在严重衰退时，M量增加可以在一定的比例上提高产量；如果经济处于充分就业状态时，则当M增加时，只能引起通货膨胀。总之，从短期看，变动M能影响Y，从长远看则影响P。弗里德曼还进行了具体计算，提出政府只需按4%～5%的幅度增加货币供给量，社会经济便能够顺利运行。如果用公式对传统货币数量论和现代货币数量论进行区别和概括，则可表述为：

传统货币数量论：$M\bar{V} = P\bar{Y}$

现代货币数量论：$M\bar{V} = PY$

符号上加横线表示该变量倾向于不变。

（二）现代货币数量论与凯恩斯货币需求理论

弗里德曼的货币需求函数与凯恩斯的货币需求函数的区别在于：首先，二者强调的侧重点不同。前者强调持久性收入对货币需求的重要影响，认为利率对货币需求的影响是微不足道的；后者非常重视利率的主导作用，认为利率的变动直接影响就业和国民收入的变动，最终必然影响货币需求量。其次，二者在货币政策传导变量选择上有分歧。前者是坚持货币供应量，后者认为是利率。最后，后者认为货币需求受未来利率不确定性的影响，因而不稳定，货币政策应相机行事；而前者认为货币需求量是稳定的可以预测的，因而单一规则可行。

第二节 货币供给理论

一、货币供给及其层次划分

货币供给是一国经济中的货币存量，是全社会可用作购买商品和劳务的货币总量，由流通中的现金和货币存款等构成。货币供给是一个存量概念，即某一时点的货币供应量。

根据资产流动性程度，即货币转化为现金所需要的时间和成本，可把货币供应量划分为不同的层次，以便考察不同种类的货币性资产对经济的影响，进而采取不同的货币调控政策。一般是货币转化成现金的时间愈短和成本愈低，其流动性愈强，排列的层次愈高。其排列如下：

第一层次的货币称为 M_0，是在银行以外流通的现金（C），也就是人们在手中持有的通货，包括纸币和铸币。这些由各国政府和中央银行发行的钞票，最有流动性，随时可以作为交换手段和支付手段投入流通，因而被排在第一层次。用公式表示为：

$M_0 =$ 铸币 + 纸币 $= C$

第二层次的货币为狭义的货币，称为 M_1，它包括作为交易媒介的通货和活期存款（D_d）。通货和活期存款具有直接、迅速、没有限制等特点，其流动性非常高；它们与经济活动密切相关，所以从政府的角度，M_1 是被各国货币当局严格控制的货币量。用公式表示如下：

$M_1 = M_0 +$ 活期存款 $= C + D_d$

第三层次的货币为广义的货币，称为 M_2。它包括 M_1 和储蓄存款 D_s 和定期存款 D_t。储蓄存款和定期存款比 M_1 的流动性要低，不能向活期存款那样作为支付手段，但随着现代金融技术的发展，这种存款实际上很容易转变为活期存款而成为支付手段。例如，美国商业银行在 20 世纪 70 年代开办的自动转账账户 ATS（automatic transfer service），存户在商业银行开活期账户和储蓄账户。活期账户无利息、可开支票；储蓄账户有利息，不能开支票。这样，存户可在活期账户上保留很少的余额，要开支票时，银行会自动将金额从储蓄账户转到活期账户，这样既能有利息收入又能开支票。美国商业银行开办的可转让的提款单 NOW（negotiable orders of withdrawal）账户也与 ATS 相似。广义货币用公式表示为：

$M_2 = M_1 +$ 储蓄存款 + 定期存款 $= C + D_d + D_s + D_t$

第四层次的货币为更广义的货币，称为 M_3。它包括 M_2 和其他流动性资产或近似货币（D_n）。其他流动性资产或近似货币是指个人及厂商所持有的债券等，它们也具有一定的流动性。M_3 用公式表示为：

$M_3 = M_2 +$ 近似货币 $= C + D_d + D_s + D_t + D_n$

二、准备金制度和存款创造

（一）存款准备金制度

商业银行的主要业务是吸收存款和向客户贷款和投资。商业银行对吸收的存款负有随时支付的义务，但它每日接受的存款未必能应付提取的需要。因此，银行必须经常保持一定数量的货币，以备储户来随时提款。这种通常在所吸收的存款中准备一定比例的货币数额以应付提取，我们称之为存款准备金制度。

存款准备金制度一方面能使银行应付提款，预防因挤兑风潮而倒闭，另一方面也是为了控制银行贷款的速度和规模，从而控制货币供应量。各国中央银行对商业银行和其他金融机构所吸收的存款，规定有一个必须达到的准备金额度，我们称之为法定准备金（legal reserve ratio），以 r_d 来表示法定准备金率。若 $r_d = 20\%$，则表示银行账上存款余额每 100 元必须备有的准备金为 20 元。

银行的存款准备金一部分以通货（纸币和铸币）保留在银行以应付日常需要，另一部分存入中央银行。在普遍使用支票的当今社会中，银行的存款准备金主要存入中央银行，只有少部分留存在自己的保险柜中。

除了留出法定准备金外，商业银行出于安全考虑，或根据资金运用情况，如手头资金暂时无合适的贷款对象或投资机会等，在所吸收的存款中，还要另外再自愿持有一定数量的超额准备金或超额储备（ER），即法定准备金以上的准备金，以 e 来表示法定准备金率。若 $r_d=20\%$，$e=2\%$，这表示该银行每 100 元存款，法定准备金为 20 元，超额准备金为 2 元，总的准备金实际为 22 元。

（二）存款创造

1. 简单的存款创造和存款乘数。为了便于叙述，我们先分析一个简单的存款创造过程。为此，先要作一些假定：（1）假定银行的准备金仅限于法定准备金，没有超额准备金；（2）假定公众的任何支付都使用支票，不使用现钞；（3）假定银行存款只有活期存款，没有定期存款。

假设为了增加货币供给量，中央银行在公开市场业务中向甲持有人购进国库券 1000 万元，甲将货币存入 A 银行，假定法定存款准备金 $r_d=20\%$，存款创造过程见表 5－1。

表 5－1　　简单的存款创造　　单位：万元

银行 (1)	存款（包括原始存款和派生存款） (2) = (3) + (4)	存款准备金 (3) = (2) ×0.2	银行贷款 (4) = (2) ×0.8
A	1000（甲）	200	800 （乙）
B	800（乙）	160	640 （丙）
C	640（丙）	128	512 （丁）
D	512（丁）	102.4	409.6（戊）
⋮	⋮	⋮	⋮
合计	5000	1000	4000

从表 5－1 中可见，A 银行收到甲存入的 1000 万元现金后，其存款增加了 1000 万元，由于 $r_d=20\%$，A 银行留存 200 万元作为法定准备金，其余 800 万元全部贷给乙，这笔原始存款 1000 万元派生出贷款 800 万元；然后乙将其存入 B 银行。B 银行将乙存入的 800 万元留存 20%（160 万元）作为准备金，余下 640 万元贷给丙。丙将从 B 银行借入的 640 万元存入 C 银行，C 银行留存 128 万元，余下 512 万元贷给丁。丁将借入款 512 万元存入 D 银行，D 银行留存准备金 102.4 万元，贷给戊 409.6 万元……如此反复，存款—贷款—再存款—再贷款……每一轮贷款金额及派生存款总比上一轮递减 20%，最后递减为 0，存款创造过程终结。最后各银行的存款总和是：

$$1000+800+640+512+409.6+\cdots=1000\times(1+0.8+0.8^2+0.8^3+\cdots)$$

$$=\frac{1000}{1-0.8}=5000\text{（万元）}$$

而贷款总和是：

$$800+640+512+409.6+\cdots=1000\times(0.8+0.8^2+0.8^3+\cdots)=4000\text{（万元）}$$

从以上例子可以看出，存款总和（D_d）同原始存款（R）及法定准备金（r_d）之间的关系为：

$$D_d=\frac{1}{r_d}\cdot R \qquad (5-6)$$

贷款总和（L）与活期存款之间的关系为：

$L = D_d - R$

这样，当中央银行增加一笔货币供应量流入公众手中时，货币供应量（活期存款总和）将扩大为新增货币的 $1/r_d$ 倍。在上例中就是5倍。这个 $1/r_d$ 就是存款乘数K，它是法定准备金率的倒数。即简单的存款乘数为：

$$K = \frac{1}{r_d} \tag{5-7}$$

假定 $r_d = 20\%$，则存款乘数为5；若 $r_d = 25\%$，则存款乘数为4。即 r_d 越大，乘数越小；反之，r_d 越小，乘数越大。这是因为 r_d 越大，每一轮漏出银行体系的货币金额越大，可用于贷款的金额就越少，由贷款派生的存款金额也就越小。在极端情况下，设 $r_d = 100\%$，则 $1/r_d = 1$，$D_d = R$，此时，银行存款全部用于准备金，没有新的贷款，也就不可能产生派生存款。另一种极端情况是，$r_d = 0$，此时 $1/r_d = \infty$，即每一轮的货币漏出为0，银行存款可以全部贷出，派生存款可以无限扩大。

2. 存款创造的漏出。上面的存款创造分析进行了一些假定，属于简单的存款乘数。为了接近现实，现在放弃这些假定，从而得出更为实际的存款乘数。

（1）银行持有一定比例的超额准备金。超额准备金在存款创造过程中所起的作用和法定准备金是完全一样的，都代表一定货币的漏出。用e表示超额准备金对存款的比率，即

$e = E/D$

则存款总额就变为：

$$D_d = \frac{1}{r_d + e} \cdot R$$

则存款乘数为：

$$K = \frac{1}{r_d + e} \tag{5-8}$$

仍以上例，一笔1000万元的存款，$r_d = 20\%$，$e = 5\%$，则存款总额 $D_d = \frac{1}{0.2 + 0.05} \times 1000 = 4000$（万元）。由此我们可以看出，正是由于有了超额准备金，才使1000万元的原始存款只能产生4000万元的存款总额。

（2）一部分存款变为现金。假若客户将得到的贷款不全部存入银行，而抽出一定比例的现金，这也是一种漏出。在这种情况下，存款总额减少的情况将和上述第一种情况一样。假设现金占存款的比率 $c = C/D_d$，于是存款总额为：

$$D_d = \frac{1}{r_d + e + c} \cdot R$$

存款乘数为：

$$K = \frac{1}{r_d + e + c} \tag{5-9}$$

三、基础货币、货币乘数和货币供给

（一）基础货币

由以上可见，非银行部门（个人或企业）如果决定减少其持有的货币，并将它存入银行，商业银行的超额储备金就会增加，这就为存款扩张和货币创造提供了基础。存款扩张的基础是商业银行的储备总额（包括法定和超额的）加上非银行部门持有的货币（现金）。我

们把**流通中的现金和银行准备金称为基础货币**（base monetary），**也叫货币基础**。它是一种活动力强大的货币，具有高能量，每一元基础货币的增加，在货币乘数的作用下，将导致数倍的货币供给的增加，因此基础货币又称为高能货币（high - powered money）。如果用 M_b 表示货币基础，C 表示非银行部门持有的通货，RR 表示法定储备金，ER 表示超额储备金，则基础货币为：

$$M_b = C + RR + ER \tag{5-10}$$

（二）货币乘数

如果仅就狭义货币 M_1 进行考察，如前所述，$M_1 = C + D_d$，若用 k_1 表示 M_1 的货币乘数，则有：

$$k_1 = \frac{M_1}{M_b} = \frac{C + D_d}{C + RR + ER}$$

再将等式右边分子分母同除以 D_d，得到：

$$k_1 = \frac{M_1}{M_b} = \frac{\frac{C}{D_d} + 1}{\frac{C}{D_d} + \frac{RR}{D_d} + \frac{ER}{D_d}}$$

上式中，C/D_d 是现金对存款的比率，即 c；RR/D_d 是法定准备金对存款的比率 r_d；ER/D_d 是超额准备金对存款的比率 e。则上式可写成：

$$k_1 = \frac{M_1}{M_b} = \frac{c + 1}{c + r_d + e} \tag{5-11}$$

（三）货币供给函数

这里我们仅分析狭义的货币供给函数，广义的货币供给函数可由读者自行分析。狭义的货币为：

$$M_1 = k_1 \cdot M_b$$

将基础货币公式和货币乘数公式代入上式，便得到：

$$M_1 = \frac{c + 1}{c + r_d + e} \cdot M_b \tag{5-12}$$

公式 5 - 12 便是狭义的货币供给函数，它表示货币供给与影响货币供给的各个因素之间的关系。

货币供给由基础货币和货币乘数决定。当基础货币不变时，货币供给随货币乘数增加而增加。而货币乘数又和法定存款准备金率、超额准备金率和现金存款比率有关。其中法定准备金率由中央银行决定；超额准备金率由商业银行确定，它会随市场利率、社会经济状况以及储户心理的变化而变化；现金存款比率则与公众意愿、收入与财富的变化、市场利率的高低有关。

当货币乘数给定时，货币供给量随基础货币的增加而增加。中央银行主要通过变动再贴现率和公开市场操作来变动基础货币。当再贴现率下降，商业银行向中央银行借款就会增加，即准备金增加或基础货币增加。当中央银行通过公开市场业务买进债券时，流通中基础货币也增加。

第三节
货币市场均衡和均衡利率的决定

一、货币市场均衡

当货币需求等于货币供给时，货币市场就达到了均衡。在产品市场上，产品价格调节着产品市场的供求；在货币市场上，利率起到与价格相同的作用，调节着货币市场的供求。按照凯恩斯的理论，货币供给量的大小是由中央银行控制的，所以，在分析货币市场时，通常把货币供给看成一个既定的外生变量，以 M_s 代表名义货币供给。这样，货币市场的均衡是通过利率调节货币需求以达到某个给定的货币供给。请看下面公式：

$M_d = M_s$（均衡条件）

$\frac{M_d}{P} = ky - hr$（实际的货币需求）

$M_s = M_0$（货币供给）

则：

$$\frac{M_0}{P} = ky - hr \qquad (5-13)$$

这里的 M_d、M_s 表示名义的货币需求量和货币供给量。公式5－13表示，当实际的货币供求相等时，货币市场就达到了均衡，这时的利率为均衡利率，可用图 5－3 表示。

在图 5－3 中，横轴表示货币量，纵轴表示利率。在一定的价格和国民收入水平下，货币需求曲线是一条向右下方倾斜的曲线，表明货币需求随着利率的提高而下降；外生的货币供给不受利率变化的影响，是一条垂直于横轴的直线。在利率 r_0 的水平时，货币需求等于货币供给，货币市场达到均衡，所以，利率 r_0 为均衡利率。如果利率低于均衡利率，则货币需求量超过货币供给量；如果利率高于均衡利率，则货币供给量超过货币需求量。当货币市场出现非均衡时，利率的波动会调节货币市场的供求，从而达到均衡。那么，利率是如何调节货币市场的供求来达到均衡呢？

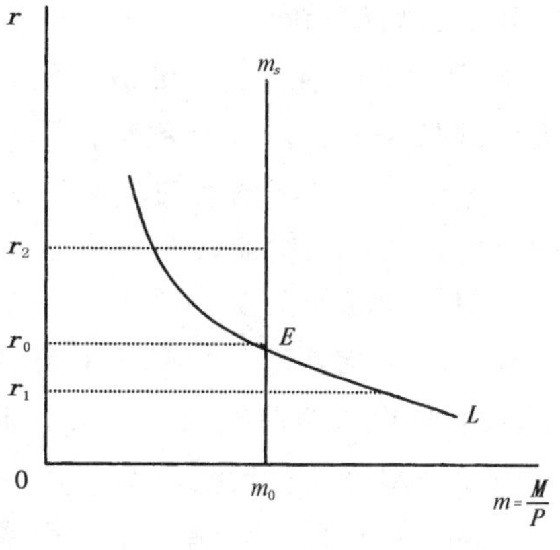

图 5－3　货币市场的均衡

如前所述，我们把资产市场分为货币市场和债券市场。货币市场的利率和债券市场的债券价格是反向变化的关系。例如，当利率为 r_1 时，货币需求大于货币供给，利率低于均衡利率，利率低，就是债券价格高，人们预计债券价格要下跌，于是每个人都想把手中的债券换成货币，即这时人们偏好货币，厌恶债券。当经济中债券供给量一定时，并非每个人都能

按 r_1 的利率水平决定的债券价格出售自己的债券，有人不得不以低价出售。这样，在债券市场上，债券价格开始下降，在货币市场上，利率开始上升。随着利率水平的上升，债券价格的下跌，正是人们购买债券的机会，于是，人们开始减少货币，增加债券的持有量，当利率上升到均衡利率 r_0 时，人们对货币和债券的偏好相等，货币需求就等于货币供给，利率不再变动。

相反，在 r_2 的利率水平上，货币需求小于货币供给，利率高于均衡利率，利率高，就是债券价格低，于是人们开始用货币购买债券，即这时人们偏好债券，厌恶货币。对一定量的债券总供给，每个人都想购买债券时，总有人要出高价才能买到，债券的价格就会被抬高，而利率水平就会下降。随着利率水平的下降，人们又开始抛售债券，增加货币的持有量，直到利率降低到 r_0 时，人们对货币和债券的偏好一样，货币需求就等于货币供给，利率不再变动。

总之，凯恩斯认为，利率是人们对货币流动性偏好程度的衡量，利率低于均衡利率时，人们偏好货币；利率高于均衡利率时，人们偏好债券；均衡利率时，人们对货币和债券的偏好一样。

二、货币市场均衡的变动

当货币供给与货币需求发生变化，产生新的货币供给曲线和货币需求曲线时，会产生新的均衡点，形成新的均衡利率。

（一）货币供给变动的影响

1. 中央银行增加货币供给。当货币市场已经处于均衡时，若货币需求不变，这时中央银行决定增加货币供给，货币供给量将通过货币乘数成倍增加，使货币供给曲线右移，最终形成低于原均衡利率的新的均衡利率。如果中央银行决定减少货币供给，则会形成一个高于原均衡利率的均衡利率。

2. 名义货币供给不变，价格水平下降。当货币市场已经处于均衡时，若货币需求不变，名义货币供给也不变，但价格水平下降，则实际货币供给增加，货币供给曲线向右移动，最终形成低于原均衡利率的新的均衡利率。如果名义货币供给不变，价格水平上升，则实际货币供给减少，货币供给曲线左移，形成一个高于原均衡利率的均衡利率。

以上两种情况如图 5－4 所示。

起初，E_0 为均衡点，均衡利率为 r_0。当货币供给增加时，货币供给曲线从 m_S^0 移至 m_S^1，m_S^1 和原来的货币供给曲线相交于 E_1，此时均衡利率下降到 r_1。相反，若货币供给减少，货币供给曲线向左移动，均衡利率上升。

3. 流动偏好陷阱与均衡利率。当货币需求曲线呈水平状态时，即通常所说“流动偏好陷阱”区域，不管政府增加多少货币供给，即不管货币供给曲线向右移动多少，都不可能使利率再下降，如图5－5所示。在 L 为水平线时，货币供给量的增加使货币供给曲线由 m_S^0 移到 m_S^1，尽管均衡点由原来的 E_0 变为 E_1，但均衡利率仍为 r_0。

（二）货币需求变动的影响

1. 实际收入水平变动。当货币市场已经均衡时，如果经济中的实际国民收入水平上升，就增加了人们在每一个利率水平上的货币需求，货币需求曲线就会向右移动，均衡利率上升，反之，当实际国民收入下降时，均衡利率就会因此而下降，如图 5－6 所示。

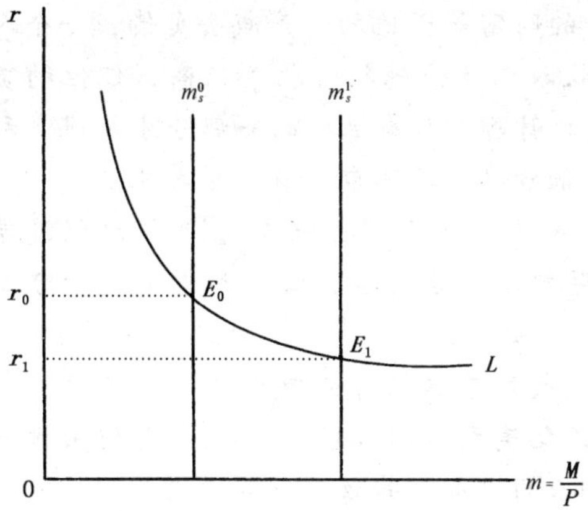

图 5-4 货币供给变动与均衡利率变动

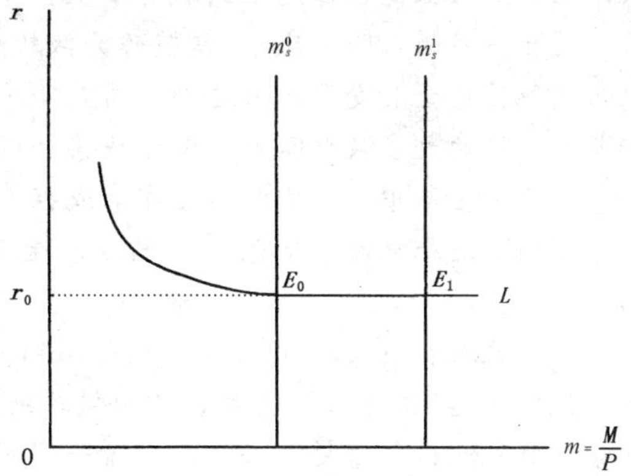

图 5-5 流动偏好陷阱与均衡利率

如图 5-6，当实际国民收入增加时，货币需求增加，货币需求曲线从 L_0 移至 L_1，L_1 和货币供给曲线相交于 E_1 点，此时均衡利率上升到 r_1。相反，若实际国民收入减少，货币需求减少，货币需求曲线向左下方移动，均衡利率下降。

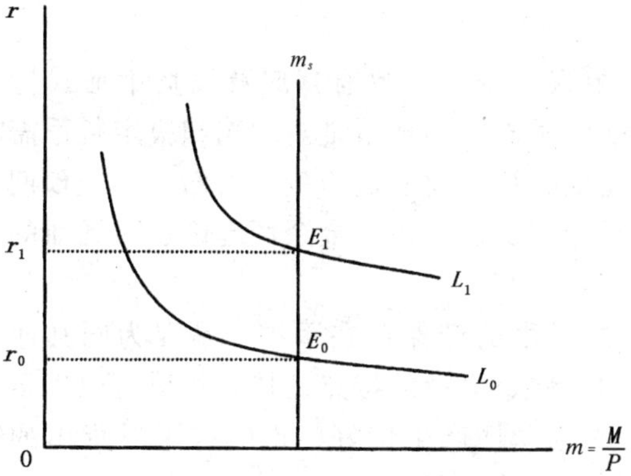

图 5-6 实际收入水平变动和均衡利率变动

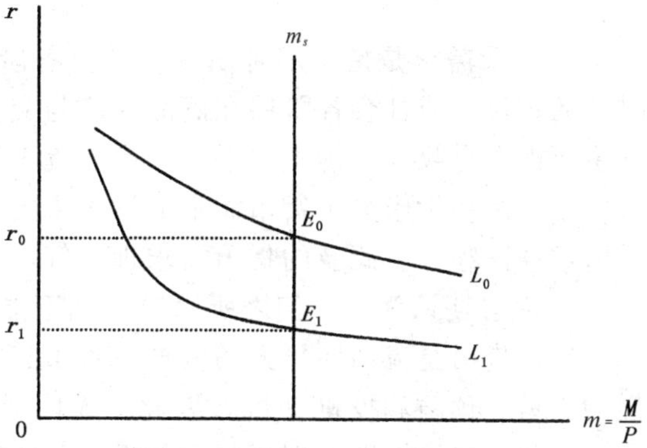

图 5-7 预期利率变动与均衡利率变动

2. 预期利率的影响。当货币市场已经处于均衡时，如果预期利率下降——预期债券价格上涨，人们将按债券现行市场价格以货币换取债券，以便日后债券价格上涨时再抛售债券换回货币，货币的投机需求下降，从而货币的总需求下降，货币需求曲线左移，最终形成低于原均衡利率的新的均衡利率。反之，如果人们预期利率将上升，则会出现相反的情况，如图 5-7 所示。

图 5-7 说明假定货币供给不变，预期利率下降，即债券价格上升，人们会以货币换取债券，货币需求减少，货币需求曲线由 L_0 移至 L_1，均衡利率下降到 r_1。反之预期利率上升，均衡利率则上升。

【案例分析】

不要混淆货币与财富或收入

据《福布斯》杂志报道，比尔·盖茨的 465 亿美元财富使他成为 2005 年世界上最富有的人。他的收入很高，但是他到底有多少钱？一个人的财富等于他的资产减去负债，一个人的收入等于一年的入账。比尔·盖茨作为微软总裁的收入以及他的投资收入很高，但他的货币仅仅是他的现金和支票账户金额。盖茨465亿美元的财富中只有很小的一部分才是现金和支票账户，他的大多数财富都投资于股票、债券等金融资产，而不包括在货币之中。

在日常生活中，我们常常把富有或拥有很高收入的人称为“有很多钱”，不过经济学家使用“钱”这个词时，他们指代的是现金和活期存款。区分财富、收入和货币是十分重要的。

正如收入和现金对于个人来说是不同的，这一点对整体经济同样成立。2004年，美国的国民收入是10 .3万亿美元，货币供给则是1.4万亿美元（以M1衡量）。没有理由说一国的国民收入就得等于货币供给，或者一国的货币供给的增加会导致国民收入增加。

资料来源：［美国］R. 格伦·哈伯德、安东尼 P. 奥布赖恩著：《经济学》，第1版，机械工业出版社2007年版，第327页。

本章小结

1. 货币需求是指一定时期内，社会各阶层（个人、企业和政府）愿意以货币形式持有财产的数量，或社会各阶层在商品生产与交换过程中所需要的货币量。影响和决定货币需求的主要因素有收入、物价水平、利率、货币流通速度、社会商品供给量及人们对心理预期与偏好等。经济学中关于货币需求的理论主要有：现金交易理论、现金余额理论、凯恩斯的货币需求理论和弗里德曼的货币需求理论等。

2. 凯恩斯认为，人们之所以宁肯把不能生息的货币资产保存在手中，是因为同其他资产相比，货币是流动性最大的资产，货币具有使用方便、灵活的特点，持有货币可以满足人们的交易、预防和投机动机。因此，人们对货币的流动性产生偏好，也就有了对货币的需求。可见，凯恩斯把人们对货币的需求称为货币的流动性偏好。

3. 货币供给量是一国经济中的货币存量，是全社会可用作购买商品和劳务的货币总量，由流通中的现金和货币存款构成。货币供给量分为狭义的货币供给量和广义的货币供给量。

4. 银行通常在所吸收的存款中准备一定比例的货币数额以应付提取，我们称之为存款准备金制度。在存款准备金制度下，当中央银行新发行一笔通货且流入银行后，这意味着银行体系增加了一笔原始存款，经过银行体系的一连串的存款—贷款—再存款—再贷款后，由此产生的新增存款总额将是原始存款的若干倍，这被称为存款创造效应。法定准备金率的倒数为存款乘数。

5. 我们把流通中的现金和银行准备金称为基础货币，也叫货币基础，它是一种活动力强大的货币，具有高能量，每一元基础货币的增加，在货币乘数的作用下，将导致数倍的货币供给的增加，因此基础货币又称为高能货币。狭义货币供给的货币乘数为：

$$K_1 = M_1 / M_b = \frac{c+1}{c+r_d+e}$$

货币供给函数为：

$$M_1 = \frac{c+1}{c+r_d+e} \cdot M_b$$

6. 当货币需求等于货币供给时，货币市场就达到了均衡，这时的利率为均衡利率。在产品市场上，产品价格调节着产品市场的供求；在货币市场上，利率起到与价格相同的作用，调节着货币市场的供求。当货币供给与货币需求发生变化，产生新的货币供给曲线和货币需求曲线时，会产生新的均衡点，形成新的均衡利率。

复习与练习

一、关键概念

基础货币　法定准备金　超额准备金　货币乘数　中央银行的再贴现率　公开市场业务　货币需求　货币供给　货币的流动性偏好　流动偏好陷阱　均衡利率

二、单项选择题

1. 中央银行提高再贴现率将引起利率(　　)。
   A. 降低和货币供给量减少　　B. 提高和货币供给量增加
   C. 降低和货币供给量增加　　D. 提高和货币供给量减少
2. 商业银行之所以能创造货币，原因之一是商业银行是(　　)的银行。
   A. 政府　　B. 发行货币
   C. 准备率小于100%　　D. 贷款
3. 人们在(　　)情况下倾向于减少手持货币。
   A. 债券价格趋于下降　　B. 债券价格趋于上升
   C. 债券收益不变　　D. 债券价格不变
4. 下面哪种情况是 M_2 的一部分而不是 M_1 的一部分(　　)。
   A. 活期存款　　B. 储蓄存款　　C. 旅行支票　　D. 其他支票存款
5. 当利率很低的时候，人们购买债券的风险将会(　　)。
   A. 变得很小　　B. 变得很大　　C. 不发生变化　　D. 难以确定
6. 古典货币数量论的剑桥方程(　　)。
   A. 强调货币供给　　B. 强调人们手中持有货币的动机
   C. 完全不同于交易方程　　D. 是凯恩斯的货币理论
7. 财政部向(　　)出售政府债券时，基础货币会增加。
   A. 居民　　B. 企业　　C. 商业银行　　D. 中央银行
8. 根据凯恩斯理论，(　　)和收入水平相关。
   A. 投机性货币需求　　B. 流动性陷阱
   C. 交易性货币需求　　C. 边际消费倾向

三、简答题

1. 凯恩斯认为人们的货币需求是出于什么动机？
2. 传统货币数量论和现代货币数量论的联系与区别有哪些？
3. 凯恩斯的货币需求理论和费里德曼的货币需求理论的主要区别是什么？
4. 请解释下列各因素可能以何种方式影响货币需求：
   A. 用支票存款账户支付利息；

B. 信用卡申请更容易；

C. 电子化的资金转账变得更普遍。

5. 货币层次是如何划分的？

6. 商业银行如何创造活期存款？

7. 货币乘数与法定准备金率、超额准备金率以及现金—存款比率有什么关系？

8. 影响货币供给量的因素有哪些？

9. 中央银行控制货币供给量的工具是什么？

10. 什么是基础货币？为什么基础货币又被称为“高能货币”？

11. 下列变量如何影响货币乘数？

A. 银行恐慌；

B. 市场利率；

C. 定期存款利率上限；

D. 银行对支票存款提供的服务；

E. 定期存款的法定准备金率；

F. 流动人口比例；

G. 银行的负债管理能力；

H. 接受支票付款的商店数目。

12. 均衡利率是如何决定的？

13. 当下列情况发生时，利率将如何变化？

A. 债券风险增大；

B. 收入增加；

C. 企业家对投资前景看好；

D. 货币供给增加（仅考虑短期的流动性效应）；

E. 预期赤字增大；

F. 人们预期利率将下降。

四、计算题

1. 假定某国有 600 亿美元纸币，100 亿美元铸币，2000 亿美元活期存款，1000 亿美元储蓄存款，1600 亿美元政府债券。试问：M_1，M_2，M_3 各为多少？

2. 当法定准备金率是 12%，没有超额储备，对现金的需求是 1000 亿美元。

【计算】

(1) 假定总准备金是 400 亿美元，货币供给是多少？

(2) 假如中央银行把准备金率提高到 20%，货币供给变动多少（总储备仍是 400 亿美元）？

(3) 中央银行买进 10 亿美元政府债券（存款准备金率是 12%），货币供给如何变动？

3. 若货币交易性需求为 $L_1 = 0.02y$，货币投机性需求 $L_2 = 2000 - 500r$。

【要求】

(1) 写出货币总需求函数。

(2) 当利率 $r = 6$，收入水平 $y = 10000$ 亿美元时，货币需求量是多少？

(3) 若货币供给 $M_S/P = 2500$ 亿美元，当收入 $y = 6000$ 亿美元时，可用于投机的货币是多少？

(4) 当收入 $y = 1$ 万亿美元，货币供给 $M_S/P = 2500$ 亿美元时，均衡利率为多少？

第六章

货币、利率与国民收入决定：IS—LM 模型

——扩展的国民收入模型

在上述两章中，我们学习了凯恩斯主义的 NI—AE 模型与货币市场理论。这两个理论的建立实际上都暗含了一些假设条件，其中 NI—AE 模型是以利率不变为前提，而货币市场理论是以国民收入不变为前提。一旦条件发生了改变，例如在产品市场中，当利率下降时，投资会增加，那么国民收入也会随之而增加，但是国民收入增加在货币市场中又会促进货币需求增加，从而引发利率上升，结果又导致投资下降，反之则相反。这就产生了一个矛盾，为解决这一矛盾，我们就需要通过新的工具，把产品市场与货币市场联系起来以寻找一个可能的均衡点。幸运的是，英国的希克斯爵士（Hicks，Sir John Richard）在 1939 年已为我们解决了这一难题。这就是本章所要阐述的 IS—LM 模型。

第一节　产品市场的均衡：IS 曲线

一、IS 曲线的由来

在第三章中，当我们根据 NI—AE 模型确定均衡国民收入时，一直把投资量设为一个外生的常数，而实际情况并非如此，均衡投资量取决于资本边际效率与利率。当给定资本边际效率时，均衡投资量与利率呈一一对应的函数关系。如果市场利率发生了变化，那么会对均衡投资量产生影响，进而对总支出产生影响，均衡国民收入也会随之而改变，以图 6－1 为例。

图 6－1（a）是一个两部门的 NI—AE 模型。假设均衡投资量由给定的利率 r_1 决定（如果利率不变，均衡投资量可被视为一个外生的常数），它与消费之和是该两部门经济社会的总支出。总支出曲线与 45°线的交点确定了均衡国民收入为 Y_1。对这一过程，我们并不陌生。

如果利率由 r_1 下降至 r_2，均衡投资量将不再是一个常数，它因利率下跌而增加。均衡投

资量增加将推动总支出曲线往上移动，均衡国民收入也由 Y_1 增加至 Y_2。如果除利率之外其他因素不变，我们就能建立利率与均衡国民收入之间的关系，并可直接绘出两者函数曲线，见图 6－1（b）。

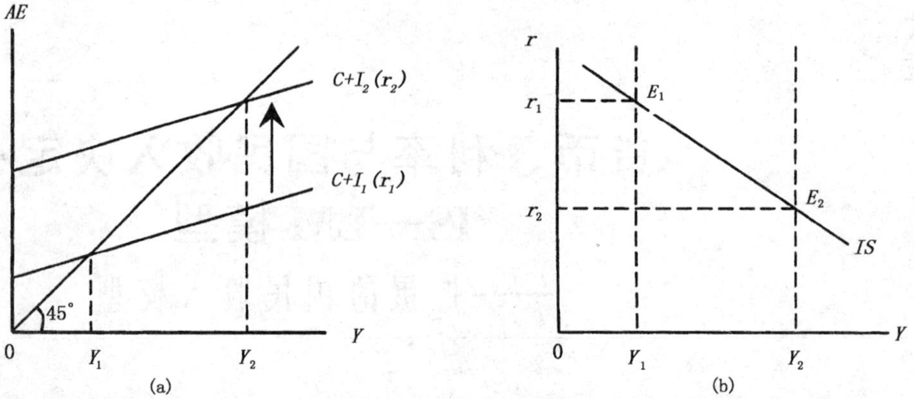

图 6－1 IS 曲线的推导

图 6－1（b）的纵轴是利率，横轴则是与图 6－1（a）的横轴一致的均衡国民收入。利率 r_1 与 Y_1 对应，利率 r_2 与 Y_2 对应，连结 E_1 与 E_2 两点的直线就是要推导的 IS 曲线。所谓的IS 曲线是指其他因素保持不变时，在产品市场中，利率与均衡国民收入之间的关系曲线。IS 曲线自左向右下方倾斜，表示在产品市场上，利率与均衡国民收入呈现负相关关系。

进一步，如果我们把消费函数与投资函数都用具体函数形式表示出来，设：

$$\begin{cases}\text{消费函数：} C = a + bY \\ \text{投资函数：} I = e - dr \\ \text{均衡条件：} Y = C + I\end{cases} \qquad (6-1)$$

在方程组 6－1 中，投资函数不再被视为一个常数，而与利率呈负相关关系。由方程组 6－1 得均衡国民收入，为：

$$Y = \frac{1}{1-b}\ (a + e - dr) \qquad (6-2)$$

假设其他条件不变，即自发性的消费支出（a）、边际消费倾向（b）、自发性的投资支出（e）、投资量对利率的弹性（d）四个值为常数，那么函数中只剩下 Y 与 r 是变量，因此，方程 6－2 便是图 6－1 中 IS 曲线的方程。需要强调的是，给定利率求得的国民收入一定是均衡的国民收入。

推导 IS 曲线并非只能借助于 NI—AE 模型，还可以通过已学的储蓄（S）与投资（I）关系来确定。其决定均衡国民收入的模型可以表示为：

$$\begin{cases}\text{投资函数：} I = e - dr \\ \text{储蓄函数：} S = -a + (1-b)\ Y \\ \text{均衡条件：} I\ (r)\ = S\ (Y)\end{cases} \qquad (6-3)$$

通过这一模型，不难求得与上文同样的结果。此时，细心的读者也许就会明白 IS 曲线名称的由来，字母 I 是指投资，而 S 是指储蓄。

如果把模型的条件放宽，由两部门增加至三部门，也同样可以推导出三部门的 IS 曲线。现设定某一三部门经济社会中，有：

$$\begin{cases}\text{消费函数：} C = a + bY \\ \text{投资函数：} I = e - dr \\ \text{政府购买：} G = G_0 \\ \text{税收函数：} T = T_0 \\ \text{均衡条件：} Y = C + I + G_0\end{cases} \tag{6-4}$$

得 IS 曲线方程：

$$Y = \frac{1}{1-b}\ (a + e - dr - bT_0 + G_0) \tag{6-5}$$

如果再进一步放宽条件，例如，税收随国民收入增加而增加 $T = T_0 + tY$，或者加入净出口（X - M），可以依照上述方法类推，在此将不再赘述。

二、IS 曲线的斜率

对于 IS 曲线的斜率，我们仍借助方程 6 - 2。不过，须作一个变化，把等号右边展开得：

$$Y = \frac{a+e}{1-b} - \frac{d}{1-b}r \tag{6-6}$$

根据初等函数的概念，$-\frac{d}{1-b}$应是 IS 曲线的斜率，但是不能就此认为图 6 - 2 中的∠B 与之对应，因为经济学公式表达方式与数学有所不同，经济学家习惯于把作为因变量的国民收入 Y 置于横轴。从而，与 $-\frac{d}{1-b}$ 对应的应该是∠A。如果按照数学习惯，与∠B 对应的则是 $-\frac{1-b}{d}$。为了与数学习惯一致以便于理解，我们把斜率值 $-\frac{1-b}{d}$视为 IS 曲线的斜率。现在，我们只要判断∠B 的大小就可以分析IS曲线的斜率。如果∠B 越大，IS 曲线越陡峭，反之则越平坦。∠B 的大小取决于两个因素：

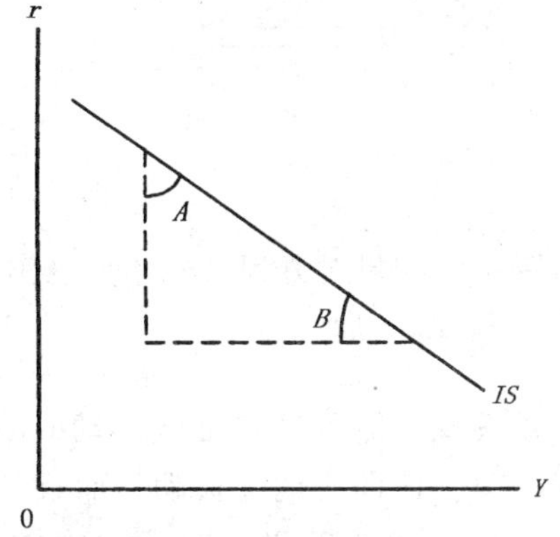

图 6 - 2　IS 曲线的斜率

第一，在其他因素不变的情况下，如果 b 越大，即边际消费倾向越大，那么斜率越大。IS 曲线将会逆时针旋转使得∠B 变小，所以 IS 曲线越平坦，反之则越陡峭。

第二，在其他因素不变的情况下，如果 d 越大，即投资量对利率的弹性越大，那么斜率越大。IS 曲线将会逆时针旋转使得∠B 变小，所以 IS 曲线越平坦，反之则越陡峭。

三、IS 曲线的移动

根据 IS 曲线定义可知，在其他因素保持不变时，利率下降将导致均衡国民收入增加，反之则相反。然而，一旦那些设定不变的因素改变了，如政府购买增加，均衡国民收入也会随之而增加，IS 由此产生了一些新的变化。我们以方程 6 - 5 表示一个三部门经济社会的 IS

曲线方程，以图 6-3 为例。

在图 6-3 的上半部分中，均衡国民收入为 Y_1 的总支出曲线是由给定的利率（r_1）、税收（T_0）以及政府购买（G_0）所得。当其他条件不变时，如果政府购买增加 ΔG，即由 G_0 增加至 G_1，这导致总支出曲线向上移动，均衡国民收入则由 Y_1 增加至 Y_2。根据乘数原理，其增加量为 $\frac{1}{1-b}\Delta G$。图 6-3 的下半部分是相应的 IS 曲线。与政府购买（G_0）对应的 IS_1 表示：当利率为 r_1 时，产品市场均衡时国民收入为 Y_1。假定利率仍维持在 r_1，当政府购买增加至 G_1 时，国民收入增加至 Y_2。Y_2 仍然是均衡国民收入，这产生了一个与 IS 曲线定义相悖的现象——一个利率与两个均衡国民收入对应。对此，只有一种可能，那就是 IS 曲线发生了移动，在该图中表示为由 IS_1 向右移动至 IS_2，距离为 $\frac{1}{1-b}\Delta G$。

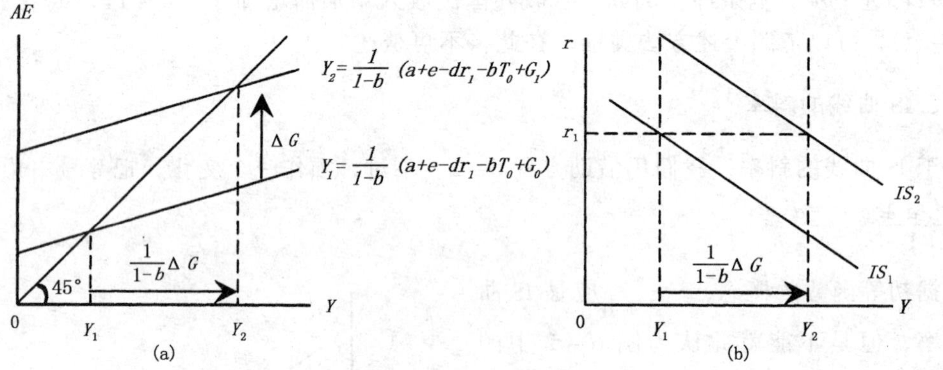

图 6-3 三部门 IS 曲线的移动

进一步，如果对方程（6-5）也作展开，得：

$$Y=\frac{a+G_0-bT_0+e}{1-b}-\frac{d}{1-b}r \qquad (6-7)$$

不难发现，能引起 IS 曲线移动的因素不只是的政府购买。只要能增加方程 6-7 等号右边的第一项，IS 曲线就会移动，而且一定是向右移动。目前可以确定的是，自发性消费支出（a）增加、政府购买（G）增加、自发性的投资支出（e）增加以及降低税收（T）都会引发 IS 曲线向右移动；反之则向左移动。

四、产品市场失衡

如前文所述，IS 曲线反映了在产品市场中，利率与均衡国民收入之间的关系曲线。不过，经济社会并不总是处于均衡状态，多数情况是失衡的，可以这样认为利率与国民收入对应点不总是落在 IS 曲线之上，可能会落在 IS 曲线之外，如图 6-4 下半部分所示。

在图 6-4 中可以看到，在三部门的 IS 曲线上，与 r_1 对应的均衡国民收入是 Y_1，但是如果目前的国民收入在 Y_2，即落在了 A 点。由图中上半部分可以看出，国民收入为 Y_2 时，产品市场供大于求。在其他因素不变的情况下，通过市场内在机制的调节可使国民收入减少至 Y_1，即由 A 点向左平行移动到 IS 曲线上。反之，如果目前经济社会处于 B 点，则产品市场存在供不应求，在其他因素不变的情况下，由 B 点向右平行移动至 IS 曲线，均衡收入增加。现在可以给出以下结论：

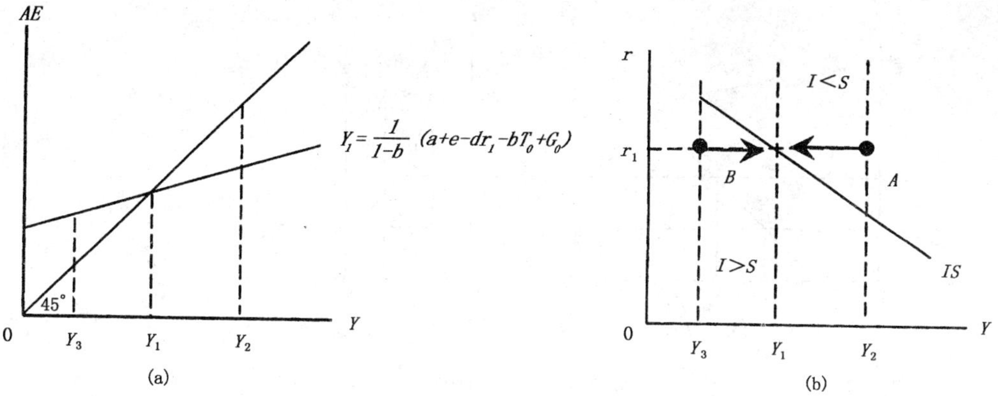

图 6-4　产品市场的失衡

第一，在 IS 曲线右上方的区域中，产品市场存在供大于求，亦可表示为 I < S。经济社会将会向左平行移动至 IS 曲线，国民收入减少。

第二，在 IS 曲线左下方的区域中，产品市场存在供不应求，亦可表示为 I > S。经济社会将会向右平行移动至 IS 曲线，国民收入增加。

第二节
货币市场的均衡：LM 曲线

一、LM 曲线的由来

与 IS 曲线的由来类似，LM 曲线来源于货币市场的均衡。在本书的第五章中，我们已对货币市场均衡作了初步了解，现不妨再把货币市场的均衡条件重述一遍：

$$\begin{cases}\text{货币需求：}\frac{M_d}{P}=kY+J-hr\text{①}\\ \text{货币供给：}M_S=M_0\\ \text{均衡条件：}M_d=M_S\end{cases}\qquad(6-8)$$

由这一模型所得方程为：

$$\frac{M_0}{P}=kY+J-hr\qquad(6-9)$$

这一方程是指在国民收入和其他因素都保持不变的情况下，实际货币供给量 M_0/P 与利率 r 之间的关系，但是如果实际货币供给量 M_0/P 不变，国民收入不断变化，则情况会有所不同，见图 6-5。

① 为了简化起见，我们通常把货币需求方程设定为线性方程，其中 kY 为满足交易动机和预防动机的货币需求，而 J - hr 是为满足投机动机货币需求。这两者之和便是货币需求方程。另外，为了区分名义货币需求与实际货币需求，我们一般把实际货币需求用字母用 L 来表示，其得自于流动性偏好（liquidity - preference）的第一个字母。

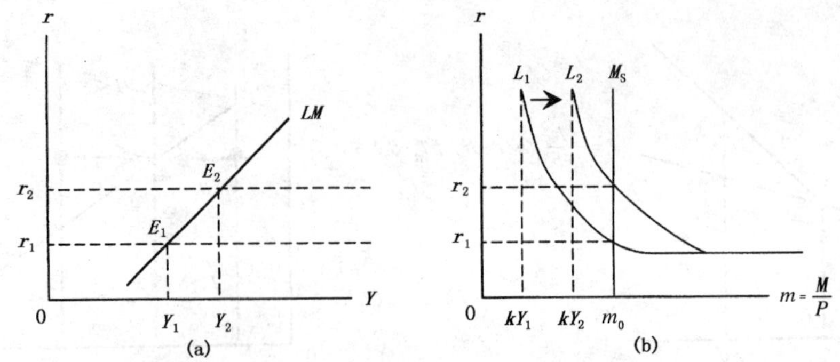

图 6－5 LM 曲线的由来

从图 6－5（b）中可以看到与货币需求曲线 L_1 对应的国民收入为 Y_1，在实际货币供给量为 m_0 时，货币市场均衡利率为 r_1。如果国民收入由 Y_1 增加至 Y_2，并且维持实际货币供给量不变，则会推动货币需求曲线由 L_1 移动至 L_2，由此而引发利率由 r_1 上升至 r_2。这意味着在其他因素不变时，国民收入与利率在货币市场上存在正相关关系。为此，我们可把坐标的横轴改为国民收入，纵轴仍然是利率，见图 6－5（a），其纵轴利率与图 6－5（b）是相同的，横轴代表国民收入。在保持实际货币供给量不变时，与 Y_1 对应的均衡利率为 r_1，与 Y_2 对应的均衡利率为 r_2，连结 E_1 与 E_2 两点的直线便是要推导的 LM 曲线，其字母 L 表示货币需求，M 表示货币供给。所谓的 LM 曲线是指其他因素保持不变时，在货币市场中，均衡利率与国民收入之间的关系曲线。LM 曲线自左向右上方倾斜。方程 6－9 实际就是 LM 曲线的方程，只不过变量发生了改变，为利率 r 和国民收入 Y。

二、LM 曲线的斜率

为理解 LM 曲线的斜率，我们可把方程（6－9）改写为：

$$r=\frac{k}{h}Y+\left(\frac{J}{h}-\frac{m_0}{h}\right) \tag{6-10}$$

式中，$m_0 = M_0/P$。

这一方程符合数学书写习惯，因而 LM 曲线的斜率可确定为 k/h。由于我们假定 k 和 h 大于零，所以斜率为正，在图 6－6 中对应中间区域的倾斜角 A。如果 k 变大，则倾斜角 A 变大，LM 曲线陡峭，反之则平坦；h 是指投机动机货币需求对于利率的弹性，如果 h 变大，则倾斜角 A 变小，LM 曲线平坦，反之则陡峭。

图 6－6 LM 曲线的斜率

LM 曲线存在两个特殊情况：

第一，如果 h 等于零，LM 曲线的斜率将趋向于无穷大，在图 6－6 中是指 LM 曲线的垂直部分。其含义是当利率上升至历史的最高点时，公众认为债券的价格只涨不跌，那么他们会把用于投机动机的货币全部用于购买债券，此时投机动机货币需求为零，只持有用于交易动机与预防动机的货币，即方程 6－9 转变成 $M_0/P = kY$。这一方程与剑桥方程是一致的，表示国民收入与利率无关。由于在凯恩斯之前的古典经济学家的理论中大多包含这一思想，即公众对货币的需求只是为满足交易动机，而无投机动机这一说法，故而我们称这一区域为古典区域。

第二，如果 h 趋向于无穷大，LM 曲线的斜率为零，在图 6－6 中是指 LM 曲线的水平部分。其含义是当利率跌至历史的最低点时，公众认为债券的价格只跌不涨，那么他们会抛售所持有的全部债券，以至于用以满足投机动机货币需求趋向于无穷大。凯恩斯称之为“流动性陷阱”，后人为纪念凯恩斯又将其称为“凯恩斯区域”。

三、LM 曲线的移动

推导 LM 曲线是设定实际货币供给量(M_0/P)不变，只有国民收入变动。如果国民收入不变，实际货币供给量发生变化则会导致 LM 曲线移动。以图 6－7 为例，图 6－7（b）表示货币市场，当实际货币供给量为 m_0 且国民收入为 Y_1 时，由货币需求与货币供给确定的均衡利率为 r_1。假如实际货币供给量增加 Δm，从 m_0 增加至 m_1，货币供给曲线则向右移动至 M_S^1。在国民收入保持不变的情况下，利率将下降至 r_2，货币市场仍保持均衡。图 6－7（a）则是与实际货币供给量对应的 LM 曲线，其中与 m_0 对应的是 LM_0。国民收入不变而均衡利率下降至 r_2，这一过程表现为 LM 曲线垂直向下移动至 LM_1，因为出现了 Y_1 与两个均衡利率对应，那么只有可能是 LM 曲线移动了。

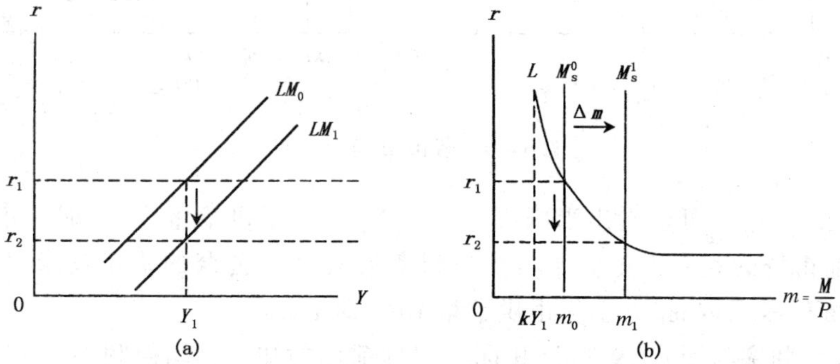

图 6－7　LM 曲线的由来

至于 LM 曲线具体移动距离可由方程 6－10 确定。从方程中可以看出 LM 曲线的移动主要取决于等号右边括号中的数值，包括 J，h 和 m_0，其中 J，h 与投机动机货币需求相关。我们关注更多的是 m_0 对 LM 曲线移动的影响，因为管理当局正是通过 m_0 来调节利率，并以此影响国民收入。

为了确定 m_0 对 LM 曲线的影响，我们可首先确定当国民收入为零时，利率所对应的值，见图 6－8。在图 6－8 中可以看出，与 m_0 对应的是 LM_1 曲线，假定国民收入为零，利率在纵轴上的值为 $\frac{J}{h}-\frac{m_0}{h}$。这一值在经济社会中没有实际的意义，只是为了便于理解，因为在一般情况下，利率不会跌至流动性陷阱所对应的利率以下。

如果在其他因素保持不变的情况下，货币当局增加货币供给量 Δm，使得货币供给量由

m_0 增加至 m_1，由此而推动 LM_1 曲线垂直向下移动至 LM_2，移动距离为 $\Delta m/h$。为了与 IS 曲线相对应，我们需要还须了解 LM 曲线右移的距离。由于前文已确定了 LM 曲线的斜率，那么只要把垂直向下的距离除以斜率就可得到平行向右的距离，为 $\Delta m/k$。

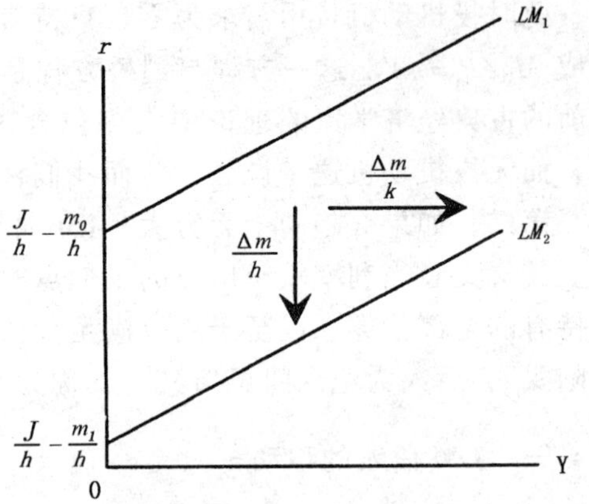

图 6－8　LM 曲线的移动

四、货币市场的失衡

一般而言，只要维持货币供给量不变，并同时给定国民收入，那么就可以确定一个市场均衡利率，但这只是一个最终的结果。通常，利率有可能高于，也有可能低于市场均衡利率，如图 6－9 所示。

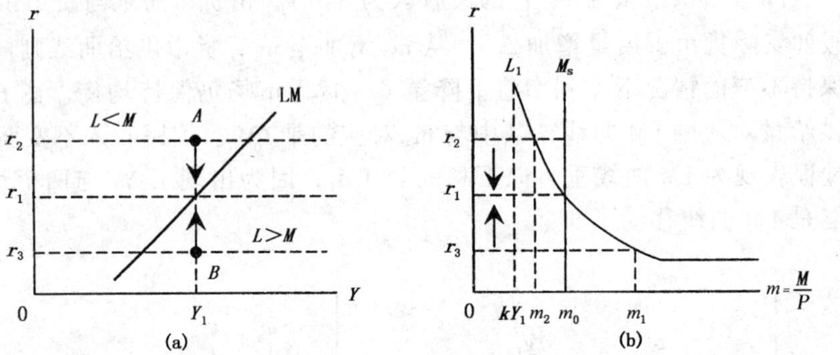

图 6－9　货币市场的失衡

在图 6－9（b）中，可以看出当国民收入为 Y_1 且货币供给量为 m_0 时，市场均衡利率应为 r_1，但是目前市场的利率为正处于 r_3。当利率为 r_3 时，公众的货币需求量为 m_1。从坐标中可以看出，货币需求量 m_1 大于货币供给量 m_0，即 $L > M$。

图 6－9（a）利率与图 6－9（b）相同。根据前面的知识，均衡利率 r_1 与 Y_1 所对应的点应落在 LM 曲线上，但是当实际市场利率处于 r_3 时，与之对应的则是 B 点，它处于 LM 曲线的右下方的区域中。可以这样认为，在 LM 曲线的右下方区域中 $L > M$。当然，在其他条件不变时，由货币市场自发调节，市场利率将由 r_3 上升至 r_1。

同样，当利率在 r_2 时，货币市场存在 $L < M$，在图 6－9 中对应的是 A 点。它处于 LM 曲线的左上方的区域中。在其他因素不变时，利率将由 r_2 下降至 r_1。现在可以给出以下结论：

第一，在 LM 曲线的左上方区域中，货币市场失衡，存在 $L < M$。在其他因素不变时，利率将垂直下降至 LM 曲线。

第二，在 LM 曲线的右下方区域中，货币市场失衡，存在 $L > M$。在其他因素不变时，利率将垂直上升至 LM 曲线。

第三节
产品市场与货币市场的同时均衡：IS—LM 模型

一、均衡收入和均衡利率

我们可把 IS 曲线与 LM 曲线结合在一起放入同一坐标轴内（如图 6－10 所示）便得到 IS—LM 模型。根据定义，IS 曲线满足产品市场均衡，LM 曲线满足货币市场均衡。在 IS—LM 模型中，只有 IS 曲线和 LM 曲线的交点 E 才同时满足产品市场与货币市场均衡。那么，E 点所对应的国民收入和利率为所确定的均衡国民收入和均衡利率。

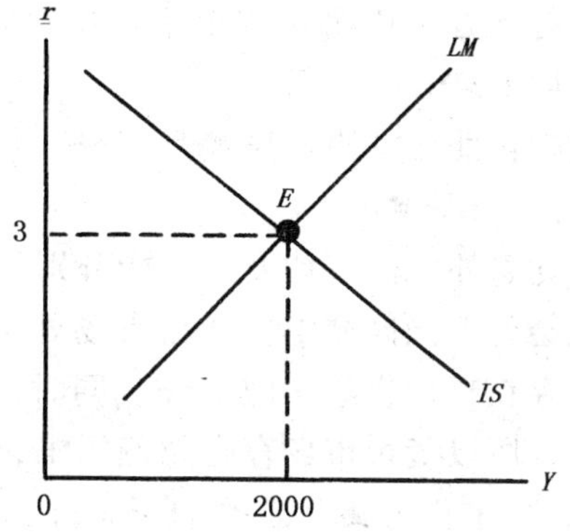

图 6－10　IS—LM 模型

如要具体确定两者的数值，则须联立 IS 曲线和 LM 曲线的方程。我们以方程 6－2 和方程 6－9 为例：

$$\begin{cases} IS: \ Y = \dfrac{1}{1-b}(a + e - dr) \\ LM: \ \dfrac{M_0}{P} = kY + J - hr \end{cases} \qquad (6-11)$$

在这一方程组中，如果只有 Y 和 r 是变量，那么它就变成了一个我们所熟悉的二元一次方程。不妨令 $b=0.5$，$a=500$，$e=1250$，$d=250$，$M_0/P=1250$，$k=0.5$，$J=1000$，$h=250$。据此可得：

$$\begin{cases} IS: \ Y = 3500 - 500r \\ LM: \ Y = 500 + 500r \end{cases}$$

解得：

$$\begin{cases} r = 3 \\ Y = 2000 \end{cases}$$

当 $r=3$ 及 $Y=2000$ 可同时满足产品市场与货币市场均衡的条件，因此它们是均衡国民收入与均衡利率。

二、两个市场失衡及其调整

由 IS—LM 模型确定的均衡点只是让我们知道了一个最终结果，然而，我们的经济社会在多数情况下处于一种非均衡状态。对此，我们还需要对当期的经济运行状况做出判断，即由静态研究转向动态研究。

在IS—LM模型中，只有IS曲线与LM曲线的交点才同时满足产品市场与货币均衡，那么只要不在这个交点上，一个经济社会就处于非均衡状态，不是产品市场不均衡，就是货币市场不均衡，或者两者都不均衡。如果进一步细分，其大致可以分为八种情况，如图6-11所示。

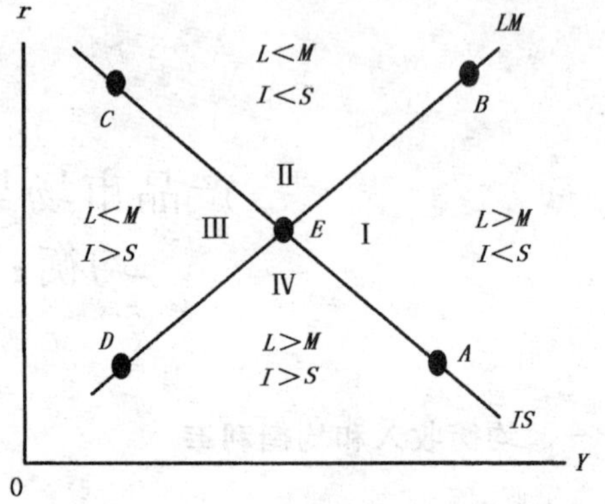

图6-11 两个市场的失衡

图中的A点处于IS曲线上，说明产品市场处于均衡状态，即I=S，但是它处在LM曲线的右下方，说明在货币市场中存在超额需求，即L>M。

同理：处于B点，则满足I<S，L=M；处于C点，则满足I=S，L<M；处于D点，则满足I>S，L=M。

除此之外，经济社会还可能分别处于Ⅰ、Ⅱ、Ⅲ、Ⅳ四个区域中。以Ⅰ为例，如果一个经济社会处于该区域中，产品市场处于非均衡状态，由于它是在IS曲线的右上方，所以产品市场存在超额供给，即I<S。同时，货币市场也处于非均衡状态，由于它是在LM曲线的右下方，所以货币市场存在超额需求，即L>M。

同理:在Ⅱ区域中,I<S,L<M;在Ⅲ区域中,I>S,L<M;在Ⅳ区域中,I>S,L>M。

一旦一个经济社会处于非均衡状态（可能是上述八种情况中的任何一种），如果只依靠市场内在机制的调节，它也会由非均衡趋向于均衡，最终同时满足产品市场与货币市场均衡条件。现以A点为例，如图6-12（a）所示。

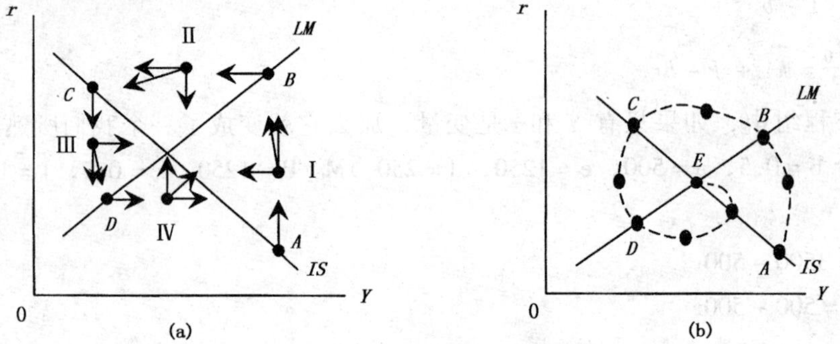

图6-12 IS—LM模型的动态均衡

图6-11中的A点正如前文所述，满足I=S、L>M。在这一条件下，市场机制将会推动利率垂直上升，经济社会将由A点移动至Ⅰ区域中。在Ⅰ区域中，存在I<S，且L>M，国民收入将会平行向左减少，同时利率继续垂直上升，在两者的综合作用下，经济社会将呈现出向西北方向移动，并将移动至B点。在B点则满足I<S、L=M，经济社会将由B点平行向左移动至Ⅱ区域，此时存在I<S、L<M，国民收入会平行向左减少，同时利率垂直下降，在两者的综合作用下经济社会将向西南方向移动至C点。在C点满足I=S、L<M，它将导致利率垂直向下移动至Ⅲ区域中。在这一区域中，存在I>S、L<M，则国民收入将会平行向右增加，利率将会垂直向下减少，两者综合表现为经济社会向东南方向移动，并将达

到 D 点。在 D 点满足 I > S、L = M，国民收入将平行向右移动至Ⅳ区域。在Ⅳ区域中，存在 I > S、L > M，国民收入将会平行向右增加，利率将会垂直向上增加，在两者综合作用下，经济社会将会表现为向东北方向移动。这一过程的轨迹可见图 6 - 12（b）。

在图 6 - 12(b)中，经济社会将由 A 点出发，按顺序沿着 B，C，D 运行，将呈现一种螺旋式轨迹，并最终收敛于 E 点。可以这样认为，任何不在均衡点的利率与收入组合都属于失衡状态，而这种失衡状态是不稳定的，在市场机制作用下最终都将趋向于均衡。不过，这一轨迹只依赖于市场内在机制的调节，如果改变 IS 和 LM 曲线中任何一个参数，将会改变这一轨迹。

三、均衡国民收入和均衡利率的变动

正如我们所强调的那样，均衡利率与均衡国民收入的决定是建立在 IS 与 LM 曲线相关参数不变的基础上，意指储蓄函数、投资函数、货币供给以及货币需求函数不变。一旦这些函数发生了改变，则会影响到市场均衡利率与均衡国民收入。

第一，LM 曲线不变，IS 曲线移动。如前文所述，影响 IS 曲线移动的因素有自发性的消费支出、自发性的投资支出、政府购买以及税收等。在这些因素中，管理当局能控制的只有政府购买以及税收，这也是我们所应关注的。现假定政府采取了扩张性的财政政策，即增加政府购买或者减税，如图 6 - 13 所示。

在图 6 - 13 中，IS_0 与 LM 曲线的交点 E_1 代表原来的均衡点，其对应的均衡利率与国民收入分别为 r_1 与 Y_1。现政府购买增加，这将推动 IS_0 向右平行移动至 IS_1。IS_1 与 LM 曲线的交点为 E_2。与 E_1 相比，E_2 的均衡利率与均衡国民收入增加了，分别为 r_2 与 Y_2。显然，这不是由失衡趋向于均衡，而是由一种均衡趋向于另一种均衡。均衡国民收入增加是由于政府购买增加所引起的。均衡利率上升则是因为国民收入增加引发了交易性动机和预防性动机的货币需求增加，而此时货币供给量并没有提高（假设 LM 曲线不变），那么公众只能抛售所持有的公债，从而公债价格下跌，只要公众的预期不变，那么利率将上升。

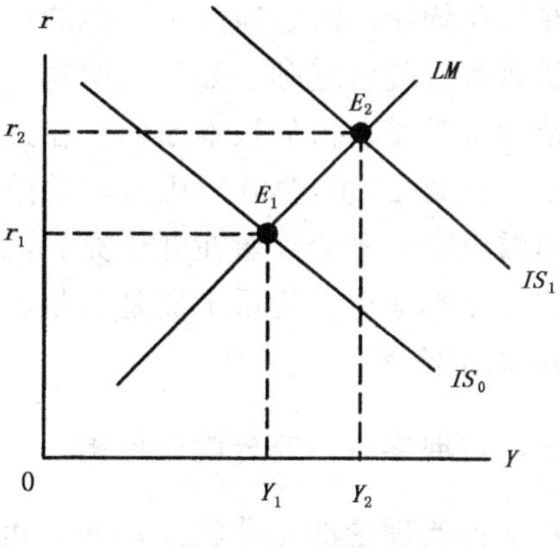

图 6 - 13　扩张性财政政策

同样，如果政府购买减少势必会导致 IS 曲线向左平行移动，当 LM 曲线保持不变时，均衡利率和均衡国民收入将随之而下降。

第二，IS 曲线不变，LM 曲线移动。影响 LM 曲线移动的因素是货币供给量和货币需求函数。在这些因素中，管理当局能控制的只有货币供给量。现假定管理当局采取了扩张性的货币政策，即增加货币供给量，如图 6 - 14 所示。

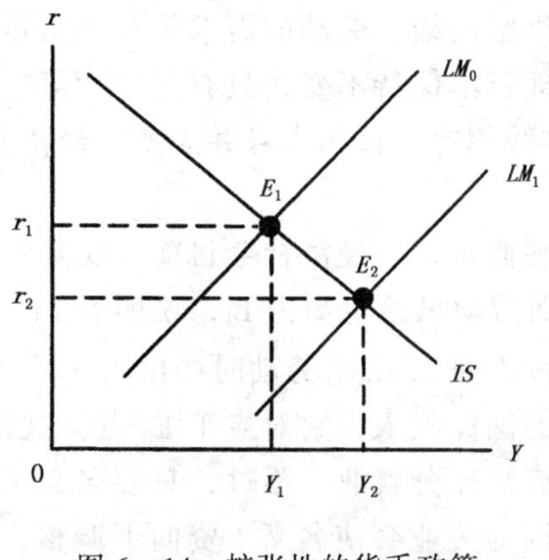

图 6 - 14　扩张性的货币政策

在该图中，IS 与 LM_0 曲线的交点 E_1 代表原来的均衡点，其对应的均衡利率与国民收入分别为 r_1 与 Y_1。现货币供给增加，这将推动 LM_0 向右平行移动至 LM_1。IS 与 LM_1 曲线的交点为 E_2。均衡利率将下降，而均衡国民收入将而上升，分别为 r_2 与 Y_2。均衡利率下降则是因为货币供给量增加，使公众有了多余的投机动机货币需求，那么公众会购买国债，从而国债价格上升，只要公众的预期不变，那么利率将下降。这又将推动投资上升，进而增加了国民收入。

如果货币供给量减少，则会导致 LM 曲线向左平行移动，当 IS 曲线保持不变时，均衡利率将上升，均衡国民收入则会下降。当然，IS 曲线与 LM 曲线可以同时移动，对此将在下一章中有详细阐述。

第四节

失业均衡的存在性：争论综述

凯恩斯在《就业、利息和货币通论》中想竭力表明这样一个观点——在经济社会中可能会存在失业均衡。凯恩斯并未对他的理论给出令人信服的微观经济解释，而任何宏观经济都不能脱离微观经济基础。如果回避这一问题，宏观经济理论势必成为空中楼阁。这就是凯恩斯理论时常遭受攻击的根本原因。在这些批评的人中，最具有代表性的是凯恩斯的老师庇古(Pigou)。他是 20 世纪 40 年代古典学派的代言人。他认为，只要货币工资是灵活的，正统凯恩斯学派模型就不会停留在低于充分就业水平的均衡状态中，而应是充分就业均衡。于是，理论的焦点都集中在货币工资是否是灵活的这一问题之上。我们现在可以借助于 IS—LM 模型对其做出解释。

一、古典学派的充分就业均衡

对于古典理论的充分就业均衡，可用图 6 - 15 四象限图来解释。象限（a）描绘的是标准的 IS—LM 模型。象限（b）描绘的是劳动市场，其中 D_L 曲线表示劳动需求曲线，S_L 表示劳动供给曲线，劳动的需求量与供给量取决于真实工资（W/P）。象限（c）表示短期生产函数，即资本保持不变，只有劳动为可变投入要素。象限（d）表明两根均为收入的轴通过一条 45°线相等。该图本身并无实际经济意义，但可通过其建立（a)，（b)，（c）象限之间的联系。

现假定某一经济社会目前的实际工资为 $(W/P)_0$，在该工资条件下，厂商只愿雇用劳动 L_0，而劳动供给量却为 L_3，说明有 $L_3 - L_0$ 个工人失业。通过象限（c）的生产函数，可以看出厂商在投入 L_0 个劳动时产出为 Y_0，经过象限（d）反映至象限（a）中，Y_0 是 IS 与 LM_0 交点处的国民收入，它对应于 E_0 点，这说明满足产品市场与货币市场同时均衡的条件，并不一定满足充分就业。不过，只要名义工资（W）与物价（P）是灵活的，失业则不会长期存在，因为失业会使名义工资向下调整，从而降低厂商的成本，使物价下降，而且名义工资下降的速度要比物价快，这是因为当物价下降时，真实货币供给量增加，LM 曲线会向右移动，利率会随之而下降，进而导致总需求增加，它会延缓物价下降的速度，这种因名义工资和物

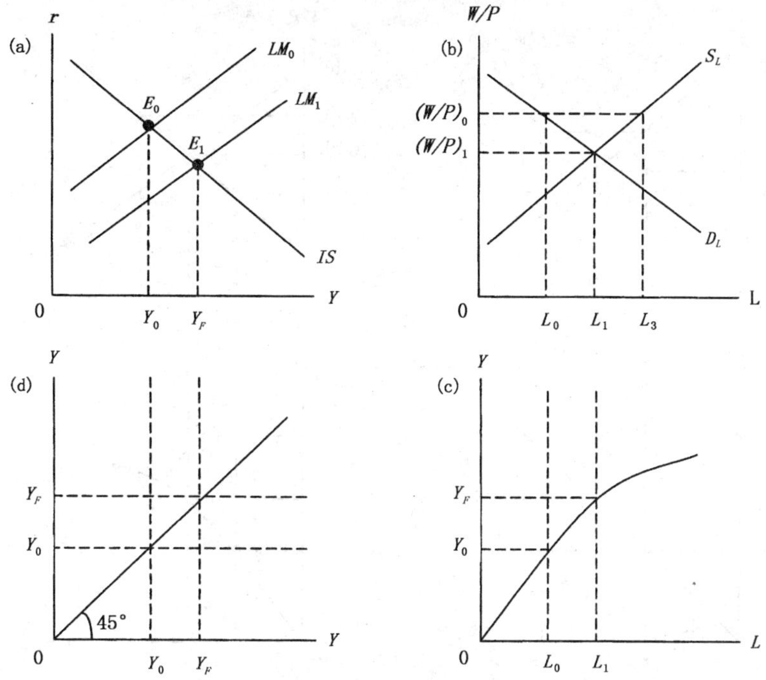

图 6 - 15　传统理论就业均衡

价的降低刺激支出的效应又被称作凯恩斯效应。正是基于上述原因，实际工资（W/P）将向下调整，一直下降到 $(W/P)_1$ 为止。在该处，劳动市场出清，即达到充分就业，而在象限（a）中将显现出 LM 曲线向右移动至 LM_1，均衡点为 E_1，对应的均衡国民收入为 Y_F，它是充分就业下的产出。

二、凯恩斯的失业均衡

我们仍以图 6 - 15 为例，假定起初经济社会也处于 E_0 点，根据前文分析可知，E_0 点虽满足产品市场与货币市场均衡的条件，但是其所应的国民收入 Y_0 低于充分就业产出 Y_F，在劳动市场中将存在 $L_3 - L_0$ 个工人失业。但是，如果工资向下调整存在刚性，即失业对货币工资没有影响，从而也无法影响物价，那么 E_0 点的失业均衡将是长期的。而且，即使没有工资刚性的假定，经济社会也仍有可能因为以下两个原因处于失业均衡。

（一）出现凯恩斯流动陷阱的情况

图 6 - 16 说明出现流动陷阱情况下，经济社会处于 E_0 点，满足产品市场与货币市场均衡的条件，其所对应的国民收入 Y_0 低于充分就业时产出 Y_F。失业会使名义工资向下调整并使物价下降，从而真实货币供给量增加，LM 曲线将向右移动，但是，由于此时经济社会处于流动性陷阱，增加的真实余额并未被导入有价证券市场，而是完全以投机动机货币需求存在。这阻碍了利率下降至恢复充分就业所必需的 r_2 处。由于总需求不能增加，未能缓和物价的下降速度，因而物价与货币工资将成比例下降，真实工资仍停留在 $(W/P)_0$ 处，从而，无法实现充分就业，产生了失业均衡。

（二）出现投资无利率弹性的情况

图 6 - 17 说明投资出现无利率弹性的情况，我们仍假定经济社会处于 E_0 点，收入水平

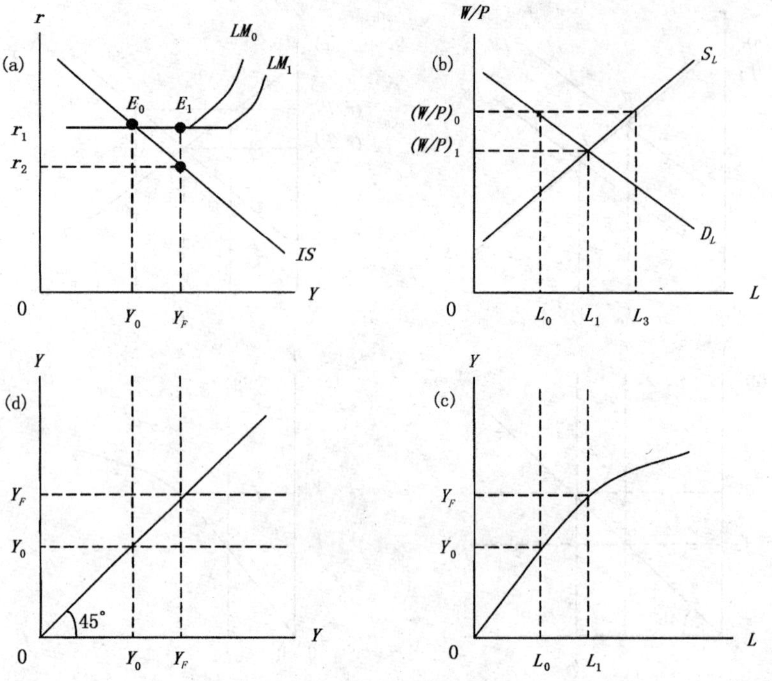

图 6－16 出现流动性陷阱的情况

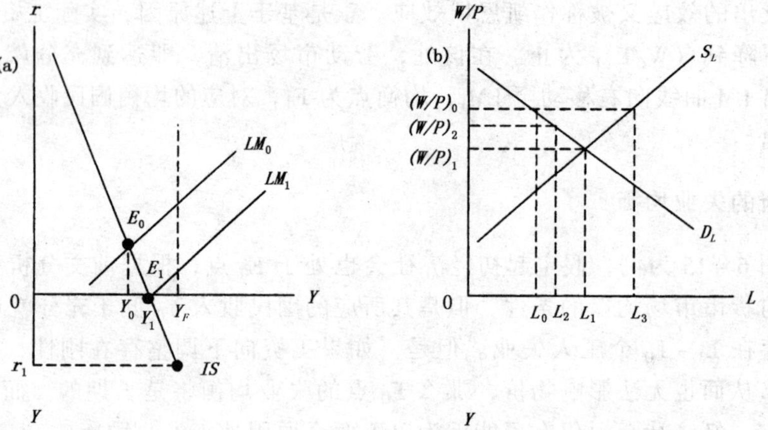

图 6－17 投资无利率弹性的情况

Y_0 低于充分就业时的水平 Y_F。根据前文，在这种情况下将产生凯恩斯效应，利率下降。由于投资无利率弹性，利率需下降到 r_1 才能实现充分就业，但是 r_1 小于零，负利率使商业银行变成了一个收取管理费的金库保管员，这在现实经济生活中难以出现，因此利率至多降至零处，即 LM 曲线最大能移动至 LM_1，对应的国民收入为 Y_1。根据生产函数，劳动需求量应为 L_2，实际工资则为 $(W/P)_2$。显然，在该处劳动市场仍然存在失业。

可见，如果凯恩斯不能给出充分理由说明劳动市场存在工资刚性，那么他的失业均衡理论的成立只能依赖于两个极端的情况：一是出现凯恩斯流动陷阱；二是出现投资无利率弹性。令凯恩斯尴尬的是，他本想把古典经济学派的充分就业均衡理论作为一个特例，而把自己的理论称为一般理论，所以他的名著中才会有“通论”两个字。如果凯恩斯的理论只能依赖于极端情况，那么，《就业、利息和货币通论》就名不符实了。把凯恩斯置于这一境地的是莫迪利亚尼（Modigliani）先生，以上分析都得益于他的论断。

【案例分析】

战争与利率

1959 年美国卷入了越南战争。越南人民英勇奋战使美国士兵陷入于热带丛林之中不能自拔。美国政府不得不增加兵力。从 1965 年初到 1966 年末，美国驻越南军队由不足 2.5 万急剧增到 35 万以上。军队人数增加使得军费开支扶摇直上，从 1965 年到 1966 年间，美国政府支出增加了 550 亿美元（按 1987 年美元计算）。与此同时，美国的货币供给量（M_1）几乎没有变动：1965 年为 5910 亿美元，1966 年为 5850 亿美元（均按 1987 年美元计算）。

我们可以利用 IS—LM 曲线分析越南战争对美国经济的影响，以图 6－18 为例。图 6－18 表明，政府增加军费开支将使 IS 曲线由 IS_1 右移至 IS_2，如果货币供应（M_1）没有变动，那么通过 IS—LM 模型，可以预测经济由点 E_1 移至点 E_2，结果 GDP 增加，利率上升。

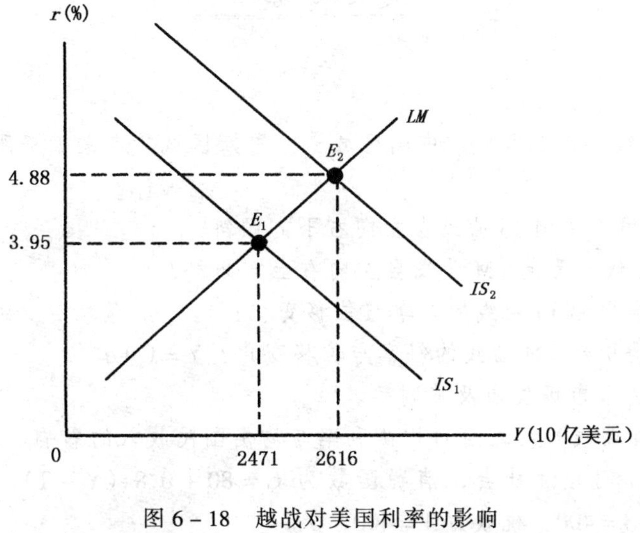

图 6－18　越战对美国利率的影响

这也正是 1965 年至 1966 年的真实写照：GDP 从 24710 亿美元增至 26160 美元，增加了 1450 亿美元，三个月期国库券利率从 3.95%升至 4.88%。

当时经济学家们都认为，应提高税收以免经济过热，并使 IS 曲线重新向左移以降低利率。但是 1963 年上任的约翰逊总统（Lyndon B. Johnson）认为通过提高税收来支付越来越不受人们欢迎的战争，在政治上是行不通的。因此，直到1968年仍未提高税收。最终，过热经济造成了通货膨胀和前所未有的高利率。

资料来源：[美] 米什金：《货币金融学》，中国人民大学出版社1998年版。

本章小结

在本章中，我们介绍的IS—LM模型是同时包括了产品市场与货币市场的基本模型。我们可借此探讨财政政策与货币政策影响经济的途径。

IS曲线反映了在产品市场中，利率与均衡国民收入之间的关系曲线。它自左向右下方倾斜，表示利率提高，均衡国民收入下降，反之则相反。如果政府增加支出，IS会向右上移动，反之则相反。

LM曲线反映了在货币市场中，国民收入与均衡利率之间的关系曲线。它自左向右上方倾斜，表示国民收入提高，均衡利率上升，反之则相反。如果央行增加实际货币供给量，LM曲线向右下移动，反之则相反。

把IS曲线与LM曲线结合在一起便得到IS—LM模型。如果仅依靠市场机制调节，产品市场与货币市场最终会同时达到均衡，即在两者的交点处。如果财政政策和货币政策发生变化，均衡也会发生变化。

最后，我们借助于IS—LM模型，探讨了凯恩斯在《就业、利息和货币通论》中所表明的失业均衡在实际经济社会中存在的可能性，并指出了失业均衡存在所需的条件。

复习与练习

一、关键概念

IS曲线　LM曲线　古典区域　中间区域　凯恩斯区域　名义工资刚性　庇古效应

二、思考题

1. 什么是IS曲线？为何IS曲线自左向右下方倾斜？

2. 什么是LM曲线？为何LM曲线自左向右上方倾斜？

3. 有哪些因素会引起IS曲线的斜率与位移变化？

4. 有哪些因素会引起LM曲线的斜率与位移变化？$Y = C + I$。

5. 产品市场与货币市场失衡及其调整。

6. IS曲线和LM曲线移动之后对均衡利率与均衡国民收入的影响。

7. 假定一个三部门经济社会，消费函数为 $C = 80 + 0.8(Y - T)$，投资函数为 $I = 400 - 20r$，政府购买为 $G = 400$，税收为 $T = 400$，求：

（1）IS曲线的方程。

（2）当G增加100时，IS曲线移动多少？

8. 已知一个社会的货币需求函数为 $M_d/P = 0.3Y + 100 - 15r$，货币供给为 $M_S = 1000$，试求：

（1）LM 曲线的方程。

（2）当 $P=1$ 时，如果货币供给量增加到 1090，LM 曲线右移的距离。

9. 已知一个三部门经济社会的消费函数为 $C=100+0.7(Y-T)$，投资函数为 $I=900-25r$，政府购买为 $G=100$，货币需求函数为 $M_d/P=0.2Y+100-50r$，货币供给为 $M_S=500$，求：

（1）IS 曲线方程。

（2）LM 曲线方程。

（3）当 $P=1$ 时，均衡国民收入与利率。

10. 什么是凯恩斯效应？什么是庇古效应？

11. 凯恩斯理论依赖哪些假定？

第七章 宏观经济政策分析

在上一章中，我们学习了 IS—LM 模型。它是我们分析实际经济问题的一个重要工具。当然，仅仅掌握工具并不说明已具备了解决一切问题的方法。这就像有了一台好钢琴，不一定就能演奏出优美的乐曲。为解决问题，我们首先要确定目标，即首先要辨清决策者的职能范围；其次，要对所掌握的工具作一个评价，即确定所使用工具的最终效果；最后，还须掌握使用工具的时机。这些问题都将在本章中予以回答。

第一节 宏观经济政策及其目标

一、宏观经济政策目标

政府诸多宏观经济管理职能并非与生俱来。在很长一段时间内，政府的职能只是维护社会稳定与国家安全，并在此基础上实现收支平衡。那时，政府更像一个“守夜人”。由于市场经济本身固有许多缺陷，在经济运行的进程中时常出现市场失灵，包括微观与宏观两方面，特别是在产业革命以后，市场波动更是频繁不断，以 1923 年起的世界范围的经济大萧条最为剧烈，其最显著的特征是大批银行与企业纷纷破产，失业率居高不下，而且持续时间长。高失业率引起了社会乃至世界的动荡，市场机制对此似乎已无能为力了。接着，美国开始了著名的罗斯福新政。罗斯福总统决定大量增加政府开支，旨在消灭社会头号公敌——失业。从此，市场经济国家拉开了国家干预的序幕。

这一段历史给予我们一些启示：首先，公众不喜欢经济波动，维持经济稳定将有助于增进社会福利；其次，一项积极的稳定政策对维持经济良好运行来说是必要的。可以这样认为，宏观调控虽不能消除波动，但能防止大萧条再次出现。第二次世界大战以后，各国经济运行状况也证实了这一点，但同时也显示了稳定政策决非简单易行，主要原因在于难以保持失业率与通货膨胀都处于低位，两者有时会产生冲突。与失业一样，公众也不喜欢通货膨胀。

至此，我们可以给出宏观经济政策的主要目标——充分就业且物价稳定。

（一）充分就业

充分就业不是失业率为零。失业率似乎只能降低，但不能消除，因为有些失业是在任何情况下都会存在，如摩擦性失业，而且适度的失业率对经济是有益的。例如，没有失业的压力，就业者工作的效率会降低，相反保持一定失业率无异于是一种激励。那么，失业率应该为多少才与充分就业不矛盾。一般认为，只要一个经济社会失业率仅为自然失业率时，就可以被认为已达到充分就业。然而，确定自然失业率并非易事，如在20世纪60年代，美国经济学家认为合理目标应为4%，实际上这一水平设定太低，因为它引起了加速的通货膨胀。近来，对自然失业率估计值为6%，而20世纪90年代以来的事实表明，当失业低于6%时，仍有可能保持物价稳定。对失业问题，在第十章中将有充分的阐述。

（二）物价稳定

物价稳定是否指通货膨胀率为零，这也是一个有争议的问题。如弗里德曼认为最佳通货膨胀率是负数，而多数经济学家认为最佳的通货膨胀率应为正值，当然这一数值有一定的限制，如果在2%～3%之间对经济发展有利，一旦突破这一数值达到10%以上，政府必需介入加以干预。对通货膨胀问题，在第十一章中将有充分的阐述。

（三）经济增长

国民收入的稳定增长并不意味着增长的速度越高越好，当然也不是越低越好。增长多少是合适的呢？一个基本的判断是，国民经济是否处于均衡状态，即总需求与总供给相一致，但国民经济均衡时，并不一定是充分就业的，而充分就业时也许又会出现通货膨胀，[illegible]于求全，怎么办？一个合适的方法是力求使实际增长率与潜在增长率相一致。潜在增长率也称为自然增长率，在理论上被定义为充分就业时的增长率，但在实际测算一国的潜在增长率时，往往用一个相当长时期的平均增长率来衡量。当经济增长率超过潜在增长率时，经济有过热之嫌，反之，则是经济衰退。不同国家、同一国家的不同发展阶段，其潜在增长率是不同的。因而，经济增长目标要视具体情况而定。

（四）国际收支基本平衡

在开放经济中，货物、资金和劳务在国际间流动，这种流动的价值表现就是国际收支。若一国在国际交往中一直处于入超状态，则意味着最终需求的输出，本国货币就会贬值；反之，一国在国际交往中一直处于出超状态，则意味着最终需求的输入，本国货币就会升值。为维持币值的稳定和国民经济的自主性，应该保持国际收支的基本平衡。这一问题，我们会在第九章作详细分析。

上述四大政策目标，有时是矛盾的。政策调控的理想状态是低失业、低通货膨胀和汇率相对稳定下的经济高增长。

二、宏观经济政策

当一个经济体偏离充分就业且物价稳定这一目标时，凯恩斯认为通过积极的稳定政策完全可以使经济再次实现充分就业。不过，他强调财政政策的作用而忽视货币政策的作用。他认为当经济处于极度衰退之时，投资对利率缺乏弹性，而且经济处于流动性陷阱。这意味着利率难以下降，即使能下降对刺激投资的作用也不明显，那么只有依靠增加财政支出或减税来扩大总需求。

到了20世纪50年代，凯恩斯主义的观点遭到了以弗里德曼为首的货币主义学派的挑战。正如货币主义学派的货币数量论所揭示的那样，货币政策是有效的。作为凯恩斯主义的对立面，货币主义学派认为只有货币政策最有效。

凯恩斯主义并未就此消亡。以萨缪尔森为代表的凯恩斯主义者（新古典综合学派）吸收了货币主义的某些合理的内核，同时把《就业、利息和货币通论》看做是一种特殊情况，即工资向下刚性阻碍市场机制向充分就业机制自动调整。他们认为在一般情况下，财政政策与货币政策同样是有效的。

既然财政政策与货币政策同样有效，那么在市场经济国家中肩负宏观经济管理职能的主体就应是政府与中央银行，可统称为管理当局。

第二节 财政政策及其效果

一、财政政策工具

财政政策包括财政支出政策与财政收入政策，具体而言有：

（一）财政支出

政府的支出又被称为公共支出，它可分为四类：(1) 政府消费，以 G 表示，包括政府支付给公共部门雇员的工资以及购买供经常性消费用的商品所作的支付。(2) 政府投资 (I_g)，包括各种不同形式的资本支出，如道路、港口建设等。(3) 对私人部门的转移 (R)，包括退休养老金、失业保险金以及其他福利支出。(4) 公债利息。有时为了简化也可以把政府支出分为两大类：一是政府购买，包括政府消费与政府投资；二是转移支付，包括政府对私人部门的转移与公债利息。

（二）财政收入

财政收入最主要的来源是经济中征收的各种税收，大致可分为三类：(1) 所得税，包括个人与企业所得税。所得税大多为累进税，收入越高，税率可累进地提高。通常情况下，所得税的纳税人无法把税收负担转嫁给他人，所以所得税又可称为直接税。(2) 财产税，包括房产税、遗产税等。同样，财产税通常也无法转嫁，因而也是直接税。(3) 货物税，即对生产、流通和消费等各个环节的货物征税，包括增值税、营业税、消费税、关税等。货物税可以由厂商转嫁给消费者，所以货物税是一种间接税。各国税收收入结构极为不同。发达国家的直接税比重较大，而发展中国家间接税的比重大，从而发达国家所得税政策的变动对国民经济的影响要比发展中国家大。

政府收入的另一个来源是政府所有的企业出售商品和劳务所得利润。这一收入的比重在各个国家中相差较大。如在美国几乎不具有数量上的重要性，但它们在一些欧洲国家却比较显著，而在发展中国家则常常十分显著。

行政性规费也是政府收入的一项来源，尽管在政府收入中的份额较小，但在一些发展中国家，由于具体执行中的随意性，对于地方政府来说往往是不可或缺的。

一旦政府的财政收入不足以弥补财政支出时，可以发行公债。发行公债一方面可以增加财政收入，属于财政政策；另一方面影响金融市场的扩张与收缩，进而影响货币供给与总需求，所以它也是一种货币政策。

从财政账簿的平衡状态看,无非是这样三种:财政盈余、财政赤字和财政平衡。若是故意为之,譬如,当认为总需求水平过低,经济正出现衰退,政府就主动削减税收,同时增加支出,由此造成财政赤字,以扩张总需求来刺激经济,被称为扩张性财政政策(expansionary fiscal policy);当认为总需求水平过高,经济正出现通货膨胀,政府就主动增加税收,同时削减开支,由此积累财政盈余,以收缩总需求来抑制过热,被称为扩张性财政政策(contractionary fiscal policy)。

二、财政思想

一国政府如何行使财政政策是依据其所信奉的财政思想。各类财政思想不同之处主要表现在平衡预算与稳定经济之间究竟孰轻孰重。从直观的感觉来说，把稳定经济作为主要目标的政府通常会有赤字，而把平衡预算置于首位的政府一般不会愿意看到入不敷出。不过，如果依据财政赤字来判断政府的类型，我们必须持相当谨慎态度。可以确定的是，财政赤字相当于把资金注入国民经济的收入流中，将刺激总需求增加，因此它是扩张性的。刺激的强度将随着赤字减少而逐渐减弱，直到财政收支平衡为止。相反，如果财政出现盈余，相当于从国民经济收入流中抽出资金，这会抑制总需求，因此它是紧缩性的。问题在于，政府赤字不一定是政府积极干预所引起的，因为所得税通常为累进税，收入越高，税率越高，反之则越低，所以即使税率相同，也会因 GDP 上升或下降导致财政收入上升或下降。与此同时，当 GDP 发生变化时，失业率也会有所不同，即使政府失业保险金等福利支出的标准不变，也会在经济增长或衰退时，支出相应地减少或者增加。这种随经济状况而自动发生变化的收入和支出项目，又被称为自动稳定器（automatic stabilizers)。正是由于自动稳定器的作用，一个保守的政府完全有可能出现财政赤字，而一个积极的政府也有可能出现财政盈余，如美国的艾森豪威尔政府是一个保守的政府，却在 1958—1959 年间出现了庞大的赤字，财政支出比财政收入高出 16%。而克林顿政府是一个相当积极的政府，但是其在任期内积累了大量的财政盈余，几乎可以弥补美国政府多年来的赤字总和。

如果是一个极端地强调年度收支平衡的政府在衰退时必需增加税率，同时降低福利支出的标准才能防止财政赤字，很难以想象这样的政府能存在下去。因此更多的政府不会强调年度预算平衡，而是追求周期预算平衡。所谓的周期预算平衡是指在保持相同税率和支出方案的条件下，让自动稳定器发挥作用，即经济衰退时将产生赤字，在增长时产生盈余，从而在一个周期内力求保持预算平衡。至此，我们似乎会有这样一个疑问：既然有自动稳定器的作用，那么还有没有必要变动税率与支出方案？对这一问题的问答实际可以转化为另一个问题：一个政府在保持税率与支出方案不变时，能否把经济推动至充分就业？这一问题很重要，因为当其他条件不变时，GDP 上升，赤字下降是必然的，财政赤字所产生的刺激作用会随着赤字的减少而减退。这一现象又被称为“财政拖累”。一旦预算平衡，财政刺激就会停止，而且完全有可能在低于充分就业时，预算就平衡了。这样一来，财政政策将无法把经济推进至充分就业。还存在另外一种可能，如果一国已达充分就业时，而财政仍然有赤字，那么 GDP 还会增加，其结果是出现通货膨胀缺口。

在以上的论述中，我们仅停留在假设的基础上，一个经济社会是否真的会出现我们所假设的结果呢。美国经济学家布朗（Brown）在他的一篇著名的论文中对这一可能结果做出了实证分析。他的结果证实了我们的猜测，那就是一国政府如果保持税率与支出方案不变，将难以实现充分就业。因此，一国政府要稳定经济，就必需视经济情况而主动变动税率与支出方案。它可以根据市场情况以及实施各种政策的效果，机动地决定和选择哪一种和哪几项措施，这就所谓的相机抉择。例如在衰退时，政府可以采取减税或增加支出，甚至两者同时采纳。相机抉择体现了凯恩斯的功能财政思想。凯恩斯主张不以平衡预算为目标，而应以无通货膨胀的充分就业为目标。为实现这一目标，预算可以盈余，也可以赤字，甚至无须保持周期内预算平衡。至于政府赤字如何弥补，凯恩斯对此也做出了回答——发行公债是最佳办法。首先，公债可以以未来增加的税收偿还；其次，只要公众预期一个政府能够长期存在下去，政府还可以借新债还旧债；最次，可以通过增加名义货币供给量予以偿还，因此公债没有一次性偿付的压力。

对于功能性财政思想，我们需要注意三个问题：

第一，在衰退时应该减税还是增加支出？根据第三章的乘数理论可知政府增加支出的乘数为 $1/(1-b)$，而减税乘数为 $b/(1-b)$。从表面上看，由于边际消费倾向一般大于 0 小于 1，从而政府支出乘数比减税乘数大，但不可就此得出结论——增加政府支出的效果要好于减税。的确，就直接效果而言，增加政府支出发挥作用的时间短，且增加总需求的效果明显，但是通过减税，如降低企业所得税，可以提高私人投资的利润率，进而提高投资的边际效率。根据凯恩斯的理论，私人投资对利率弹性较小（在衰退时，弹性更小），投资量增加主要取决于投资的边际效率，而且在一国的固定资产投资总量中，私人投资远高于政府投资，所以私人投资大小直接影响了一国的总需求。如果减税可以刺激私人投资，那么减税的效果可能还更好。这足以说明为何美国白宫的第一个凯恩斯主义者——肯尼迪首先实施的是减税政策。

第二，如果公债以未来的税收偿还能否刺激消费？凯恩斯主义者持有这样一种观点，当公众购买了公债之后，由于公债需要还本付息，利息便成为净财富，于是公众会有一种财富增加的感觉——财富效应，这种效应会刺激当前消费增加。不过，在 100 多年以前，大卫·李嘉图（David Ricardo）论述道，如果公众意识到今天所得的公债利息，要以未来增加的税收弥补，即今天财富增加是以未来财富的减少为代价，那么消费不会增加，从而增税与发行公债是等价的，意味着政府融资决策无效，这就是著名的李嘉图等价（Ricardo Equivalence）。它之所以有价值，是因为它既简单且有逻辑性。功能性财政思想要有坚实的基础，就必须说清楚李嘉图等价如何失效，否则政府的财政刺激将是徒劳的。令凯恩斯主义者欣慰的是，尽管目前他们无法从逻辑上彻底取胜，但事实站到了他们这一边。让李嘉图等价失效有很多理由,其中一个理由是人口不断新老交替的，未来部分新增税收将由债券发行时尚未出生的人承担,因此对于生活在债券发行时的人来说，债券是一种净财富，所以财富效应仍存在。

第三，财政赤字是否有限制？如果一个国家是一个封闭的社会，那么通过发行公债以弥补财政赤字不啻为一个好方法，因为此时只有内债。正如前文所述，政府没有立即还债的压力，但是封闭的社会是不现实的，当前世界各国贸易往来越来越频繁，财政赤字会引发国际收支恶化，有财政赤字的国家不得不借入外债，而绝大多数国家外债的偿付只能依靠出口赚取外汇，一旦出口无法满足外债还贷需要，势必该国会陷入债务危机，所以国际货币基金组织通常建议，防止国际收支恶化的最好办法是减少财政赤字。这说明财政赤字是有限制的。

各国应根据自身的实际情况设定赤字率的警戒线。

三、财政政策的效果

当一国政府确定了经济目标之后，如要制定具体财政政策方案，则须对所实施方案的最终效果做出评价。财政政策的效果将体现在两个方面：

（一）财政政策时滞的长短

所谓时滞，是指财政政策从制定到发挥作用需要的时间。首先，变动税率与决定预算方案应提交相关机构作集体讨论，所花费的时间称为内部时滞；其次，财政政策从实施到发挥作用也有时滞，称为外部时滞。前者是由各国政体决定的，后者取决于市场交易的周转速度。财政政策的时滞将对其效果产生深刻的影响，譬如有 A、B 两个经济社会的政府购买乘数同为 5，A 国在一年内即可使增加的国民收入达到 5 倍，B 国则需要 5 年时间，显然，即使 A、B 两者财政支出相同，效果却迥然不同。

（二）挤出效应的大小

影响财政政策效果的另外一个因素是挤出效应（effectiveness of crowding out）。现假设某三部门经济体的边际消费倾向为 0.8，该社会只有自发性的税收支出，如果政府购买增加 100 亿元。根据乘数理论，国民收入应增加 500 亿元，但实际上达不到 500 亿元，因为我们忽视了货币市场，如图 7－1 所示。

图 7－1 中显示了一个 IS—LM 模型。该经济体原处于 IS_0 与 LM 的交点处，对应的国民收入和利率分别为 Y_0 和 r_0。如果此时政府增加购买，将推动 IS 曲线向右平行移动，移动距离应为 500 亿元。从图中可以看出，Y_0 增加 500 亿元之后，应该为 Y_2，但 Y_2 不是均衡的国民收入，均衡国民收入实为 Y_1，少了 Y_1 与 Y_2 之间的一段距离。这是因为政府增加购买之后，引发利率上升，私人投资将会减少，相当于政府的购买挤走了私人的投资，所以称为“挤出效应”。它有两个极端：

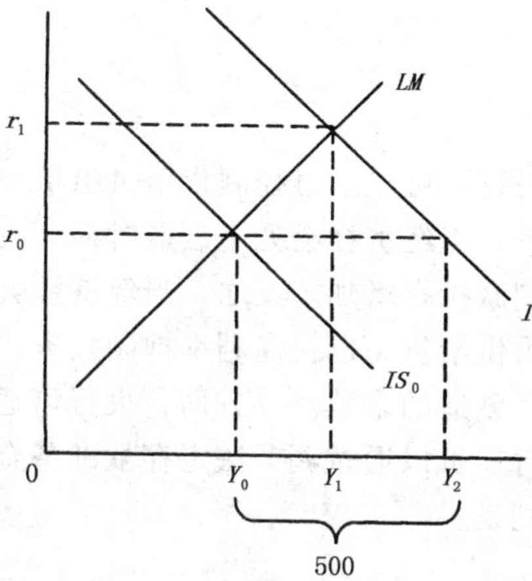

图 7－1 挤出效应

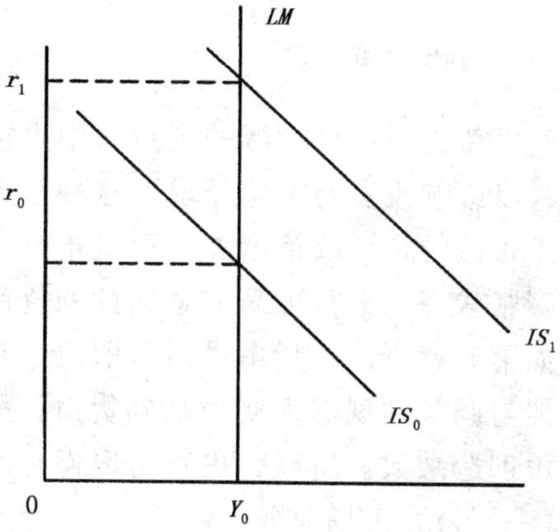

图 7－2 完全挤出效应

一是完全的挤出效应，如图 7－2 所示。如果 LM 曲线是垂直的，政府购买增加不会增加国民收入，因为由利率上升而减少的私人投资正好等于增加的政府购买。当初，英国财政部反对凯恩斯的理由是，政府以发行公债或增税的方式筹集资金只不过是把公众原本计划用于消费和投资的资金转变成了政府支出，所以政府支出无效。因为这一历史原因，完全的挤出效应又被称为“财政部观点”。

二是完全乘数效应。凯恩斯认为当一个社会衰退时存在流动陷阱，即 LM 曲线平行于横轴，如图 7-3 所示。

图 7-3 中显示，如果 LM 曲线平行于横轴，政府增加支出后，利率不会上升，那么增加的国民收入等于 500，均衡国民收入将达到 Y_2，所以不会有挤出效应，只有乘数效应，可称之为“完全的乘数效应”。换句话说，衰退时，储蓄大于计划的投资，政府把用于增加支出的资金是公众多余的储蓄，所以没有挤出效应。

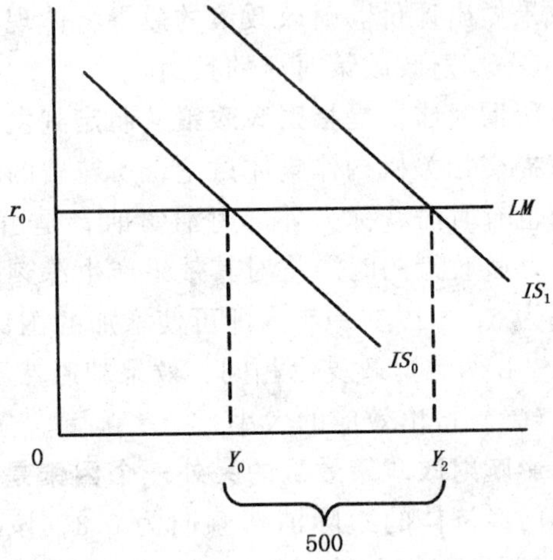

图 7-3　完全乘数效应

从上文中可得出这样一个结论：挤出效应的大小取决于 LM 曲线的斜率，LM 曲线越陡峭，挤出效应越大；LM 曲线越平坦，挤出效应越小。读者可以回忆一下上一章的内容，即影响 IS 曲线和 LM 曲线的因素，自己来分析影响挤出效应大小的各因素。

第三节 货币政策及其效果

一、货币政策工具

基于新古典综合学派的观点，中央银行（简称为央行）可以通过控制货币供给量来调节利率，以影响投资乃至总需求。这种行为就是货币政策。当经济社会处于衰退时期，央行可采取扩张性的货币政策增加货币供给量，以降低利率刺激投资增加。反之，当经济社会处于通货膨胀状态，央行可采取紧缩性的货币政策降低货币供给量，以提高利率抑制投资。

如第五章所述，货币供给量取决于基础货币与货币创造的乘数。一方面，央行可通过买卖公债与调整贴现率来变动基础货币；另一方面，央行还可以通过调节法定存款准备金率改变货币创造乘数。所以，央行可以操控的三大工具分别是：

（一）公开市场业务

公开市场业务是指央行在金融市场上公开买卖政府公债以控制货币供给和利率的政策行为。它可以分成两类：一是保卫性的公开市场业务，二是能动性的公开市场业务。前者旨在抵消影响基础货币的其他因素变动，后者的目标是主动地改变基础货币以稳定经济，这是我们研究的重点。通过公开市场购买，央行可以扩大基础货币，从而增加货币供应；公开市场出售则缩小基础货币，减少货币供应。

为了阐述央行如何在金融市场上通过买卖政府公债控制基础货币，我们以一个简单的资产负债表为例，见表 7－1。

表 7－1　　央行买入 50 亿元的公债

央行		家庭		商业银行	
资产	负债	资产	负债	资产	负债
公债＋50	通货 储备＋50	存款＋50 公债－50		准备金＋50	存款＋50

从表 7－1 中可以看出，当央行向家庭买入 50 亿元公债之后，在它的资产类项目中公债增加了 50 亿元，而家庭的资产类项目——公债减少了 50 亿元。通常情况下，央行会以支票的形式支付，家庭得到支票后，如果存入商业银行，商业银行的负债增加 50 亿元，同时其准备金增加了 50 亿元。商业银行准备金增加也将在央行的负债中反映出来，表现为央行负债类项目储备增加了 50 亿元。在第五章中，我们了解到央行负债类项目中的通货与储备之和是基础货币，央行正是通过买入公债增加了基础货币的总量，从而增加了货币供给量。当然，也存在着其他可能，如央行直接向商行银行买入公债，央行的储备同样会增加 50 亿元，或者公众把支票直接兑换成现金，央行负债中通货将增加 50 亿元。总之，只要央行买入公债，基础货币都将增加，反之，基础货币将减少。

到目前为止，公开市场业务是央行最重要的货币政策工具，也是最好的工具。这是因为与其他货币政策工具相比，它具有以下几个优点：

第一，公开市场业务是由央行主动进行的，其规模的大小完全由其所控制。其他工具，譬如贴现业务就无法实现这种控制。当央行降低了贴现率，旨在鼓励商业银行取得贴现贷款,但商业银行是否扩大贴现规模，则不取决于央行。再如，央行降低了法定存款准备金率，商业银行也不一定会增加商业贷款的规模，它们完全可以留有超额存款准备金。

第二，公开市场业务是灵活和精巧的，其规模可以微调。央行要使基础货币少量变动，则须买入或卖出少量的公债。反之，如果要使基础货币发生相当大的变化，公开市场业务也有足够大的力量，通过大量购买或出售可以做到这一点。总之，无论什么样的规模，央行都可实现。

第三，公开市场业务易于逆转。在公开市场业务的操作过程中出现错误时，央行可以逆向使用这一工具，而其他工具则无法朝令夕改。

第四，公开市场业务可以迅速执行，不会有行政上的延误。当央行决定要变动基础货币时，它只要向证券交易商发出购买或出售的单子，交易便可立即得到执行。

虽然公开市场业务是央行最好的货币政策工具，但是在有些国家，特别是在发展中国家，由于私人交易不足，难以进行公开市场业务，这主要是因为对政府的偿债能力有怀疑，或者他们会要求高于市场利率的贴水以补偿他们的风险。与此相对照，在美国和其他许多发达国家，公债比私人债券的收益率低，因为政府公债被认为是更加完全的资产，所以他们的公债不仅对本国公民有吸引力，对外国居民甚至外国政府都有相当大的吸引力。需要指出的是，一个发达的公债市场是实行凯恩斯主义政策一个重要的物质基础。

（二）再贴现率政策

再贴现率政策是央行最早使用的货币政策工具。本来，贴现是指商业银行把未到期的商业票据提前出售给央行，央行按贴现率扣除一定的利息再把相应的款项加到商业银行准备金账户上。现在，商业银行多数以所持有的公债作为抵押向央行贷款，央行则收取一定的利息。这也相当于把未到期的国债提前贴现，所以我们把央行给商业银行的贷款利率也称为再贴现率。

早期的央行再贴现率政策是被动的。自从发生了金融恐慌之后，央行开始行使最后贷款人的角色以稳定金融市场。现今，央行还可以通过主动行使再贴现率政策控制基础货币，从而对货币供给产生影响。它通过两个途径来实现：

一是影响再贷款的利率。央行的再贴现率对贴现贷款规模的影响机制并不复杂。较高的贴现率，加大从央行借贷的成本，于是商业银行减少再贷款的数量；较低的贴现率对银行更具吸引力，再贷款的数量会增加。

二是通过对贴现的行政管理来影响贷款的数量。一般情况下，央行对商业银行的贷款是非营利的而且是短期的，它只能满足因存款外流而引起的短期流动性需要。如果是较长时期的贷款应采取银行间的同业拆借。但是，贴现率通常低于市场利率，这对商业银行来说是一种激励，它们可以用低利率的贷款，投资于高风险的行业。为了防止这种情况发生，央行会制定规则，对单个商业银行取得贴现贷款的频率做出规定。如果商业银行贷款过于频繁，央行以后可以拒绝贷款，所以商业银行对贴现贷款应持的态度是，把贴现视作一种优惠，而不是一种权利。只有当商业银行出现了严重的流动性问题，才能向央行要求持续性贷款，这种贷款不要求立即偿还，但必须接受央行的调查，以及提出整改方案。

综合而言，从央行贷款要面临三个成本：由再贴现率所引起的贷款成本、贷款过于频繁将来被拒绝的成本，以及接受央行调查的成本。央行制定的这些贴现规则被称为“道义上的劝告”。

央行的贴现政策还有一种声明效应。如果贴现率调高表示央行要实行紧缩性的货币政策以放慢经济速度，反之表示要实行扩张性的货币政策以刺激经济增长。不过，有时央行的声明效应会让人曲解。当市场利率上升时，贴现率与市场利率之差扩大，央行为了不让贷款增加过多以保持政策联贯性，贴现率会被迫上调。央行实际并无意要采取紧缩性的政策，但是市场会把贴现率上升视为央行采取紧缩性政策的信号，尽管实际情况并非如此。这样一来，声明效应将变成一种障碍。所以对于央行来说，更为明智的做法是明确地宣布它的意向。

相对于公开市场业务而言，再贴现率政策是遭受批评最多的一项政策。可以说缺点多于优点。它惟一的优点是央行可以通过贴现政策履行最后的贷款人的责任，防止金融恐慌。主要的缺点是除存在让人曲解的声明效应之外，市场利率与再贴现率之差波动幅度过大，央行无法准确操控贷款规模以贯彻其政策意图。最后可以用凯恩斯形容私人投资的一句话来形容央行的再贴现率政策——你可以把马拉到河边，但不能强迫它喝水。

（三）变动法定准备金率

当初规定商业银行留有准备金是为了防止银行放款过多，无法满足储户提款的需要，以至于出现金融恐慌。现今，变动法定准备金率成为了一项货币政策工具。如第五章所述，变动法定准备金率可以改变货币创造的乘数。举一个简单的例子，假定某一经济体只有支票存款，法定存款准备金率为10%，没有超额准备金。现在央行买入50亿公债，那么目前的货币供给量为 50×（1/10%）=500 亿元。如果央行此时降低法定准备金率至 5%，则货币供给量为 50×（1/5%）=1000 亿元。可见，法定准备率只下调了 5%，却使货币供给量扩大了 1 倍，所以变动法定准备金率作用十分明显，这是变动准备金率的一个特点，但也是法定准备金率饱受非议的一个缺点，因为它无法微调，作用过于强烈。

变动法定准备金率的另外一个缺点是，留有少量超额准备金的金融机构受到的影响很大，提高法定准备金率会使这些机构出现流动性问题。过去，央行在调高法定准备金率时，通常要放松贴现贷款，对受到影响的金融机构提供准备金，从而抵消了变动法定准备金率的效果。

正是由于上述两个原因，对变动法定准备金率这样一个政策工具，肯定之处不多，所以央行也极少使用。现在市场经济国家有一种降低法定准备金率的趋势，以期逐渐取消使用这一工具，如澳大利亚目前已完全取消了法定准备金。

二、货币政策的效果

货币政策的效果将表现为以下几个方面：

（一）货币政策的时滞

由于央行持有的公开市场业务的操作简单、迅速，而且它的决策不像财政政策那样要涉及行政与法律限制，通常只需央行内部做出决定即可，如中国人民银行设有货币政策委员会，所以货币政策的内部时滞较短。

但是，它的外部时滞相对于财政政策而言较长。由于货币政策是通过调节利率来对私人投资产生影响，因此它是间接的。货币政策的外部时滞受制于间接性。私人做出投资决策需要一个过程：从计划到投入再到产出。当利率下调时，私人并不能马上做出增加投资的反应。相反，当利率上升时，私人又不能马上让投资停止，故而其时滞较长。货币政策的时滞通常需要 6～12 个月。由于存在外部时滞，有时私人投资还未做出反应，经济情况可能已发生了逆转。如央行认为当前经济过热，采取紧缩性的货币政策，调高利率抑制投资，但是有可能在私人投资做出反应之前，经济已开始衰退，这时货币政策反而加速了衰退。

（二）货币政策的流动性效应

所谓流动性效应，是指货币供给变动对利率影响程度。如果货币供给量增加或减少后，利率下降或上升的幅度大，那么货币政策效果明显，反之则不明显。流动性效应与 LM 曲线的斜率相关，以图 7－4 为例。

图 7－4 中显示的 A、B 两国的 IS—LM 模型。起初，两国的均衡利率都为 r_1，均衡国民收入都为 Y_1，并且两国的 IS 曲线的位置与斜率也完全相同。不同之处在于 LM 曲线的斜率，A 国的 LM 曲线斜率为 k/h_A，B 国的 LM 曲线的斜率为 k/h_B，其中，k 为公众满足交易动机与预防动机的货币需求所占收入的比重，h 为投机动机对利率的弹性。由于两国的 k 相同且 $h_A<h_B$，所以 A 国的 LM 曲线要比 B 国的更陡峭。如果两国央行同增加货币供给量 Δm，根据第六章的知识，两国 LM 曲线都将由 LM_0 移动至 LM_1，平行向右移动的距离同为 $\Delta m/k$，但是垂直向下的距离不同了，A 国为 $\Delta m/h_A$，B 国为 $\Delta m/h_B$。由于 $h_A<h_B$，所以 A 国向下移动的距离要比 B 国大。从结果来看，A 国增加的国民收入增加比 B 国多，所以 LM 曲线陡峭的国家流动性效应大，货币政策更有效。

当然，LM 曲线仍存在以下两个可能：

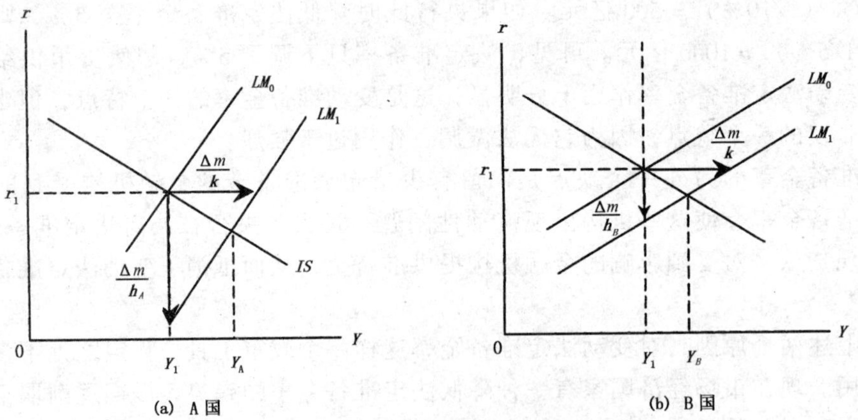

图 7-4 A、B 两国流动性效应比较

第一，投机动机货币需求对利率的弹性趋向于无穷大，即 h 趋向无穷大。此时，LM 曲线的斜率为零，经济处于流动性陷阱。当货币供给增加以后，LM 不能垂直向下移动，利率将维持不变，所以国民收入不会增加，货币政策失效。

第二，投机动机货币需求对利率的弹性为零，即 h 为零。LM 曲线的斜率趋向于无穷大，出现极端的古典情形，如图 7-5 所示。图 7-5 中显示的 LM 曲线垂直。在这种情况下，财政政策有完全的挤出效应，财政政策失效，但此时货币政策有效且只有货币政策有效。如果央行增加货币供给量，将推动 LM 曲线向右移动，国民收入增加，增加量为 $\Delta m/k$。

（三）货币供给变动的“收入效应”

所谓“收入效应”，是指利率变动以后对投资的影响程度。收入效应的大小与投资对利率的弹性相关，以图 7-6 为例。

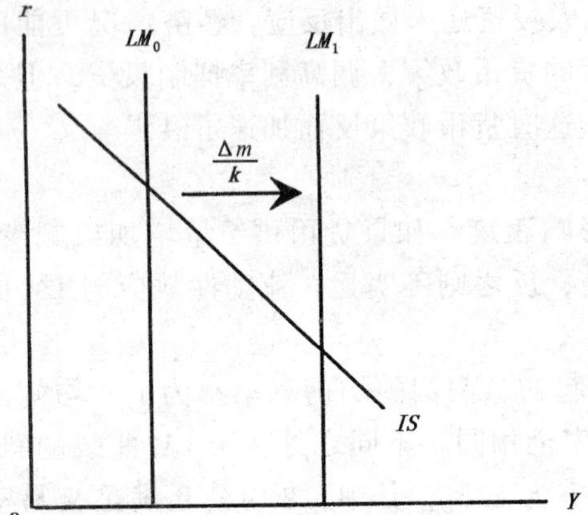

图 7-5 极端的古典情形

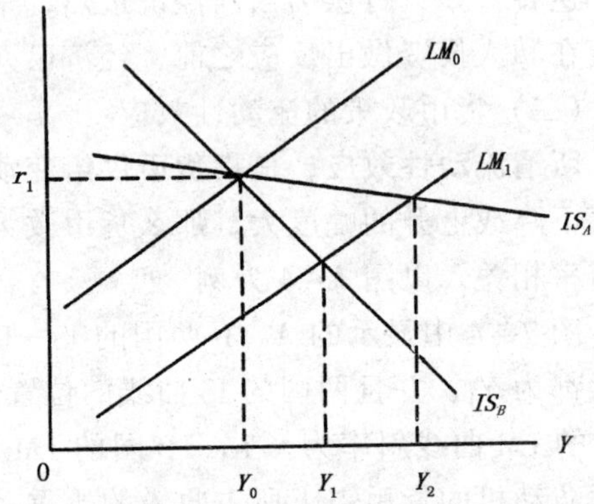

图 7-6 A、B 两国收入效应比较

图 7-6 中显示 A、B 两国的 IS 曲线，分别为 IS_A 与 IS_B。由于 IS_A 比 IS_B 平坦，所以 A 国投资对利率弹性较之 B 国大。假定这两个国家的 LM 曲线相同，同为 LM_0，并且两国起点相同，均衡利率同为 r_1，均衡国民收入同为 Y_0。如果此时两国央行增加相同的货币供给量，则两国 LM 曲线都移动至 LM_1。从图中可以看出，A 国民收入可增加至 Y_2，而 B 国民收入只能增加至 Y_1，究其原因在于私人投资对利率的弹性不同，A 国私人投资对利率的弹性大，

因而降低利率对私人投资刺激效果明显，B国则相反。

另外，可能出现一种极端情况，如图7-7所示。当IS曲线垂直于横轴时，即投资对利率的弹性为零，此时即使增加货币供给量，降低利率，也无法增加国民收入。不过，虽然货币政策失效，但是财政政策有效。

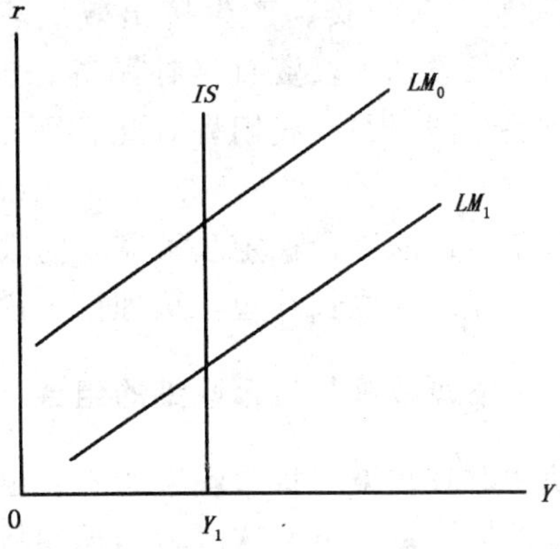

图7-7 IS曲线垂直的情形

（四）货币的流通速度

一个国家的货币流通速度取决公众的支付习惯。在通常情况下，货币流通速度保持相对稳定。但是，在通货膨胀严重时，公众得到货币会立即购买商品以防货币贬值，导致货币流通速度加快，而在经济衰退时货币流通速度会减慢，因为公众预期物价下跌，他们会持币待购。因此，在经济波动时货币流通速度不再是一个常数，它对货币政策的影响须加以关注。举一个简单的例子，假定一个经济体在衰退时货币流通速度为5，根据费雪方程式，1元的货币供给就可以只能完成5元的交易。如果通货膨胀加速，货币流通速度为10，1元货币供给量就可以完成10元的交易。显然，货币流通速度不同，货币政策效果不同。

第四节 财政政策与货币政策的组合

一、政策选择

以图7-8来说明某一个经济体目前的运行状况。假定Y_F为充分就业时的国民收入，现有一个短期冲击使得国民收入下降至Y_0，均衡点为E_0。此时有两个选择，一是采取扩张的财政政策推动IS曲线向右移动至均衡点E_1，或者采取扩张的货币政策推动LM曲线向右移动至均衡点E_2。如果一切经济问题都可以用某一项政策在图表中解决，那么一个社会赋予经济学家与政策制定者的任务太轻松了。事实情况绝非那么简单。

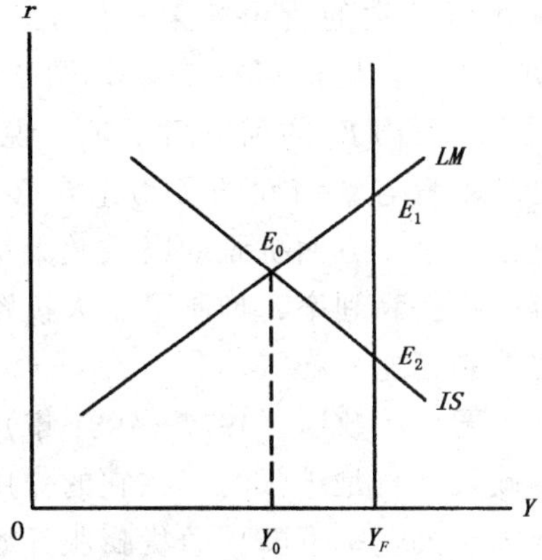

图7-8 失衡状态

首先，财政政策与货币政策都有时滞。经济政策完全有可能在经济社会达充分就业之后才发挥作用，从而引发通货膨胀，而且它们在一些极端的情况下会失效。当经济越是接近于充分就业，极端的情况越是容易出现。

其次，经济政策的调整会导致利益结构变化。例如，扩张性的财政政策会导致利率上升，抑制私人投资，产生挤出效应。即使同样都属于扩张性的政策，如减税、增加政府购买以及给予私人投资直接补贴等，也会将导致收益主体发生变化。对于利益结构的分析属于政治经济问题，我们将对此存而不论，想说明的是政策制定者在决策过程难免会投鼠忌器。

基于上述原因，稳定政策需要财政政策与货币政策组合使用，使利益结构得以协调，并有利于相互之间取长补短。从理论上说，政策组合要优于单一使用某一项政策。

二、财政政策与货币政策的组合

使用财政政策与货币政策的组合也存在一个问题——在于财政政策与货币政策的目标并不总是保持一致。虽然这两者的长期目标相似，但是在短期内可能会不同。譬如，当政府采取扩张的财政政策时，经济开始上升且失业率下降，但会伴随着通货膨胀与利率上升，而且越接近于充分就业，通货膨胀越明显。此时，央行的目标是应该保持货币供给稳定、利率不变，还是收入稳定？目标不同会产生不同的结果。

（一）扩张性的财政政策与紧缩性的货币政策

以上图 7-9 为例，假定目前一个经济社会处于 E_1 点，在 LM_0 与 IS_0 的交点处。政府认为此时失业率太高，采取扩张性的财政政策推动 IS 曲线向右移动至 IS_1。如果央行以货币供给量不变为目标，则 LM 曲线不变，均衡点将由 E_1 点移动至 E_2，结果经济中利率上升，国民收入增加，但是伴随着经济增长，时常会出现通货膨胀。如果央行以控制通货膨胀为目标，就必需维持收入稳定。对此，它可采用紧缩性的货币政策，使 LM 曲线向左移动至 LM_1，均衡点在 E_3。从图 7-9 中，可以明显地看出 E_3 的利率高于 E_1，说明扩张性的财政政策与紧缩性的货币组合必定会导致利率上升。E_3 与 E_1 相比，国民收入相当接近，这是因为一方面扩张的财政政策增加了支出，刺激了总需求，另一方面央行降低货币供给量进一步提高利率，抑制了私人投资。这两方面的作用正好抵消，使国民收入保持稳定，从而也控制了通货膨胀。

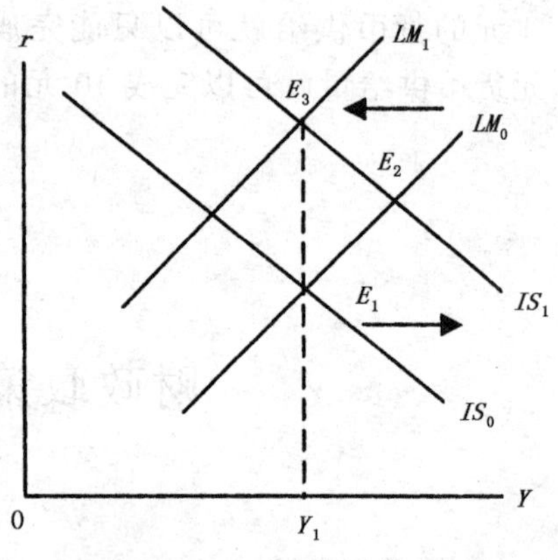

图 7-9 扩张的财政政策和紧缩的货币政策

在美国卡特政府（1977—1981 年）所处的时代中就曾出现这种政策组合。卡特政府使用的财政政策一直是扩张的。在它的作用下，1979 年美国的失业率降至 6%，接近于充分就业率。伴随着失业率下降，通货膨胀开始抬头，加之第二次石油危机进一步加剧了通货膨胀。于是美国联邦储备委员会采取紧缩性的货币政策，大幅削减实际货币供给量，结果是美国国债利率开始节节攀升，从实际利率从 1980 年的 2%，上升至 1984 年的 5.2%。这一政策组合成功地降低了通货膨胀率，但是也带来了经济衰退。产生衰退不难理解，从 E_1 至 E_2 是由扩张的财政政策引起的经济增长，而从 E_2 至 E_3 是由紧缩的货币政策引起的经济衰退。

（二）扩张的财政政策与扩张的货币政策

如果央行的目标是保持利率稳定，可能会出现不同的结果。图 7－10 为例，政府采取扩张的财政政策，推动 IS 曲线右移，均衡点将由 E_1 移动至 E_2。如果经济到了 E_2 点，经济仍未走出衰退，而政府的财政政策又受到了赤字的约束，已无力进一步扩张，那么此时经济复苏的任务便由央行承担。它可以采取扩张的货币推动 LM 曲线向右移动，均衡点将由 E_2 移动至 E_3。从图 7－10 中可以看出，国民收入将增加。从最终的结果来看，利率保持相对稳定。

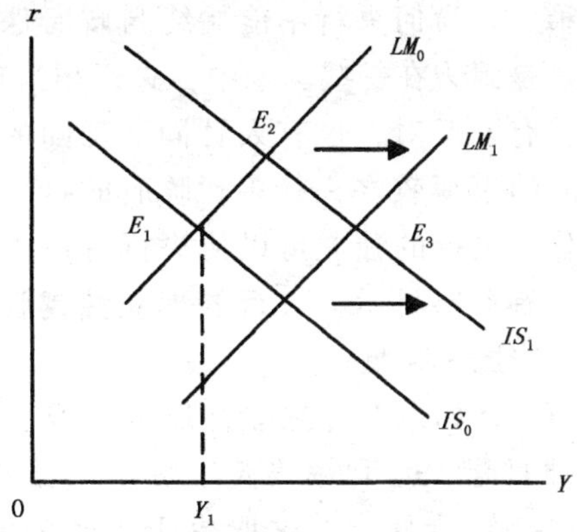

图 7－10　扩张的财政政策和扩张的货币政策

需要指出的是：扩张的财政政策与扩张的货币政策组合只有在深度衰退时才可使用，否则会引发剧烈的通货膨胀。类似于大萧条的深度衰退在当前社会中已不常见了，所以使用这一组合需十分小心。更多情况下，央行会采取介于紧缩与扩张中间的一种政策，让利率从 E_2 点缓慢下降至 E_3 点。1990 年，美国联邦储备委员会采取了这一策略，一开始让利率缓慢下降。当预计由石油价格上升引起的通货膨胀是短期的，才开始大幅度削减利率，采取扩张的货币政策。事实表明，这一策略是成功的。

（三）紧缩的财政政策与扩张的货币政策

这一政策组合以图 7－11 为例，经济社会原处于 E_1，在 LM_0 与 IS_0 交点处。假定政府开始增加所得税，实行紧缩的财政政策，由此推动 IS_0 左移至 IS_1，如果央行货币供给不变，均衡点将由 E_1 移动至 E_2，国民收入减少且利率下降。不过，一旦央行以稳定国民收入为目标，它就会采取扩张的货币政策，推动 LM_0 向右移动，均衡点则由 E_2 移动至 E_3。一方面较高的税收抑制了消费，另一方面利率下降刺激了私人投资，两方面作用相互抵消，使国民收入得以稳定。尽管收入变化不大，但是资源配置发生了变化，公众对消费品的需求降低了，但对投资品的需求增加了。

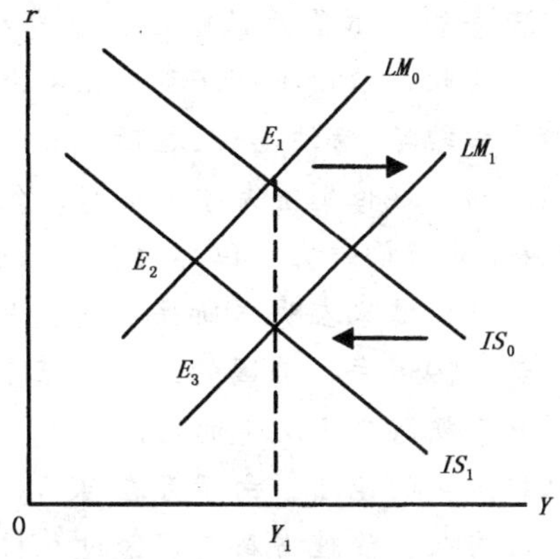

图 7－11　紧缩的财政政策和扩张的货币政策

（四）紧缩的财政政策和紧缩的货币政策

这一政策组合以图 7－12 为例，政府增税与前文情况一样，首先利率下降且国民收入减少，均衡由 E_1 移动至 E_2。如果央行以稳定利率为目标，它会同样采取紧缩的货币政策，推动 LM 曲线向左移动至 LM_1，均衡点由 E_2 移动至 E_3 使利率稳定。

从前文的分析中，我们可以得知财政政策与货币政策会相互影响，因此，当分析一种政策的变动时，我们必须做出它对其他政策影响的假设。至此，也许会产生两个疑问：

第一，为何央行不能始终与政府保持一致？这是因为在一些国家中，央行相当独立。对此，有人反对，也有人赞同。赞同的人认为政府的束缚较之央行多，政府的行为更为短期化，央行的独立可以使央行有更长远的计划。有资料显示，央行的独立性越强，一国通货膨胀率越低。

第二，如果央行独立，那么它究竟应保有何种目标，是利率稳定，货币供给稳定，还是保持物价稳定？这取决于当时的情况，以及背后的政治考虑。从某种程度上来说，我们前文所分析的只是简单技术，相比之下，实际经济情况要复杂得多。目标的选择以及政策制定更像艺术。我们可以讲述技术，但无法传授艺术。

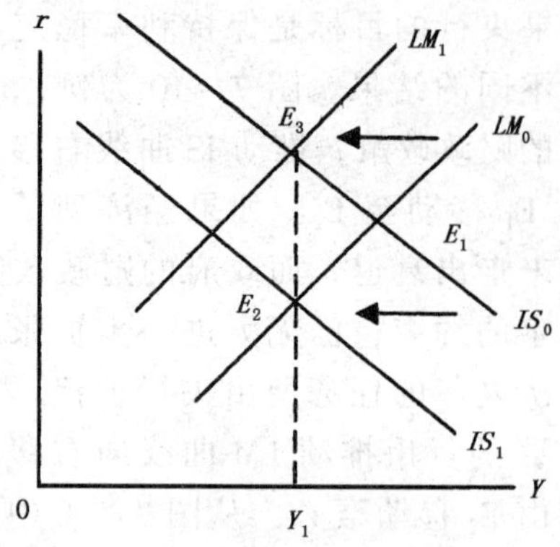

图 7－12　紧缩的财政政策和紧缩的货币政策

【案例分析】

罗斯福是凯恩斯主义者吗？

1929 年的大萧条开始以后，罗斯福总统临危受命在其执政期间（1933—1945 年）实行了新政。为此，理论界有许多人把罗斯福总统归为凯恩斯主义者。如果仔细推究，罗斯福是否采纳了由约翰·梅纳德·凯恩斯及其信徒提出的干预主义呢？答案可能是否定的。

凯恩斯，这位剑桥大学最优秀的经济理论家和好几届英国政府有争议的顾问，的确见过富兰克林·罗斯福一次。但那次会面糟糕透顶——双方都不觉得对方能让自己肃然起敬——并且没有任何迹象表明罗斯福受过凯恩斯的影响。当然，我们不能就此断定罗斯福不是凯恩斯主义者。1956 年，美国的经济学家 E. 卡里·布朗写了一篇著名论文完全打破了罗斯福是美国第一个凯恩斯主义者的论点。

根据上文的论述，由于存在自动稳定器，我们不能以财政赤字表明政府的政策方向。判断的标准应为：管理当局是否通过积极、主动的干预政策使经济扩张至充分就业。为说明这一问题，我们可采用下面一个方程：

$$BS = tY_F - G - R$$

式中，BS 为充分就业预算，它是由政府在充分就业时税收收入 tY_F（t 为税率，Y_F 为充分就业下的产出）减去当前实际的政府购买 G 和转移支付 R。如果 BS 为负，即政府有充分就业赤字，这表明政府的财政政策的方向是充分就业，当前的政府购买与转移支付可刺激总需求使经济扩张至充分就业，因为财政预算不会在经济达充分就业之前就平衡了，就此失去了刺激作用。如果 BS 为正，作用正好相反。

充分就业预算是布朗首先提出的，并以此判断政府政策意向。困难在于，布朗并不确切知道政府赤字或政府盈余在充分就业时会有多大。不过，布朗通过以下三个假设，构造出了反事实的充分就业预算（见表 7－2）：（1）政府支出事实上不受收入水平影响；（2）税收收入大致与超出实际收入水平的那部分收入增加成正比；（3）充分就业时的收入以每年 3% 的速度增长。

表 7-2　　联邦财政政策对总需求的影响　　单位：10 亿美元

年份	政府支出（按当期美元计算）	税　收（按当期美元计算）	当期预算：赤字（-）盈余（+）	真实支出	真实充分就业税收	充分就业预算：赤字（-）盈余（+）	充分就业预算占充分就业GNP的百分比（%）
1929	1.4	2.6	1.2	2.5	3.4	0.9	-0.6
1930	1.5	1.8	0.3	2.9	3.0	-0.1	+0.1
1931	1.8	-0.3	-2.1	3.4	0.3	-3.1	+2.1
1932	1.6	0.1	-1.5	3.2	1.5	-1.7	+1.0
1933	2.5	1.2	-1.3	5.2	4.7	-0.5	+0.3
1934	4.6	1.8	-2.8	8.4	5.6	-2.8	+1.6
1935	4.6	2.1	-2.5	8.3	5.5	-2.8	+1.6
1936	5.4	2.0	-3.4	9.3	5.4	-3.9	+2.1
1937	5.1	4.9	-0.2	8.8	10.2	1.4	-0.7
1938	5.9	3.9	-2.0	10.6	9.4	-1.2	+0.6
1939	5.8	3.6	-2.2	10.2	8.5	-1.7	+0.8

资料来源：[美] 杰里米·阿塔克等：《新美国经济史》，下卷，中国社会科学出版社 2000 年版，第 625 页。

由布朗的这些估计值可知，在表 7-2 中所选取的 7 个罗斯福执政年份（从 1933 年开始选）中，有 6 个出现充分就业预算赤字，因此这一时期的联邦财政政策总的来说是扩张性的。只是在 1937 年才出现充分就业预算盈余，导致充分就业 GNP 下降约 0.7%。但对罗斯福及其追随者来说，上述数据确实只是不起作用的安慰。更深入地考查后，我们便可知财政政策的扩张性刺激作用是非常一般的。布朗的计算表明，在大萧条最严重的 1933 年，实际产出比充分就业时的产出低 39%，充分就业预算赤字仅为 GNP 的 0.3%。1936 年，罗斯福的预算在扩张性方面达到顶峰（充分就业预算赤字为充分就业 GNP 的 2.1%），但这也仅仅是因为国会不顾白宫反对通过了退伍军人补偿金计划。并且在第二年，要求平衡预算的政治压力就把财政政策推入自 20 世纪 20 年代末以来最为保守的立场上。

还要注意到罗斯福政府预算的极其一般的刺激作用，为各州和各地方政府因债台高筑而实行的日益保守的财政政策所抵消。胡佛执政的最后 3 年（1930—1932 年）是灾难的 3 年，在此期间，各州和各地方政府都持一种稍微积极一点的财政立场，从而提高了所有政府活动的净刺激效率。但 1932 年后，对不断增加的赤字的遏制，使得各州和各地方政府的预算成了一股净通货紧缩的力量，从而完全抵消了罗斯福政府谨慎的财政扩张。其结果，所有政府对总需求的净影响，在所选取的 7 个罗斯福执政年份中的 4 个年份里为负。并且 1933 年至 1939 年间政府预算的总体扩张性肯定不如 1930 年至 1932 年间政府预算的总体扩张性大。于是，按布朗的标准赫伯特·胡佛比富兰克林·德拉诺·罗斯福更像一个凯恩斯主义者。

资料来源：[美] 杰里米·阿塔克等：《新美国经济史》，下卷，中国社会科学出版社 2000 年版。

本章小结

在本章中，我们详细介绍了管理当局的两个主要宏观经济目标：充分就业与物价稳定。

在财政政策这一节中，我们介绍了凯恩斯的功能财政思想，即一国管理当局不应以预算平衡为目标，必需相机抉择视经济情况而主动变动税率与支出方案。一旦出现政策赤字，可以发行国债加以弥补。当然，财政政策并非总是有效，它的效果大小主要视 LM 曲线的斜率而定。

在货币政策这一节中，我们介绍了公开市场业务、再贴现率以及法定存款准备金率三大货币政策工具，并比较了三者的优劣，从中可以得出一个结论：公开市场业务是迄今为止最好的一项货币政策工具。货币政策的效果要视 IS 曲线的斜率与 LM 曲线自身斜率而定。

最后，我们可借助于 IS—LM 模型，分析财政政策与货币政策混合使用的效果。

复习与练习

一、关键概念

自动稳定器　相机抉择　挤出效应　李嘉图等价　功能财政思想　声明效应　贴现窗口

二、思考题

1. 周期平衡预算思想与功能财政思想有何区别？
2. 为什么预算赤字不是凯恩斯主义的判断标准？
3. 货币政策有哪三大工具？
4. 什么时候货币政策失效？什么时候财政政策失效？
5. 财政政策与货币政策组合使用会对经济产生什么影响？
6. 哪些因素会影响财政政策与货币政策的效果。
7. 平衡预算思想与功能财政思想有何区别？
8. 为什么预算赤字不是凯恩斯主义的判断标准？
9. 货币政策有哪三大工具？

第八章

就业、物价与国民收入决定：AD—AS 模型
——完整的国民收入决定模型

在上一章中，我们了解到通过扩张的财政政策与货币政策完全可以治理衰退，那么为何当前经济社会中的经济波动从未消失，而且有时管理当局明知采取紧缩性的政策会加剧经济衰退，却依然为之？其问题在于扩张的政策会导致通货膨胀。管理当局必须在通货膨胀、收入增加以及失业中做出权衡。然而，仅依靠以前所使用的工具还无法准确反映其中的关系。如果能建立物价与收入相关的模型，那么上述的问题就能得以解决。在这一章中，我们将引入总需求和总供给模型，进一步完善我们的理论体系。通过学习，我们将会了解到总需求与总供给曲线如何推导，以及在短期与长期中收入与物价将如何变化。

第一节 总需求函数

一、总需求曲线的推导

（一）根据 IS—LM 模型推导总需求曲线

根据第七章的 IS—LM 模型可知，LM 曲线位移取决于实际货币供给量 M/P。如果保持名义货币供给 M 不变，物价下跌将导致实际货币供给量增加，进而引起 LM 曲线向右移动，以图 8-1 为例。图 8-1（a）显示的是一个 IS—LM 模型，原经济社会处于 LM_0 与 IS 交点处，对应的国民收入为 Y_0。此时，实际货币供给量为 M_0/P_0，如果名义货币供给量 M_0 保持不变，物价 P_0 下跌至 P_1，那么实际货币供给量增加，这将导致 LM 曲线向右移动至 LM_1，其结果是利率下调，均衡国民收入由 Y_0 增加至 Y_1。图 8-1（b）横坐标是与上半部分一致的国民收入，不同的是纵坐标改为价格。不难得出与 Y_0 对应的物价为 P_0，而与 Y_1 对应的物价为 P_1，联结 E_0 与 E_1 两点，便可得出总需求曲线（aggregate demand，AD）。总需求曲线反映的是在产品和货币市场同时处于均衡时价格水平和产量水平的组合。

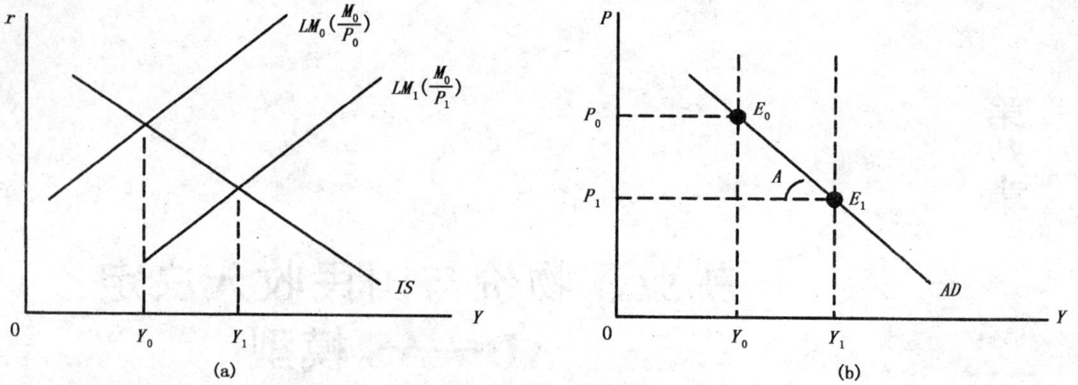

图 8-1 利用 IS—LM 模型推导总需求曲线

（二）根据凯恩斯的 NI—AE 模型推导总供给曲线

根据凯恩斯的消费理论，消费取决于当期的可支配收入。凯恩斯的老师庇古则认为，消费不仅取决于收入，还取决于财富。当物价下跌时，财富会增加，故而也会刺激消费增加，以图 8-2 为例。图 8-2（a）是一个三部门的 NI—AE 模型。支出取决于消费（C）、投资（I）、政府购买（G）。原经济社会总支出为 $Y_0=C(P_0)+I+G$。如果保持利率不变，亦即保持投资不变，而且政府购买也保持不变，当物价由 P_0 下跌至 P_1 时，按照庇古的理论，消费会增加，总支出将向上移动，新的均衡国民收入为 $Y_1=C(P_1)+I+G$，这一过程又被称为庇古效应。如果联结 E_0 与 E_1，将得到与图 8-1 类似的总需求曲线，见图 8-2（b）。需要指出的是图 8-2 与图 8-1 的两个总需求曲线不完全相同。因为当保持利率不变而消费增加时，意味着 IS 曲线将向右移动。可以说图 8-2 的总需求曲线实际是由 IS 曲线移动所推导而致（请回顾第六章的 IS 曲线移动所取决的因素），而图 8-1 的总需求曲线则是由 LM 曲线移动所得。那么在理论中究竟适用哪一种总需求曲线？诺贝尔经济学奖得主斯蒂格里茨对此做出了解释。他根据一些合理假设证明了：如果物价每年降低 10%，那么在其他条件不变的情况下“要增加 25% 的消费，得花费大约 400 年的时间”。因而我们可就此认为当物价下跌时，IS 曲线不动，或者说移动很小，以至于可以忽略不计。

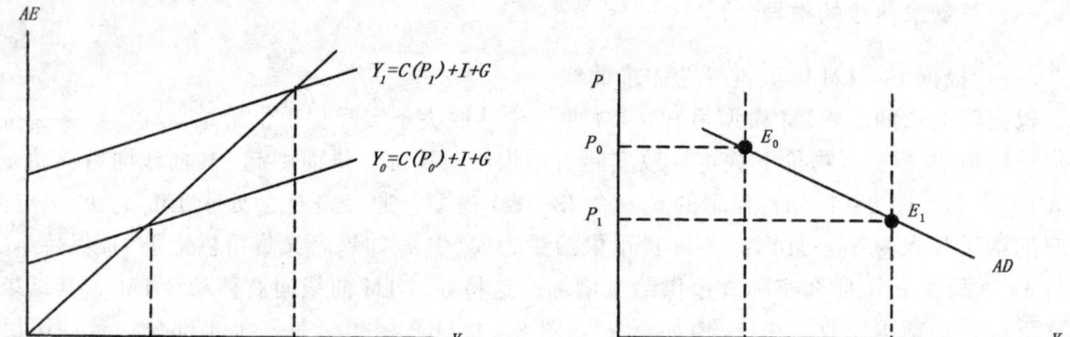

图 8-2 利用 NI—AE 模型推导总需求曲线

二、总需求曲线的斜率

从上述推导的结果来看，总需求曲线自左向右下方倾斜，斜率应为负。它背后的经济意义是：

第一，根据费雪方程式：MV = PY。当名义货币供给量（M）和货币流通速度（V）不变时，物价（P）下跌，国民收入（Y）必定上升。换句话说，当货币供给量不变时，物价下跌，公众持有相同的货币可购买到的商品增加，国民产出上升。

第二，根据凯恩斯的理论：物价（P）下跌，而名义货币供给量（M）不变，则实际货币供给量增加。公众有了多余的投机动机货币需求。他们用多余货币购买国债，国债价格上升，利率下跌，进而导致投资增加，刺激了国民收入提高。

第三，物价下跌，国内商品相对于国外商品更为低廉，外国对本国的商品需求增加，从而本国出口增加。同时，由于外国商品更加昂贵，进口则会减少。一方面出口增加，另一方面进口减少，在两方面的作用下，国民收入增加。

总需求曲线的斜率还可以用数学方式分析。由于总需求曲线是由 IS—LM 模型推导所得，所以从 IS—LM 模型着手，便可求得总需求曲线的斜率。方程 8－1 显示的是 IS—LM 模型的两个方程，其中 IS 方程为三部门：

$$\begin{cases} IS: \ Y = \dfrac{1}{1-b}(a+e-dr+G) \\ LM: \ \dfrac{M_0}{P} = kY + J - hr \end{cases} \tag{8-1}$$

对 IS 曲线方程两边求导，得：

$$\frac{dY}{dP} = -\frac{d}{1-b}\frac{dr}{dP} \tag{8-2}$$

对 LM 曲线方程两边求导，得：

$$-\frac{M_0}{P^2} = k\frac{dY}{dP} - h\frac{dr}{dP} \tag{8-3}$$

联立方程 8－2 与 8－3，消去$\frac{dr}{dP}$，得：

$$\frac{dY}{dP} = \frac{-M_0/P^2}{k+h\cdot[(1-b)/d]} \tag{8-4}$$

按照数学习惯，方程 8－4 是 AD 曲线斜率的倒数。AD 曲线的斜率实际为$\frac{k+h[(1-b)/d]}{-M_0/P^2}$，它是图 8－1 的∠A。由于分子恒大于零，因此 AD 曲线的斜率必定为负。其中的$\frac{1-b}{d}$是 IS 曲线的斜率。如果 IS 曲线越平坦，即 d 越大，AD 曲线也越平坦，反之则越陡峭。

总需求曲线也有可能是垂直的，它是由两个极端所致：

第一，LM 曲线水平，即经济处于流动性陷阱，以图 8－3 为例。图 8－3（a）处于流动性陷阱状态下的 IS—LM 模型。当物价由 P_0 下降至 P_1，LM 曲线将会水平移动，从而均衡的国民收入不变。那么与 P_0 和 P_1 相应的均衡国民收入都为 Y_0，联结 E_0 和 E_1 的 AD 曲线将是垂直的。如果以数学分析，经济处于流动性陷阱时，利率是一个常数，所以 LM 曲线的方程

为 $r = r_0$，通过简单的计算可得：$\frac{dY}{dP} = 0$，所以 AD 曲线是垂直的。

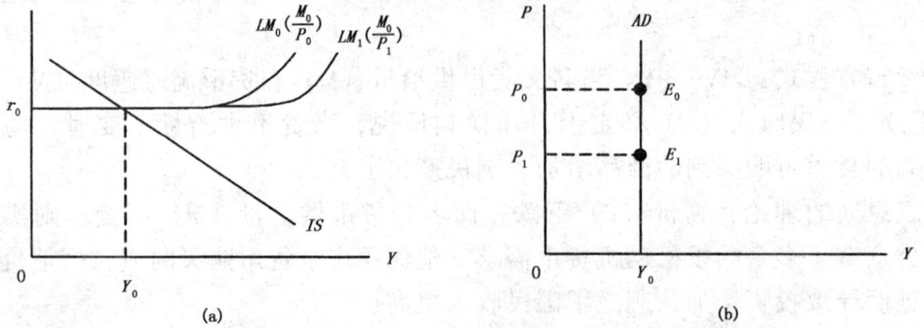

图 8－3　当经济处于流动性陷阱时的总需求曲线

第二，当 IS 曲线是垂直的，即投资对利率无弹性，以图 8－4 为例。图 8－4（a）显示的 IS—LM 模型中，IS 曲线是垂直的。如果物价下跌，虽然 LM 曲线可以向右移动，但是国民收入仍会保持不变。同样，可推出 AD 曲线为垂直的。如果以数学分析，IS 曲线方程为：$Y = Y_0$，可解得：$dY/dP = 0$，从而 AD 曲线是垂直的。

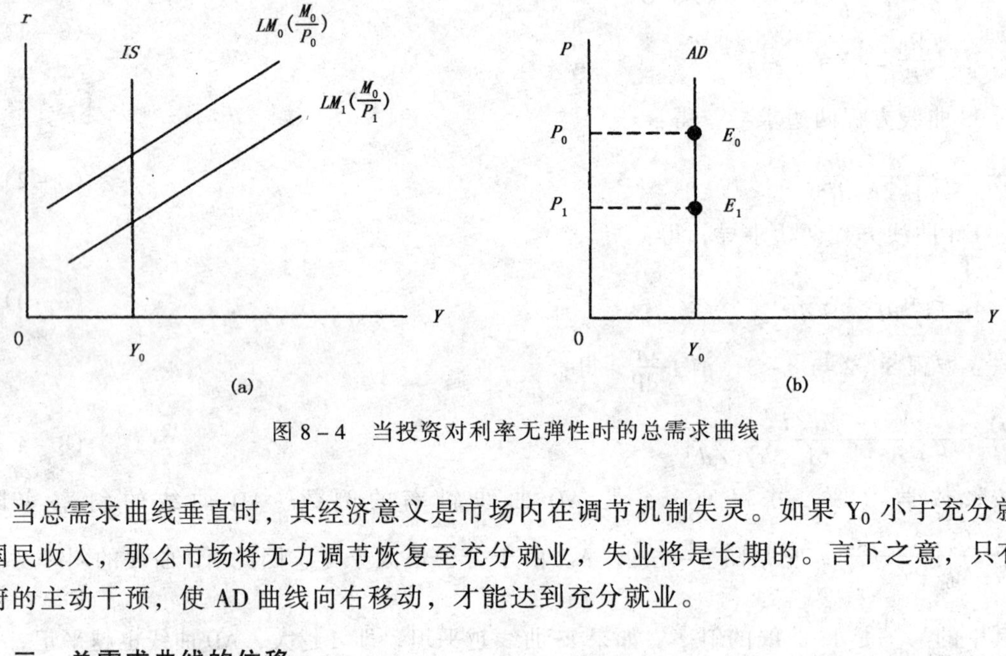

图 8－4　当投资对利率无弹性时的总需求曲线

当总需求曲线垂直时，其经济意义是市场内在调节机制失灵。如果 Y_0 小于充分就业时的国民收入，那么市场将无力调节恢复至充分就业，失业将是长期的。言下之意，只有依靠政府的主动干预，使 AD 曲线向右移动，才能达到充分就业。

三、总需求曲线的位移

总需求曲线的位移取决两个因素：

第一，名义货币供给量。以图 8－5 为例，图 8－5（a）与图 8－1 相似，不同之处在于 LM_0 与 LM_1 的物价相同，同为 P_0，而名义货币供给量分别为 M_0 与 M_1。当保持物价不变时，名义货币供给量由 M_0 增加至 M_1，则 LM 曲线也向右移动，均衡国民收入将从 Y_0 增加至 Y_1。但是反映在图 8－5（b）的总需求曲线，将产生一个不同的结果。通过总需求曲线 AD_0，与

P_0 对应的国民收入为 Y_0，但是在 P_0 不变时，均衡国民收入增加至 Y_1，这只有一个解释，总需求向右移动，在图 8－5（b）中显示为移动至 AD_1，总需求增加。

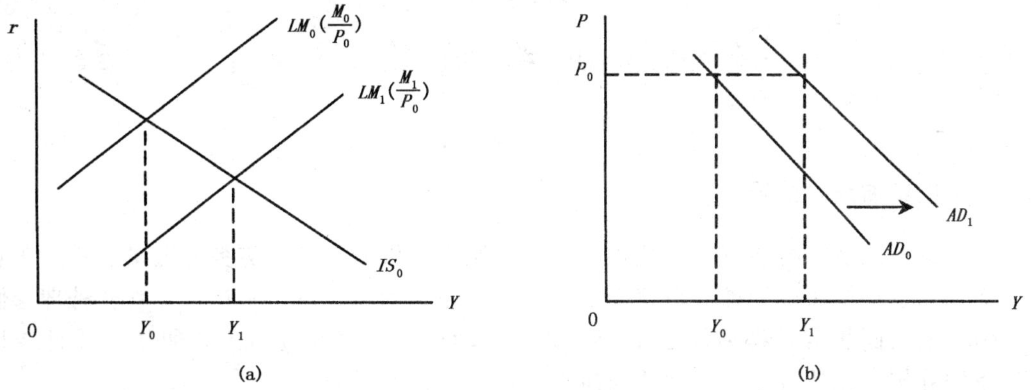

图 8－5 名义货币增加导致总需求移动

第二，政府购买。当政府购买增加时，IS 曲线将向右移动。图 8－6（a）显示了这一过程。原经济处于 IS_0 与 LM_0 交点处，均衡国民收入为 Y_0。政府购买增加，IS 曲线向右移动至 IS_1，如果其他因素不变，均衡国民收入将增加至 Y_1。这一过程在图 8－6（b）反映为物价维持在 P_0 不变，均衡国民收入由 Y_0 增加至 Y_1，需求曲线向右移动，即总需求增加。

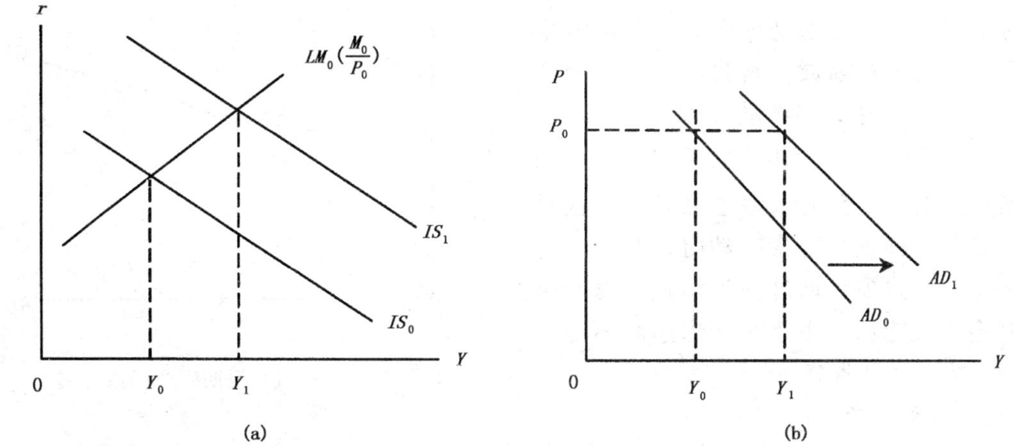

图 8－6 政府购买增加导致总需求移动

当然，影响总需求位移的因素有许多，在此列举的两个因素都可以由管理当局所掌握，表现为管理当局通过货币政策与财政政策调节总需求。当市场机制失灵时——总需求曲线垂直，管理当局的主动干预经济显得更为重要，这符合凯恩斯在《通论》中的理论。

第二节
总供给函数

一、总供给曲线的推导

总供给是指经济社会在每一个价格水平上所愿意提供的商品和劳务的数量。相对于总需求曲线而言，总供给曲线的推导争议颇多，迄今为止，尚无定论。不过，尽管各种理论假设不同，但总供给曲线推导都涉及了生产函数、劳动市场，以及货币工资曲线，并且结果相似。以下的分析首先从古典供给曲线与凯恩斯主义供给曲线开始。

（一）生产函数

在微观经济学中，生产函数有短期与长期之分，区别在于是否存在固定的生产要素。在宏观经济学中，生产函数也有短期与长期之分，区别与微观相同。现假定某一个经济社会的生产函数为：

$$Y=f(L,\ \overline{K}) \tag{8-5}$$

在方程 8-5 中，L 为投入的劳动数量，$\overline{K}$为投入的资本数量。如果资本在一定时期内保持不变，只有劳动是可变的，那么该生产函数为短期生产函数，其曲线可表示为图 8-7。在图 8-7 中，当劳动投入为 L_0，对应的国民收入为 Y_0。从中还可以看出随着劳动数量增加，生产函数的斜率越来越小，这是因为当只有一种投入要素变动时，会产生边际报酬递减。如果劳动进一步增加，总产出（Y）还会出现递减。由于总产出递减不是合理区域，故而在此省略。

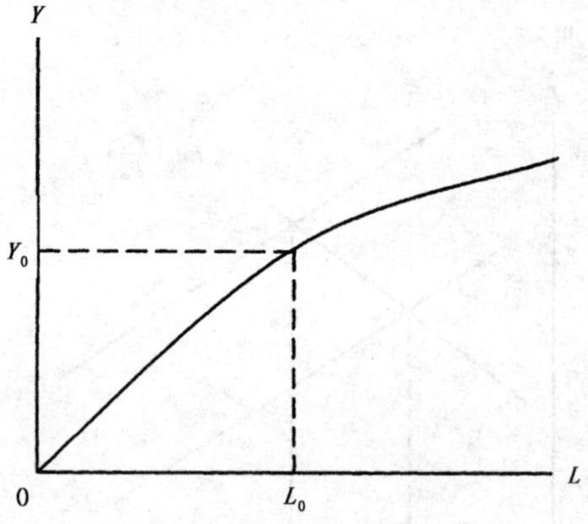

图 8-7 短期生产函数

（二）劳动市场

根据生产要素理论，如果产品市场和劳动市场都是完全竞争的，则劳动需求取决于劳动的边际产品价值或边际收益产品，可表示为：

$$MP_L \cdot P \tag{8-6}$$

式中，MP_L 为边际产量；P 为物价。

如果以 W 表示名义货币工资率，当利润达到最大时一定满足：

$$W = MP_L \cdot P \tag{8-7}$$

如果再把方程 8-7 两边同除以 P，则可变化为：

$$\frac{W}{P} = MP_L \tag{8-8}$$

方程左边 W/P 表示实际工资率。物价上升，则实际工资率下降，由于 MP_L 是递减函数，所以厂商对劳动需求量将随之而增加，反之则减少。

在正常情况下，劳动供给也取决于实际工资率，呈正相关关系。因为当实际工资率上升时，劳动力不工作的机会成本高，放弃的收入多，故而更愿意工作。反之则减少工作时间。

如果把劳动需求函数与劳动供给函数结合在一起，便可确定劳动就业量与均衡的实际工资率，以图 8－8 为例。图 8－8 中 L_S 表示劳动供给曲线，L_d 表示劳动需求曲线。两者交点决定了市场均衡实际工资率与劳动就业量。一旦名义货币工资 W 或 P 发生变动，将可能使劳动市场失衡。

（三）货币工资曲线

货币工资曲线反映了物价与实际工资率之间的关系，以图8－9为例。图 8－9 中表示当名义工资为 W_0 且保持不变，物价与实际工资率呈负相关关系，其类似于数学中的双曲线。当价格为 P_0 时可确定，实际工资率为 W_0/P_0。当名义工资增加时，货币工资曲线将向右移动，在图 8－9 中是从 W_0 增加至 W_1。如果物价同比例上升，实际工资率可能保持不变。

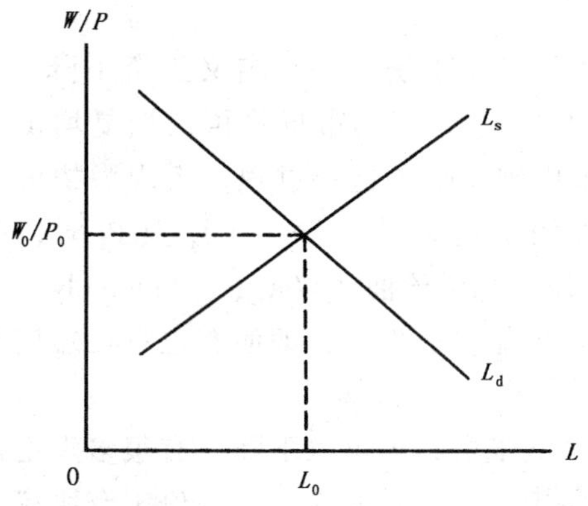

图 8－8　劳动市场

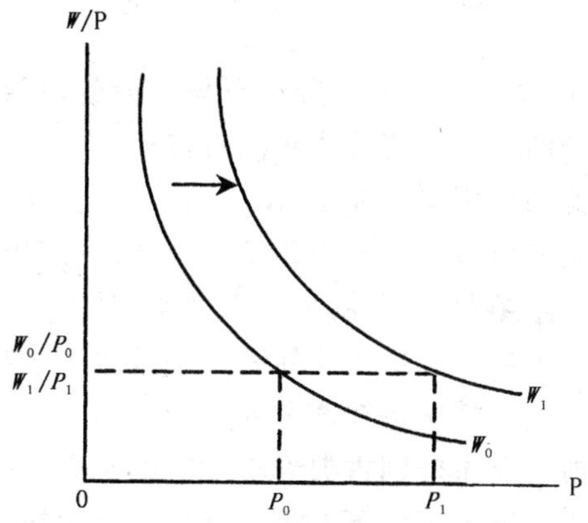

图 8－9　货币工资曲线

（四）总供给曲线推导

图 8－10 的（b）象限是一个由图 8－7 顺时针旋转 90°所得的生产函数，目前产出为 Y_0，劳动投入量为 L_0。象限（c）是一个与图8－8原点对称的劳动市场，劳动需求与劳动供给决定了均衡实际工资率为 W_0/P_0，均衡劳动就业量为 L_0。由于不存在非自愿失业，所以 L_0 可视为充分就业量，Y_0 则为对应充分就业产出。象限（d）是逆时针旋转 90°的货币工资曲线。当实际工资率为 W_0/P_0，而名义工资率为 W_0 时，物价为 P_0。

如果由于某些原因，该经济社会受到了冲击，使物价从 P_0 下降至 P_1，实际工资率将由 W_0/P_0 上升至 W_0/P_1。由于实际工资率提高，一方面，厂商对劳动的需求量下降，与 W_0/P_1 对应的劳动雇用量为 L_1；另一方面，劳动力愿意提供的劳动量增加，与W_0/P_1 对应的劳动供给量为 L_2，L_2—L_1 这一段的劳动数量为非自愿失业。至此，宏观经济理论开始出现分歧。

凯恩斯以前的古典经济学认为，当劳动市场出现失业时，厂商虽无力改变产品市场价格（P），因为他们是价格的接受者，但由于劳动市场失衡，在市场机制的作用下，名义工资率

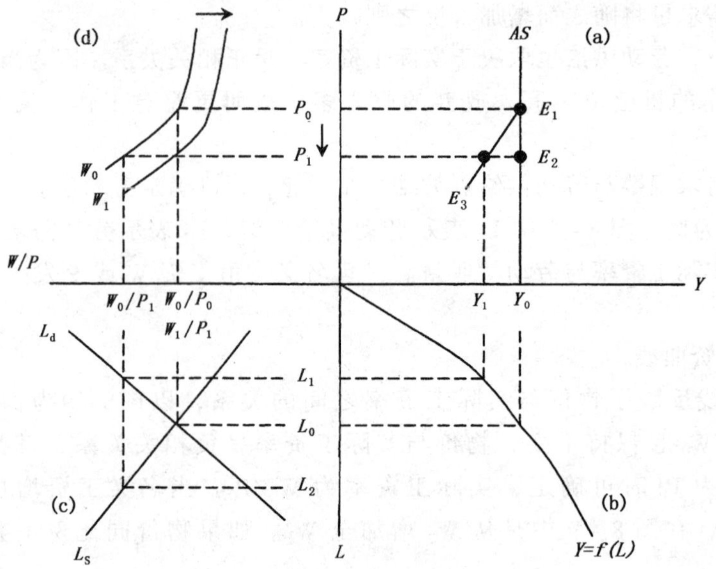

图 8－10 总供给曲线的推导

(W) 可以下降，因为劳动力与厂商的协议中设定的是名义工资。一旦名义工资下降，(d) 象限中的货币工资曲线将向右移动，直至 W_1/P_1 等于 W_0/P_0，劳动市场将再次恢复均衡。此时，劳动雇用量恢复至 L_0，产出为 Y_0。在 (a) 象限中则反映了这一过程，表现为物价与产出之间的对应关系。当物价为 P_0 时，产出为 Y_0，在图中是 E_1 点。物价下跌至 P_1 时，产出仍为 Y_0，在图中是 E_2 点，联结 E_1 与 E_2 所得的直线便是总供给曲线（Aggregate Supply，AS）。显然，古典的总供给曲线是一条垂线，意味着冲击不可能造成失业，即使有也将在短期内恢复，产出终将维持在充分就业产出。

凯恩斯不赞同古典经济学家的观点，关键在于名义工资是否可以下降。有很多理由造成名义工资率不能向下调整，譬如，当你被一家企业雇用，你与企业签订了一份工资协议，如果企业产品价格下跌了，你会愿意削减工资吗？回答通常是否定的。如果这一假设成立，那么 W_0 将不能向下调整，至少在短期内是如此。一旦货币工资率维持在 W_0 不变，物价下跌引起的失业在短期内难以恢复。在 (a) 象限表现为与 P_1 对应的产出是 Y_1，图 8－10 中指的是 E_3 点。如果联结 E_1 与 E_3 点，将得出一条斜率为正的总供给曲线。

凯恩斯还指出，工人也不会抵制由一般物价水平上升而引起的真实工资降低，因为这仍使相对实际工资率维持不变，这是工人们主要关心的。如果物价上涨时，工资不能同样上升，企业实际成本将下降，那么企业会多生产，甚至超出充分就业产出。需要指出的是，物价上升幅度不可太大，否则工人无法满足基本生存需要，那时工资上升是必然的。

二、长期总供给曲线与短期总供给曲线

当代经济学理论把凯恩斯与古典经济学家的分歧视为短期与长期之分。凯恩斯名义工资向下刚性只在短期内成立。他从不否认在长期中名义工资可以下跌，因为一旦你长期失业，你不得不接受一份低于你目标工资的协议。一般而言，经济学家对长期结果的观点一致的多，分歧较少。从某些程度上来说，通过短期与长期之分，古典经济学与凯恩斯经济学得以

综合。

如果长期内工资可以下降，那么正如前文所述，在长期内总供给曲线是一条垂线，以图 8－11 为例。图 8－11 中的 LRAS 是长期的总供给曲线（long－run aggregate supply）。垂直曲线说明物价在长期中与产出无关，准确地说与充分就业产出无关。充分就业产出取决技术水平与资源状况。如果技术进步或者资源状况改变，如人口增加，将导致 LRAS 向右移动，反之向左移动，而在短期内 LRAS 可视为保持不变。

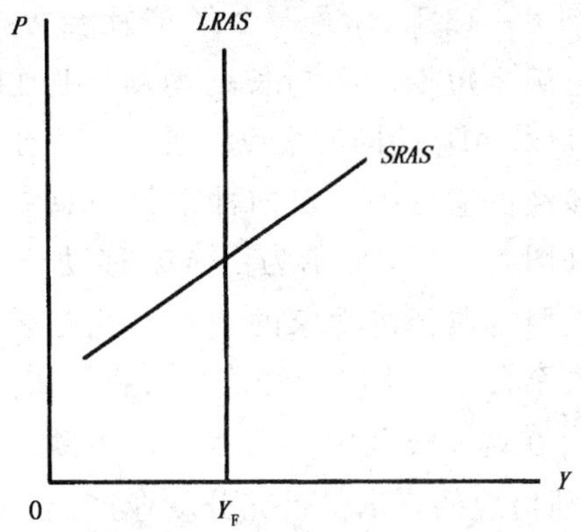

图 8－11　长期总供给曲线与短期总供给曲线

图 8－11 中的 SRAS 是短期总供给曲线（short－run aggregate supply）。在短期内，总供给曲线与物价呈正相关关系，所以短期供给曲线又可称为凯恩斯供给曲线。短期内产出既有可能小于充分就业产出，也有可能大于充分就业产出。短期总供给曲线的位移取决于厂商的成本，包括名义工资率与其他投入成本，如石油价格等。如果名义工资率上升，短期总供给曲线将向左移动，说明在同样的物价条件下，厂商比过去愿意提供的产品和劳务要少，反之则向右移动。

第三节
AD—AS 模型及其动态调整

一、AD—AS 模型

把总需求曲线与总供给曲线结合在一起就可以得出 AD—AS 模型，以图 8－12 为例。图 8－12 中 E_0 点表示了一个经济社会既处于长期均衡又处于短期均衡状态，它处于 LRAS，SRAS 以及 AD 曲线交点处，E_0 对应的物价是 P_0，产出是充分就业产出 Y_F。一个经济社会无论最初是什么状态，长期内最终都会趋向于 E_0 点。对此经济学家并无太多的异议，问题在于在短期内的政策分歧。

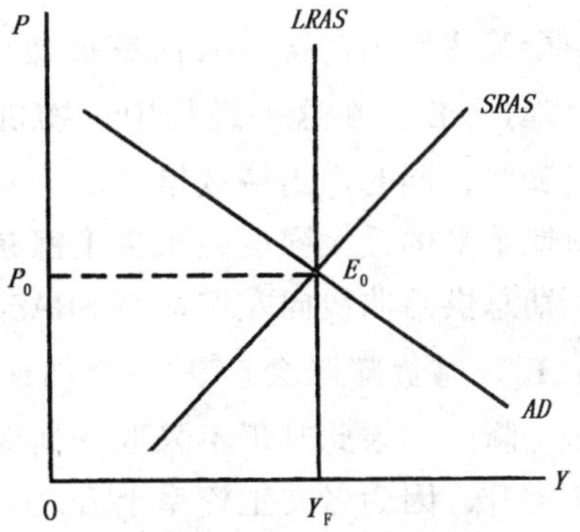

图 8－12　AD—AS 模型

二、总需求冲击与动态调整

（一）负向冲击与政策调整

图 8－13 显示了一个经济社会处于 E_0 点，它满足短期均衡与长期均衡，是 LRAS、SRAS 以及 AD_0 共同的交点。现在，由于一些原因该经济遭受一个负向冲击，使总需求减少，在图 8－13 中显示为由 AD_0 移动至 AD_1。如果按照古典经济学家的观点，此刻名义货币工资率会迅速下降，经济社会将从 E_0 点移动 E_2。在这一过程中，虽然物价下跌，但由于 E_2 所对应的产出仍是充分就业产出，故而无需进行政策干预。

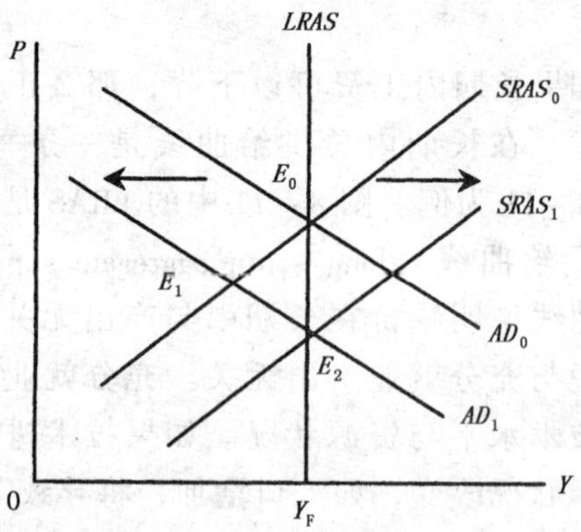

图 8－13 负向冲击与政策调整

凯恩斯主义[1] 则认为当总需求下降时，由于在短期内名义工资存在刚性，短期内总供给曲线斜率为正，所以经济首先从 E_0 移动至 E_1，表现为物价持续下跌，产出持续下降。E_1 虽满足短期均衡，但其对应的产出小于充分就业产出，即存在失业。如果没有政策的干预，尽管在长期内名义工资率可以下降，它表现为短期总供给曲线从 $SRAS_0$ 移动至 $SRAS_1$，均衡点将由 E_1 移动至 E_2，直至恢复充分就业，但是这一过程时间太长。为此，凯恩斯在其《论货币改革》中尖锐地指出："在长期中，我们都死了。如果在狂暴的季节中，经济学家们只能告诉我们，当风暴过去很长时间之后，海面又会恢复平静的话，那么他们留给自己的任务也太轻松、太没有意义了。"凯恩斯同样也反对以任何外在力量降低名义工资率，因为那样会激化社会矛盾。换句话说，不能依靠外在力量使总供给曲线向右移动，那么惟有的选择是刺激总需求，通过扩张的政策使总需求曲线 AD_1 再回到 AD_0，以消除失业，否则经济在短期内将处于就业不足的均衡状态。

（二）正向冲击与政策调整

在经济社会中，也有可能出现使总需求增加的正向冲击，以图 8－14 为例。图 8－14 中显示了一个经济社会原处于 E_0 点，它是 AD_0、LRAS 与 $SRAS_0$ 的交点。由于某些原因使得 AD_0 向右移动至 AD_1，均衡点由 E_0 移动至 E_1。在这一过程中，物价持续上升，产生通货膨胀，同时产出持续增长。一旦通货膨胀突破工人所能承受的最大限度，工资上涨是必然的，这将导致短期总供给曲线向左移动至 $SRAS_1$，均衡点由 E_1 移动至 E_2，通货膨胀会产生一个加速过程，同时产出还将下降。如果此时仍不采取任何对策，通货膨胀将持续上升，因为名义工资率上升之后，会进一步刺激总需求，所以当出现通货膨胀时，应采取紧缩政策，使总需求曲线由 AD_1 回到 AD_0。

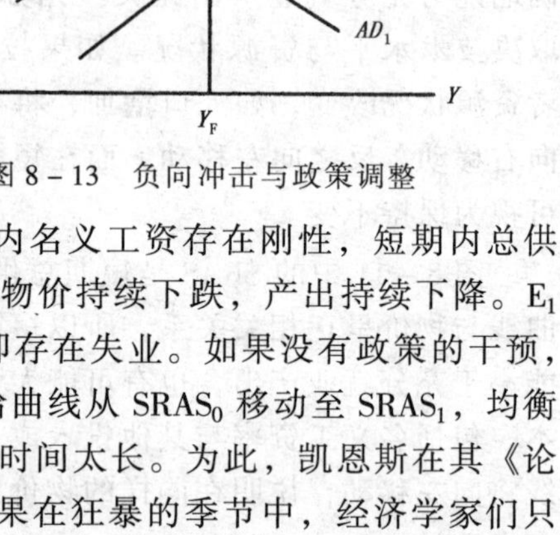

图 8－14 正向冲击与政策调整

不过，采取紧缩政策有一个时机问题：是当经济运行至 E_1 点就采取紧缩政策，还是当经济至 E_2 点再开始。后者类似于前文的负向冲击，会使经济从 E_2 移动至 E_3，产出小于充分

① 在此使用是凯恩斯主义的总需求曲线，凯恩斯在《通论》中隐含的总需求曲线应是垂直的。

就业产出，失业率超出自然率水平。如果是前者，经济将从 E_1 移动至 E_0，失业率会上升，只不过是回到了自然率水平，所以从理论上来说，一出现正向冲击就立即采取紧缩政策为佳。可是在真实的世界中，结果往往不能如人所愿，回想一下第七章的知识，无论是财政政策还是货币政策都有时滞。当管理当局判断出是何种冲击，并且政策开始发挥作用时，可能经济已转行至 E_2 点，所以通货膨胀与失业率总是此消彼涨，稳定政策似乎难以稳定经济运行。

三、总供给冲击与政策调整

（一）短期总供给冲击与政策调整

对来自于总需求的冲击，凯恩斯主义经济政策相对有效，但如果是来自于总供给的冲击，则不同了，以图 8－15 为例。经济社会原处于 E_0 点，它是 AD_0、LRAS 与 $SRAS_0$ 的交点。此时，出现了一个对短期总供给的冲击，使 $SRAS_0$ 向左移动至 $SRAS_1$。短期总供给减少的原因主要是成本上升，最典型的是石油价格上涨。当经济从 E_0 移动至 E_1 点时，这一过程不同于以往，它的特点是失业率背离自然失业率不断上升，同时物价还持续提高，被称为“滞胀”。此时不可采取紧缩政策，否则失业率会进一步上升。那么按照凯恩斯主义的理论，只能刺激总需求，使 AD_0 移动至 AD_1，经济将从 E_1 点移动至 E_2。的确，在这一过程中，失业率下降，但是进一步加剧了通货膨胀。一旦工人要求提高工资，短期总供给曲线会再次向左移动，形成新一轮的“滞胀”。所以，凯恩斯主义的需求管理政策对于治理“滞胀”就不再有效了。

为此，有一批非职业经济学家提出为何不能管理短期总供给。当经济运行至 E_1 点时，首先采取冻结物价与工资的方式使短期总供给曲线不能向左移动，然后再配合刺激供给的方法，使 $SRAS_1$ 向右移动，回到 $SRAS_0$。如果这一政策有效的话，经济将从 E_1 点回到 E_0 点，物价下跌且失业率下降，其效果要好于需求管理政策。他们的政策主张被称为“供给学派”。至于如何刺激总供给，他们也给出了一些具体的政策建议，如可以为企业减低所得税，这等于降低了企业的成本，故而可以刺激供给。

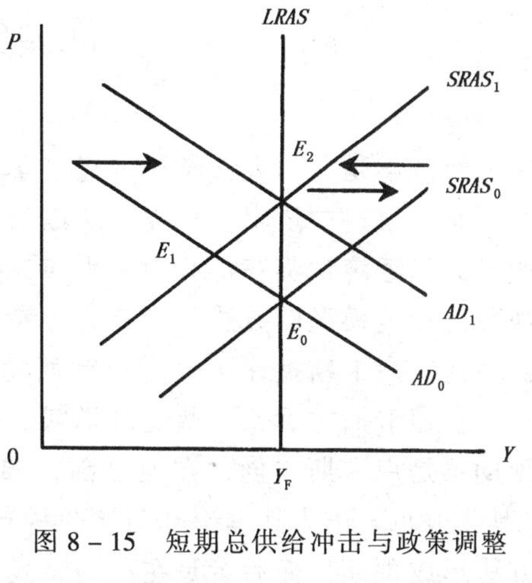

图 8－15　短期总供给冲击与政策调整

（二）长期总供给冲击

按照凯恩斯的工资刚性理论，经济衰退，则物价下跌，实际工资率上升；经济增长，则物价上升，实际工资率下降，所以，凯恩斯主义的实际工资率与经济周期是相反的，称为“逆周期”。不过，有更多的资料显示，在现实情况中，实际工资率应是“顺周期”的，即经济增长，实际工资率上升；经济衰退，实际工资率下降。如果仅依靠以前的理论无法对此给出满意的解释。经济学家普雷斯科特（Prescott）等人认为，只有假设工资和价格富有弹性才可解决这一问题。假设条件的改变使他们的经济理论与凯恩斯理论完全区分开了，以图 8－16为例。图 8－16 中的总供给曲线 AS_0 以工资与价格富有弹性为条件，它与古典经济学家的长期总供给曲线一致。正如前文所述，技术变革能导致垂直的总供给曲线移动。如果石油价格是一种负向的冲击，那么总供给曲线将由 AS_0 移动至 AS_1，均衡点由 E_0 移动至 E_1。在这一过程中，物价持续上升，产出则不断减少，失业率也会随之不断增加，从而解释了"滞胀"的形成原因。这也解释了为何实际工资率是顺周期的，因为当产出减少、物价上升时，实际工资率必然下降。

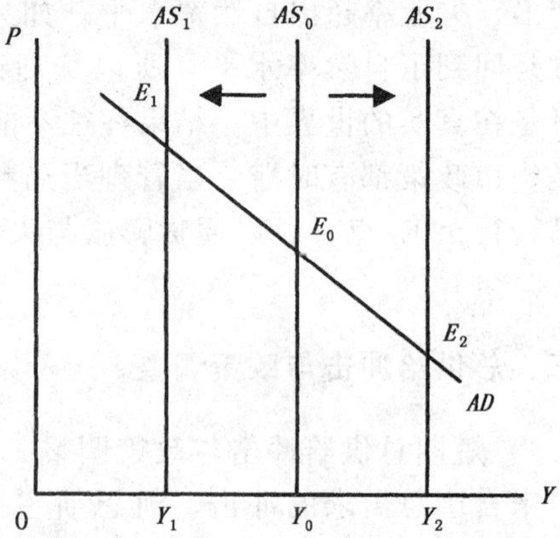

图 8-16 长期总供给冲击与政策调整

相反，如果是正向技术冲击，如产业革命，或者是信息技术革命，那么 AS_0 将向右移动，均衡点由 E_0 移动至 E_2，表现为物价下跌、产出增加，即出现增长型的通货紧缩。在上述两情况下，需求管理政策无效。管理当局可做的只有改变技术条件。这些理论被称为"真实经济周期学派"。

第四节

新古典与新凯恩斯学派的总供给曲线与政策调整

经济学是一门人文学科，经济学家们习惯于用数学计量模型解释人类的行为，因为数学在所有的学科中逻辑性最强，所以只有引入数学计量才能使经济学转变成科学。芝加哥大学的诺贝尔经济学奖获得者卢卡斯（Robert E. Lucas）认为，传统的政策评论方法依靠标准宏观经济计量模型的方法，没有充分考虑到政策对预期的影响。他对传统政策评论方式的批评被称为"卢卡斯批评"①，并以此而闻名。

在卢卡斯之后，一些经济学家，包括卢卡斯本人，开始使用预期解释宏观经济的运行。预期不是卢卡斯首创，在他之前，弗里德曼便使用了"适应性预期"一词，卢卡斯则是以"理性预期"作为其理论基础。两种预期的区别在于：前者是指经济当事人通过"回顾式"方法形成预期，而后者是在"前瞻式"方法下，经济当事人利用所有可公开获得的信息，在整个时期内形成无偏预期。举一个例子来说明两者的不同之处：如果你早晨第一节课时间是 8：00，你估计 7：30 起床上课不会迟到。这是你利用你上课的交通工具与宿舍至教室的距离等信息做出的最佳估计。突然某一天，由于你的交通工具出了故障，使你迟到了 5 分钟，如果按照"适应性预期"，你第二天应早起 5 分钟，但是按照"理性预期"，你应仍会在 7：30起床，因为交通工具故障是偶发事件。当然，也有可能出现其他原因使你早到，按照"适应性预期"，你第二天应晚起；而按照"理性预期"，你依然不变。4 年平均算下来，你

① Robert E. Lucas, Jr., "*Econometric Policy Evaluation: A Critique*", Camegie Rochester Conference on Public Policy 1 (Amsterdam: North-Holland, 1976), 19-46.

的“理性预期”是无偏的，即实际的平均到校所用时间与你的预期一致。显然，“理性预期”更符合实际情况。

依据“理性预期”，凯恩斯之后的经济学家沿着不同的理论思路，得出了相同的总供给方程：

$$Y = Y_F + \alpha(P - P^e),\ \alpha > 0 \tag{8-9}$$

式中，Y 为实际产出；Y_F 为充分就业产出；P 是物价；而 P^e 是预期的物价水平；α 表示产出对物价的反应。

1/α 为供给曲线的斜率，因而总供给曲线斜率为正。方程 8-9 表示的总供给曲线与凯恩斯的总供给曲线就斜率而言并无二致，但之后我们会了解到不同理论的政策结论不同。

一、古典学派的总供给假说

以卢卡斯为代表的新古典学派关于总供给的假说，基于两个微观经济假说。

（一）跨期替代假定

卢卡斯首先把注意力置于劳动市场，他认为，工人对实际工资率有一主观标准。如果目前实际工资率高于正常实际工资率以上，工人会有激励在当期工作更多时间，期望在预期实际工资率较低的将来有更多的闲暇，即少工作。相反，如果目前实际工资率低于正常实际工资率，工人会以闲暇代替工作。这种用目前闲暇替代未来闲暇或相反的替代行为被称为“跨期替代”。如果依据“跨期替代”，经济社会中不存在非自愿失业，失业只不过是工人在工作与闲暇之间做出的理性选择。进一步，失业满足工人效用最大化，如果政府采取稳定政策，增加就业率反而会降低社会福利。

（二）价格错觉假定

卢卡斯接着转向商品市场。他认为市场持续出清，即商品不存在过剩，也不存在供不应求，产出应维持在充分就业产出。之所以在短期内出现产出偏离充分就业产出，是因为厂商会产生价格错觉。譬如，厂商商品价格上涨可能是两个原因所造成的：一是自己产品竞争力增强，更多的需求转移到自己的产品上，使他的产品相对其他产品价格上升了；二是需求名义上的提高，仅是物价普遍上升所致，而他商品的相对价格并未提高。由于厂商对市场一般物价水平的了解有时滞，所以需求名义上的提高开始会使厂商产生一种错觉，误以为是自己竞争力增强所造成的。为此，他会多生产并超出充分就业产出，一旦意识到自己商品价格上升仅是因为物价水平普遍上升所致，而无实质变化，他会减少产出，再回到当初计划上。反之，当厂商的物价下跌时，他首先会认为是自己产品竞争力减弱，于是减少产量。稍后，他会认识到他的相对价格并未减少，会恢复产出。

如果把这一过程用前文的相关变量表述出来：当 $P^e < P$ 时，即实际的通货膨胀超出预期物价水平，实际产出（Y）大于充分就业产出，反之则相反。过一段时间后，厂商便对一般物价水平有了充分了解，即 $P^e = P$，实际产出恢复至充分就业产出。这一过程实际反映了方程 8-9 的函数关系。

二、新凯恩斯学派的总供给假说

自 20 世纪 70 年代“滞胀”出现后，加之弗里德曼和卢卡斯等一批芝加哥大学的经济学家对凯恩斯主义理论的冲击，使凯恩斯主义危机四伏。不过，一个有生命力的理论不在于它的权威性，而在于它的开放性。以斯蒂格利茨和费希尔为代表的一批经济学家吸纳了新古典学派理性预期的假设，重新为凯恩斯主义构建了微观基础。他们虽没有一个统一的理论，但都反对新古典学派的“持续出清”的假说，仍强调政府干预的有效性，因而被称为新凯恩斯学派。

新凯恩斯学派以工资和价格粘性为假设建立了总供给假说。与正统的凯恩斯主义不同的是新凯恩斯学派不再假定名义工资刚性，而是倾向于为工资和价格粘性提供一个可以接受的微观基础①。

（一）工资粘性假定

费希尔等人认为，在市场经济中，工资不是在现货市场中决定的，而倾向于就某一时期以明确的（或隐含的）合同确定。这些长期合同的存在可能产生充分的名义工资刚性，使得货币政策产生效果。譬如，当你与企业签订了一份就业合同，在其中约定了工资，这个工资只是一个名义量。合同的有效期通常在一年以上，可能是三年，也有可能是五年。如果中央银行增加了货币供给量引起物价普遍上升，即使你进行了理性预期，即对物价水平预期准确，也只能等到合同到期才能调整工资，因而，短期内物价上升，由于名义工资粘性使得实际工资下降，这有利于降低企业成本，刺激产出增加。需要指出的是，如果在一个经济社会中就业合同的到期日是交错的，那么存在一种可能——物价上升时正好有人合同到期，所以并非所有人都难以改变名义工资，事实是一部分人可变动，另外一部分不能变动。

（二）价格粘性假定

工资粘性假定提高遭到了其他新凯恩斯主义者的批评，认为这一假定同样未能解决传统凯恩斯主义实际工资逆周期的缺点，于是提出了价格粘性的假定。他们认为，商品价格是顾客与企业之间的一种长期协议，即使不是正式的，企业也会保持价格稳定，因为改变价格是有成本的，称为“菜单成本”。有的企业“菜单成本”低，他们更容易调价；而有的企业“菜单成本”高，所以不容易调价。

现假设市场中存在两类企业：

一类企业价格具有伸缩性，他们的定价策略根据为：

$$p = P + \beta\ (Y - Y_F) \tag{8-10}$$

式中，p 为单个企业的商品价格；P 为一般物价水平；Y 为实际收入；Y_F 为充分就业产出；β 表示价格对收入变化的反应。

方程 8 - 10 说明这类企业的价格取决于一般物价水平与相对充分就业产出水平（$Y - Y_F$）。如果实际收入大于充分就业产出，企业的价格将高于一般物价水平，反之，则相反。不仅如此，如果充分就业产出相对稳定，这类企业的价格富有弹性。

还有一类企业价格是粘性的。他们的定价策略根据为：

$$p = P^e \tag{8-11}$$

式中，上标 e 是预期。

由于这类企业“菜单成本”高，他们只能根据预期一般物价水平定价。

---

① 新凯恩斯主义对工资和价格粘性的解释各不相同。在本书中，笔者有所选择。

假定社会的一般物价水平是两类企业价格的加权平均数。设第二类企业的比重为 t，第一类企业的比重为（1 - t）。那么，一般物价水平为：

$$P = tP^e + (1-t)[P - \beta(Y - Y_F)] \quad (8-12)$$

对方程 8 - 12 作整理，可得：

$$Y = Y_F + \frac{t}{(1-t)/\beta}(P - P^e) \quad (8-13)$$

如果令 $\frac{t}{(1-t)/\beta} = \alpha$，方程 8 - 13 便可转化成我们所熟悉的方程 8 - 9。

三、新古典学派与新凯恩斯主义政策调整比较

当我们了解了新古典学派与新凯恩斯主义的理论基础之后，可对两者的政策主张作一比较。这是凯恩斯之后的可代表当代宏观经济思想发展的争论。有趣的是，美国的新凯恩斯主义者基本集中在靠近东西海岸的大学中，其中包括哈佛大学、麻省理工学院以及哥伦比亚大学等，而新古典学派的支持者集中于靠近美国五大淡水湖的大学，包括芝加哥大学、明尼苏达大学以及卡内基—梅隆大学等，所以新古典学派与新凯恩斯主义的争论又可称为“海水”与“淡水”之争。

（一）扩张性政策比较

由于引入了理性预期，管理当局的政策可分为预料中的政策和未预料的政策。对于前者，新古典学派与新凯恩斯主义无分歧，关键在于后者，以图 8 - 17 为例。图 8 - 17 中的（a）是新古典学派模型，（b）是新凯恩斯主义模型。两个模型的起点同为 E_0，是 AD_0，LRAS 与 $SRAS_0$ 的交点，表示开始经济社会处于充分就业。现管理当局采取扩张性的政策，若该政策是未预料的，则两者都由 E_0 移动至 E_1，物价上升，产出增加，政策是有效的，因为两者的总供给方程相同，未预料的政策意味着 P^e 不变，则产出与物价水平呈正相关。

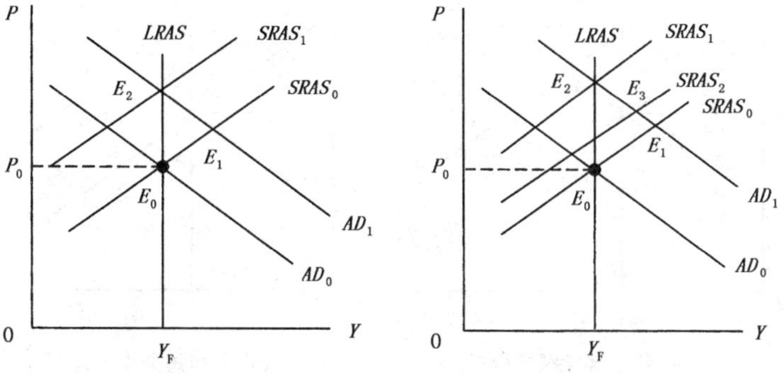

(a) 新古典学派模型　　(b) 新凯恩斯主义模型

图 8 - 17　扩张政策比较

假定扩张性的政策是预料中的，当扩张政策使均衡点到达 E_1 点时，按照新古典学派模型（a），由于公众是理性预期，所以预期准确，即 $P = P^e$，这导致短期总供给曲线将向左移动，均衡点迅速地由 E_1 点移动至 E_2 点，产出恢复至 Y_F，与当初的 E_0 相比，产出不变，从而政策失效。按照新凯恩斯主义模型（b），虽然也预期准确，总供给曲线也向左移动，但是由于存在工资—价格粘性，总供给曲线不能移动至 $SRAS_1$，只能移动至 $SRAS_2$，均衡点由 E_1

移动至 E_3，相对于 Y_F 产出仍然增加，故而政策有效。顺便指出，如果是传统的凯恩斯模型，不论是预料中的还是未预料的政策，均衡点都将由 E_0 移动至 E_1。

新古典学派模型告诉我们，管理当局要使扩张政策有效就应在没有任何预告的情况下突然实施。不过，公众总是会“猜想”管理当局的政策意图，而管理当局也会“猜想”当政策实施之后，公众的预期会发生什么样的变化。经济实际上就是在这种“猜想”与“反猜想”过程中，围绕着充分就业产出出现了波动。可以说，经济波动的原因就是管理当局政策本身。既然是政策使经济产生了波动，那么无政策更好。从这一点上，新古典学派的结论与亚当·斯密观点一致。传统的凯恩斯主义则不同，他们认为在任何情况下主动干预政策都有效。显然，新凯恩斯主义的政策主张介于新古典学派与传统凯恩斯之间，他既承认经济波动与预期有关，但仍主张可利用预期使政策稳定经济。就政策有效性而言，新凯恩斯主义与传统凯恩斯主义一致。

（二）反通货膨胀的政策比较

如果一个经济社会的通货膨胀是由总需求增加引发的，当通货膨胀超出了公众所能承受的最大限度，那么在工资和物价中会纳入通货膨胀率，即工资和物价会伴随通货膨胀上升而上升，以图8－18为例。与图 8－15 一样，（a）是新古典学派模型，（b）是新凯恩斯主义模型。两个模型的起点同为 E_0，是 AD_0，LRAS 与 $SRAS_0$ 的交点，表示开始经济社会处于充分就业。现突然由于需求增加，总需求曲线移动至 AD_1，物价上升，经济社会中出现了通货膨胀。一旦工资和物价中纳入了通货膨胀率，总供给曲线会向左移动至 $SRAS_1$，均衡点从最初的 E_0 最终到达 E_2 点。正如前文所述，此时管理当局如不采取任何措施，通货膨胀会进一步上升。那么，一旦管理当局采取了反通货膨胀政策，使总需求曲线由 AD_1 向下移动，经济社会会发生什么样的变化？

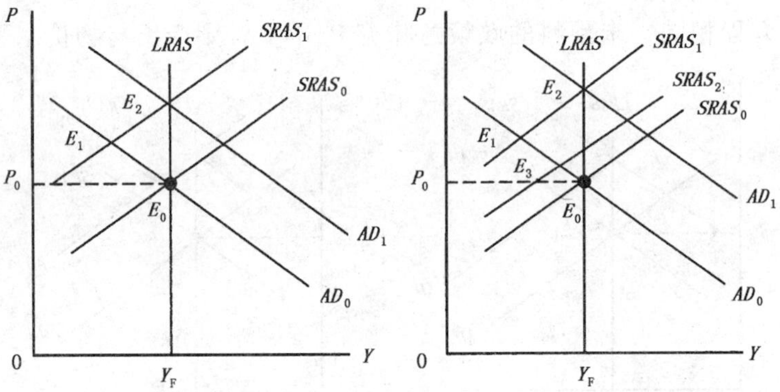

图 8－18　扩张政策比较

与扩张政策一样，反通货膨胀政策也分为预料中的和未预料的。如果是未预料到的政策，新古典学派与新凯恩斯主义的结论相同，均衡点都将由 E_2 移动至 E_1，物价下跌，产出减少。如果是预料中的，新古典学派与新凯恩斯主义的结论不同。当 AD_0 移动至 AD_1 时，根据新古典学派模型（a），均衡点由 E_2 移动至 E_1，虽然物价下跌，但企业知道相对价格并未改变，企业会增加产出，使 $SRAS_1$ 向右移动至 $SRAS_0$，经济再次恢复至 E_0，产出不受影响。根据新凯恩斯主义模型（b），当均衡点移动到 E_1 时，尽管企业预期准确，但受到工资与价格粘性的制约，短期总供给曲线不能回到 $SRAS_0$，只能到达 $SRAS_2$，相对于 E_0 的充分就业产出而言，实际产出下降，失业率超出自然失业率。传统的凯恩斯主义则不论是预料中的还是未预料的政策，均衡点都将由 E_2 移动至 E_1。

如果把产出下降作为反通货膨胀的成本，新古典学派与新凯恩斯主义都要比传统的凯恩斯主义乐观得多，因为只要公众预期准确，产出都将增加，只不过程度不同而已。新古典学派认为产出不受影响，新凯恩斯主义认为产出虽会下降，但没有传统凯恩斯主义下降得那么多。不过，要使反通货膨胀的成本降低，新古典学派和新凯恩斯主义都坚持认为管理当局应使政策有一定的“透明度”，并且公众相信反通货膨胀的政策是可信的，否则，其结果将与传统凯恩斯主义一致。但是，管理当局做到政策是可信的并不容易。因为当一个政府出现了大量预算赤字时，公众是否会相信中央银行能保持独立，严格控制货币供给量，而不是增加货币供给弥补预算赤字。如果不能，政策可信度下降。我们就此可以看出在反通货膨胀时，中央银行的独立性是何等重要。

【案例分析】

失业与实际工资弹性的关系

根据第八章的知识，失业率与实际工资存在相关关系。如果实际工资向下有弹性，则失业率会下降。相反，如果存在实际工资刚性，则在短期内存在失业均衡。那么在实践中，这一理论是否成立？20 世纪 70 年代，石油危机对经合组织成员国造成的冲击给出了相应的经验证据。

由于经合组织的成员国之间劳动市场制度存在差别，制度不同，对实际工资的影响不同。以美国为例，美国工人的工会化程度低，而且工资合同以长期为多。没有工会帮助，工人分散谈判难以达到提高工资的目标，加之合同时间较长，所以一旦物价上升，工人名义工资不易变动，由此带来实际工资下降。欧洲则不同，欧洲的工会化程度高，并且工资合同以短期为多，使得欧洲工人在发生通货膨胀时很容易提高名义工资，如果名义工资与物价能同步上升，那么实际工资将存在刚性。

石油危机造成的冲击不同于以往。在石油危机之前，失业率上升通常伴随着物价下跌，如果名义工资存在刚性，则会造成实际工资上升。但是，石油危机造成的是通货膨胀率与失业率的双高，被称为“滞胀”，此时，名义工资刚性会使实际工资下降。由此，我们可以推测出在石油危机时代，美国工人失业率先上升后下降，而欧洲会上升。

从图 8－19 中可以看出，在 1973 年石油危机之后，美国的失业率迅速上升，但是从 1975 年开始连续 4 年下降，欧洲失业率则一直上升。这一时期的实际工资情况可见表 8－1。表 8－1 中的实际工资差异可以用“实际工资缺口”来衡量。所谓“实际工资缺口”，是指当期的实际工资与充分就业时的实际工资差异的百分比，即

$$\frac{W/P-(W/P)^F}{(W/P)^F}$$

式中，W/P 为当期的实际工资；$(W/P)^F$ 为充分就业时的实际工资。当工资缺口为正时，实际工资高于充分就业时的实际工资，因此失业就会出现。从表 8－1 中可以看出，北美的工资缺口小，欧洲国家有较大的正的工资缺口。这说明欧洲在遭受石油危机的冲击时，

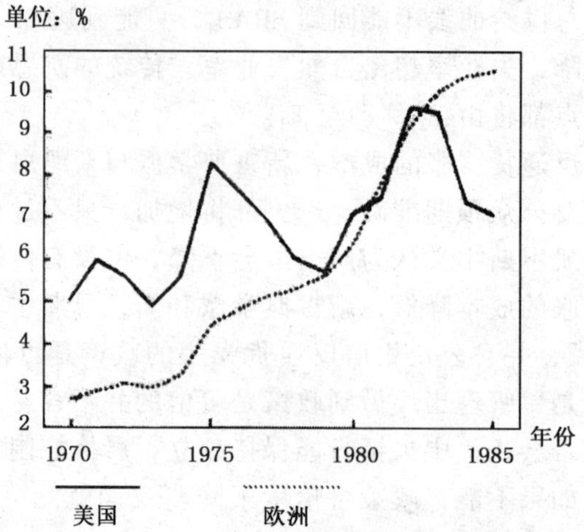

图 8-19　1970—1985 年欧洲和美国的失业变化

资料来源：萨克斯：《全球视角的宏观经济学》，上海三联书店出版社 1997 年版，第 705 页。

实际工资不能向下调整。

表 8-1　**1969—1981 年欧美加实际工资差异**　单位：%

年　份	1967	1973	1975	1979	1981
北美					
加拿大	2.0	-1.4	-0.8	-1.4	NA
美国	0.6	5.1	1.3	6.3	7.4
欧洲					
法国	-5.5	-0.6	2.9	3.1	4.1
德国	0.0	8.6	13.8	15.1	17.7
英国	1.8	4.9	10.4	17.3	25.3

资料来源：萨克斯：《全球视角的宏观经济学》，上海三联书店出版社 1997 年版，第 705 页。
说明：NA 为不详。

本章小结

在本章中，我们介绍了总供给和总需求模型（AD—AS 模型），这是一个完整的国民收入决定模型。

我们通过 IS—LM 模型推导出了总需求曲线，它是一条自左向右下方倾斜的曲线，表示物价下跌，国民收入提高。如果管理当局采取扩张性的财政政策和膨胀性的货币政策，都将导致总需求曲线向右移动，即总需求增加。

在总供给曲线这一节中，我们比较了古典总供给曲线与凯恩斯总供给曲线的异同：古典总供给曲线是一条垂直于横轴的曲线，表示价格变动与国民收入无关；而凯恩斯总供给曲线是一条自左向右上方倾斜的曲线，表示价格上升将会改变国民收入。两者差异的根源在于名义工资是否有向下的弹性。

最后，我们把总需求曲线与总供给曲线结合在一起，分析了管理当局政策变动的长期效果与短期效果。并在原有的基础上，进一步介绍了当代经济学发展的趋势，如新凯恩斯主义学派、新古典宏观经济学派、供给学派等，并比较了各自的政策主张与理论基础。

复习与练习

一、关键概念

总需求曲线　总供给曲线　卢卡斯批评　适应性预期　理性预期　名义工资刚性　工资粘性　价格粘性　庇古效应　凯恩斯效应　菜单成本　需求冲击　供给冲击

二、思考题

1. 总供给与总需求曲线如何推导？

2. 凯恩斯主义总供给曲线与古典总供给曲线有何区别？

3. 比较总需求与总供给冲击对经济影响的异同。

4. 比较新凯恩斯主义与新古典学派的政策主张。

5. 已知某一经济社会的生产函数为 $Y=100N-0.2N^2$，劳动供给为 $N^S=100+2.5(W/P)$，劳动需求为 $N^d=250-2.5(W/P)$。求：

（1）均衡就业水平。

（2）均衡实际工资。

（3）均衡产量。

（4）货币工资有弹性的总供给方程。

6. 假定某一经济社会的总需求曲线为 $AD=5000-1000P$，总供给曲线为 $AS=2000+2000P$。求：

（1）均衡价格。

（2）均衡产量。

（3）若充分就业量 $Y_F=4000$，从长期内来看，价格和产量各为多少？

*第九章 开放经济的短期均衡：M—F 模型

前面几章中我们研究了不存在国外部门的封闭经济均衡问题。在封闭经济中，当商品市场和货币市场同时实现均衡时，宏观经济就处于均衡状态。宏观经济管理当局的政策目标就是实现物价稳定、充分就业和经济增长，这几个目标之间存在一定的替代关系，管理当局的主要任务就是如何协调这些目标之间的关系。但是，现实生活中，一国必然与其他国家发生经济交往，不存在纯粹的“鲁滨逊”式的经济。如果我们考虑到国外部门的存在，原来的政策目标会不会受到影响？考虑到国外部门后，经济运行机制是否发生改变？在开放经济中，财政货币政策中货币的效率如何？这将是本章将要分析的问题。

第一节 开放经济下内部均衡和外部均衡的关系

在封闭经济中，经济增长、充分就业与物价稳定是宏观经济管理当局追求的主要经济目标，这三个政策目标概括了使经济处于合理运行状态的主要条件。封闭经济的三个目标之间是存在冲突的，例如，失业率与通货膨胀之间可能存在相互替换关系，经济增长往往也会带来通货膨胀。可以说，封闭经济中宏观政策调控的主要课题在于协调这三者间的冲突，确定并实现这三者的合理组合。在开放经济中，政策目标发生了改变，国际收支成为政策调控所关注的重要变量，宏观经济在封闭条件下的主要目标与国际收支这一新的目标之间的冲突成为经济管理当局面临的突出问题，这种冲突就是所谓的经济外部均衡问题。

一、米德冲突（Meade's conflict）

英国经济学家詹姆斯·米德（J.Meade）于 1951 年在《国际收支》一书中最早提出了固定汇率制度下的内外均衡冲突问题。他认为，一般来说，在固定汇率制度下，宏观经济管理当局只能运用影响社会总需求的政策来调节内外均衡。这样在某些情况下，开放经济就会出现内外均衡难以兼顾的情形。一国经济可能面临以下几种经济状况如表9－1所示。

表9－1 固定汇率制下内部均衡与外部均衡的矛盾

	内部经济状况	外部状况
1	衰退、失业	国际收支逆差
2	衰退、失业	国际收支顺差
3	通货膨胀	国际收支逆差
4	通货膨胀	国际收支顺差

在表9－1中，第二、三两种情况意味着内外均衡之间的一致。例如，在第二种情况下，为了克服内部的衰退和失业，宏观经济管理当局必须采取增加社会总需求的政策，比如增加政府开支、刺激民间投资和消费。在边际进口倾向不变的情况下，社会总需求的提高会增加进口。如果出口没有提高，这又会减少该国的净出口，带来经常账户逆差的增加，从而使原有的国际收支顺差状况得以改变，经济趋于均衡。这样，在实现内部均衡的同时，外部均衡也得以改善，此时是内外均衡一致的情况。而第一、四种情况意味着内外均衡的冲突，因为经济管理当局在通过调节社会总需求实现内部均衡时，会引起外部经济状况距离均衡目标更远。例如，在第四种情况中，为了抑制通货膨胀，实现内部均衡，必须采取紧缩的经济政策，减少社会总需求。但是，在边际进口倾向不变的情况下，这又会引起进口的降低，如果出口不变，净出口将增加，从而国际收支顺差将加大。此时，内部均衡的实现将加剧外部失衡，内外均衡存在冲突。可见，在米德的研究中，内外均衡的冲突一般是指在固定汇率下，失业增加、经常账户逆差或通货膨胀、经常账户盈余这两种特定的内外经济状况组合。

二、斯旺曲线（Swan's curve）

调节经济内外均衡冲突的建议有很多，其中斯旺提出的支出增减型政策和支出转换性政策搭配是其中比较重要的政策建议。支出转换型政策是指采取一定的政策措施，改变消费者的需求结构，调节需求中本国商品和外国商品所占的比重，从而影响进出口，这一类政策主要包括汇率政策、关税政策等。支出增减型政策是指采取一定的政策，从总量上改变消费者的需求水平，这一类政策主要包括财政政策和货币政策。按斯旺的见解，支出转换型政策与支出增减型政策的搭配可以用图9－1来加以说明。

在图9－1中，横轴表示国内支出（消费、投资、政府支出），政府的支出增减型政策可以明显影响国内支出总水平。纵轴表示本国货币的实际汇率（直接标价法），单位外币折合的本币数上升，表示本币贬值。

IB线（内部均衡）代表实际汇率与国内吸收的结合，以实现内部均衡（充分就业与价格稳定）。该线从左到右向下倾斜，因为汇率上升（升值）将减少出口，增加进口，所以要维护内部均衡就必须增加国内支出。在IB线的右边，有通货膨胀压力，因为在一定的汇率下，国内支出大于维持内部均衡所需要的国内支出；在IB线的左边，有通货膨胀压力，因为国内支出比维护内部均衡所需要的国内支出要少。

EB线（外部均衡）表示实际汇率与国内支出的结合以实现外部均衡，即经常项目的收

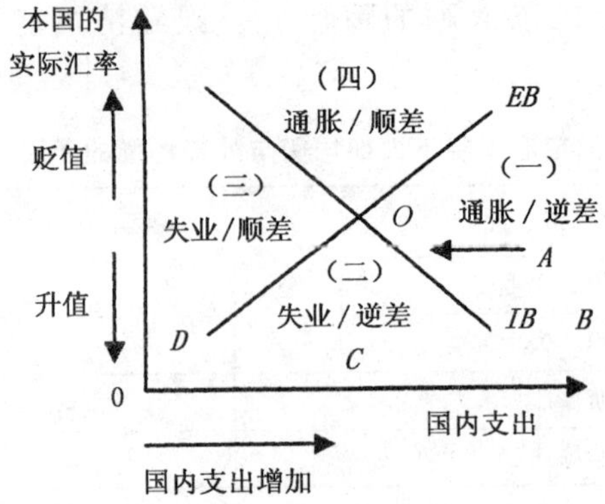

图 9-1 支出转换性政策与支出增减型政策搭配

支平衡。该线从左到右向上倾斜，这是因为本币贬值会增加出口，减少进口，所以要防止经常项目收支出现顺差，就需要扩大国内支出，抵消进口的减少。EB 线的右边，国内支出大于维持经常项目所需要的国内支出，结果出现经常项目收支逆差，EB 线的左边，就会出现经常项目收支顺差。

当开放宏观经济处于失衡状态时，例如在区间（一）的点 A 时，削减国内支出，压缩总需求，通货膨胀和国际收支逆差的压力同时下降，点 A 就会向点 O 方向接近。但如果开放的宏观经济的失衡不是对称地处于 EB 和 IB 之间，而是在区间（一）的点 B 上或区间（二）的点 C 上，政策搭配就变得十分必要。在点 B 上，为达到经常项目收支平衡，就必须大幅度削减支出，使点 B 向点 O 移动。这样，虽说外部失衡趋于缓解，内部经济却进入衰退和失业，因此必须同时实行本币贬值的支出转换政策；同理，在 C 点上，仅使用支出增减型政策或支出转换型政策，也无法使 C 点向 O 点方向逼近，因此，应当搭配使用这两种政策。针对不同的内、外失衡情况，所使用的政策搭配方法也不同。其基本的思路是利用支出增减型政策谋求内部均衡，而利用支出转换型政策谋求外部均衡的实现。

三、丁伯根原则（Tinbergen's rule）

荷兰经济学家丁伯根（J. Tinbergen）最早提出了将政策目标和工具联系在一起的正式模型，指出要实现几种独立的政策目标，至少需要同样数量的相互独立的、有效的政策工具。

丁伯根原则可以通过一个简单的线性框架分析加以说明。假定只存在两个目标 T_1、T_2 与两种工具 I_1、I_2，政策调控追求的 T_1 和 T_2 的最佳水平为 $T_1{}^*$ 和 $T_2{}^*$。如果政策工具是有效的，那么政策目标就是政策工具的线性函数，即

$$T_1 = a_1 I_1 + a_2 I_2$$

$$T_2 = b_1 I_1 + b_2 I_2$$

只要决策者能够控制两种工具，而且每种工具对目标的影响是独立的，决策者就能通过政策工具的配合达到理想的目标水平。

从数学上看，只要 $a_1/b_1 \neq a_2/b_2$（即两个政策工具线性无关），就可以求解达到最佳的目标水平 $T_1{}^*$ 和 $T_2{}^*$ 时所需要的 I_1、I_2 的水平，即

$$I_1 = (b_2 T_1{}^* - a_2 T_2{}^*) / (a_1 b_2 - b_1 a_2)$$

$I_2 = (a_1T_2^* - b_1T_1^*) / (a_1b_2 - b_1a_2)$

当 $a_1/b_1 = a_2/b_2$ 时，这意味着两种工具对这两个政策目标有着相同的影响，也就是说，决策者只有一个独立的工具而试图实现两个目标，这是不可能成功的。

这一结论可以加以推广。如果一个经济具有线性结构，决策者有 N 个目标，必须有至少 N 个线性无关的政策工具，才能实现这 N 个目标。对于开放经济而言，这一经济结构具有鲜明的政策含义：只运用支出增减政策（我们假定财政政策、货币政策影响产出的效果一致）通过调节支出总量的途径同时实现内外均衡目标是不够的，必须寻找新的政策工具并进行合理分配。

丁伯根原则指出了应运用 N 种独立的工具并加以配合来实现 N 个独立的政策目标，这一结论对于经济政策理论具有深远意义。丁伯根原则在对目标的实现过程的论述具有如下的特点：一是假定各种政策工具都可以供决策当局集中控制，从而通过各种工具的紧密配合实现政策目标，如果决策当局不能集中控制这些政策工具，那么即使有更多的政策工具也无济于事；二是没有明确指出每种工具有无必要在调控中侧重于某一目标的实现。这两个特点是不完全与实际情况符合的，或者不能满足实际调控的需要。蒙代尔（R. Mundell）于 20 世纪 60 年代提出的有关政策指派的“政策分派原则”弥补了这一缺陷。

四、蒙代尔的“政策分派原则”(assignment rule)

蒙代尔的“政策分派原则”基于这样一个出发点：在许多情况下，不同的政策工具实际上掌握在不同的决策者手中，例如货币政策隶属于中央银行的权限，财政政策则由财政部门掌管，如果决策者并不能紧密协调这些政策而是独立进行决策的话，就不能达到最佳的政策目标。蒙代尔得出的结论是：如果每一个独立工具被合理地指派给一个目标，并且在该目标偏离其最佳水平时按规则进行调控，那么在分散决策的情况下仍有可能得到最佳调控目标。

关于每一个工具应如何指派给相应目标，蒙代尔提出“政策分派原则”。这一原则的含义是：每一目标应指派给对这一目标有相对最大的影响力、因而在影响政策目标上有相对优势的工具。如果在指派问题上出现错误，则经济会产生不稳定性，而且距均衡点越来越远。根据这一原则，蒙代尔区分了财政政策、货币政策实现内部均衡目标的指派方案。

蒙代尔是以预算作为财政政策的代表（用横轴表示），以货币供给作为货币政策的代表（以竖轴表示），来论述其搭配方法的。在蒙代尔的分析中，外部均衡被视为总差额的平衡。

在财政政策与货币政策的搭配图 9－2 中，IB 曲线表示内部均衡，在这条线上，国内经济达于均衡。在这条线的左边，国内经济处于衰退与失业状态；在这条线的右边，国内经济处于膨胀。EB 曲线表示外部均衡，在这条线上，国际收支达到均衡。在这条线的上边，表示国际收支逆差；在这条线的下边，表示国际收支顺差。沿预算轴线向右移动，表示财政政策的扩张、预算增加；向左移动，表示财政政策的紧缩、预算缩减。沿货币供给轴线向上移动，表示货币政策的扩张，银根松动；向下移动，表示货币政策紧缩，银根收紧。IB 曲线比 EB 曲线更陡峭，是因为蒙代尔假定，相对而言，预算对国民收入、就业等国内经济变量影响较大，而利率则对国际收支影响较大。

在上述假定条件下，蒙代尔认为，当国内宏观经济和国际收支都处于失衡状态时，比如在区间（1）的点 A 时，应采用财政政策来解决经济衰退问题，扩大预算，使点 A 向 B 移动。同时，应采用紧缩性货币政策来解决国际收支问题，使点 B 向点 C 移动。扩张性财政政策与紧缩性货币政策的如此反复使用，最终会使点 A 接近点 0。在 0 点上表示开放经济达于内外均衡。

如果政策指派方式相反，即以财政政策解决外部均衡问题，以货币政策解决内部均衡，那么将出现完全不同的结果。对于区间（3）的点 D，先以紧缩性货币政策解决通货膨胀问题，到点 E，通货膨胀消除，但顺差加重；再以扩张性的财政政策解决顺差问题。如此反复，最终经济将离内外均衡点越来越远。

上述政策搭配的原则可以同样推广到其他区间。由此，可以得到如下几种搭配（见表9－2）。

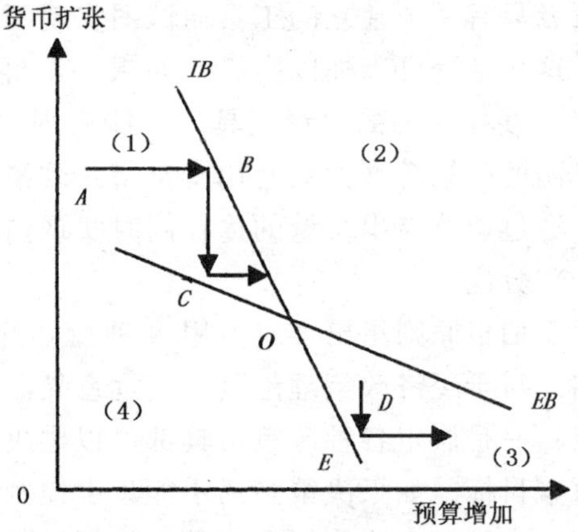

图 9－2 财政政策与货币政策的搭配

表 9－2 固定汇率制下内部均衡与外部均衡的矛盾

	经济状况	财政政策	货币政策
1	失业/国际收支逆差	扩张	紧缩
2	通货膨胀/国际收支逆差	紧缩	紧缩
3	失业/国际收支顺差	扩张	扩张
4	通货膨胀/国际收支顺差	紧缩	扩张

第二节 开放的宏观经济模型

对封闭经济的研究不考虑外部均衡的影响，我们得出了分析经济短期均衡的 IS—LM 模型。我们知道，在开放经济中，影响一国经济的因素增加，宏观经济的均衡有赖于内部均衡和外部均衡的同时实现。在这种情况下，仅考虑内部均衡是不够的，因此必须在 IS—LM 模型框架中加入外部均衡的因素。本节我们将研究表示外部均衡的 BP 曲线，并将该曲线加入传统的 IS—LM 模型中，同时考虑内部均衡和外部均衡的宏观经济运行状况。

一、外部均衡曲线的推导

我们假定一国经济的外部均衡为国际收支均衡，那么外部均衡的实现有赖于经常账户和资本与金融账户的情况。当经常账户和资本与金融账户同时达到均衡时，外部均衡自然可以实现。但是，这种情况是十分少见的，大多数情况下，这两个账户都处于不均衡状态。不过如果这两个账户收支之和为零，那么外部均衡还是可以实现。为了考察外部均衡实现的条件，有必要推导外部均衡曲线。

假定利率是影响资本与金融账户的主要因素，则有：

$$K = K(r, r^*, E_q) \qquad (9-1)$$

式中，K 表示资本与金融账户收支；r 与 r^* 分别表示本国与外国利率；E_q 表示预期汇率。

本国利率上升时，资本与金融账户会有持续的资金流入，外国利率上升时则相反。预期汇率提高，即预期本币贬值时，本国资金将大量流出，金融与资本账户出现逆差。我们一般假定外国利率 r^* 为常数，预期汇率 E_q 稳定，这样资本与金融账户收支仅是本国利率的增函数，即

$K = K(r)$，且 $\partial K/\partial r > 0$

经常账户实际包括商品和劳务的进出口以及要素报酬，由于其中商品进出口所占比重最大，因此我们作一简单的假设，以贸易账户代替经常账户进行分析。开放经济中，对一国商品的需求不再局限于国内需求，外国还可能存在对该国商品的需求，这构成了该国的出口X。在不考虑关税、交易成本和贸易壁垒的情况下，影响该国出口的因素主要包括外国的收入水平、外国的边际进口倾向和本币对外币的汇率等。在其他条件不变的情况下，如果外国的收入水平提高，外国居民的消费水平也会提高，如果外国居民对本国商品的偏好不发生改变，那么在外国居民消费的商品篮子中，本国商品的数量也将随之增加，这意味着本国对外国出口的增加。当外国的边际进口倾向增加时，即使外国的收入水平不变，对本国商品的消费也会增加，本国的出口提高。

当汇率发生变化时，本国商品与外国商品的相对价格将会改变。例如，当本币贬值时，一单位外币可以兑换更多的本币，因而本国商品的外币价格将下降，从而出现本国商品对外国商品的替代效应，外国居民将增加对本国商品的消费，本国对外国的出口增加。相反，当本币升值时，一单位外币所能购买的本国商品的数量将减少，因而外国居民将减少对本国商品的消费，本国对外国的出口下降。由此可见，在直接标价法（direct quotation）下，本国对外国的出口与本币汇率成正比，本币越是贬值，汇率越高，本国出口就越多。

但是，在开放经济中，本国居民的需求将不再局限于本国商品，他们还可以选择外国商品，因此必须考虑本国从外国的进口 M。影响进口的因素也很多，主要包括本国的收入水平、本国的边际进口倾向和本币对外币的汇率。本国的收入水平越高，本国的边际进口倾向越大，进口也就越多。当本币贬值时，本币对外国商品的购买力降低，将产生本国商品对外国商品的替代效应，本国从外国的进口减少。

根据以上分析，在不考虑外国收入、外国边际进口倾向以及本国的边际进口倾向的情况下，我们可以得出本国的经常账户函数：

$$CA = EX = X - M = X(q) - M(q, Y) \qquad (9-2)$$

式中，CA、EX、Y 分别表示本国的经常账户收支、净出口和本国收入。

因为 $X'(q) > 0$，$M'(q) < 0$，所以 $CA'(q) > 0$，即本币贬值，本国净出口将上升。此外，边际进口倾向的区间为：$1 > M'(Y) > 0$，所以 $0 > CA'(Y) > -1$，即本国收入越高，本国净出口将下降，但是净出口下降的幅度小于国内收入增加的幅度。

将资本与金融账户以及经常账户收支函数相加，就可以得到国际收支函数，即 BP 曲线：

$$BP = CA + K = CA(q, Y) + K(r) = 0 \qquad (9-3)$$

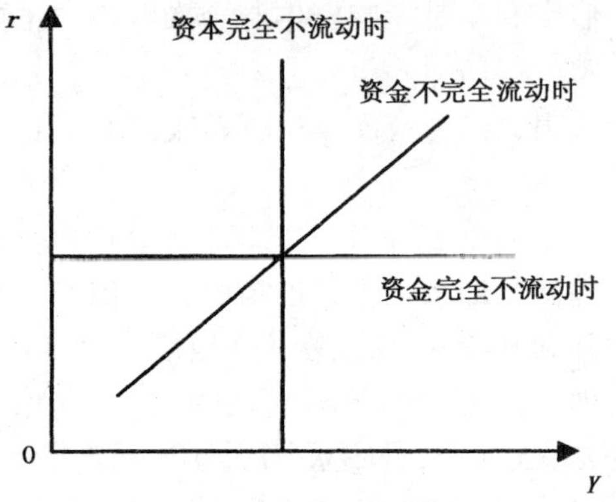

图 9-3 BP 曲线的三种情况

根据上述分析，可知国际收支是本国利率的非减函数，即 $\partial BP/\partial r>0$。由公式 9-2、公式 9-3 不难发现，$\partial Y/\partial r<0$，即 BP 曲线的斜率小于 0，该曲线向右下方倾斜。受资金流动性不同的影响，BP 曲线有三种形状，如图 9-3 所示。

1. 资金完全流动时，BP 曲线为水平线。所谓资金完全流动，是指各国金融市场完全一体化，资金流动极为迅速，而且不存在任何成本和障碍。资金完全流动时，本国利率必须与世界利率相等，否则微小的差异都会带来巨额资金的迅速流动而导致国际收支不平衡。资金的完全流动性意味着一国可以随时以世界利率借入或贷出任何数量的资金，这样对于任何水平的经常账户收支都可以通过资金流动使整个国际收支保持平衡。在 BP 曲线之上的各点，表明国际收支处于盈余状态，因为此时国内利率高于世界利率而带来大量资金流入；在 BP 曲线之下的各点则表明国际收支处于赤字状态。

2. 资金不完全流动时，BP 曲线为斜率为正的曲线。所谓资金不完全流动，是指各国金融市场的一体化程度较低时，资金流动会受到信息、交易成本等因素限制，这时本国利率与世界利率的差异只会带来一定数量的资金的持续流动。此时 BP 曲线的斜率为正，这是因为：随着收入的增加，进口也增加了，从而导致经常账户出现赤字，为维持国际收支平衡，一国必须相应提高利率以吸引资金流入，这一持续的资金流入为各个时期的经常账户赤字提供融资，从而使国际收支保持平衡。可以看出，资金流动性越大，为吸引一定数量的资金流入而需要提高的本国利率水平也就越小，BP 曲线也就越平缓。在 BP 曲线右边的各点，表明经济处于国际收支赤字状态，这是因为对于既定的利率水平来说，国民收入水平较均衡水平提高时会带来进口的上升，这导致经常账户逆差超过资金流入所能弥补的水平；在 BP 曲线左边的各点则反映经济处于国际收支盈余状态。实际汇率的贬值会使 BP 曲线右移。

3. 资金完全不流动时，BP 曲线表现为垂直线。此时，由于不考虑资本与金融账户的影响，利率变动不会影响经常账户收支，进出口维持不变。这种情况相当于仅存在经常账户收支的情况，因此利率的变动不影响 BP 曲线。

二、汇率变动对 IS、BP 曲线的影响

在封闭经济条件下，我们没有区分对国内商品的需求和对国外商品的需求。但是在开放经济中，必须区分对这两种商品的需求。因而对商品的需求可以分为本国居民对外国商品的需求、本国居民对本国商品的需求以及外国居民对本国商品的需求。在封闭经济模型中，我们知道商品市场均衡条件的 IS 曲线。在开放经济中，影响商品市场总需求的因素发生改变，必须考虑进出口对商品市场的影响，因此需要对 IS 曲线进行调整。

根据上述分析，我们知道，在开放经济中，净出口是对一国商品需求的重要组成部分，因此，开放经济中，一国商品市场均衡条件（即 IS 曲线）变成如下形式：

$$Y=C+I+G+EX \tag{9-4}$$

式中，C、I、G分别表示国内居民的消费、私人投资和政府净支出。

由于利率是投资成本，因此利率越高，私人投资就越低。假设私人投资和利率之间存在线性关系，可以得到投资函数：

$$I = I(r) = I_0 - br \qquad (9-5)$$

式中，I_0表示与利率无关的投资需求；b代表投资的利率弹性，即随着利率的增加而导致的投资需求的下降数量，且$b>0$。

将公式9－3和公式9－5代入公式9－4，得：

$$Y = C + I_0 - br + G + EX(q, Y) \qquad (9-6)$$

由以上分析，可知$\partial Y/\partial r<0$。由于$0>EX'(Y)>-1$，所以$\partial Y/\partial q>0$，即实际汇率的上升将提高国内收入水平，在一定利率水平上提高国内收入，使IS曲线右移。

由公式9－2可知$\partial Y/\partial q<0$，其经济学含义是实际汇率上升，出口增加，要维持经常账户的均衡，必须提高国内收入，提高进口水平。在一定的利率水平上，实际汇率的上升将导致收入的提高，BP曲线将右移。

图9－4反映了汇率变动对IS曲线和BP曲线的影响。由图9－4可见，当本币贬值、汇率上升时，本国商品在国际市场上的相对价格下降，对本国商品的需求上升，对外国商品的需求下降。本国出口增加，进口减少，经常账户顺差，收入水平提高，IS_0曲线向右平移到IS_1的位置上，在同一利率水平上收入上升。同样，当本币贬值时，本国净出口的增加引起经常账户顺差，BP_0曲线也向右平移到BP_1的位置上。

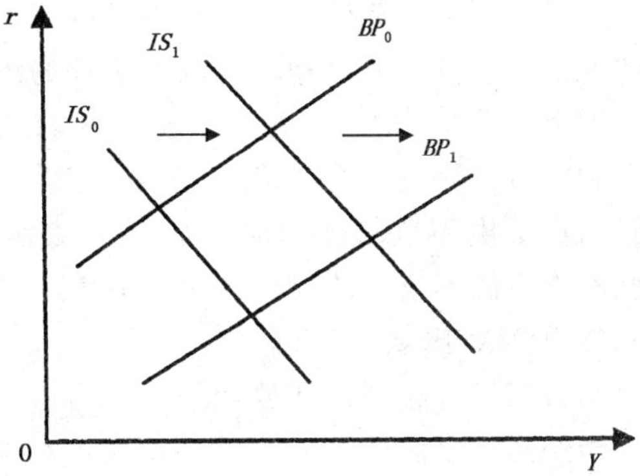

图9－4　汇率变动对IS、BP曲线的影响

三、开放的宏观经济模型的建立：IS—LM—BP模型

经济的短期均衡实现的条件是商品市场、货币市场和外汇市场同时达到均衡，因此必须研究开放经济条件下的IS、LM和BP曲线。

LM曲线是反映货币市场均衡时国民收入与利率组合情况的曲线，这一均衡条件为货币总供给等于货币总需求。但是，开放经济中，必须考虑汇率制度对货币市场的影响。如果开放经济实行的是固定汇率制度，则国际收支不平衡会通过外汇储备渠道导致货币供给的变动。中央银行的资产主要由国内信贷和外汇储备构成。如果国际收支逆差，外汇市场上外汇供不应求，则存在本币贬值的压力。为了维护固定汇率制度，中央银行必须卖出外汇，这使得外汇储备降低，在国内信贷不变的情况下，基础货币也减少了，这又通过货币乘数降低货币供给。也就是说，在固定汇率制度下，国际收支可以直接作用于货币供给，从而带来LM曲线的移动。当实行的是完全浮动汇率制度时，由于中央银行从理论上说可以认由汇率波动，不干预外汇市场，因此外汇储备不会发生变动。货币供给不受国际收支影响，LM曲线也不会移动。

这样，我们可以将代表商品市场、货币市场和外汇市场均衡的IS，LM和BP曲线作在同一个坐标平面上，将研究封闭经济短期均衡的IS—LM模型扩展为开放经济条件下的IS—LM—BP模型，即著名的**蒙代尔—弗莱明模型**，简称M—F模型。蒙代尔—弗莱明模型的分析对象是一个小型开放经济，因而国内利率受到国际资金流动的影响。该模型还有一系列分析前提：首先，总供给曲线是垂直的。这意味着产出完全由总需求水平决定，物价水平不发生变动，因此名义汇率与实际汇率的变动幅度相同。其次，浮动汇率制度下，汇率完全根据国际收支情况调整，而不是由购买力水平决定。再次，不存在对汇率变动的预期，投资者风险中立，完全根据国内外市场的收益情况决定自己对本币与外币的选择。

IS—LM—BP模型，即蒙代尔—弗莱明模型如图9-5所示。图9-5中BP曲线上的点是国际收支均衡点，也就是外部均衡点。BP曲线的左方是国际收支顺差区域，右方是国际收支逆差区域。IS、LM和BP曲线将经济划为六个区域，区域A表示国际收支顺差、商品市场供大于求、货币市场上货币供给超过货币需求时的状况，即顺差、失业和货币供大于求的组合。区域B表示逆差、失业和货币供大于求；区域C表示逆差、失业和货币供不应求的组合；区域D表示逆差、通货膨胀和货币供不应求的组合；区域E表示顺差、通货膨胀和货币供不应求的组合；区域F表示顺差、通货膨胀和货币供大于求的组合。

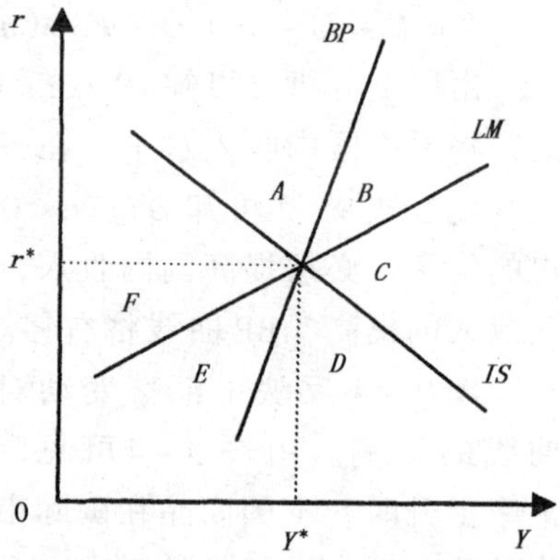

图9-5 IS—IM—BP模型

与封闭经济相同，开放经济中也存在使经济趋向均衡的力量，即存在经济自动均衡机制。当经济处于区域A时，外汇市场上对本币的需求大于供给，本币升值，经常账户逆差，抵消本国高利率造成的资本与金融账户顺差，经济移动到BP曲线上，实现外部均衡。但是此时外部均衡是不能持久的，因为国内货币市场上，货币供大于求，将引起国内利率的下降，提高货币需求，使货币市场实现均衡，经济又从BP曲线上移动至LM曲线。此时，利率相对于外部均衡时进一步降低，从而引起外部失衡，不仅经常账户出现逆差，资本与金融账户也出现逆差。逆差的出现引起本币贬值，一般情况下，本币贬值又会刺激出口、抑制进口。出口的增加、进口的减少不仅引起经常账户顺差，还会提高对本国商品的需求。这又将提高对本币的需求和商品市场上需求的增加，从而使外汇市场和商品市场恢复均衡，最终经济将沿着LM曲线缓慢移动到IS，LM和BP曲线的交点处，同时实现经济的内部均衡和外部均衡。同理，如果经济处于其他非均衡的区域，商品市场、货币市场和外汇市场上的供求关系将使经济产生恢复均衡的内在动力。一般来说，货币市场的调整比其他两个市场快，因此经济调整是沿着LM曲线进行的（国际资金完全流动时除外，此时外汇市场的调整更快）。

经济的自动均衡机制发挥作用是需要一定前提的，其中最重要的前提是市场机制能够不受干扰。但是，在现实生活中，由于政府干预经济以及信息的不完全性、市场交易成本的情况普遍存在，自动均衡机制往往不能充分发挥作用。即使自动均衡机制能够生效，也要经过很长的一段时间。因此，当经济失衡时，宏观管理当局将积极介入，运用各种经济政策调整经济，使经济恢复内外均衡，而不是坐等自动均衡机制的调整。

第三节
开放经济条件下的宏观经济政策

作为实现内外均衡目标的最主要的政策工具，财政政策与货币政策在开放经济下对经济的作用机制、政策效果等与封闭条件下的情况相比均发生了很大的变化，因此有必要对此进行分析。我们知道，不同汇率制度下内外均衡状况也发生了变化，必须区分汇率制度的影响，本节我们将分析不同汇率制度下财政政策和货币政策的政策效果。

一、固定汇率制度下的财政、货币政策及其实施效果

在固定汇率制下，政府有义务在固定的汇率水平上按照市场要求被动地买进卖出外汇，因此外汇储备量完全受国际收支状况的影响，这使得政府不能控制货币供应量。由国际收支因素导致的货币供应量的波动，是固定汇率制下经济调整的一般机制，也是我们理解这一制度下财政、货币政策的效力的关键。以下将在 IS—LM—BP 模型的分析框架下讨论固定汇率制度下的财政、货币政策及其实施效果。

（一）资金完全不流动情况下的政策分析

当资金完全不流动时，这一曲线意味着经常账户的平衡。对于某一实际汇率水平 q_0，存在着与之相对应的能使经常账户平衡的收入水平 Y_0，BP 曲线在坐标空间内就是经过这一收入水平、与横轴垂直的直线，汇率的贬值会使之左移。资金完全不流动时，开放经济的均衡状态如图 9－6 所示。

1. 货币政策分析。资金完全不流动情况下，货币政策可以影响本国货币供给的结构，对实际变量不产生影响。以中央银行扩张性货币政策的效应为例。假定中央银行在货币市场上购买证券，这一措施会带来基础货币的增加，通过货币乘数作用使货币供应量增加。货币供应量的增加意味着更多的资金可用于提供信贷，这将导致利率的降低。利率降低会刺激投资需求的上升，这导致总需求的上升并进而提高了国民收入。由于边际进口倾向的作用，国民收入增加会带来进口的增加，在出口不变时，经常账户收支处于赤字状态。也就是说，在短期内，扩张性货币政策带来了利率的降低、国民收入的提高、经常账户的恶化。整个过程可以用图 9－7 说明。

图 9－7 中，货币扩张使 LM 曲线右移至 LM′，它与 IS 曲线的交点变为 E′，这是经济的短期均衡点。E′点位于 BP 曲线右方，这意味着经常账户处于赤字状态。

以上是对货币政策短期效应的分析。在长期内，国际收支赤字会通过外汇储备带来货币供应量的减少。这会导致利率的上升以及投资与国民收入的下降。这一调整过程将会持续下去，直到国际收支平衡。由于汇率不发生波动，这便意味着国民收入恢复原状时才能结束调整过程。此时货币供应量恢复期初水平，经济中其他变量均与货币扩张前状况相同，但中央银行基础货币的构成发生变化——外汇储备降低。从图 9－7 上看，则意味着 LM′曲线左移至恢复原有位置。

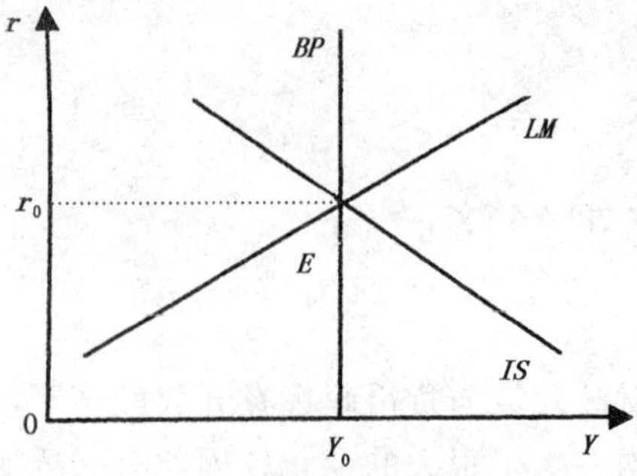

图 9-6 固定汇率制度下，资金完全不流动时的经济均衡

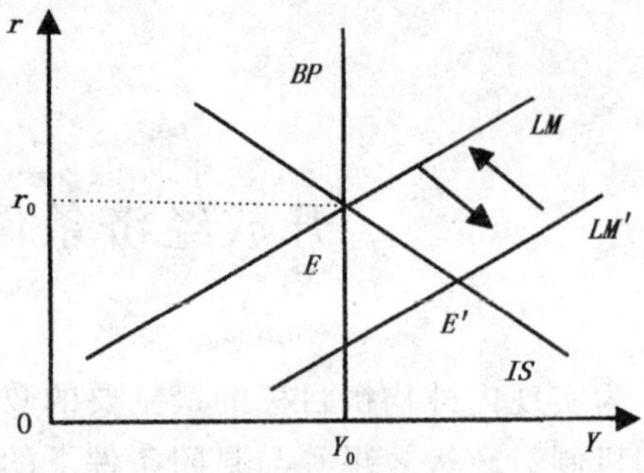

图 9-7 固定汇率制度下，资金完全不流动时货币政策分析

根据以上分析，可以得出以下结论：在固定汇率制度下，当资金完全不流动时，货币供给的一次性增长会引起短期内的利率下降，收入上升，国际收支的经常账户恶化。但是在长期内，收入、利率、国际收支状况恢复期初水平，而基础货币的内部结构发生变化（外汇储备下降）。

以上结论实际上说明了，此时的货币政策在对国民收入等实际变量的长期影响上是无效的。

2. 财政政策分析。资金完全不流动情况下，财政政策也不对实际经济变量产生长期影响，但短期内的影响与货币政策不同，我们以政府扩张性财政政策为例对此加以说明。政府增加对商品与劳务的支出，这导致对本国商品总需求的上升，如图 9-8 所示，图 9-8 中 IS 曲线右移至 IS'。IS'曲线与 LM 曲线的交点 E'就是新的经济短期均衡点，在这一点上，国民收入提高了，利率也相应的上升，而国际收支则因为进口的增加而出现赤字。

在长期内，国际收支赤字将会导致货币供应量的减少，这会造成 LM 曲线左移，直至它与 IS 曲线的交点位于 BP 曲线之上，即国民收入恢复原有水平。此时，利率水平进一步提高了。值得注意的是，在政府支出增加的情况下，社会的总支出（也就是国民收入）并没有增加，这一减少是通过利率提高带来的私人投资支出下降实现的。

由此可以得出结论：在固定汇率制度下，当资金完全不流动时，财政支出的增加会引起短期内利率上升，收入上升，国际收支的经常账户恶化。在长期内，利率进一步上升，收入与国际收支状况恢复期初水平，但基础货币及总支出的内部结构均发生变化。

以上的结论同样说明了，此时的财政政策在对国民收入等实际变量的长期影响上也是无效的。

（二）资金不完全流动时的财政、货币政策分析

资金不完全流动时，经济的均衡状态如图 9-9 所示。与前一种情况不同，此时反映外部均衡的 BP 曲线变成一条倾斜的曲线。从第二节我们知道，BP 曲线的斜率受一国的边际进口倾向的影响以及国际资金流动对本国利率的弹性影响，BP 曲线的斜率将对财政政策效果有很大的影响。

1. 货币政策分析。资金不完全流动时，货币政策首先会影响国内利率水平，并通过利率影响外汇市场供求情况，引起经济的一系列调整过程。当中央银行实施扩张性货币政策时，这会引起 LM 曲线右移至 LM'曲线（见图 9-10)。LM'曲线与 IS 曲线的交点 E'就是经济的短期均衡点，在这一点上，收入增加了，利率则较原有水平下降。E'点位于 BP 曲线的右

下方，这意味着此时国际收支为赤字状态。造成这一赤字的原因，一方面是收入增加引起的进口增加，恶化了经常账户收支；另一方面是因为利率下降导致资本与金融账户收支恶化。

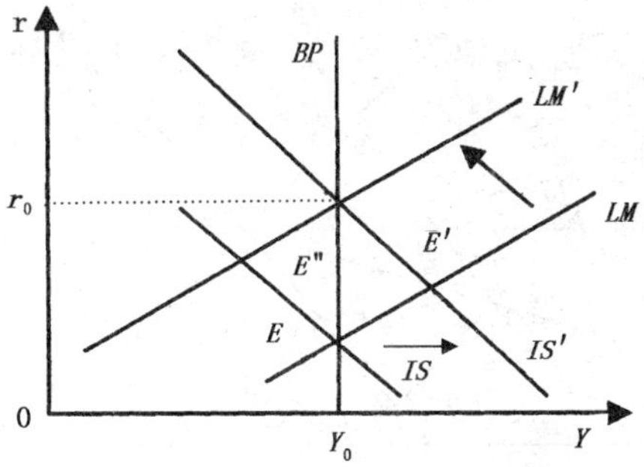

图 9－8　固定汇率制度下，资金完全不流动时财政政策分析

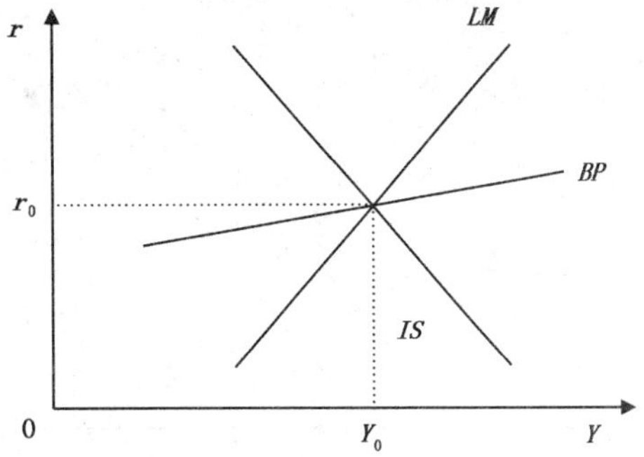

图 9－9　固定汇率制度下，资金不完全流动时的经济均衡

在长期内，国际收支的赤字会通过减少外汇储备而使 LM′曲线左移。与前面分析相同，这一过程持续到 LM′曲线恢复原状为止，此时除基础货币的内部构成发生变化外，货币供应量、利率、收入、国际收支等变量均恢复到期初的水平。

由此可见，在固定汇率制下，当资金不完全流动时，货币供给的一次性扩张会带来短期内利率下降，收入上升，国际收支恶化。在长期内，利率、收入、国际收支均恢复期初水平，但基础货币的内部结构发生变化。

与资金完全不流动时的情况一样，此时的货币政策在长期内是无效的，对实际经济变量没有影响，只能改变基础货币的内部结构。

2. 财政政策分析。政府财政支出的上升，会使 IS 曲线右移，与 LM 曲线形成的交点 E′就是新的短期均衡点。在这一点上，利率上升了，国民收入增加了。这一短期均衡点的国际收支是需要分不同情况讨论的，因为在利率上升导致资本与金融账户改善的同时，收入的增加却使进口上升，经常账户恶化。此时国际收支状况取决于这两种效应的相对大小。在边际进口倾向不变的情况下，资金的流动性越高，利率上升就能吸引越多的资金流入，就能更多地抵消经常账户的赤字。资金流动性状况体现在 BP 曲线的斜率之上，流动性越高则 BP 曲线越平缓，因此，必须根据 BP 曲线斜率的不同分别进行分析。

BP 曲线斜率小于 LM 曲线的斜率时。如图 9－11 所示，此时，E′点位于 BP 曲线的上方，这意味着较高的资金流动性使得利率上升带来的资本与金融账户改善的效应超过收入上升带来的经常账户恶化效应，国际收支处于顺差。显然，在长期内，国际收支顺差会使 LM 曲线右移，直至三条曲线重新交于一点。经济处于长期均衡时，国民收入进一步增加，利率较短期均衡水平下降，但高于期初水平，国际收支平衡。

BP 曲线斜率等于 LM 曲线斜率时。如图 9－12 所示，此时，BP 曲线与 LM 曲线重合，E′点自然也位于 BP 曲线之上，这意味着利率上升与收入增加对国际收支的影响正好相互抵消，国际收支处于平衡状态。显然，这一短期均衡点也是经济的长期均衡点，经济不会进一步调整。

BP 曲线斜率大于 LM 曲线的斜率时。如图 9－13 所示，此时，E′点位于 BP 曲线的右下方，这意味着利率上升带来的资金流入不足以弥补收入增加带来的经常账户赤字，国际收支处于赤字状态。显然，LM曲线会左移直至三条曲线交于一点。经济处于长期均衡时，国民收入较短期均衡时下降，但高于期初水平，利率进一步上升，国际收支平衡。

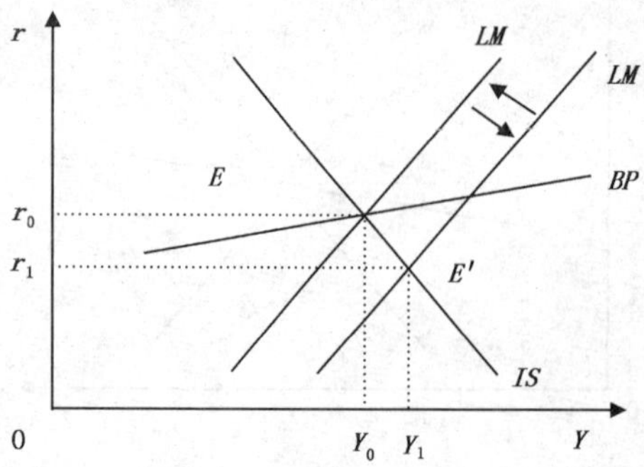

图9-10　固定汇率制度下，资金不完全流动时的货币政策分析

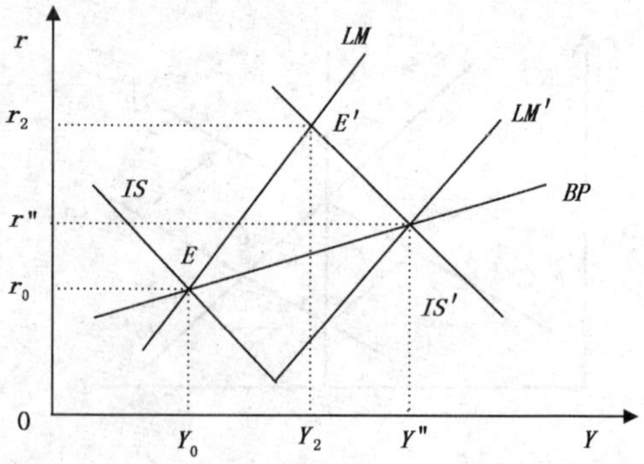

图9-11　固定汇率制度下，资金不完全流动时财政政策分析(LM曲线斜率比BP大)

以上可以小结为：在固定汇率制度下，当政府财政支出增加时，短期内利率上升，收入增加，国际收支状况依资金流动性高低的差异而存在多种可能。在长期内，利率和国际收入依资金流动性高低的差异而存在多种可能，但同期初相比，利率与收入都有提高。

由此可以发现，与资金完全不流动时的情况不同，当资金不完全流动时，财政政策是有效的。财政支出的变动可以改变实际收入等变量，但改变的程度受财政政策带来利率和收入的变化对国际收支的不同影响而决定。

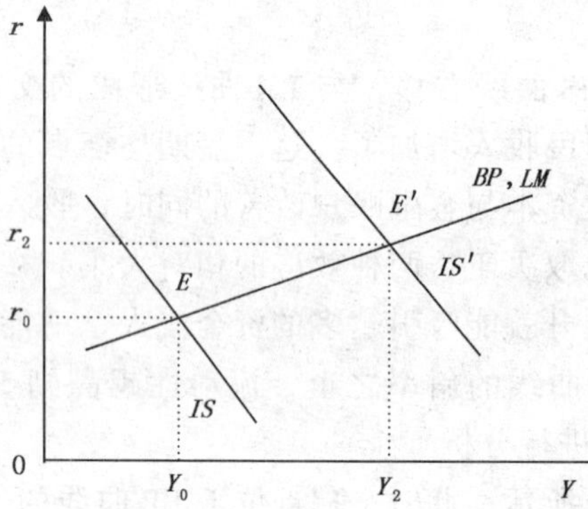

图9-12　固定汇率制度下，资金不完全流动时财政政策分析(BP、LM曲线斜率相等)

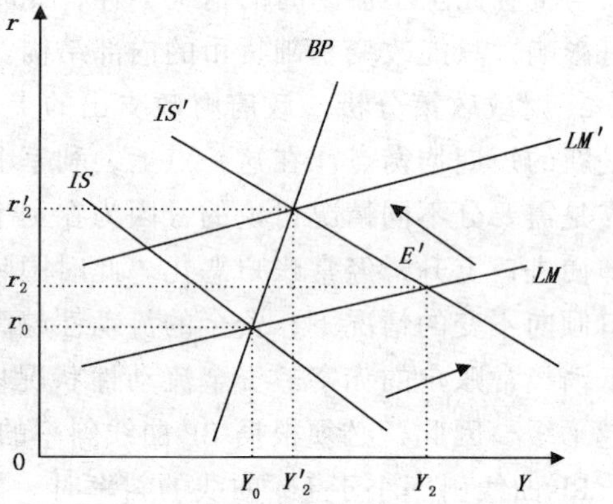

图9-13　固定汇率制度下，资金不完全流动时的财政政策分析(BP曲线斜率比LM大)

(三) 资金完全流动时的财政、货币政策分析

当资金完全流动时，国际资金流动对利率的弹性无限大，国内利率完全受外汇市场上国际资金流动影响，本国不能决定国内利率水平，此时，表示外部均衡的BP曲线为一水平线。在资金完全流动情况下，开放经济的内外均衡状态如图9-14所示。

1. 货币政策分析。货币政策是通过改变国内货币供给等变量来影响实际经济，但是在资金完全流动的情况下，货币当局无法控制国内货币供给，因此货币政策的效率极其有限。如图9-15所示，扩张性的货币政策将会引起利率的下降，但在资金完全流动的情况下，本国利率的微小的、不引人注意的下降都会导致资金的迅速流出，这立即降低了外汇储备，抵消了扩张性货币政策的影响。也就是说，此时的货币政策甚至在短期也难以发挥效应，经济管理当局完全无法控制货币供应量。由此可见，在固定汇率制度下，当资金完全流动时，即使在短期内，货币扩张也无法对经济产生影响。也就是说，此时的货币政策是无效的。

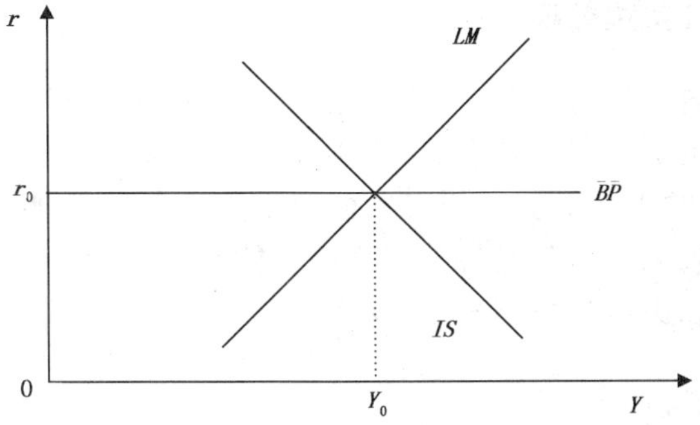

图 9-14　固定汇率制度下，资金完全流动时的经济均衡

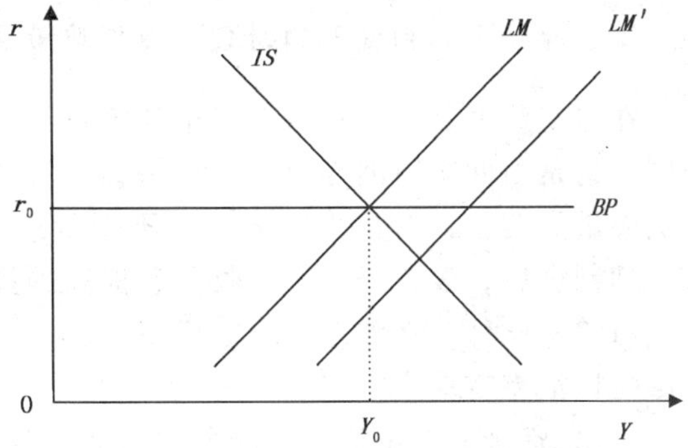

图 9-15　固定汇率制度下，资金完全流动时的货币政策分析

当资金完全流动时，货币收缩将引起 LM 曲线左移，提高国内利率，使国内外利率存在利差，从而产生套利机会。这将引起国际资金迅速涌入国内，使外汇市场上外汇供大于求，本币供不应求，使本币产生升值压力。为了维持固定汇率制度，货币当局只能在外汇市场上抛出本币，买入外币，使国内货币供给恢复到收缩前的水平，LM 曲线又恢复到期初水平。因此，当资金完全流动时，货币收缩也是无效的。

因此，我们可以得出结论：在资金完全流动的情况下，实行固定汇率制度国家的货币政策即使在短期内也是无效的。

2. **财政政策分析。财政政策的实施将影响国内利率水平，这同样将使国内外利率之间形成利差，从而引起国际资金的巨额流动，改变固定汇率制度国家的货币供给量，从而影响财政政策的效果。**如图 9-16 所示，政府实施扩张性财政政策将会引起利率的上升，而利率的微小的上升都会增加货币供应量，从而使 LM 曲线右移过程以维持利率水平不变。在财政扩张结束后，货币供给也相应地扩张了，经济同时处于长期均衡状态。此时，利率不变，收入不仅高于期初水平，而且较封闭条件下的财政扩张后的收入水平（Y′）也增加了。当政府实施紧缩性货币政策时，IS 曲线左移，国内利率水平会降低。这将会引起国内资金的大量外流，外汇市场上对外币的需求上升，本币供大于求，产生本币贬值的压力。为了维持固定汇率制，货币当局不得不抛出外币，买入本币。本币供给的减少将引起 LM 曲线左移，收入水平进一步降低，但利率回升到期初的水平上。

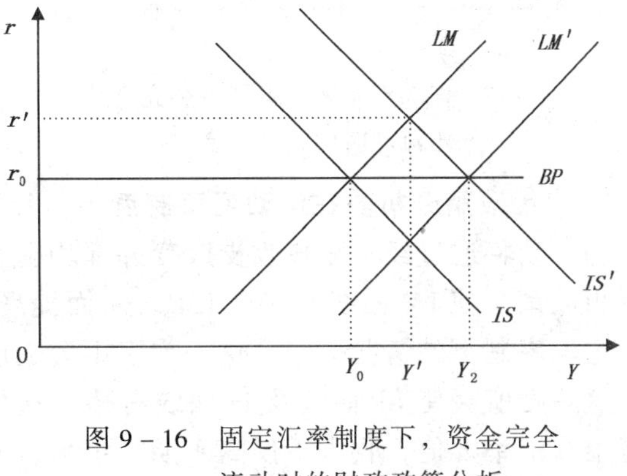

图 9-16　固定汇率制度下，资金完全流动时的财政政策分析

由此可见，在固定汇率制度下，当资金可完全流动时，财政扩张不能影响利率，但会带来比封闭经济条件下国民收入更大幅度的提高。也就是说，此时的财政政策是非常有效的。

根据以上分析，可以得出下述结论：在固定汇率制度下，长期内货币政策都是无效的，而财政政策则一般相对有效（资金完全不流动时除外）。

二、浮动汇率制度下的财政、货币政策及其实施效果

在浮动汇率制下，财政、货币政策对经济内外均衡的作用机制与固定汇率制度下有很大不同，这是由两个原因导致的。第一，经济的主要调整机制不是由国际收支不平衡引起的货币供应量的调整，而是由国际收支不平衡引起的汇率调整。第二，假定汇率贬值能增加出口、抑制进口，改善经常账户收支、提高国民收入。这就是说，汇率贬值能使 BP 曲线与 IS 曲线右移。此外，在浮动汇率制度下，由于边际进口倾向小于 1，因此收入变化对国际收支的影响比汇率变动小得多。

（一）资金完全不流动时的财政、货币政策分析

当资金完全不流动时，资本与金融账户对外部均衡几乎没有影响，国际收支平衡体现为经常账户收支的平衡。此时的经济均衡状态如图 9－17 所示。

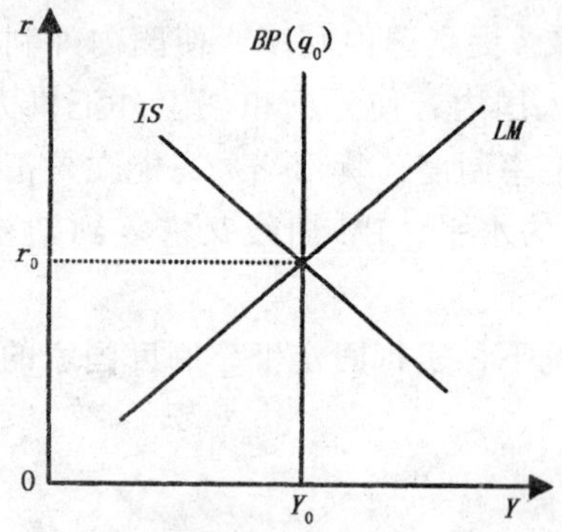

图 9－17　浮动汇率制度下，资金完全不流动时的经济均衡

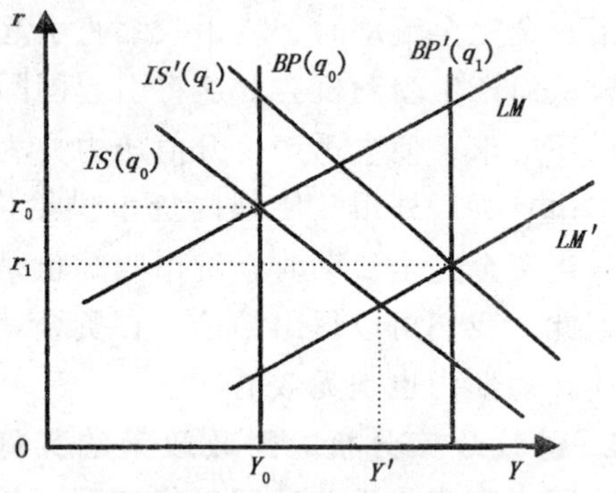

图 9－18　浮动汇率制度下，资金完全不流动时的货币政策分析

1. **货币政策分析。在浮动汇率制度下，货币政策将改变国内利率水平，从而影响汇率。**汇率的变动将通过经常账户收支改变外部均衡和商品市场均衡状况。如图 9－18 所示，扩张性货币政策会使 LM 曲线右移至 LM′，从而提高收入，降低利率，同时使国际收支出现赤字。与固定汇率制下的情况不同，这一赤字不会造成货币供应量的下降，而是造成本币汇率的贬值。这一贬值会使 BP 曲线及 IS 曲线右移，直至三条曲线重新交于一点为止。在新的经济均衡点上，汇率贬值，收入不仅高于期初水平，而且高于封闭条件下的收入提高水平。在这一均衡点上，由于经常账户平衡（$X-M=0$），私人消费与政府支出不变，所以收入提高必然意味着私人投资的提高，这就要求利率水平较期初有一定的下降。当货币当局实施紧缩性货币政策时，LM 曲线的左移，收入水平下降，国内利率提高，引起本币升值。本币的升值将减少对本国商品的需求，使经常账户出现贸易逆差，BP 曲线和 IS 曲线都向左移动，引起收入水平的进一步下降。

因此，在浮动汇率制下，当资金完全不流动时，扩张性货币政策会引起本国货币贬值、收入上升、利率下降。而紧缩性货币政策将引起本国货币升值、收入下降和利率水平的上

升。

由此可见，在浮动汇率制度下，如果资金完全不流动，货币政策还是比较有效的。

2. **财政政策分析。当资金完全不流动时，财政政策将通过收入水平的变动影响汇率，进而改变外部均衡条件和商品市场均衡状况，使经济达到新的均衡状态。**如图 9－19 所示，扩张性财政政策会使 IS 曲线右移至 IS′，从而提高收入，提高利率，同时使国际收支出现赤字。国际收支赤字将使外汇市场上产生对外币的超额需求，引起本币贬值。本币贬值将刺激出口，使 BP 曲线及 IS′曲线右移，直至三条曲线交于一点。在新的经济均衡点上，汇率贬值，利率上升，收入不仅高于期初水平，而且高于封闭条件下的收入提高水平。如果政府实施紧缩性财政政策，将会引起收入水平和国内利率的下降，IS 曲线左移。收入水平的降低使国际收支出现顺差，导致本币升值，并改变贸易条件，BP 曲线和 IS 曲线进一步左移，收入水平进一步下降，利率降低。

在浮动汇率制度下，当资金完全不流动时，扩张性财政政策会引起本国货币贬值，收入上升，利率上升，紧缩性财政政策将引起完全相反的结果。由此可见，此时的财政政策是有效的。

（二）资金不完全流动时的财政、货币政策分析

当资金不完全流动时，经常账户收支和资本与金融账户收支都对国际收支的平衡产生重大影响。此时的经济均衡状态如图 9－20 所示。

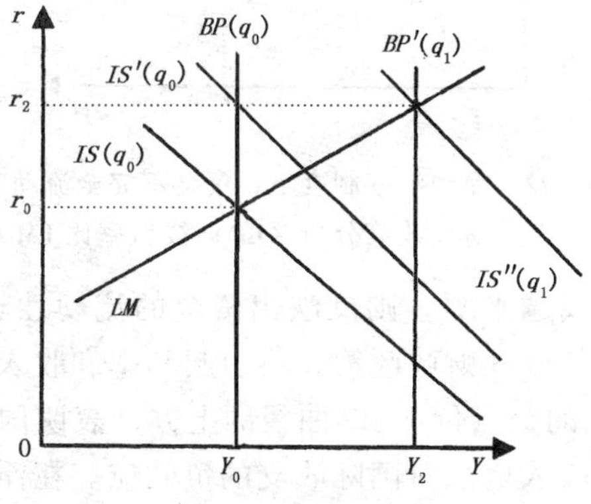

图 9－19　浮动汇率制度下，资金完全不流动时的财政政策分析

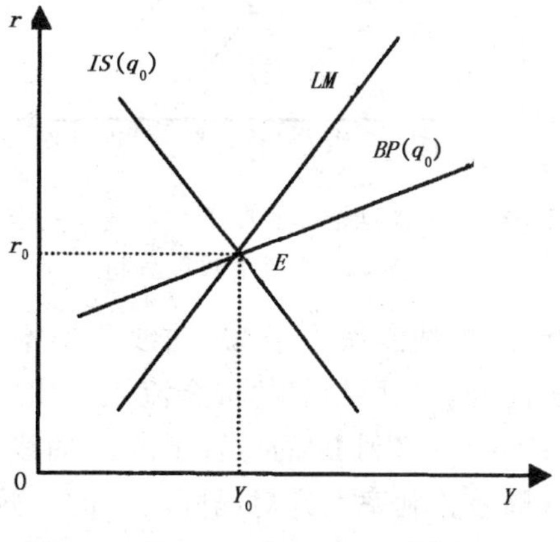

图 9－20　浮动汇率制度下，资金不完全流动时的经济均衡

1. **货币政策分析。当资金不完全流动时，货币政策的调整将引起利率和收入水平的变化，这将通过商品市场和外汇市场改变经济状况。**如图 9－21 所示，扩张性货币政策使 LM 曲线右移至 LM′，这造成收入上升，利率下降。对于国际收支状况而言，一方面是收入上升导致了经常账户恶化，另一方面利率下降导致了资本与金融账户恶化，因此国际收支总的来说恶化了，这要求本币贬值。本币贬值使 IS 曲线、BP 曲线均向右移动，直至三条曲线相交于一点。在这一新的均衡点上，收入上升，本币贬值，但利率水平同期初相比难以确定，这取决于各条曲线的相对弹性。如果利率较期初上升了，这意味着经常账户恶化了，因为需要更多的资金流动以弥补经常账户赤字。从经常账户本身来说，则意味着贬值对其的正效应小于收入增加对其产生的负效应。如果利率较期初下降，则情况反之。如果货币当局实施紧缩

性货币政策，将引起收入水平的下降和利率的提高，经常账户和资本与金融账户同时改善，导致本币升值，IS 曲线和 BP 曲线左移，形成新的均衡。此时收入水平降低，利率的变动仍然受各条曲线的相对弹性决定。

因此，在浮动汇率制度下，当资金不完全流动时，扩张性货币政策可以引起本国货币贬值、收入上升，对利率的影响则难以确定；而紧缩性的货币政策将引起本国货币升值、收入下降。由此可见，资金不完全流动时的货币政策是比较有效的。

2. **财政政策分析。扩张性财政政策会同时提高收入与利率，这将给国际收支账户带来双重影响。**一方面，收入提高会恶化经常账户收支；另一方面，利率提高会改善资本与金融账户收支。国际收支状况如何，则取决于这两种效应的比较，在其他条件不变时，取决于利率提高能吸收多少资金流入，也就是说，取决于资金流动性的大小。从图形上看，我们可以按照 LM 曲线与 BP 曲线斜率的差异进行讨论。

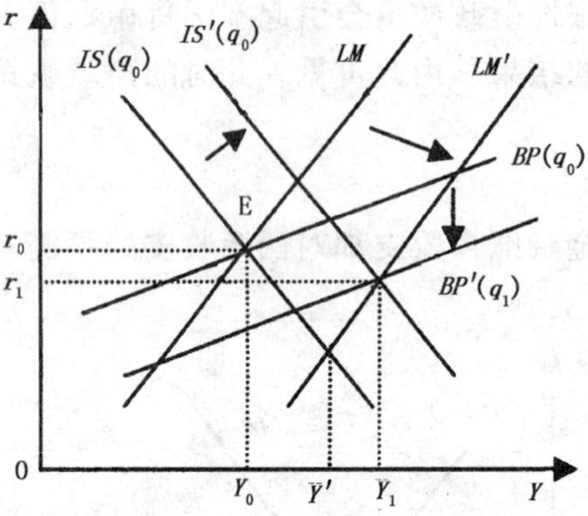

图 9－21　浮动汇率制度下，资金不完全流动时的货币政策分析

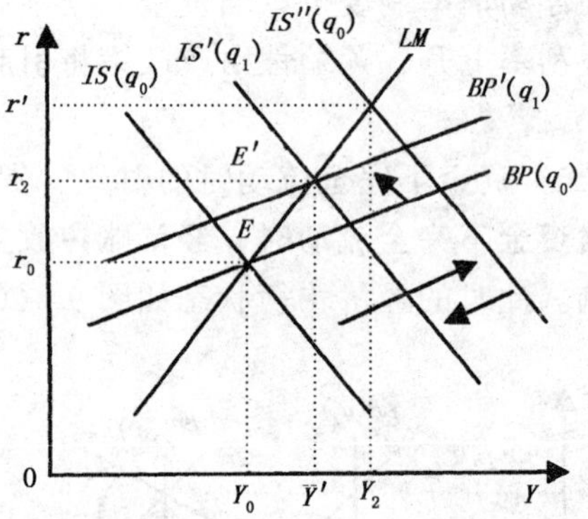

图 9－22　浮动汇率制度下，资金不完全流动时的财政政策分析（BP 曲线斜率比 LM 小）

当 BP 曲线斜率小于 LM 曲线的斜率时，BP 曲线越平缓，则反映出资金的流动性越大，利率提高就能吸引越多的资金流入。如果政府实施扩张性财政政策，将引起利率和收入的上升，IS 曲线右移到 IS′的位置上。IS′曲线与 LM 曲线的交点位于 BP 曲线的上方，表明国际收支出现顺差，利率上升对国际收支的正效率超过了收入增加对国际收支的负效应。在浮动汇率制度下，国际收支的顺差会导致本币升值，这使得 IS′曲线、BP 曲线左移，直至三条曲线重新相交于一点为止（见图 9－22）。在新的经济均衡点上，收入、利率水平都高于期初水平，但低于封闭条件下财政扩张后的情况，本币升值。如果政府实施紧缩性财政政策，利率和收入将同时降低。利率的降低将引起资金外流，资本与金融账户出现逆差。收入的减少会降低进口，导致经常账户顺差。但是，由于资本与金融账户逆差比经常账户的顺差更大，外汇市场上本币供大于求，本币贬值，从而引起对本国商品的需求的上升，国际收支表现为逆差改善，收入有所回升，形成新的均衡。结果收入、利率低于期初水平，但高于封闭条件下财政紧缩时的水平。

如图 9－23 所示，它显示了 BP 曲线斜率等于 LM 曲线斜率时的状况。政府实施扩张性财政政策后，利率和收入水平上升，IS 曲线右移至 IS′的位置。IS′曲线与 LM 曲线的交点位于 BP 曲线之上，此时，利率上升引起资金流入，资本与金融账户顺差；但是，另一方面，收入上升导致进口增加，经常账户逆差，抵消了资本与金融账户顺差，国际收支恰好处于平衡状态。在货币市场上，利率上升引起的货币需求下降正好抵消收入上升导致的货币需求的增加，货币市场也维持均衡。这样，货币市场、商品市场和外汇市场仍然处于均衡状态，经济重新达到均衡，此时的情况与封闭条件下相同，利率、收入均高于期初水平，汇率不发生变化。同理，如果实施紧缩性财政政策，收入和利率将会下降，外汇市场和货币市场始终处于均衡状态。

当BP曲线斜率大于LM曲线的斜率时，扩张性财政政策的效果如图9-24所示。扩张性财政政策引起商品市场需求增加，收入和利率的上升，IS曲线移动到IS′的位置。IS′曲线与LM曲线的交点位于BP曲线的下方，这说明收入的增加引起进口上升，经常账户出现逆差。尽管利率的上升引起了资本流入，资本与金融账户出现顺差，但是资本与金融账户顺差不能弥补经常账户的逆差，因而国际收支处于赤字状态。国际收支的赤字造成本币贬值，引起经常账户的顺差，这带来IS′曲线与BP曲线的右移，直至三条曲线重新相交于一点。在新的均衡点上，利率与收入不仅高于期初水平，还高于封闭条件下的情况，本币贬值。如果政府实施紧缩性财政政策，利率和收入将会下降。利率下降造成资本与金融账户的逆差，收入下降引起进口减少，带来经常账户顺差，后者的变动幅度超过前者，因而国际收支处于顺差状态。这将引起外汇市场上本币供不应求，本币升值，对本国商品的需求下降，BP曲线左移，IS曲线进一步左移，经济恢复均衡。收入和利率低于期初水平，也低于封闭条件中实施紧缩性财政政策时的水平。

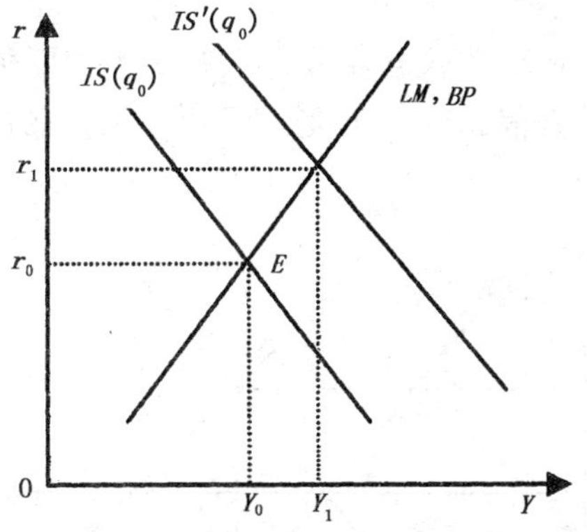

图9-23　浮动汇率制度下，资金不完全流动时的财政政策分析（BP、LM曲线斜率相等）

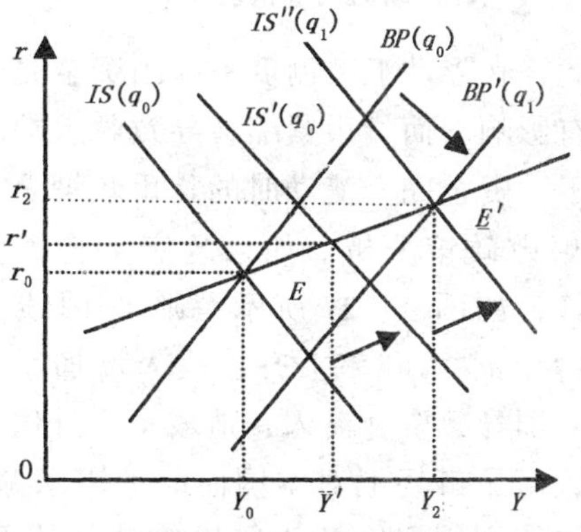

图9-24　浮动汇率制度下，资金不完全流动时的财政政策分析（BP曲线斜率比LM大）

由此可见，在浮动汇率制度下，当资金不完全流动时，政府扩张性财政政策一般会提高收入与利率，但对汇率的影响则必须依资金流动性的不同而具体分析；而紧缩性财政政策会降低收入和利率。也就是说，资金不完全流动时，财政政策还是比较有效的。

（三）资金完全流动时的财政政策、货币政策分析

资金完全流动时，开放经济的均衡状态如图9-25所示。此时，利率的微小变化都会引起资金的迅速流动，巨额的资金流动使国际收支在顷刻间就能恢复均衡。由于资本与金融账户情况决定了国际收支的平衡，因此，在假定汇率变动对资金流动没有影响的前提下，汇率变动对BP曲线没有影响。

1. 货币政策分析。在资金完全流动的情况下，如果货币当局实施扩张性的货币政策，如图9-26所示，LM曲线右移至LM′的位置，本国利率下降，收入上升至Y′。由于本国利

率下降，使本外币资产之间出现利差，将引起资金流出，导致本币贬值，经常账户出现顺差，IS曲线右移，直至与LM′曲线相交于新的一点，在该点上，利率水平与世界利率水平相等。由于资金完全流动，因此调整的过程在瞬间完成。此时，收入不仅高于期初水平，而且也高于封闭条件下的货币扩张后的情况，本币贬值。相反，如果货币当局实施紧缩性货币政策，国内利率首先上升，引起资金的大量流入，本币升值，经常账户逆差，IS、LM曲线都向左侧移动，利率恢复到期初的水平，收入下降。

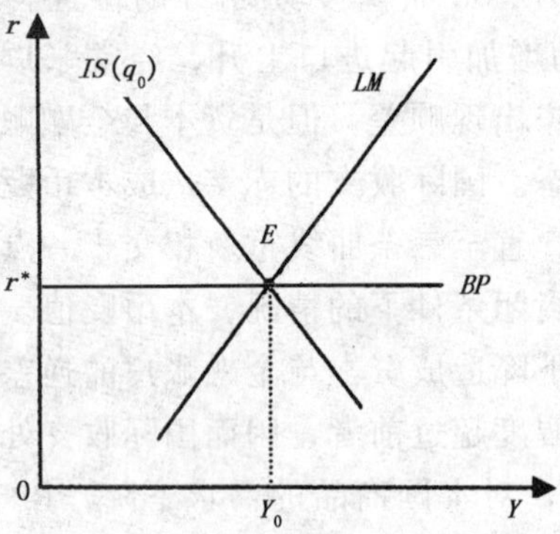

图9－25 浮动汇率制度下，资金完全流动时的经济均衡

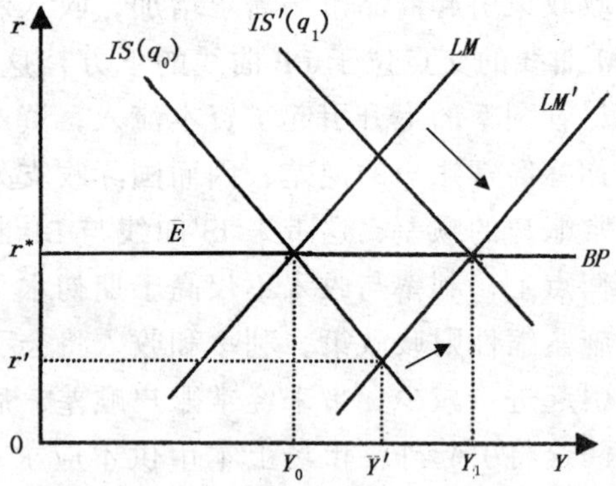

图9－26 浮动汇率制度下，资金完全流动时的货币政策分析

因此，在浮动汇率制度下，当资金完全流动时，货币扩张会使收入上升，本币贬值，对利率没有影响。而货币紧缩会导致收入的减少，本币升值，利率不变。由此可见，在浮动汇率制度下，资金完全流动时的货币政策是非常有效的。

2. 财政政策分析。如果政府实施扩张性财政政策，如图9－27所示，则IS曲线右移至IS′位置，本国利率上升，收入增加。利率上升会立即导致资金流入，造成本币升值，出口下降，商品市场上对本国商品的需求减少，而外部均衡则因资金流入得以维持。从而IS′曲线左移，直至返回原来位置，利率水平重新与世界利率水平相等为止。此时与期初相比，利率不变，本币升值，收入不变。需要指出的是，此时收入的内部结构发生变化，财政政策通过本币升值对出口产生了完全挤出效应，即财政支出增加造成了等量的出口下降。如果政府实施紧缩性财政政策，IS曲线将向左侧移动，利率降低，资金大量外流，引起本币贬值。这又会导致出口增加，IS曲线向右移动，直至恢复到原来位置，国内利率等于国外利率，资金流动停止，从而达到货币市场、外汇市场和商品市场的重新均衡。此时，收入和利率都不变，本币贬值。

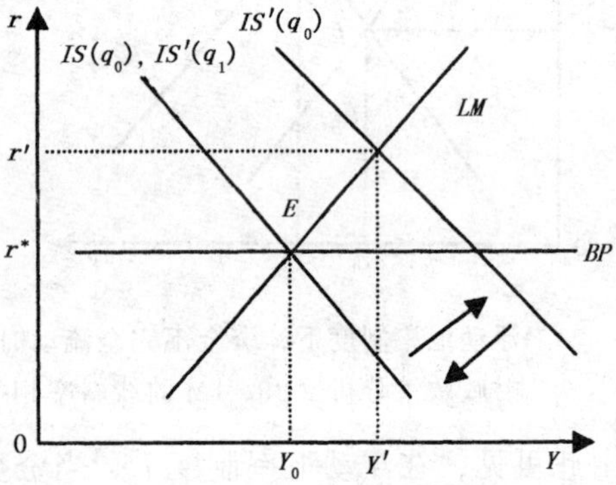

图9－27 浮动汇率制度下，资金完全流动时的财政政策分析

因此，在浮动汇率制度下，当资金完全流动时，扩张性财政政策会造成本币升值，对收入、利率均不能产生影响；紧缩性财政政策将造成本币贬值，收入和利率都不受影响。可

见，此时的财政政策是完全无效的。

根据以上对不同汇率制度、不同资金流动性情况下的财政货币政策效率的具体分析，我们可以将不同情况下收入受到的影响进行归纳，其中 Y_0 表示期初收入水平，Y'表示在封闭条件下的这些政策相应造成的收入变动（$Y' > Y_0$），如表 9－3 所示。

表 9－3　　蒙代尔—弗莱明模型中财政、货币政策的效应比较

	固定汇率制度			浮动汇率制度		
资金流动性	0	+	∞	0	+	∞
扩张性货币政策	0	0	0	$>Y'$	$>Y'$	$>Y'$
扩张性财政政策	0	$>Y_0$	$>Y'$	$>Y'$	$>Y_0$	0

蒙代尔—弗莱明模型是开放条件下分析财政货币政策效率的重要工具。它说明了与封闭条件相比，财政货币政策的作用机制发生了变化，政策的有效性受到商品市场、货币市场和外汇市场的共同影响。因此，该模型为开放经济条件下进行政策调控提供了指导，为不同汇率制度下宏观政策的选择提供了理论依据。蒙代尔—弗莱明模型具有典型的凯恩斯主义性质，在开放经济的分析中占据了主导地位，被称为开放经济下进行宏观分析的“工作母机”。该模型不考虑价格变动可能产生的影响，适合于分析短期财政货币政策的效果，实际上是封闭条件下 IS—LM 模型在开放经济中的衍生。但是，该模型也存在许多缺陷，例如没有考虑资产组合因素对国际资金流动的影响，仅把利差当作影响资金流动的惟一因素，没有考虑价格因素和预期因素，而且局限于研究小型开放性经济等。近年来，针对这些不足，蒙代尔—弗莱明模型得到了许多改进，大大提高了模型的运用范围。

【案例分析】

20 世纪 90 年代末期，中国面临物价下降、经济增长放慢的问题。根据《中国统计摘要》，居民消费价格指数（CPR）由 1996 年的 8.3% 下降到随后各年的 2.8%，－0.8%，－1.4%，按可比价格计算的 GDP 由 1996 年的 9.6% 下降到随后各年的 8.8%，7.8%，7.1%。面对这种经济紧缩的局面，单纯采取扩张性经济政策也遇到了障碍，因为对外贸易也出现了困难，扩张性经济政策将进一步加剧外部的不均衡问题。有资料表明，1999 年以美元计算的净出口增长率由上年的 7.5% 下降到－3.3%，2000 年为－1.8%。上述统计数据表明，中国经济在这些年份中遇到了明显的内外均衡冲突的问题。试运用本章学到的有关内外均衡的原理分析中国当时面临的是什么样问题，并运用蒙代尔—弗莱明模型分析在当时的经济条件下可以运用的政策搭配方式。

本章小结

1. 对于开放经济来说，与外界的经济联系对这一经济的运行有着重大影响。因此，将国际收支纳入开放经济的政策目标之一是极为重要的，此时开放经济下的政策目标就可以分为内部均衡和外部均衡两部分。内部均衡与外部均衡是相互影响的，有可能出现内外均衡的冲突。要解决这一冲突，必须探索新的宏观经济政策调控模型。开放经济下政策调控的基本思想是：针对内外均衡目标，确定不同政策工具的指派对象，并且尽可能地进行协调，以同时实现内外均衡。

2. 分析开放条件下内外均衡的主要工具是20世纪60年代提出的蒙代尔—弗莱明模型。这一模型是以货币金融角度为主，对开放经济进行宏观分析的基本分析框架，它依然是以标准的IS—LM模型为基础，加入了反映外部均衡的BP曲线。在开放经济中，BP曲线和IS曲线都受汇率变动的影响，不同的IS，LM和BP曲线的组合反映了不同的经济状况。

3. 在西方的文献中，蒙代尔—弗莱明模型被称为开放经济下进行宏观分析的“工作母机”。蒙代尔—弗莱明模型的分析对象是一个开放的小型国家，它假定总需求不足，对国际资金流动采取了流量分析。根据蒙代尔—弗莱明模型的分析，在固定汇率制下，货币政策在长期内都是无效的，而财政政策一般是比较有效的。在浮动汇率制下，货币政策一般都是比较有效的，而财政政策一般是相对低效的。

复习与练习

一、关键概念

内外均衡　米德冲突　斯旺曲线　丁伯根原则　政策搭配理论　BP曲线　蒙代尔—弗莱明模型

二、选择题

1. 米德冲突发生在(　　)。

A. 固定汇率制度下　　B. 浮动汇率制度下

C. 任何汇率安排下　　D. 资本自由流动条件下

2. 当处于通货膨胀和国际收支逆差时，应采用下列何种政策搭配：(　　)。

A. 扩张国内支出，本币贬值　　B. 紧缩国内支出，本币升值

C. 紧缩国内支出，本币贬值　　D. 扩张国内支出，本币升值

3. 当一国经济出现通货膨胀和顺差时，为了内外经济的平衡，根据财政货币政策配合理论，应采取的措施是(　　)。

A. 扩张性财政政策和扩张性货币政策

B. 紧缩性财政政策和紧缩性货币政策

C. 扩张性财政政策和紧缩性货币政策

D. 紧缩性财政政策和扩张性货币政策

4. 浮动汇率制度下，资金不完全流动时，各种经济政策的调节效果为(　　)。

A. 财政政策有效而货币政策无效　　B. 财政货币政策均有效

C. 财政货币政策均无效　　D. 货币政策有效而财政政策无效

5. 根据M－F模型，在固定汇率制和资本完全流动下，下列哪一种政策对物价水平和产出水平的效果十分明显，而下列另外那一种政策却没有任何作用(　　)。

A. 货币政策；财政政策　　B. 财政政策；货币政策

C. 货币政策；汇率政策　　D. 汇率政策；财政政策

三、思考题

1. 什么是经济的内外均衡冲突？试述内外均衡冲突的不同类型。
2. 试述丁伯根原则的主要内容。
3. 试说明斯旺曲线的政策意义。
4. 试述蒙代尔政策指派理论的基本思想和主要内容。
5. 开放经济中经济自动调节机制的主要内容是什么？
6. 根据M—F模型分析固定汇率制度下的宏观政策效应。
7. 根据M—F模型分析浮动汇率制度下的宏观政策效应。

第十章 失业

失业是市场经济的伴生物，在自给自足的自然经济中，人们无所谓就业，也无所谓失业。建立在分工基础上、为交换而生产的市场经济，在极大地提高生产效率的同时，也使一部分劳动者因找不到分工网络中的位置而成为失业者。因此，失业现象最早产生于西方市场经济国家，并引起经济学家的关注，进而上升为失业理论。本章将介绍有关失业的劳工统计指标、解释失业成因的各种理论以及治理失业的可行措施。

第一节 失业概述

并不是每一个没有工作的劳动者都称为失业者，因此，必须对失业的概念有一个统一的认识。

一、失业的存量指标

要弄清劳动力市场发生了什么，有赖于一个完整的劳工失业统计，以提供一幅劳动力市场在一定时期内运行状况的全景图。劳动统计指标总体上分两类：一类是数量指标，它包括：(1) 总量指标，如就业人数、失业人数、年工作总时数等；(2) 比率指标，如失业率、劳动力参与率、非经济活动率等；(3) 结构指标，如就业人员的产业结构分布、劳动力或失业者受教育程度结构等，这类指标旨在反映劳动力的利用率。另一类是价值指标，如就业人员的工资报酬和社会福利、单位劳动成本、劳动生产率，失业人员的保险等，这类指标旨在反映劳动力的利用效率。这里，我们重点介绍劳工统计中的数量指标。

(一) 人口的统计分类

根据是否达到法定工作年龄（由各国法律规定），一个社会的总人口可以划分为两部分：劳动年龄人口和非劳动年龄人口。劳工统计调查的对象是劳动年龄人口，被调查者首先要回答问题：(1) 你是否拥有一份工作？如果答案是肯定的，则被调查者是就业者；如果答案是否定的，还需要回答问题：(2) 你是否在寻找工作？如果答案是肯定的，则被调查者是失业者；如果答案是否定的，则意味着被调查者有可能不愿意工作，如上学的学生、从事家务劳动的主妇等，就不能称其为失业者，在统计上他们被视为“不在劳动力人口”（not in labor force)。国际劳工统计大会对劳动年龄人口的统计口径建议是 16 岁及其以上的成年人，不设上限。这样，劳动年龄人口（POP）被划分成三部分：就业人口（E)、失业人口（U）和不在劳动力人口（NLF)；其中就业人口和失业人口的合计，又被称为劳动力人口（L)，他们才是真正参与市场经济活动的人口，所以也称经济活动人口，或者说是劳动力大军；而不在劳动力人口与非劳动年龄人口一起，被称为非劳动力人口，不属于劳动力队伍之列。图 10－1 表示了这种关系。

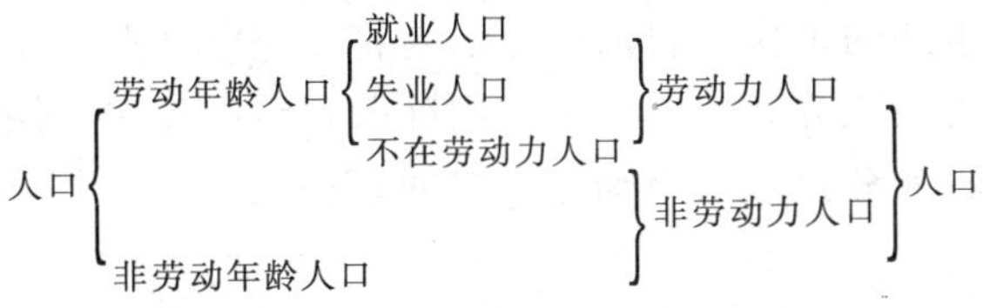

图 10－1 人口的劳工统计分类

明确了人口的劳工统计分类及其相互关系后，我们就可以来讨论失业率、就业率和劳动力参与率这三个反映劳动力市场形势的重要指标。以上概念分别总结如下：

1. 劳动年龄人口 = 劳动力人口 + 不在劳动力人口

$POP = L + NLF$

2. 劳动力人口 = 就业人口 + 失业人口

= 劳动年龄人口 － 不在劳动力人口

$L = E + U = POP - NLF$

3. 就业率 = 就业人口/劳动年龄人口 × 100%

$e = E/POP \times 100\%$

4. 失业率 = 失业人口/劳动力人口 × 100%

$u = U/L \times 100\%$

5. 劳动力参与率 = 劳动力人口/劳动年龄人口 × 100%

$LFPR = L/POP = (E + U)/POP \times 100\%$

需要指出的是：在劳工统计中，军人是独立在外的，即军人不纳入有关就业人口、失业人口、劳动力人口、不在劳动力人口、劳动年龄人口等劳工统计之中。

尽管有了上述的计算公式，但在实际统计中依旧是困难重重，由于劳动年龄人口被分为就业者、失业者和不在劳动力者，问题的核心在于从技术上讲，难于准确划定三者之间的明确边界。

第一，失业人口中有不在劳动力人口，即“伪装的失业”。在失业保障体系完善的国家，一部分不愿就业的人为获得失业救济金而去就业管理部门登记，从而成为统计上的失业者，他们是伪装的失业者，会增加失业人口的数量。

第二，不在劳动力人口中有失业人口。一些人由于失业持续期较长，职业市场上无功而返的经历，使他们失去信心而不再继续寻找工作，于是在统计上就被视作不在劳动力人口，这会减少失业人口的数量。另外的情形是被迫提前退休。实际上他们都是被动地离开劳动力队伍，他们有工作意愿，就业机会一旦出现，仍会构成有效劳动力供给。

第三，如何处理介于就业与失业之间的人口，即“不充分就业”或“就业不足”问题。这在发展中国家尤为普遍。不充分就业大体上可用时间标准、收入标准和稳定性标准等来测定。国际劳工统计大会（ICLS）提出了与工作时间相关的不充分就业的测试方法：当一个有工作的人的工作时间相对于他愿意并可以从事的另一种就业状况来说不充分时，不充分就业现象就出现了。它满足以下三个标准：(1）工作时间低于某一限度，即这些人的所有“实际工作时间”低于某一限度，这个限度是根据各国的实际情况确定的；(2）愿意做补充性工作，即愿意用增加了工作时间的其他工作替代目前所从事的任何一个工作；愿意增加目前所从事的任何一个工作的工作时间；(3）可以做补充性工作，即在随后一段时间内，在有这样的机会时随时都可以从事新的工作。目前的办法是将不充分就业者姑且视做就业者，但为了评估就业者的生产性能力不充分利用的状况，国际劳工组织建议使用“不充分就业率”这一补充指标，计算方法是不充分就业占劳动力人口的百分比，或不充分就业占就业人口的百分比。

第四，如何处理“隐蔽的就业”，这主要出现在以官方就业部门登记数据为准和地下经济活动较为普遍的国家。一些找到了非正规就业的失业下岗人员以及从事地下经济活动的人，实质上是就业者。但他们有可能登记为失业者，以领取失业救济金或规避监督；或者不去就业部门登记，而成为不在劳动力人口；当然也有可能在劳工调查时登记为就业者。

下面，我们重点来考察一下失业率。

（二）失业与失业率

“失业率”指标无疑是劳动力市场诸指标的核心。国际劳工统计大会对“失业者”的标准定义是：特定年龄以上在参考期内满足下列条件的所有人：(1)“没有工作”，即没有处于有薪就业或自主就业；(2)“目前可以工作”，即在参考期可以从事有薪就业或自主就业；(3)“正在寻找工作”，即在特定最近时期内已经采取具体步骤寻找有薪就业或自主就业。更明确地说，失业人口是指法定工作年龄以上的在调查期内没有工作、可以工作且正在寻找工作的人。失业率的计算公式为：

$$失业率（u）=失业人口/劳动力人口\times 100\% = U/L\times 100\%$$

这一定义是以下述思想为依据的：一是劳动力应该面向市场，即只有面向市场的经济活动人口，才能计算为就业人员或失业人员，否则为非劳动力。二是失业率的要点是评价经济的状态，而不应被看成是衡量个人经济困难程度的标准。失业率即使是按国际建议标准（后面详细介绍）得出的，因而具有国际可比性，它也不过是告诉我们没有工作但能够工作且正在积极寻找工作的人员占劳动力总数的比例。它并不反映任何关于失业者或其家庭经济状况方面的情况，高失业率可以出现在贫困发生率低的发达工业化国家，低失业率可能反而掩盖了一个国家实际上的贫困状况。为此，对失业指标的使用应限制在仅用于衡量劳动力利用的程度，而不应扩大到国家经济的其他方面。

一个国家的总体失业率通常是所有经济统计中最受重视的一项，它与GDP增长率和物价指数共同提供了一个跟踪商业周期（business - cycle）的计量手段。因此，在任何情况下，失业率都是各国随时密切跟踪的一项指标，在成熟市场经济国家和地区是定期公布的。更进一步的做法是，按劳动力的不同群体，诸如按年龄、性别、受教育程度、产业来划分的失业率，这有助于了解和确定最容易受失业影响的人员和部门的特征。

下面我们来探讨与失业率相关的几个重要问题：

1. 失业率数据的国际可比性。失业统计的最全面和最具可比性的来源是劳动力的定期统计抽样调查，其他信息来源包括人口普查、官方就业管理机构的登记数据等。在美国，由人口普查局每月进行一次对家庭的调查，称为现期人口调查（current population survey, CPS），所取得的数据由劳工统计局制表并公布。每月约有 10 万位成年人被访谈，以获得他们在当月 12 日的那个星期是否就业的信息。在该星期中工作了一小时以上的人被计为当月就业者。将结果乘以 1000 加以放大，就得到整个经济中就业工人总数的较准确估计。一些调查期间没有工作的人，特别是度假的人，也被计为就业者。表 10－1 是主要市场经济国家失业统计的方法和程序。

表 10－1　主要市场经济国家的失业统计方法和程序

国别	日　本	美　国	英　国	联邦德国	法　国
失业者数据搜集方法	劳动力调查（样本调查）	现时人口调查（CPS）	失业金支付中心的业务数据	雇佣中心的业务数据	国家雇佣厅的业务数据
调查时间	每月 1 次	每月 1 次	每月 1 次	每月 1 次	每月 1 次
调查期间	1 周（每月末）	1 周（每月 12 日所在的周）	1 日（第 2 个星期四）	1 日（每月末）	1 日（每月末）
调查对象的年龄	15 岁以上	16 岁以上	男 16～70 岁，女 16～65 岁	15～64 岁	16 岁以上
失业者的定义	无工作且在调查期间内一点工作也没做的人员中，有劳动能力并希望有工作且正在找工作，如果有工作就可以立刻去工作，或正在等待过去的求职结果的人。	（1）在调查期间内无任何工作，且在调查周内能够工作，并在过去 4 周内进行过求职活动的人；（2）被一时解雇的人；（3）正在等待已预定好的 30 天内就可工作的人。	在调查日无工作，有劳动能力，在失业金支付中心申请着补助的人。	无工作，在调查日内在就业中心进行了求职登记，希望得到有工资的雇佣工作，并有劳动能力的人。	无工作的人中，有劳动能力，且希望有全日制工作，并在国家雇佣厅进行了求职登记的人。
失业率的算式	（失业者/劳动力人口）×100%	（失业者/劳动力人口）×100%	（失业者/劳动力人口）×100%	（失业者/雇佣劳动力人口）×100%	（估计失业者/劳动力人口）×100%
失业率算式中分母的定义	就业者＋失业者。	（1）就业者＋失业者；（2）除去就业时间不满 15 小时的没有工资的家务劳动者。	就业者＋自我雇佣者＋军人＋接受职业训练的人＋失业者。	有工资的雇佣者＋失业者（除去军人）。	就业者＋估计失业者（估计失业者是每年 1 次，据此对每月的登记失业数据进行推算得出）。
失业率算式中分母的搜集方法	劳动力调查。	现时人口调查。	每个季度的单位调查，每年 1 次的劳动力调查。	每年 1 次的微观普查	普查数据，其他的行政资料。
公布机构	总务厅统计局	劳工统计局	就业部统计科	联邦统计科	国立经济统计研究所

资料来源：［日］中马宏之：《劳动经济学》，新世社 1996 年版。

2. 失业率的补充指标。为了更详细地了解劳动就业状况，除了公布按年龄分组（15 +，15 ~ 24，25 ~ 54，55 +）的失业率数据外，还需要一些补充指标。

（1）青年失业。由于青年人（15 ~ 24 岁）缺乏工作经历、需要岗前培训、喜欢更换工作等多种原因，在他们第一次进入职业市场时经常遇到困难。青年失业的高发生率会阻碍青年向成年人的过渡，青年普遍的激进思想会转化为激进行动，可能导致他们背离社会和民主政治进程，破坏社会凝聚力，引发社会动乱。衡量青年失业的指标有：①青年失业率，青年失业人数占青年劳动力人数的百分比；②青年失业率与成年（25 ~ 54 岁）失业率之比；③青年失业人数占总失业人数的比例；④青年失业人数占青年人口的比例。国际劳工组织（ILO）的国别数据显示以下特征：第一，各国的青年失业率都高于成年失业率，大约是成年失业率的两倍；第二，近 20 年来，青年失业占总失业人口的比例正在降低，这主要是由于受教育时间的延长，使青年劳动力总量在减少；第三，青年失业率与成年失业率在变动上具有同步性。

（2）长期失业。长期失业指标是从失业期限的角度来研究失业问题的。本指标的基本假设是失业期限越短，问题就越轻，况且短期失业往往被看做是有益的事，因为失业人员有时间寻求并找到最理想的工作，能优化劳动力的配置效率。但是，当失业时间以月、季甚至年延续时，令人担心的问题也随之增加。本指标包括两种指数：①长期失业率，失业一年或一年以上的人数占劳动力的百分比；②长期失业发生率，失业一年或一年以上的人数占总失业人数的百分比。长期失业人口是一个国家最棘手的问题，它往往与贫困问题相联。

二、劳工与失业统计：流量模型

上面我们是从静态角度来讨论劳动力市场的相关统计指标，它们都是存量变量，即从某一个时点上观察得到的一个经济体中的有关变量的数值，如就业人口是多少、失业人口是多少、不在劳动力人口是多少，以及在此基础上分化出来的一系列比率数据。而从动态的角度看，存量是由流量决定的，例如，从某一时期（一个月或一年）来看，就业人口中的相当一部分人会成为失业者，失业人口中也会有一部分人重新找到工作；同样地，就业或失业人口中会有一部分人放弃工作，成为不在劳动力人口；不在劳动力人口中也会有人想重新寻找工作，进而加入劳动力大军。图 10 – 2 展示了三种人口之间的动态联系。

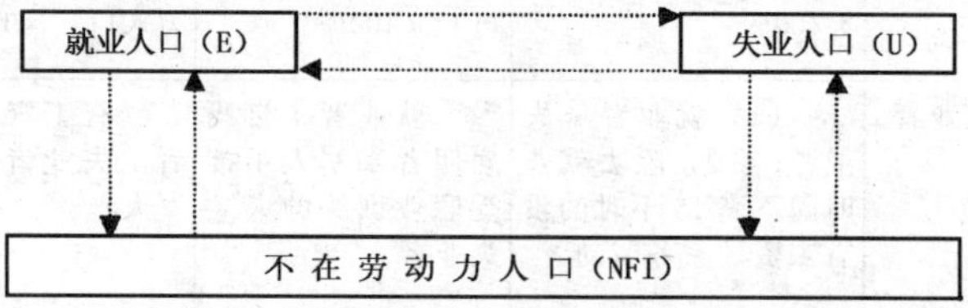

图 10 – 2 劳动年龄人口的动态分布

图 10 – 2 中的三个方框分别为每一种人口的存量，是从某一时点上测算的变量值；方框之间的箭头表示流量，是从某一时期内测算获得的存量之间的变动值。我们将上图的三个方框分别称为就业池、失业池和不在劳动力池，核心的问题是流入与流出失业池的人口的流量比较。事实很简单，当从就业池和不在劳动力池中流入失业池的人口多于从失业池中流向就业和不在劳动力池的人口时，失业率就会上升；反之则相反。下面，我们分别来考察失业的

流入和流出情况。

新进入失业池的人可以分三类：

第一类，被解雇者。一种情况是因为工作职位消失，也就是解雇工人而不再填补职位的空缺。工作职位的消失常常与企业的关、停、并、转或降低开工率、缩小经营规模有关，周期性衰退与产业结构调整往往会爆发大批量的工作职位消失，这会导致就业总量的净减少。但在正常年份，工作职位消失的同时，新的工作职位也不断涌现，当岗位新增量略超过岗位消失量时，就业仍会随劳动力大军的增长而增长，失业率不至于明显上升。另一种情况是失去工作但职位并未消失，即职员的转换。雇主出于降低成本或聘用更合适人员的考虑，对受雇工人进行替换，但社会就业总量不变。

第二类，自愿离职者。个人自愿转换工作，但辞职后暂时又没有合适的新职位。通常情况下，雇主会填补其职位空缺，因此也只涉及就业人员的更换，就业总量不会发生太大变化。

第三类，新进入和重新进入者。与上述的劳动力从就业池流入失业池不同，这里的失业流量来自于人们从非劳动力池进入失业池。他们先前不在劳动力队伍或曾经离开劳动大军，毕业、病愈或走出家门寻找工作而没有工作，这往往构成新增失业流量的主要部分。在正常年份，退出劳动力队伍的人（退休、离职深造或从事家务等）只要与新进入者大体相当，失业总量与失业率也不会明显上升。

因此，从劳动力流量来分析，被解雇者和自愿离职者构成从就业池进入失业池的失业流量；新进入和重新进入劳动大军又没有工作的人构成从非劳动力池进入失业池的失业流量。我们可以得出的基本结论是：保持工作职位的新增量与消失量一致、劳动力队伍的进入量与退出量一致，整个社会的失业总量与失业率就不会上升。

为便于理解失业流量的变化，我们建立一个失业流量模型。令：

u'为“失去工作比率”，即一定时期内进入失业池的人数占同期就业人口的比率，即“就业人口离职率”，用公式表示为：

$$u' = \Delta U / E \qquad (10-1)$$

e'为“找到工作比率”，即一定时期内新进入就业池的人数占同期失业人口的比率，即“失业人口重新就业率”，用公式可表示为：

$$e' = \Delta E / U \qquad (10-2)$$

为了考察动态系统中自然失业率的决定因素，假定经济处于长期均衡状态，劳动力人口数保持不变。因此，就业人口中游离出来的人口数应该等于失业人口中重新找到工作的人数，即 $\Delta E = \Delta U$，可以将其表示为：

$$u'E = e'U \qquad (10-3)$$

将公式 2－3 转换成：

$$u'(L - U) = e'U \qquad (10-4)$$

根据公式 2－4，求解 U，得：

$$U = u'L / (u' + e') \qquad (10-5)$$

因此失业率为：

$$u = U/L = u' / (u' + e') \qquad (10-6)$$

这一等式表明，经济处于长期均衡时的失业率，即失业率由失去工作比率 u'与找到工

作比率 e' 共同决定。离职比率越高，失业率就会越高；重新就业比率越高，失业率越低。在成熟市场经济国家，国民收入的均衡状态也就是充分就业状态，此时的失业率被称为自然失业率，因此，其公式为：

自然失业率 = 失去工作比率/（失去工作比率 + 找到工作比率）

$$= u'/(u'+e')$$

【案例分析】

中国的失业统计

近年来，我国的劳动统计工作有了长足的进步，在指标设计、内涵界定、统计口径与方法上不断充实国际上的通行做法，但仍与国际劳工统计大会的要求有较大差距，并给宏观经济预测与管理带来了不便。

一、中国的失业统计：定义和方法

我国国家统计局定期公开发布的失业率是城镇登记失业率。它是如何统计的呢？

从制度安排上讲，每一个农业劳动力都有责任田，因此我们假定农业劳动力中没有失业者，因此，在统计中只核算城镇非农业劳动力人口的失业状况。从 1994 年起，中国正式将“城镇待业”指标改为“城镇失业”，并公开发布城镇登记失业人数和城镇登记失业率。

城镇登记失业人员，是指有非农业户口中，在一定的劳动年龄内（16 岁以上及男子 50 岁以下、女子 45 岁以下），有劳动能力，无业而要求就业，并在当地就业服务机构进行求职登记的人员。

$$\text{城镇登记失业率} = \frac{\text{城镇登记失业人数}}{(\text{城镇从业人数} + \text{城镇登记失业人数})} \times 100\%$$

其中，城镇从业人数 = 城镇单位从业人数 − 使用的农村劳动力 − 聘用的离退休人员 − 聘用的港澳台及外方人员 + 不在岗职工 + 城镇私人业主 + 城镇个体户主 + 城镇私营企业及个体从业人。为了使失业率公式的分子、分母在统计口径上保持一致，即都为城镇非农业人口。

很显然，统计部门也意识到了该失业率指标的缺陷，为了在统计方法上向国际通行做法靠拢，国家统计局决定从 1996 年起建立城镇劳动力情况抽样调查制度。1997 年，国家统计局联合劳动部，共同制定调查方案，按季向政府和社会提供城镇劳动力市场就业与失业状况的调查结果。为此，设计了两个新的失业指标：城镇失业人员和城镇失业率。

城镇失业人员，是指城镇常住人口中一定年龄（16 岁）以上，有劳动能力，在调查期内无工作，当前有就业可能，并以某种方式寻找工作的人员。

城镇就业人员，是指城镇常住人口中一定年龄（16 岁）以上，调查标准时间前一周内，工作或劳动时间累计大于、等于 1 小时，并由此取得一定报酬的人，而不论其从事的是固定性工作还是临时性工作，均视为就业。显然，这一标准定得是比较低的。

城镇失业率 = 城镇失业人数/（城镇就业人数 + 城镇失业人数）×100%

城镇登记失业率与城镇失业率的区别值得强调。第一，统计方法和数据来源不同，前者来自传统的全面报表汇总和劳动管理机构的登记数据，后者来自抽样的家庭调查，更符合国际规范；第二，统计口径不同，城镇登记失业率的统计对象是城镇非农业经济活动人口，城镇失业率的统计对象是常住在城镇的经济活动人口，包括到城镇长期打工的农民。但是，城镇失业率的数据从未真正公布过，事实上，抽样调查只作为“城镇登记失业率”统计的一种补充措施。下一步的工作是，取消城乡隔离的做法，调查并公布面对全部经济活动人口的失业率。因为劳动力的自由流动已经使城镇失业率统计非常困难，例如，一个农业劳动力留在农村无所事事却被视作是就业人口，如果他来到城市断断续续的工作，但若在调查期内正好无工作，就成了失业人口。

二、中国劳动失业统计的局限

与国际通行标准相比较，我国的城镇登记失业率在统计口径、数据来源、失业界定等方面存在以下一些重大的缺陷：

1. 从统计范围看，不统计农业人口的失业率，不加区分地视全部农业劳动力为就业人口，显然有违常理。

2. 从统计方法看，已有的城镇失业数据主要通过地方政府劳动管理部门登记失业人数汇总而来，方法不科学，存在普遍的漏计。由于劳动管理部门已无权分配就业岗位，理性的劳动者为什么还要去登记失业呢？应该用“实时家计抽样调查法”代替“全面定期报表汇总法”。

3. 从统计口径看，对失业者的界定过于苛刻。第一，国外对失业者只规定了年龄下限（16 岁），并无年龄上限，退休后寻找工作而不得者仍算失业者；而在我国，失业者不仅有年龄下限（16 岁），而且也规定了年龄上限，男 50 岁，女 45 岁，也就是说达到这一年龄的人就没有失业者了。第二，我国 1997 年制定的失业调查方法对就业的规定是调查周内工作 1 小时，低于 1 小时的才是失业者，这一规定是否太低了？美国、法国的规定是调查周内工作 15 小时，低于这一标准的就是失业者。

4. 从统计周期看，我国只统计公布年末最后一天的失业人数和失业率，难于反映全年失业变动的全貌。国际上的通行做法是每月定期调查一次，并在次月初公布，有必要的话再累计汇总季度和年度数据统计，并且还有大量的分析性指标，如平均失业时间、按年龄分组的失业率、按性别分组的失业率、按受教育程度分组的失业率等等。

第二节
西方失业理论综述

一、古典学派的自愿失业（voluntary unemployment）理论

20 世纪 30 年代以前的古典与新古典经济学信奉“萨伊定律”和市场机制的自动调节功能。他们认为，随供求状况灵活波动的实际工资会使劳动力市场自动“出清”，经济总是处于充分就业状态。但事实是在现实经济中，失业却是随处可见的，古典经济学家并没有无视或回避这个问题，他们如何解释这个明显的矛盾呢？

他们对其基本模型作了各种修正。一种修正是考虑了这样一个事实，即有些人至少在短期内可能自愿选择失业，比如在一名工人辞去一份工作而寻找另一份工作的时候，就是这

样。另一种修正则是强调劳动力市场中的各种障碍因素——法律、制度、文化等，可能会阻止真实工资（real wages）移动到充分就业水平。如果真实工资停留在充分就业水平的上方，就会产生失业。由于第二种解释一直是古典经济学家的中心论点，所以这种失业时常被称为“古典失业”。

古典学派认为，劳动的需求和供给都是实际工资（W/P）的函数，这样从图 10－3 看到，总有一个实际工资 $(W/P)^*$ 能使劳动力市场的供求正好相等，就业量为 N^*，此时不会有失业存在，经济处于充分就业水平（与此相对应的产量为潜在产量 Y^*）。如果实际工资停留在（W/P），在这个工资水平上，劳动需求为 N^d，劳动供给为 N^s，从而出现的超额劳动供给（N^s-N^d），根据短边规则，实际就业量为 N^d（与此相对应的产量为实际产量 Y）。可见，实际工资高于充分就业水平，就业水平就会低于充分就业水平，并产生失业。而此时多余的劳动供给所要求的工资水平高于其边际生产力，因此，这种失业也被称为“自愿失业”。此时，实际产量 Y 与潜在产量 Y^* 的差额，就是因失业增加而引致的产出缺口。

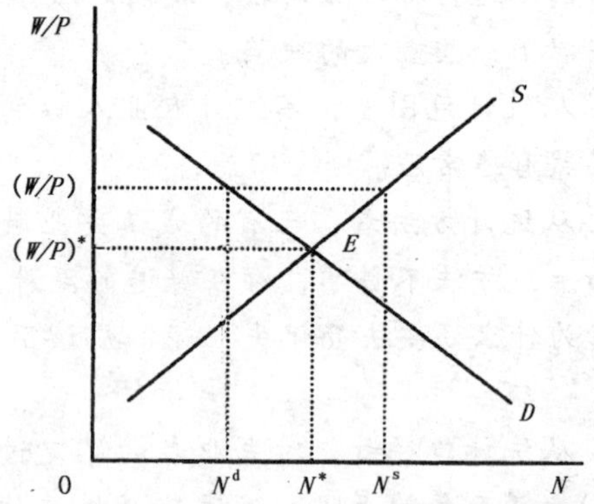

图 10－3 实际工资与失业：古典学派

古典学派认为，当失业出现时，只要劳动力市场的自发调节机制灵活有效，实际工资就会回落到 $(W/P)^*$ 水平，失业消失。在现实生活中，失业之所以持续存在，一定是工资下降遇到了市场力量以外因素的障碍，如法律、制度等。他们列举了这些非市场因素：法定最低工资可能会高出市场出清水平；失业保险支付过于慷慨，以至于人们拒绝接受低于（W/P）的工资；势力强大的工会可能会保障其会员的工资高于工会外失业者愿意接受的工资水平；在工资被价格指数化的经济中，名义工资的变动不会改变实际工资始终停留在充分就业率水平以上的事实。

二、凯恩斯学派的失业理论

古典失业理论的基本信念是，只要保持劳动力市场的灵活性和工资水平的应时涨落，大规模的失业是不可能出现的。但这套理论却无法解释 1929—1933 年的大萧条——需求骤然下降，企业纷纷倒闭，失业队伍膨胀。因为，此时此刻实际工资再怎么下降都无济于事，甚至会进一步加剧需求的萎缩。

解释何以会出现大规模的失业，是凯恩斯写作《就业、利息和货币通论》的出发点，他提出了非自愿失业（involuntary unemployment）理论。凯恩斯的失业模型建立在以下两个观点之上：

（一）名义工资和价格刚性

关注名义刚性（nominal rigidities）而非真实刚性（real rigidities）是与古典失业模型的区别之处。凯恩斯学派模型有很多变体，凯恩斯本人特别注重名义工资刚性，而其他被视为凯恩斯学派的经济学家则强调名义价格刚性。其基本思路是，名义工资即使会对劳动力市场的非均衡做出调整，名义价格也会对商品市场的非均衡做出调整，但这种调整非常缓慢，以至于实际上不能保证劳动力总是保持充分就业、商品市场总是保持出清。也就是说，包括工资在内的价格变量具有不易向下调整的刚性，当市场出现供求不均衡时，往往做出调整的不是名义变量——工资和价格，而是实际变量——投入的劳动和产出量，出现所谓“数量调节”取代“价格调节”的情形。当经济不景气、企业经营困难时，雇主的应对之策是裁员而不是降工资，是主动减产而不是降价，即便二者兼而有之，失业也会增加。

非自愿失业的含义是工人被迫强制离开他们的供给曲线，不是因为他们不愿接受现有的工资水平，相反，是因为商品市场的萧条，企业通过解雇工人来对付产品的滞销。因此，凯恩斯失业是有效需求不足的失业，或者说是一种周期性失业。这种失业状态不能通过实际工资的变动就能使失业减少，要恢复到充分就业，必须提高总的有效需求，只有商品市场供大于求的状态消失，才有可能使劳动力市场重建充分就业。

（二）有效需求不足

这一理论进一步解释了产品市场为什么会出现普遍过剩。凯恩斯认为，在三大基本心理规律——边际消费倾向递减、资本边际效率递减和流动性偏好的作用下，产品市场的供过于求成为一种常态。于是，产品市场的供过于求传递到劳动力市场，反过来，劳动力市场的供过于求对产品市场也具有“溢出效应”，导致产品市场的供过于求，因为工人总是根据能够销售的（劳动力）数量，再来决定能够购买的（商品）数量。这样，经济就形成了在商品市场和劳动市场双重萎缩的基础上达到均衡，即所谓的非充分就业的均衡。

三、失业理论的新进展

随着社会经济的发展，失业现象显得越来越复杂，对失业问题的研究也就更加深入、系统。在凯恩斯以后的失业理论中，较为重要的理论包括自然失业率理论、效率工资理论以及失业回滞理论。

（一）自然失业率：意义及度量

在凯恩斯理论框架中，引起失业的根本原因是周期性的经济萧条，对这类失业的治理不能通过实际工资水平的调整解决，而是要通过政府的反周期的扩张性宏观政策才能消除。但是，失业现象的复杂性在于，经济周期过去之后，经济中总是存在一定比例的失业人口，近年来这一比例还有所上升，并且失业者的失业时间持续时间更长，即使在经济繁荣时期，这部分失业也难于消除。

在正常时期——当实际 GDP 等于其潜在值时，失业并不为零。货币主义的代表人物弗里德曼把这一类失业称之为自然失业，其对劳动力人口的比率被称为自然失业率（the natural rate of unemployment）。在《货币政策的作用》（1968 年）一文中，他把自然失业率描述为，在一个给定的一般均衡的经济结构中，经济动态系统不断重复呈现出具有收敛点的失业率。自然失业率的存在与劳动力市场和商品市场的实际结构性特征有关，包括市场不完全性、需求与供给的随机变化、搜集关于工作空位和劳动可获得性信息的成本以及劳动力的转移成本（流动性成本）等。也就是说，在经济的正常运行和发展进程中，人们的职业偏好、居民的需求结构，从而产业结构、产量的时间分布等随时在发生变化，这就要求劳动力在不同企业和部门间不断的流动，但在信息不十分畅达、不同部门专业化程度较高、劳动力培训又需要较高成本的情况下，任何经济中都会滞留一部分失业者。自然失业的主要形式有：磨擦性失业、结构性失业和季节性失业。自然失业是周期性失业的对称，是难于通过反周期的宏观政策而消除的。

菲利浦斯曲线的提出似乎给出了一种行之有效的政策选择：一个经济可以用通货膨胀为代价来降低失业率，或者，反过来以失业的增加来抑制通货膨胀，最终使失业率和通货膨胀率控制在可以容忍的范围内。但是，人们很快否认了这一观点。尤其是以理性预期学派（也称新古典宏观经济学）为代表的经济学家认为，这种凯恩斯式的失业治理政策直接导致通货膨胀，而用通胀来使实际失业率跌到自然失业率以下，只是人们不能充分预期到通货膨胀率进而存在货币幻觉的情况下才能实现。因此，这只是一种短期内观察到的现象，从长期来讲，任何由扩张性政策导致的通货膨胀都是能够被人们准确预期到的，因而最终失业率会回到自然失业率水平。

目前，尚没有广泛接受的衡量自然失业率的标准方程式。一个简单的方法是计算一个长时间里平均的实际失业率。这一方法认为长期平均数熨平了失业率在自然率上下的周期性偏差。美国在1948—1985年间的平均失业率为5.6%，它实际上成了美国宏观经济学家心目中的自然失业率。

由此可见，自然失业率是一个极其重要的概念。正因为如此，近年来人们更多地探索这样一个问题：自然失业率是由什么因素决定的？为什么自然失业率有上升的趋势？较有影响的是新凯恩斯理论，他们从探求导致名义工资和价格粘性的原因出发，来解释长期失业的存在。具体包括劳动合同、隐性合同、工会制度、内部人—外部人模型、效率工资理论和失业回滞理论等。这些解释性模型可以分成两类：长期自然失业的外生性理论和长期自然失业的内生性理论。

（二）外生的自然失业率

从劳动力市场以外的制度因素和技术因素来考察，解释自然失业的理论有：

1. **长期工资合同**。长期合同是劳动力市场的一个显著特征，即工资不是在即期市场上每天或每月决定，而是由合同预先决定。这就意味着，工资不会迅速变动以出清劳动力市场。在采取显性劳动合同的大部分发达工业化国家，劳动合同的时间一般为1~3年，确定工资的方式有：合同期内名义工资固定或按一定方式调整；名义工资与通货膨胀率的指数化联系；确立一个重新开始条款，规定在通货膨胀率或其他经济因素变动超过某一水平时，才对工资合同重新开启谈判。总之，只要合同规定的工资水平偏离了市场出清水平，失业就有可能出现。

2. **工会力量**。在工会力量强大的国家，工资合同往往通过工会与经营者之间的集体谈判达成。许多研究认为，工会倾向于保护“内部人”（工会成员）的工资和就业机会，使其免受经济波动的影响，但代价是使“外部人”（非工会成员）的失业率波动更大。实证研究发现，工会组织的集中与分散度和失业率之间存在着某种规律性。当工会几乎涵盖整个劳动力队伍，谈判是全国性的，如瑞典，实际上所有工人都是内部人。“全国性”工会倾向于采取同全国性低失业相协调的工资水平。换句话说，高度集中的工会倾向于把他们行动的宏观经济效应内部化。相反，在存在强大行业性工会的国家，如荷兰，工会一般选择有利于自己成员的工资，但过高的工资也抬高了失业率。最后，在存在高度分散的工会的国家（大都在企业层次运作)，实际工资调整就较为灵活，有利于充分就业。

3. **技术进步与部门差异**。一方面，技术进步的总趋势是资本—劳动比提高，从而对劳动的需要相对下降；另一方面，即使整体经济匀速增长，不同部门的增长率还是有差异，扩张部门吸收更多劳动力，而紧缩部门缩减它们的劳动力。然而，劳动力不可能在部门间迅速或无成本的转移，或者说，部门间劳动力的重新配置总是滞后于就业增长的部门分布变化，结果，部门间增长差异越大，总失业率就越高。利利恩（David Lillien，1982 年）通过实证研究认为，这种结构因素可以解释美国 20 世纪 70 年代失业的大部分变化。

4. **最低工资法**。法定最低工资的实施，使工资水平不能降到最低线以下，也会阻碍劳动力市场的出清，尤其是对青少年和初级劳动者而言，在增加工作机会上有较大的负作用。

5. **失业保险**。失业保险水平，包括失业救济金的高低和失业保障时间的长短，会影响自然失业率。有了失业保险，工人就会关心失业时的可支配收入与就业时的可支配收入的比率，这个比率称为“替代率”。替代率越高，人们愿意花更多时间寻找工作，失业率就越高。来自美国的证据表明，失业保障期限每增加一周，失业者的平均失业时间就增加 0.16 至 0.20 周。

（三）内生的（endogenous）自然失业率

上述推理都是从劳动力市场以外的制度因素和技术因素考虑的。现实中还存在这样的现象：企业主本身就不想通过降低工资去用更多的工人，自然失业率的存在及其上升趋势具有内生性。

1. **隐含合同理论**（implicit contract theory）。这一理论弥补了传统的长期合同理论的缺陷，即长期合同是一种假设的制度安排，一旦长期合同即期化，劳动力市场就会出清，这可能是符合劳资双方利益的帕累托改进。阿扎里迪斯（Azariadis，1975 年）在其经典论文《隐性合同和就业不足均衡》中指出，由于工人与雇主之间存在一种基本的不对称——雇主是风险中性的，而工人是厌恶风险的，因此，工资的确定不仅是对劳动贡献的合理回报，还应充当规避雇员收入变动风险的职能。这样，即使没有正式谈判的工资协议，由企业主承担来自需求或供给的冲击的“社会共识”会自动隐含在工资制定行为中。这样，工资的固定就不再是出于外在的制度因素或工会力量，而是由于雇主、雇员对风险的态度不同，由各自的最优行为决策自然导致的工资刚性化，因而工资刚性和劳动力市场难于出清就是内生的了。

2. **寻职模型**（job search model）。这一模型最早由施蒂格勒（G.J.Stigler，1962 年）提出。他从信息成本角度分析了职位的搜寻和匹配问题。人们为了找到合适的工作，自愿地选择短期失业，而不会只注重第一个出现的工作机会。这种寻找对本人、对社会都有益处，它诱导工人到劳动生产率最高的地方工作。

3. **“内部人—外部人”模型**（insider - outsider model）。由林德贝克和斯诺尔（Lindbeck，Snower，1986 年）提出的这一模型，被认为是 20 世纪 80 年代后期失业理论方面的重要研究成果。所谓内部人，是指已就业的劳动者；外部人是指劳动力市场上的失业者。在一个企业内部，一方面，企业受工资谈判和劳动合同的限制，不能随意降低工资；另一方面，内部人出于对自身利益的维护，会抵制乃至威胁企业解雇内部人引进外部人的决策。更重要的是，企业解雇内部人需要支付一个额外的补偿费用，而雇佣外部人又需要花费一笔搜寻合适人选并加以培训的费用。结果，企业不得不放弃雇用更多“低价”外部人来替换“高价”内部人的决策。并且这一过程会自我强化，内部人在岗位上通过“干中学”，不断积累职业技能和经验，而外部人因长期失业逐渐丧失劳动能力。

4. **效率工资模型**（efficiency wage model）。这一理论最早由索洛（R.Solow，1979 年）在

20世纪70年代末提出，80年代在夏皮罗和斯蒂格利茨（C.Shapiro and J.Stiglitz，1984年）的推动下发展起来，曾被西方经济学家认为是20世纪90年代最有发展前途的宏观经济学分支。效率工资构建在所谓的“偷懒模型”（shirking modal）之上，其基本假定是：工人在生产过程中会尽可能少出力，因此必须有人监督，但在信息不对称条件下，对劳动的监督成本很高。企业家们发现，一个简便易行的办法是，将工资提到一个较高水平——高于同行业的平均工资，这时就业者发现一旦因偷懒而失业工作，就再也找不到相同报酬的工作，因而会努力工作。同时，行为科学的研究显示，人们往往将工资的高低看做是一种“身价”，低工资会导致高素质劳动者另谋高就，留在企业的是那些选择机会有限的低质量劳动力。实证研究也表明，工资越高，工人付出的努力水平越高，劳动效率越高。效率工资的秘密一旦传播开来，企业会纷纷仿效，结果工资水平会整体上升到市场出清水平之上。但是，工资和劳动效率的同步提高，意味着雇佣量沿劳动需求曲线向左上方移动，就业减少，失业增加了。

5. **失业回滞**（hysteresis in unemployment）理论。回滞是一个物理学术语，当变量受到外力作用，甚至在外力撤销之后，变量仍无法回到初始值时，就发生了所谓的“回滞”。费尔普斯（Phelps，1972年）最早把这一概念引入了经济学。与自然失业率假说不同，失业回滞理论认为失业不仅取决于当期因素，而且也取决于过去的失业状况。进入20世纪80年代以后，欧洲主要国家的失业率出现了前所未有的上升，这种上升具有很强的持久性，即失业率一旦上升以后就很难回复到原来的水平。由于同期欧洲经济并没有出现严重的衰退现象，失业回滞的概念开始受到经济学家的重视，人们开始从时间序列的角度考察失业率是否存在着显著的自相关性，并试图给出理论上的解释。布兰查德和萨莫斯（Blanchard and Summers，1986年）合作发表的《回滞与欧洲失业问题》的论文开创了失业回滞的理论研究和经验研究。

长期以来，传统理论一直认为自然失业率是在给定的劳动力市场的结构性特征和信息非完善情况下供求处于均衡状态时的失业率，而实际失业率是由一系列周期性因素引起的失业，经过一段时期市场力量的调节，实际失业率会自动回复到自然失业率水平。因此，传统理论由以下两个相关命题构成：(1) 在长期内处于均衡水平的自然失业率本身是一个不变的数值，即均衡值具有惟一性；(2) 如果实际失业率受到各种因素干扰背离了均衡值，市场力量能够使之向均衡的自然失业率回归。但失业回滞理论对上述传统理论发出了挑战：(1) 由于自然失业率受前期实际失业率的影响，因此自然失业率不再是不变的、惟一的，而是变化的；(2) 不是实际失业率向自然失业率回归，而是均衡的自然失业率倾向于向上一期的实际失业率靠拢，失业率的演变不仅具有某种惯性，而且具有一定的不可逆转性。如果我们用 U^* 表示自然失业率，U 表示实际失业率，那么失业回滞理论所要表达的自然率与实际率之间的关系可以下式表示：

$$U_t{}^* = \alpha U_{t-1} + \beta Z_t,\ 0 < \alpha \leqslant 1$$

式中，Z 表示决定均衡状态时自然率的其他宏观经济因素。

如果不能拒绝上式中 $\alpha = 1$ 的假设，失业率就可能是一个单一根的过程，已有的大量研究证明了这一点。

那么，又是什么样的作用机理导致失业回滞现象呢？解释失业回滞的角度很多，如路径依赖、耻辱效应（失业的耻辱感会随失业率上升而下降）、干中学（learning by doing）等等。但到目前为止，大多数经济学家比较支持从内部人—外部人模型以及职业搜寻与匹配的角度对失业回滞进行解释。总之，失业回滞理论突破了标准的古典和凯恩斯失业理论的旧框框，回答了近二十多年来欧洲国家的失业率维持在高位的现象。该理论表明，自然失业率与周期性失业率之间的界限实际上是不明确的，我们需要一套全新的失业理论和失业治理政策来对付现实生活中越来越复杂的失业困境。

上文对失业理论的回顾，只涉略了以欧美等成熟市场经济为背景的西方主流经济学家思考失业问题的已有成果。当我们的目光转向广大的发展中和转轨中国家，那里的失业问题更严重，也更复杂，蓦然发现，这些精致的理论并不能给我们一个满意的回答。尽管如此，它们仍然构成了我们思考问题的知识准备。正是在此基础上，发展经济学和转型经济学（transition economics）做出了有益的探索。

第三节 失业的国别视角：发达、不发达和转型经济

世界各国都面临失业问题，但各国的情况不一样。从经济发展的阶段和水平看，世界各国可分为“成熟经济体”和“非成熟经济体”。一个国家（或地区）是不是成熟的经济体，可从以下几个视角作判断：（1）建立起了完备的市场经济体制，市场体系完善，市场机制灵活，劳动力完成了市场化就业；（2）经济开发任务基本完成，实际产量已接近“生产可能性边界”；（3）在全球化背景下，各产业依比较优势和竞争优势原则得到了充分发展，不存在明显的产业瓶颈；（4）经济布局合理，地区经济基本实现平衡发展；（5）国民经济在“正常年份”（不考虑萧条与繁荣的周期）能实现瓦尔拉斯式的均衡，劳动力市场实现充分就业，实际失业率接近于自然失业率。已有的失业理论正是以这样的成熟经济体为参照。但对于大多数发展中国家和转轨经济国家，所面临的现实是：即使在“正常年份”，其失业率也大大高于自然失业率，或者说，这些国家的自然失业率远远高于成熟的市场化工业国。

本节以经济的“成熟度”为前提，分别讨论成熟市场经济国家、发展中国家和转轨经济国家的失业类型。

一、成熟市场经济的失业模式

根据失业产生的原因，成熟市场经济国家的失业可分为两类：长期均衡条件下的自然失业和短期经济波动下的周期性失业。也就是说，一国的实际失业率（U）等于自然失业率（U_n）与周期性失业率（U_C）之和，用公式表示为：

$$U = U_n + U_c$$

（一）周期性失业

关注经济短期波动的凯恩斯认为，失业的突然增加是因为产品市场上的总需求下降引起的，产品市场的过度供给导致了劳动市场的过度供给，因此，人们将有效需求不足引起的失业称为“凯恩斯失业”，而有效需求不足又源于周期性的经济萧条，因而“凯恩斯失业”又被称为“周期性失业”。一旦出现凯恩斯失业状态，劳动力市场的价格机制就有可能失灵，

因为只要产品市场的供大于求不消除，工资的下调对于消除失业就无济于事，劳动力被近离开其供给曲线，因此又称为“非自愿失业”。周期性失业可以用凯恩斯式的刺激有效需求增加的宏观经济政策来消除。

（二）自然失业

从动态角度看，经济中总有一部分劳动力处于退出和进入失业队伍的过程之中，即使在繁荣时期，这种状况也不会改变。因此，在排除了经济周期的干扰以后，经济中仍然存在着一定数量的失业人口和一定水平的失业率，弗里德曼称之为“自然失业率”，其严格定义是：在一个给定的一般均衡的经济中，不断重复出现的具有收敛点的失业率。也就是说，从长期来讲，失业率最终会回到自然失业率的水平，并且，无论宏观经济如何波动和调控，一般被认为是难于清除的。这种失业率的存在和大小与劳动力市场结构、信息完备程度、劳动力转移成本等多种因素有关，可以用微观经济政策——加强就业培训、降低转移成本、发展劳动中介组织、提高工资的弹性等，来使之缓解。

长期存在的自然失业主要包括磨擦性失业、结构性失业和季节性失业。

1. **磨擦性失业**。就整个劳动力市场而言，由于信息不通畅或者劳动者与岗位的匹配需要时间等诸多因素的作用，在任一时点上，空缺的岗位和失业并存。产生磨擦性失业的原因是转岗和寻找工作需要时间与成本。真实世界中的劳动力市场，其交易成本同样大于零。

2. **结构性失业**。在经济的发展过程中，随着需求结构的变动和技术进步，产业结构处在不断的变动之中，各产业部门的分化组合与此消彼长，也会产生失业人口，由此造成结构性失业。产生结构性失业的原因是劳动力在部门间的转移和流动需要成本，并与各部门间对劳动技能的要求差异呈正相关。

3. **季节性失业**。在时间分布上，消费者对产品的需求波动会引致厂商对劳动力的需求波动。产生季节性失业的原因是不同产品需求的季节性波动难于相互抵消。

描述周期性失业与自然失业关系的经验性规律是贝弗里奇曲线和奥肯定律。

（三）贝弗里奇曲线（Beveridge's curve）

作为自然失业主要类型的磨擦性失业和结构性失业，其共同的特征是“空岗和失业的并存”，也就是说，工作机会和失业人数是相当的，只是由于双方没有及时找到对方。这样，我们可以把劳动力市场分为两大类：一类是存在空缺的市场，在这个市场上，劳动需求大于劳动供给；另一类是存在失业的市场，在这个市场上，劳动供给大于劳动需求。与失业率相对应，我们将岗位空缺量占劳动力总数的比重称为“空缺率”，那么岗位空缺率与失业率有无关系呢？一种直观的推理是：当失业率很高时，很少有人会辞职寻找更满意的工作，岗位空缺率就可能下降；当岗位空缺率很高时，失业者的再就业机会和可能就会大一些，失业率因此就可能降低。英国经济学家贝弗里奇（Beveridge，1909 年）通过对失业者失业申请登记报告的经验分析，最早发现了失业率与岗位空缺率之间确实存在显著的负相关性。如图 10－4 所示，U 和 V 分别表示失业率和空岗率，向右下方倾斜的曲线 BC 为贝弗里奇曲线，从中可以看出，失业率越高，空岗率就越低；而空岗率

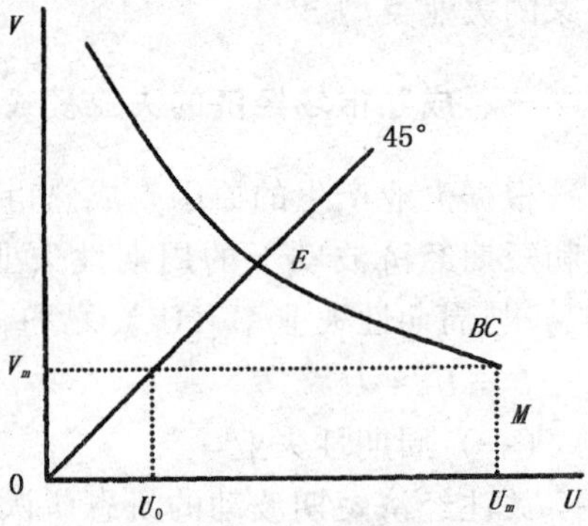

图 10－4 贝弗里奇曲线

越高，失业率就越低。

从原点出发作45°射线，这条线上的每一点都表示空岗数与失业人数相等的情形。这条线是区分不同类型失业的基础。在45°线右侧的失业属于其他类型的失业，在45°线上的点对应的失业是包括了磨擦性失业和结构性失业在内的自然失业。假如当前的劳动力市场处在BC曲线上的M点，那么实际失业率为U_m，空岗率为V_m。其中U_0等于V_m，表示磨擦性或结构性的失业，而U_0U_m则表示其他类型的失业，如周期性失业。尽管$U_m = V_m$，由于劳动力市场的结构性因素而无法出清，但在国民经济实现充分就业的均衡状态时，劳动力市场状况就处在BC曲线与45°线的交点，也就是图中的E点。

贝弗里奇曲线近年来重新受到重视，是因为该曲线所揭示的“空岗与失业并存”能进一步深化对古典失业和自然失业率的理解。

（四）奥肯定律（Okun′s law）

失业的上升意味着雇佣劳动力市场的收缩，从而引起产品市场的收缩。阿瑟·奥肯（A.W.Okun）从美国历年的经验数据中发现了失业率变动与实际产出增长率变动之间的数量关系，后人称之为“奥肯定律”。如果我们将充分就业（实际失业等于自然失业率）时的产出增长率称为潜在GDP增长率，则奥肯定律可作如下表述：实际GDP增长比潜在GDP增长每快2.5%，失业率就下降1个百分点；或者反过来，实际失业率每高于自然失业率1个百分点，则实际GDP增长就比潜在GDP增长慢2.5%，用公式表示为：

失业率的变动 = –0.4（实际增长率 – 潜在增长率）

奥肯定律的一个重要贡献是提供了一个分析实际失业率与自然失业率和周期性失业率之间，以及实际失业率与实际增长率和潜在增长率之间相互关系的经验数量。例如，设一国的自然失业率为5%，潜在增长率为4%，如果实际失业率为6%，则实际增长率只有1.5%，表明处于萧条状态，周期性失业率为1%。

奥肯定律的一个重要结论是：为防止失业率上升，实际GDP增长必须与潜在GDP增长同样快。如果要想使失业率下降，实际GDP增长必须快于潜在GDP增长。由此可见，经济增长目标与充分就业目标并不矛盾，而是相互依赖的。这一规律同样适用于其他国家，只是其比例关系未必是2.5∶1。

二、发展中经济的失业模式

（一）发展中经济的失业类型：劳动无限供给型失业

由于经济开发尚未完成，发展中国家的失业要比发达经济体严重得多，集中体现为大量处于自然经济状态的农业劳动力没有实现真正的市场化就业，用经济学的话来说，农业劳动力的平均生产率可能大于零，但其边际劳动生产率却等于零，甚至是负数。因此，在相当长的工业化、市场化和经济发展进程中，总有似乎永远吸纳不完的庞大劳动力供给。农村剩余劳动力想就业又不得的失业，既不属于古典失业，也不属于凯恩斯失业。在发展中国家，面对庞大的农村剩余劳动力，工资已经压得很低，基本只能糊口，原因在于市场化的就业岗位严重不足；同样，它与经济的周期性波动无关，经济萧条只是进一步恶化了就业形势。

“劳动过剩型失业”或“劳动无限供给型失业”可定义为：在资本积累不足、劳动严重过剩的发展中经济体，由劳资配合比例失调引发的，即使工资下降到接近于0，仍无法消除的失业。失业者的主体是农村剩余劳动力，这种失业要到工业化、城市化基本完成后才会消失。

因此，在发展中国家，失业的类型和形态包括：自然失业、周期性失业和劳动无限供给型失业。另外，还存在大量的不充分就业现象，即大量的农村剩余劳动力就经常处于就业与失业之间：就业的时间不足，就业缺乏起码的稳定性，就业的工资报酬极低——经常处于最低工资标准之下，所有这些，使发展中国家的劳动力市场出现了一个庞大的半就业、半失业群体，我们称之为“就业不足”或“不充分就业”。

发展经济学家对此作了大量研究，较重要的成果是刘易斯模型、托达罗模型和二元劳动力市场模型。

（二）发展中经济的失业理论

1. 刘易斯模型，也称为二元经济模型。刘易斯（W.A.Lewis）在1954年发表的《劳动无限供给条件下的经济发展》一文中指出，劳动力从以传统农业部门为代表的低生产率部门转移到以现代工业部门为代表的高生产率部门，是发展中国家的经济增长之源，既可提高总体生产率水平，又是解决“劳动过剩型失业”的惟一途径。由于农村的边际劳动生产率为0，剩余劳力向工业部门的转移不会抬高工资水平，这样，在工业投资高利润回报的驱使下，城市工业的资本形成和加速扩张，会持续地吸纳转移剩余劳动力，直到工、农业的劳动边际生产率相等，劳动力流动才会停止，“劳动过剩型失业”也就消失了。刘易斯二元经济模型的提出是发展经济学的重大成果，后人又对这一模型进行了修正和发展，又提出被称为“拉尼斯—费景汉模型”、“乔根森模型”和“托达罗模型”等的多种人口流动与就业增长模型。

2. 托达罗模型。托达罗（M.P.Todoro）在1969年发表的《欠发达国家中劳动力流动和城市失业的模型》一文中认为，刘易斯模型中以城市工业部门不存在失业为假定前提是不现实的，事实上，在发展中国家，城市失业问题十分严重。他认为，一个农村劳动力是否决定进入城市寻找工作，一是取决于城乡实际收入的差距（扣除迁移成本后的净值），差距越大，吸引力越大；二是取决于城市失业率，农民进入城市后的就业机会或就业概率，概率越高，推力越大。这样，当城市失业率较低时，就业概率高，农业劳动力流入城市就多，城市就业压力增加，城市失业率上升；反之，当城市失业率较高时，就业概率低，农业劳动力流入城市就少，城市就业压力减轻，城市失业率下降。这样，在就业概率的调节下，发展中国家的城市总是存在一个较稳定的失业率。

托达罗模型的贡献在于解释了发展中国家城市出现高失业的原因，并指出片面发展城市工业只会导致失业在城乡间的转移，应该注重农村的自生能力，发展农村经济，缩小城乡收入差距，才会降低总体失业率。

3. 二元劳动力市场（the dual labor market）模型。这一模型是与更具广阔视野的劳动力市场分割理论联系在一起的，它最早由庇奥尔（M.J.Piore，1970年）提出。其基本假设为：整个社会的劳动力市场可以进一步分为第一劳动力市场和第二劳动力市场。第一劳动力市场是正规部门和高技能劳动者光顾的市场，他们的工资较高，劳动条件好，工作岗位较有保障和职业前景较好；第二劳动力市场是非正规部门和低技能劳动者光顾的市场，他们的工资较低，劳动条件差，工作具有不稳定性和暂时性。因种种技术的或制度的因素，两大市场之间的劳动力缺乏流动性，造成了劳动力市场的二元分割。如果出现周期性萧条，第一劳动力市场的劳动力降格到第二劳动力市场就业较容易，因此第一劳动力市场的失业率要低于第二劳动力市场。第一劳动力市场的工资水平往往由制度性（如工会）决定，而第二劳动力市场是完全竞争市场，工资水平由供求力量决定，由于劳动过剩，工资水平极低，经常介于0到最低工资之间。可见，第一劳动力市场的劳动力是既得利益者，享受着高工资和低失业，进一步挤压了第二劳动力市场的劳动力的就业机会和工资水平。

三、转轨经济的失业模式

在讨论转轨经济前，我们先来了解一下对国家和地区进行分类的标准，以便更准确地理解“转轨经济”的性质。

为了便于比较和寻求规律性特征，世界银行等国际经济组织在汇编世界发展报告时，按一定标准对各国进行归类。通用的方法是按人均收入水平将国家和地区分为三类，分别是“低收入国家”——人均收入在不足785美元、“中等收入国家”——人均收入在786~9635美元之间和“高收入国家”——人均收入在9636美元以上，其中，“中等收入国家”又可细分为“下中等收入（786~3115美元）国家”和“上中等收入（3116~9635美元）国家”。需要说明的是，这一具体的收入标准是变动的，这里列出的收入数据是世界银行1998年的划分标准。与此同时，人们又根据各国经济的发展水平和经济体制，笼统地归类为“发展中国家”、“转轨经济国家”和“发达工业化国家”。低收入和中低收入国家都为发展中国家，高收入国家为发达工业化国家，从现有情况看，大多数转轨经济国家为中等收入国家。

20世纪90年代后，随着前苏联和东欧国家的激进式市场化改革而诞生的“转型经济学(transition economics)”，其所谓的“转轨经济”，专门指这些前苏联和东欧国家。其原因在于：(1) 由于在转轨前，这些国家已基本完成了工业化和城市化（见表10－2），因此不属于典型的“发展中国家”；(2) 他们的收入尚未达到发达工业国的水平，所以又不属于“市场化工业国”；(3) 他们正处于从计划经济向市场经济的转轨过程中，因此，最恰当的称谓是转轨经济国家。而中国既属于发展中国家，又处在体制转轨过程中，具有转轨经济的性质，但绝大多数西方经济学家视中国为发展中国家。也就是说，中国在计划体制下并没有完成工业化与城市化，存在着大量的处于自然经济状态的农业部门和农村人口，要在市场化改革的同时实现工业化和城市化，完成劳动力向工业和服务业的大规模转移，“劳动过剩型失业”是中国失业人口的主要形式。

因此，纯粹的“转轨型失业”存在于俄罗斯和东欧国家。在市场化改革前，这些国家已基本完成了工业化和城市化的任务，劳动力在城市的工业和服务业中就业，只是在就业方式上是计划体制的具体实现形式。“计划就业体制”的基本特征可概括为以下几点：(1) 劳动力安置是统制经济的重要一环，由国家统一编制劳动就业和工资计划，将劳动力视作可统一调配的生产要素，分配到各地的官办国营企业中；(2) 不存在劳动力市场，就业数量与工资水平由计划确定，企业失去了作为劳动需求方的决策自主权，如雇佣多少、雇佣谁、雇佣的价格等，也无权随经营状况调节雇佣人数及工资水平，企业只是执行国家计划的工具；(3) 由于企业不是一个利润最大化的主体，劳动的边际生产力失去在决定就业量和工资水平中的决定性作用，计划体制下的就业量和工资水平事实上由全国平均劳动生产率决定；(4) 通过全国统一经济核算和鞭打快牛，维持“低工资、高就业”状态，事实上是由“好企业”来养活“差企业”的职工，直到所有企业都难以为继。因此，计划体制下的高就业潜伏着大量的“隐性失业”，也就是人们常说的“冗员”——在市场规则下，其边际生产力小于等于零的在岗职工。一旦实行市场化转轨和私有化改造，这些处于隐性失业状态的冗员就会被裁减，成为公开的失业者。因此，在前苏联、东欧国家的经济转轨过程中，失业率出现了剧烈上升，如表 10 – 2 所示。

表 10 – 2　　主要转轨经济国家的经济结构和失业率变动

单位：%

国　家	产出结构						就业结构						城市人口比重		失业率	
	农业		工业		服务业		农业		工业		服务业					
	1980年	1996年	1980年	1996年	1980年	1996年	1980年	1994年	1980年	1994年	1980年	1994年	1980年	1996年	1990年	1996年
保加利亚	14	10	54	33	32	57		NA		NA		NA	61	69	1.7	14.2
捷克	7	6	63	39	30	55	14	13	67	54	19	33	64	66	0.3	3.1
匈亚利	NA	7	NA	32	NA	61	21	19	47	42	32	39	57	65	0.8	11.0
波兰	NA	6		34	NA	59	28	27	46	45	26	28	58	64	6.1	14.0
罗马尼亚	NA	21	NA	40	NA	39	26	21	50	53	24	26	49	56	3.0	6.3
俄罗斯	9	7	54	39	37	54	19	17	50	48	31	34	70	76	NA	9.3

资料来源：世界银行：《1998 年世界发展报告》，中国财政经济出版社 1999 年版。

说明：NA 为不详。

从表 10 – 2 中可以看出，转轨经济国家在经济转轨时已基本实现工业化和城市化，在发展阶段上已跨越“发展中经济”进入成熟的工业社会。早在 1980 年，这些国家的农业就业人口比重就都在 30%以下，城市人口比重在 50%以上，转轨前的 1990 年，除波兰外，失业率都在 3%以下，但到了转轨后的 1996 年，除捷克共和国外，失业率急剧上升，保加利亚达到 14.2%。可以说，经济转轨前后的失业率差额为“转制型失业”，即计划体制下的“隐性失业”的显性化。

第四节
失业治理的政策

关于失业的治理政策，大致上可以分为两类：主动的失业治理政策和被动的失业治理政策，下面，我们作一概括性评述。

一、主动的失业治理政策

主动的失业治理政策是建立在前面对失业成因的理论分析基础上的。它可以从三方面展开：一是从劳动力的供给角度做文章，如何使劳动力的供给在总量上、结构上、质量上符合劳动力的需求；二是如何修复劳动力市场的调节功能，对劳动供求进行调节；三是如何提高宏观经济的活动水平，增加某一经济的活动水平，从而增加对劳动的总需求。

（一）主动调节和控制劳动力供给，使之与劳动力的需求相适应

当一个经济面临失业率不断上升时，控制和减少劳动力供给总量，改善和优化劳动力供给素质是一个有效的措施。常用的方法有：（1）延长人们的受教育年限以推迟劳动年龄人口的工作时间，如我国从 1999 年开始的高校扩招，2002 年开始大力倡导发展职业教育，并在

劳动力市场上推行职业资格和准入制度以及劳动预备制度；(2) 大力实施劳动力输出，以减少国内劳动力市场的压力；(3) 缩短法定工作时间，单个劳动者工作时间的减少有助于增设工作岗位，同时延长了休闲和受教育的时间，有助于提高劳动力的素质；(4) 加强职业培训，提高劳动者的就业适应能力。目前，世界各国都有各具特色的职业培训和继续教育体系，有企业主导型的，也有政府主导型的。职业培训的目的，一是为了提高劳动者的素质和劳动生产率；二是为了失业者转岗的需要，通过与时俱进的实用技能培训，使劳动力快速适应就业市场的变动。

（二）修复劳动力市场的功能，提高劳动力市场的灵活性

有一些失业（如欧洲国家）往往是由于劳动力市场缺乏灵活性引起的，从而导致古典型失业和失业回滞。因此，在劳动力价格——工资的确定上应保持一定的伸缩性，使之能随劳动力的供求关系而作适应性调整；同时，企业有权根据劳动力市场的工资波动、生产经营状况和不同劳动力的工作效率做出即时调整。

（三）提高宏观经济的活动水平

通过提高经济活动水平和经济增长的就业弹性来解决失业，是最有效、也是最积极的方法，这就要求一国的中央政府具有高超的宏观调控能力。

主动的失业治理政策还包括增强就业的信息公布和反馈机制、消除劳动力自由流动的种种障碍和提倡工资非指数化，等等。

二、被动的失业治理政策

被动的失业治理政策是基于这样一个信念：在市场经济条件下，要彻底消除失业是不可能的，所有试图改变就业水平的措施都将影响市场本身的运作机制，到头来还将受到市场机制本身的报复，失业率还会回复到治理以前的水平。但是，失业问题确实给社会经济带来某种非均衡的运行，由社会成员之间收入的巨大差距引起社会不稳定，如犯罪等。另外，失业还涉及到一个社会公平的问题，为什么在一个经济高速发展的时代，一部分人能够就业，而另一部分人却饱受失业的痛苦？

因此，政府对失业问题能够做的就是事后的失业保障和失业救济工作。通过发放失业保障和救济金，使失业者能维持基本的生活水准，达到社会公平的目的。当然，失业保障和失业救济也可能产生负面效应，比如说欧洲各国，就是因为失业保障和救济金额逐年上升，使得劳动力成本不断上升，加剧了失业问题。

本章小结

失业是宏观经济学研究的出发点。有工作能力、工作意愿却没有工作的状态，称为失业。研究并治理失业的一个技术性前提是必须要有一套完整的、符合国际规范的劳工统计指标体系。中国在这一点上存在亟待改进的地方。

第二次世界大战后，失业理论的研究进展很快，尤其是非自愿失业和自然失业率假说的提出，引导人们将失业问题的研究引向深入。合同理论、劳动力市场分割、效率工资、失业回滞、贝弗里奇曲线等理论从不同方面解释了市场的不完善性和工资粘性的根源。

不同体制、不同发展阶段的国家，其失业的类型和成因是不同的。主动和被动的失业治理政策提供了可供选择的政策菜单。

复习与练习

一、关键概念

失业人口　劳动力人口　劳动力参与率　自然失业率　周期性失业　结构性失业　奥肯定律　失业回滞　二元劳动力市场

二、选择题

1. 失业率的计算方法是(　　)。

A. 失业人口/总人口　　B. 失业人口/劳动力人口

C. 失业人口/劳动年龄人口　　D. 失业人口/就业人口

2. 下列哪一种有关自然失业率的说法是错误的(　　)。

A. 自然失业率就是自愿失业率

B. 自然失业率等于实际失业率减去周期性失业率的差额

C. 自然失业率就是经济处于充分就业状态时的失业率

D. 自然失业率的形成主要是因市场的不完全造成的，如磨擦性失业等

三、思考题

1. 我国的失业统计还有哪些值得改进的地方？
2. 试述失业人口、就业人口与不在劳动力人口的关系。
3. 是否所有具备劳动能力的人都有了工作才叫充分就业？
4. 磨擦性失业是不是一种自愿失业？
5. 为什么在一些国家，自然失业率会呈上升趋势？
6. 发达国家、发展中国家和转轨中国家的失业问题有什么异同？
7. 治理失业的对策有哪些？

第十一章 通 货 膨 胀

失业、通货膨胀并称为两大宏观经济问题，是经济学家一直在对付的经济痼疾。上一章我们讨论了失业，现在我们转向第二个问题：通货膨胀。通货膨胀的原因是什么？为什么通货膨胀是个问题？如果通货膨胀如此令人不喜欢，为什么政府不简单地摆脱它？以及通货膨胀与失业之间到底存不存在此消彼涨的关系？本章将围绕这些问题进行展开。

第一节 通货膨胀的定义、衡量和分类

一、通货膨胀的定义

通货膨胀常常成为人们谴责的对象，因为当通货膨胀率超过收入增长率时，人们的生活水平就会下降。中国在20世纪90年代前半期曾受通货膨胀困扰，通货膨胀率达到两位数。1992年底，市场上大米的价格是每千克1.6元，半年以后成为3.0元，又过半年成为3.6元。大多数其他物品的价格在此期间也经历了类似的上升。这种物价总水平在一定时期内持续的、明显的上升过程，或者说货币价值在一定时期内持续的下降过程，被称为通货膨胀（inflation）。失业往往集中在人口中的某些人群上，而通货膨胀却影响每一个人。

如果仅有一种物品的价格上升并不是通货膨胀。如果大多数物品的价格上升，这才是通货膨胀。另外，通货膨胀是物价持续上涨的过程，而不是暂时的物价上涨。

二、通货膨胀的衡量

通货膨胀必然会通过价格水平变化表现出来。因此，目前各国衡量通货膨胀程度的主要指标就是价格指数。若用P表示价格指数，π表示通货膨胀率，则通货膨胀率可定义为：

$$\pi = \frac{P_t - P_{t-1}}{P_{t-1}} = \frac{\Delta P_t}{P_{t-1}}$$

（一）价格指数的编制

价格指数一般形式为：

$\sum p_t q / \sum p_o q$

式中，p_t 为报告期价格；p_0 为基期价格。

根据实物量 q 选取的不同，可以采用拉氏计算方法和帕氏计算方法进行编制。

拉氏法编制的价格指数是将实物量 q 固定在基期水平上，即

$\sum p_t q_o / \sum p_o q_o$

帕氏法编制的价格指数是将实物量 q 固定在报告期水平上，即

$\sum p_t q_t / \sum p_o q_t$

（二）几种常见的价格指数

反映物价变化的指数有多种，其中以消费物价指数、生产物价指数和 GDP 平减指数等最为重要和常用。

1. **消费物价指数**（consumer price index，CPI）。消费物价指数是一种用来衡量各个时期家庭消费的货物和服务的价格平均变化程度的指标。这一指标的变化反映居民货币收入购买力的升降，也在一定程度上反映了货物和服务价格变动对居民生活的影响。消费物价指数的计算一般抽取若干个与居民生活关系密切的商品为样本，测量它们在一定时期内零售价格（或费用）的变化程度。

消费物价指数在我国正式命名和公布是在 1994 年 1 月。在这之前，我国编制与之相类似的指数是零售物价指数。它的统计口径较窄一些，只包括消费者购买的货物，不包括服务。它是从 130 多个城市和 210 多个县中选择 450 种具有代表性的商品进行计算的，基本上反映了我国城乡居民的家庭消费结构情况。

2. **生产者价格指数**（producer price index，PPI）。生产者价格指数是通过计算生产者在生产过程中所有阶段上所获得的产品的价格平均变化程度而得的指标。这些产品包括产成品和原材料。这个指数可以使我们意识到不久的将来消费物价指数将发生的情况。

3. **GDP 平减指数**（GDP deflator）。GDP 平减指数是名义GDP 与实际GDP 的比率，用以修正 GDP 的数值，从中去掉通货膨胀因素，是所有计入 GDP 的最终产品和劳务价格的加权平均数。例如，以 1978 年为基年，GDP 平减指数为 100，当年的 GDP 是 3605.6 亿元；2000 年 GDP 平减指数为 334.5293，名义 GDP 是 89112.5 亿元。那么，以 1978 年为基期计算的 2000 年真实 GDP 就等于89112.5/3.3453≈26638.12 亿元，23 年来我国真实国内生产总值增长了约 6.4 倍，物价增长了约 2.345 倍。

三、通货膨胀的分类

按照不同的划分标准，西方经济学家把错综复杂的通货膨胀划分成不同的类型。以下四种划分是常见和较有意义的：

第一种，把物价上涨速度作为分类标志，通货膨胀可分为爬行的通货膨胀、温和的通货膨胀、飞奔的通货膨胀和恶性通货膨胀四类，但要精确地划分这四种通货膨胀的数量界限是困难的。爬行的通货膨胀一般指物价上涨不超过 2% ~ 3%，同时不存在通货膨胀预期的状态。爬行的通货膨胀被看做实现充分就业的一个必要条件，国外所谓通货膨胀有益无害的观点指的就是这种状态。一般把 3% ~ 10%之间的通货膨胀称为温和的通货膨胀。二位数的通

货膨胀是“飞奔的”。至于恶性通货膨胀，美国经济学家卡根（D.Cagan）将它定义为物价水平以超过每月50%的速度不断上涨，如第一次世界大战之后，德国经历了一次历史上最引人注目的恶性通货膨胀，主要是德国政府通过大量发行货币为战后赔款筹资。在恶性通货膨胀中，货币丧失了作为价值储藏的功能，并部分丧失了交易媒介的功能。

第二种，以通货膨胀的原因作为分类标志，可分为需求拉上的通货膨胀、成本推进的通货膨胀和结构性通货膨胀三类。把通货膨胀看成由实际因素或货币因素造成的过度需求拉上的，这是需求拉上的通货膨胀；假如认为通货膨胀是由于生产成本或企业利润提高所引发的，这属于成本推进的通货膨胀；如果在供求基本平衡条件下，由于个别关键性商品供求比例失调或者由于经济部门发展不平衡等而引起的，属于结构性通货膨胀。

第三种，把通货膨胀预期作为分类标志，通货膨胀可分为已预期到的通货膨胀和未预期到的通货膨胀两类。引入预期因素被看做通货膨胀理论在20世纪70年代的重大进展。如果通货膨胀是突发的、未被预期的，那么，货币工资率的增长会滞后于物价的上涨，从而使利润上升，至少暂时会具有一种扩大就业、扩大总产量的效应。如果通货膨胀事先已被完全预期到，那么，各种经济主体就将按其预期来调整其行为，如工会在物价上涨前就要求增加工资，那么，通货膨胀在短期内的扩张效应也将不复存在。

第四种，以经济模式中市场机制起多大作用作为分类标志，通货膨胀可分为开放性的和抑制性的两种。如市场机制对物价的调整作用是充分的、有效的，那么，一般物价水平就是总供给和总需求的函数，任何过度需求（商品或要素缺口）都将表现为物价或货币工资的上升，这种通货膨胀被看做是开放性的。如果政府对价格进行某种形式的控制，使得物价同市场供求脱离关系时，过度需求便不会引起物价水平上升，或物价上涨有限而不足以反映过度需求的真实水平。此时的通货膨胀被称为抑制性的。在抑制性通货膨胀中，过度需求不会因政府对价格的控制而消失，而是转化为商品短缺和供求紧张，形成隐蔽的通货膨胀。抑制性的通货膨胀严重到一定程度，物价最终还将突破限制而有所上涨。不过，这种上涨一般是滞后的、有限的。

第二节

需求拉上型和成本推进型通货膨胀

一、需求拉上型通货膨胀

所谓需求拉上型通货膨胀（demand - pull inflation）是指在市场经济条件下，由于总需求超出总供给引起的价格总水平持续上升现象。这种宏观经济现象在微观经济领域的表现，就是在主要或绝大部分具体的产品和服务市场上都是供不应求的，价格处于上升过程中。

需求拉上型通货膨胀是市场价格机制对需求和供给两方面力量的综合反映，但起因主要在需求方面，在于总需求的过度扩张。而总需求过度扩张的起因可能在于家庭和企业等私人部门自发性开支的高涨，或者政府部门不当的财政或货币经济政策等。就政府部门而言，盲目地扩张财政支出或者增加货币投放以刺激需求，都可能造成需求拉上型通货膨胀的发生。

在这一点上，凯恩斯主义与货币主义是相通的。货币主义学派的代表弗里德曼认为，通货膨胀是货币现象，即过多货币追逐过少的商品。这意味着，政府过度扩张的货币政策，即超经济增长的货币发行将引起超供给的需求，从而导致需求拉上型通货膨胀，是需求拉上型通货膨胀的可能因素之一。

图 11－1 描绘了需求拉上型通货膨胀的形成。设经济原处于（P_0，Y_0）点，由于某种原因（比如政府扩大货币供给量，或者私人部门自发性需求扩大等），总需求规模扩大，AD 曲线右移，于是，在原来的价格水平 P_0 上，总需求量 Y_2 超出总供给量 Y_0，表现在多数产品市场上供不应求。市场供求紧张的局面引起价格水平向上调整，以刺激生产量和抑制需求量，直至经济在更高水平的价格 P_1 上恢复总需求量与总供给量的平衡，最终均衡点为（P_1，Y_1）。其中，价格从 P_0 向 P_1 调整的过程就是通货膨胀的过程。

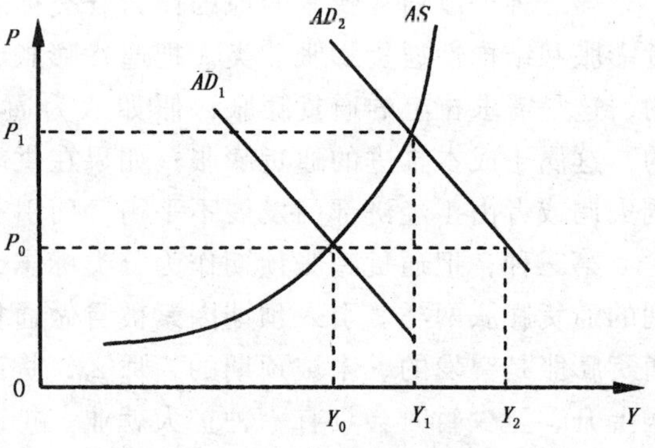

图 11－1 需求拉上型通货膨胀

需要指出的是：在社会生产力发展不够的“供给约束型”经济体系中，需求拉上型更容易发生；在严重失业的情况下，由于生产能力过剩，一般不会发生需求拉上型的通货膨胀；而在经济处于和接近充分就业情况下，过多的需求难以通过增加生产来满足，市场均衡只能通过价格机制来调节恢复，而且主要依赖价格上升抑制需求来实现平衡，这就形成大幅度的价格上涨。

1988 年我国发生了严重的通货膨胀，当年零售及服务价格总水平比 1987 年上涨 18%以上，是我国当时空前高记录的显性通货膨胀。这轮通货膨胀是我国 20 世纪 70 年代末开始的改革开放 10 年后发生的，从形成原因来看，应归为严重的需求拉上型通货膨胀，但是，它与我国当时生产供给能力不够有关。虽然经过 10 年的改革开放和发展，但我国的社会生产力和物质产品总量还远不能满足全国居民的消费和国有、集体、个人的投资需求，许多重要的生产和生活资料供不应求，如彩电、冰箱等家用电器抢购、建筑用钢材紧张、电力和铁路运力不足等，整个经济处于“供给约束型”或者说“短缺”经济阶段。在这种情况下，计划经济时代价格管制逐步放开和市场机制的逐步建立就为价格上涨提供了条件。

二、成本推进型通货膨胀

成本推进型通货膨胀（cost－push inflation）是指由于某些重要生产投入的价格上升引起的价格总水平持续上升现象。这里，生产投入的价格包括石油、煤炭、电力、煤气、农林产品等重要生产原料的价格，还包括工资、租金、利息和政府税收等。除此之外，企业的利润或者说产品的加价率也是产品价格的决定因素。

成本推进型通货膨胀的发生往往与某些垄断组织对重要投入价格和产量的操纵行为有关，如工会组织对工资合同谈判的影响力、垄断企业和组织在产品定价方面的垄断行为等。现在，我们以垄断企业和工会的行为来说明：……成本推动物价→物价推动工资→工资推动成本→成本再推动物价……这种循环往复的通货膨胀过程，即“工资—物价螺旋上升”（wage - price spiral）的过程。

（一）工资推动

工会组织垄断劳动力供给，为提高工人的收入水平，工会凭借其垄断力量与企业主进行斗争。在1998年法国世界杯足球赛期间，法国航空公司的飞行员工会要求资方增加工资，否则就集体罢飞，最后以航空公司的妥协而告终。工人货币工资水平的提高，使得包括工资在内的生产成本上升，企业在内部不能消化成本增加的情况下，通过提高产品定价的方式将成本增加转嫁出去，价格水平上升并引起相关产品价格的连锁反应，导致价格总水平P的上升，在此情况下工人的实际工资收入W /P将会下降，这将引起工会再一次提出提高工资的要求……这一循环往复的过程就是“W—P螺旋上升”的过程，形成了成本推进型通货膨胀。

（二）利润推动

为追求超额垄断利润，企业凭借其在行业内的垄断势力操纵和提高产品的销售价格。在20世纪70年代，石油输出国组织（OPEC）通过限制石油生产及控制石油输出，两次成功地将每桶原油的价格从3美元分别提高到11美元和40美元的水平。原油价格的上涨，一方面直接加大人们的日常生活费用开支；另一方面使得几乎所有的生产企业的生产成本上升和几乎所有的最终和中间产品价格的提高。生产资料和生活资料价格水平的提高，降低了人们的实际工资水平。为了维持原有的生活标准，工人会提出增加工资的要求，这又陷于“W—P螺旋上升”的循环之中。

石油垄断价格上涨是如此，其他一些重要物质产品和原料价格的上涨也是如此。比如，许多国家政府对供水、供电、燃气、铁路运输、电信等自然垄断行业实行一定的价格管制，尽量避免企业任意垄断定价，以保护经济效率和包括价格总水平在内的经济全局的稳定，维护广大居民和生产企业的利益；否则，这些行业产品和服务任意垄断定价的结果，就像石油危机一样，引起一轮又一轮的成本推动和价格上涨。

由于市场垄断、供给冲击等外在因素造成的重要生产投入成本开支的上升并引起工资、物价螺旋上升的过程中，总供给曲线是向上移动的，整个经济的均衡点沿着总需求曲线向上移动，价格水平上升，而均衡的实物产出量会有所下降，如图11 - 2所示。

三、供求混合型通货膨胀

供求混合型通货膨胀是将供求两方面的因素综合起来，认为通货膨胀是由需求拉上和成本推进共同起作用导致的。这里隐含着这样一个假设，只有单向的需求拉上或单向的成本推进，通货膨胀是不会持续的。同时，在现实经济社会中，通货膨胀的原因究竟是需求拉上还是成本推进，有时很难分清，往往是二者混合，“拉中有推，推中有拉”，相互促进的结果。通货膨胀可能起始于需求拉上，也可能起始于成本推进，一旦通货膨胀已经启动，只要配合需求拉上的因素，这种混合型的通货膨胀就会成为可能。

混合型通货膨胀的过程如图11 - 3所示。设经济原处于AD_1与AS_1相交的均衡点A（P_1，Y_1）点，由于工资的上升，使得总供给曲线左移，从AS_1左移到AS_2，但总需求曲线AD_1保持不变。在价格为P_1的水平下，总需求大于总供给，引起价格上升，直到P_2的水平，总供给和总需求又相等，这时新的均衡点在B点，对应的产出为Y_2，低于充分就业的产出Y_1。

从 A 到 B 点的过程可以认为是成本推进的过程。由于这时的产出低于 Y_1，导致失业的增加，政府为了降低失业，通过刺激有效需求，使总需求曲线右移，从 AD_1 右移至 AD_2。这时，由于工资不变，因而总供给曲线不变，仍为 AS_2。AD_2 与 AS_2 相交于新的均衡点 C 点，对应的价格为 P_3，产出为 Y_1，经济又达到充分就业水平。经济从 B 点到 C 点的过程可以认为是需求拉上的过程。在这一过程中，价格上升了，而工资却没有变化，故工人要求增加工资以抵消价格上涨的影响。于是，随着工资的上涨，总供给曲线从 AS_2 左移至 AS_3，与总需求曲线 AD_2 交于新的均衡点 D 点，结果价格上升，产出下降，失业又增加。政府又刺激需求，AD_2 右移至 AD_3，均衡点又从 D 点移至 E 点，如此下去，就出现了从 A ⟶ B ⟶ C ⟶ D ⟶ E ⟶…… 的螺旋式的上涨过程，造成了持续的通货膨胀。

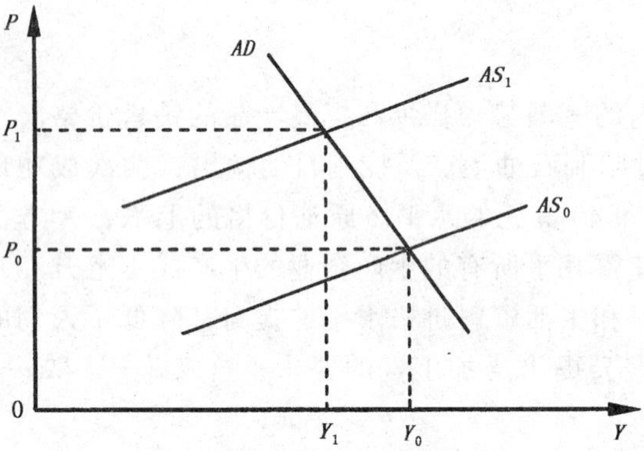

图 11－2 成本推进型通货膨胀

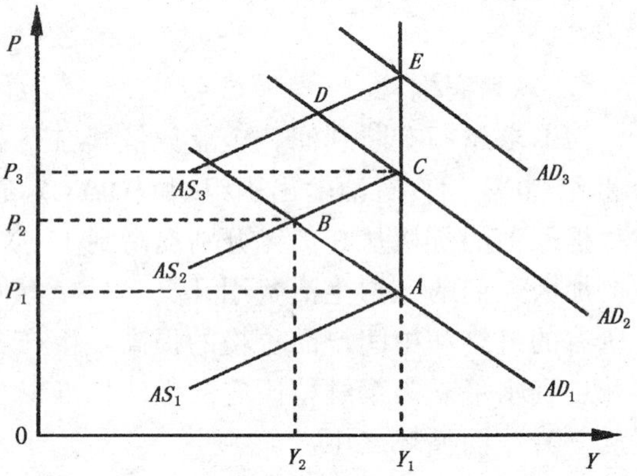

图 11－3 供求混合型通货膨胀

以上过程最初是由成本的冲击引发的通货膨胀，如果经济始于图 11－3 中的 B 点，政府为减少失业，增加总需求，从而引发通货膨胀，其初因就是需求的冲击。所以，通货膨胀的初因可能是需求的冲击，也可能是成本的冲击。

【案例分析】

1992—1994 年中国的通货膨胀

1992 年中国经济开始“过热”，出现通货膨胀征兆，1993 年与 1994 年更趋严重。从 1993 年 11 月到 1994 年 2 月，中国消费品物价指数平均每月上涨 2.6%。

1992 年出现投资过热，投资总量比上年增长 37.6%，其中国有单位投资增长 40.7%。投资过热引发经济迅速扩张，尤以沿海地区为甚，例如 1992 年沿海各省市经济增长率普遍达到了两位数，其中江苏 27%，广东 18.7%，浙江 17%。内地省市也有 6%～10%的增长速度。1993 年 3 月第八届全国人民代表大会之后，各地为扩张本地经济，兴建了许多开发区。1993 年第一季度，全国投资同比增长 40%，工业经济同比增长 22.4%，其中集体所有制企业和“三资”企业成为工业增长的主要动力，分别增长 43.6%和 71.5%。同时，人民币贬值未能促进出口，其原因是国内需求强劲，对进口产品需求旺盛。

1992 年货币政策比较宽松，M_0 增长 36%，M_1 增长 31%。一是由于中央银行对金融系统贷款过多，超过计划额度一倍多；二是财政赤字增加，赤字的 60%由银行增加现金投放融通。在 1992 年没有马上引起消费品价格暴涨，但生产资料价格已有两位数的上涨幅度。1993年货币供给再次快速增长，其中 M_0 增长54.2%，M_1增长 34.2%。1993 年 6 月，35 个大中城市居民消费物价总水平上涨 21.36%，七大类生产资料价格同比增长 52.9%，建筑材料价格上涨 70%。在我国，生产资料价格暴涨往往是通货膨胀的先导。

1993 年国家实行了税收、公务员制度、外汇管理等一系列改革措施。税收改革的一个重点是推行增值税，人们认为产品税将提高，使人们产生价格上涨的预期。公务员制度改革包括工资从 1993 年 10 月起平均提高 30% ~ 40%。外汇改革包括取消外汇券。人们预期人民币将贬值，通货膨胀。1993 年 12 月出现抢购耐用消费品现象，同时银行存款下降。一些人把美元与黄金当作价值贮藏手段，人民币与美元汇率在 1993 年 2 月为 1:8.5，至 5 月取消控制后成为 1:10。到 1994 年，中国物价水平达到顶峰，通货膨胀率达到 21.7%。

第三节 结构性通货膨胀

一、结构性通货膨胀的含义

结构性通货膨胀是指总需求和总供给处于均衡状态时，由于经济结构性因素的变动而引起的物价普遍持续的上涨。结构性因素的变动包括需求结构的变动、各部门劳动生产率差异的变动、各部门开放程度的差异等。

结构性通货膨胀可能是由需求结构上的变化引起。例如，假定钢铁和制铝的工资是雇主和工会签订合同定死的，原料和燃料的价格受世界市场价格的制约，因而这两个部门产品的成本都不能轻易变动。这时，如果建筑业决定少用钢材而多用铝材，就会大大增加对铝的需求，从而铝的价格就会随之上升。对钢材的需求虽然减少了，但它的价格由于成本约束很难降低。因此，需求的变化可以引起一个产品的价格上升，而不会引起另一种产品价格下降。可见，即使总需求没有增加，仅仅由于总需求结构的变化，物价总水平也会上升。这就是一种结构性通货膨胀。

结构性通货膨胀还可能是由各部门劳动生产率增长速度不同而引起。如迅速扩展部门的劳动生产率增长速度快于渐趋衰落部门；制造业的劳动市场率的增长速度快于服务部门；开放部门的劳动生产率增长速度快于非开放部门等。这种结构性冲突的核心是：虽然各部门间存在明显的劳动生产率差异，但货币工资增长率却没有差异，是基本一致的。这主要是由于劳动生产率提高慢的部门在工资和物价问题上都要求“公平”，要求向生产率提高快的部门“看齐”，结果使全社会工资增长速度超过劳动生产率的增长速度，因而引起通货膨胀。

我们现在以劳动生产率提高快慢不同的两个部门来说明结构性通货膨胀的发生。假定 A、B 分别为劳动生产率提高快慢不同的两个部门，二者的产量相等。部门 A 的生产增长率为 $(\frac{\Delta y}{y})_A$ 为 3.5%，工资增长率 $(\frac{\Delta w}{w})_A$ 也为 3.5%。这时全社会的一般价格水平不会因为 A 的工资提高而上涨。但是，当部门 B 的生产增长率为 $(\frac{\Delta y}{y})_B$ 是 0.5%，而工资增长率

$(\frac{\Delta w}{w})_B$ 因向部门 A 看齐也达到 3.5%时，这就使全社会的工资增长率超过了生产的增长率。

当两个部门在经济中的比重相同时，全社会平均的工资增长率就是：

$$\frac{\Delta w}{w} = \left[(\frac{\Delta w}{w})_A + (\frac{\Delta w}{w})_B \right] \div 2 = 3.5\%$$

而全社会平均的生产增长率却是：

$$\frac{\Delta y}{y} = \left[(\frac{\Delta y}{y})_A + (\frac{\Delta y}{y})_B \right] \div 2 = (3.5\% + 0.5\%) \div 2 = 2\%$$

这样，全社会工资增长率超过生产增长率 1.5%，工资增长率超过生产增长率的百分比就是价格上涨率或通货膨胀率。

二、斯堪的那维亚的小国通货膨胀模型

斯堪的那维亚模型是固定汇率制度下的小国开放经济模型。小国经济被定义为：在世界市场上，它交换商品的供给和需求曲线弹性无穷大，无论是从世界市场上进口商品还是向世界市场出口商品，它都不会影响世界市场价格。正像完全竞争市场中的一个企业一样，小国开放经济仅仅是世界市场上的价格接受者。因此，可以把进出口商品归到"暴露"部门，以 E 来表示，它包括所有参加国际竞争的商品和劳务；把非进出口商品归到"庇护"部门，以 S 来表示，它包括所有不受国际竞争影响的商品和劳务。一般来讲，E 部门包括生产出口商品的工业和为国内生产商品但面临进口替代竞争的厂商，S 部门则包括所有仅为国内市场生产、而不到国际市场去竞争的厂商，如大部分服务部门、建筑业、农业和政府部门等的活动。

该模型假定，E 部门的劳动生产率提高快于 S 部门，即 $m_e > m_s$，m_e、m_s 分别表示 E、S 部门的劳动生产率的变化率。由于 E 部门只是世界市场上的价格接受者，在固定汇率制下，E 部门的通货膨胀率 π_e 等于世界通货膨胀率 π_W，公式有：

$$\pi_e = \pi_w \tag{11-1}$$

E 部门工人的货币工资增长率 W_e 由 E 部门的通货膨胀率和劳动生产率的增长率决定，即

$$\pi_e = W_e - m_e \tag{11-2}$$

在工会力量的作用下，S 部门的货币工资增长向 E 部门看齐，S 部门的货币工资增长率 W_s 与 E 部门的货币工资增长率 W_e 相等，从而两部门的工资差距保持不变，即

$$W_s = W_e \tag{11-3}$$

S 部门的通货膨胀率 π_s 由货币工资增长率 W_s 与劳动生产增长率 m_s 决定，即

$$\pi_s = W_s - m_s \tag{11-4}$$

国内的通货膨胀率 π 由两部门的通货膨胀率共同决定，用 a、b 分别表示 E 部门、S 部门的通货膨胀率在国内通货膨胀率中的权数，则有：

$$\pi = a\pi_e + b\pi_s \tag{11-5}$$

其中，$a + b = 1$。

综合以上各式可以得到：

$$\pi = \pi_w + b(m_e - m_s) \tag{11-6}$$

由此可见，小国开放经济的通货膨胀率取决于世界通货膨胀率和E部门与S部门的劳动生产率的增长率之差。E部门与S部门的劳动生产率的增长率差距（$m_e - m_s$）越大，国内通货膨胀率越高；S部门的比重b越大，国内通货膨胀率越高；世界通货膨胀率π_w越高，国内通货膨胀率越高，因而世界通货膨胀率很容易传递到开放的小国。

三、希克斯—托宾的劳动供给理论

在结构性通货膨胀中，有一个很重要的假定就是两部门的劳动生产率的增长速度是不同的，但货币工资增长速度却相同。究竟是什么力量促使这种货币工资增长保持一致，希克斯的劳动力供给合同理论和托宾的特殊劳动供给函数理论对此做出了很好的解释。

希克斯和托宾都认为，在一个现代化的工业社会，人们不能按同一经济原则来分析商品市场和劳动力市场。在商品市场，买卖双方的接触以商品交割完毕为终点。但在劳动力市场上情况就不一样，劳动力的需求与供给意味着双方将有一个持续的关系，至少在一定时间内类似于租赁合同。无论是工人还是厂商，都希望合同能按事先约定的条件兑现，因为任何变更都会给双方带来调整成本。希克斯的理论是，持续性使劳动力市场与商品市场有区别，工资合同在一定时期内调整着劳动力市场上双方的关系。至少在短期内，工资合同可以排除市场对工资调整的力量，或者可以大大弱化这种力量。持续性原则将引导货币工资对市场变化滞后反应，对劳动力的过度需求仅会引致工资的缓慢上涨。同样，失业增加也不会引致货币工资的下降。劳动力市场双方都寻求劳动合同的持续性。作为持续性的一个先决条件，希克斯强调合同的“公平性”。尽管希克斯没有解释何为“公平性”，但是很明显的一个重要内容是相对工资率。一个工人或一组工人，总是把他们的工资率与作为参考的一群工人的工资相比较，如果他们认为他们的工资率或者工资率的变化与这个参考群的工资率或工资率的变化差不多的话，他们就认为是公平的。

因此，根据劳动力市场合同理论解释，货币工资波动的有限性不是通过部分工人的货币幻觉，而是由厂商和工人保持合同持续性的努力，即公平性原则来解释的。从长期看，市场力量肯定会引起相对真实工资的变化，而在短期内，合同理论认为经验上决定的工资结构是不变的。由于劳动力市场缺乏通过拍卖而建立的均衡价格，所以当不同类型的工人试图按照工资间的差别行动并企图保持这种差别时，他们的行为是完全合理的。因此，工人判断他们的补偿偏重于不同工资的差别，而不是他们实际工资的绝对水平。如果整个实际工资出现下降，那么根据希克斯、托宾的假设，工人并不保护他们的实际工资，而是试图保留住工资差别，即保持相对实际工资率。只要不同等级的工人接受实际工资的下降，而不要求名义工资作补偿式的调整，则工资差距将保持不变，劳动力的相对供给也保持不变，而其他工人又随后效仿以保持收入差距，则成本推进型的通货膨胀就发生了。

四、发展中国家的结构性通货膨胀

拉丁美洲的结构主义者针对拉美国家的现实情况提出了发展中国家的结构性通货膨胀理论。

他们认为，在发展中国家，由于落后的、不合理的经济结构不适应经济发展的需要，尤其是农业和外贸部门具有的制度性的刚性，使物价水平随着经济的发展上涨。在农业部门，由于存在着过时的土地所有制，限制了农业投资的增长和农业生产技术的改进，使农业生产结构僵化，导致农业生产率及供给弹性低下，结果农业部门所生产的农产品不能满足工业化及经济发展和人口增长的需要，造成农产品的短缺，使农产品价格上涨。由于农产品价格是一种基础价格，其上涨会引起工业品和其他相关产品的价格上涨，从而带动整个物价水平的上涨。

另外，发展中国家在国际贸易中往往是出口初级产品和进口工业制成品，由于初级产品的附加值很低，在国际市场上价格低廉，而进口的工业制成品价格高昂，导致贸易条件十分不利。由于工业品是维持国内生产及经济增长所必需的，所以为了获得足够的外汇进口工业品，发展中国家必须增加初级产品的出口，初级产品出口的增加又会导致其价格的进一步下跌，价格下跌引起其外汇收入减少，造成贫困的增长。例如，巴西在国内咖啡产量迅速增加的情况下却导致了外汇收入的下降，当外汇收支缺口扩大时，中央银行只能通过本币贬值来扭转外贸逆差。而本币贬值以后，进口品的国内价格就会立即上升。在进口需求呈刚性的情况下，进口品的上涨就会推动国内生产成本和物价水平的上涨。这样，以上两方面相互作用，就从总体上推动了一般价格水平的普遍的、持续的上涨。

中国作为发展中国家之一，在其深化改革和加快经济发展的过程中，也经历过由结构性失调导致的通货膨胀。进入20世纪90年代以来，中国经济一直持续增长，但总体结构失衡。1992年和1993年，中国工业增加值环比增长速度高达20.8%和21.1%，而同期农业增加值环比增长速度却为3.7%和4%，1994年全年农业增加值比上年增长3.5%。1994年除油料产量比上年有所增加外，其余粮食、糖、麻、烟等均比上年减产。这样，一方面工业的高速增长需要农业为其提供原材料，而另一方面，农业的投入不足又带来农业的增长缓慢，不能为工业尤其是为加工业提供足够的原材料，从而引起农产品价格上涨。这不但会牵动以农产品为原料的加工工业品成本增加的价格上涨，也会进一步推动其他商品价格的上涨。同样，即使在工业内部，也存在基础工业发展严重滞后的结构性现象，从而导致基础工业产品价格的上涨，并引发其他产品价格水平的上涨。

当然，中国作为一个转型经济体，还有一个导致结构性通胀的因素可能，那就是非国有经济部门的劳动生产率的高增长与国有部门的低效率并存，但国有部门的体制性保护又使其货币工资保持着相同的增长，甚至更快。国有部门的收入超分配，更多地是侵蚀了非国有部门创造的财富还是引发通货膨胀，视市场情况而定。20世纪90年代后期，国有经济大刀阔斧地进行改制重组，减员增效，使中国的结构性通胀得以消解。

第四节

失业和通货膨胀的关系：菲利浦斯曲线

失业和通货膨胀是两个密切受到注视的经济指标，一些评论家把通货膨胀率和失业率加在一起得出了一个遗憾指数，用以衡量经济状况是否正常。由于经济学家菲利浦斯（A.W.Philips）的一个发现，使得失业和通货膨胀之间的关系成为近半个世纪以来一些最重要的经济学家关注的题目，也由于在经济史发展中出现的问题，对二者关系的认识不断的深入。本节将沿着对菲利浦斯曲线的发展来揭示失业和通货膨胀之间的关系。

一、原始的菲利浦斯曲线

1958年，新西兰人、在英国伦敦经济学院工作的经济学家菲利浦斯通过整理英国1861—1957年近百年经济统计数据，发现在货币工资增长率和失业率之间存在一种负相关的关系，这种关系可用公式表示为：

$$\Delta W_t = f(U_t) \tag{11-7}$$

式中，ΔW_t 表示t期的货币工资增长率；U_t 表示t时期的失业率。二者具有负相关的函数关系。

把这样一种关系用曲线的形式反映出来，就是菲利浦斯曲线（Philips Curve）。该曲线见图11-4。图11-4中，横轴表示失业率 U_t，左边的纵轴表示货币工资增长率，右边的纵轴表示物价上涨率。当失业率为5.5%时，货币工资上涨率约为3%，而物价上涨率几乎为零；当失业率很低时，货币工资和物价上涨率都很高。

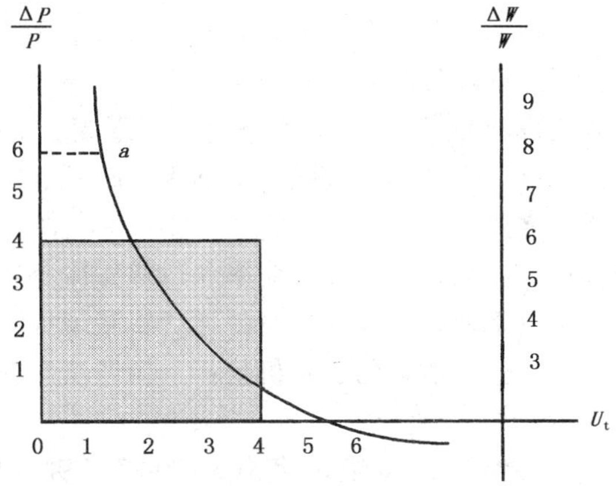

图11-4 菲利浦斯曲线

菲利浦斯发现了失业率与货币工资增长率之间的交替关系，但其本人并未给予解释。法国经济学家利普塞（Lipsey）从劳动市场对此进行解释。他认为，当失业率低的时候，劳动力市场供求较为紧张，存在超额需求，雇主之间的竞争会驱使货币工资增长较快；反之，当失业率高时，劳动力市场供过于求现象严重，工人可以选择的其他工作机会比较少，一般不会很强烈地要求工资上涨，于是货币工资就增长较慢。

二、萨缪尔逊对菲利浦斯曲线的发展

从菲利浦斯的发现，到相应地得出物价水平和失业之间的联系只有一步之遥，这一步是由萨缪尔逊和索洛在1960年完成的。他们根据美国1900—1960年的统计资料，得出失业率和物价增长率（即通货膨胀率）之间的交替关系。众所周知，工资进入产品的生产成本，甚至是成本的主要构成部分。当货币工资增长率等于劳动生产增长率时（比如都是3%），物价水平不会上涨；但当货币工资增长率超出劳动生产率增长率时，就发生了“国民收入超分配”现象，其结果引起价格水平的上涨。公式11-8揭示了货币工资增长率、劳动生产增长率与物价增长率之间的数量关系：

$$\text{物价增长率} = \text{货币工资增长率} - \text{劳动生产增长率} \tag{11-8}$$

一般而言，在短期内，劳动生产率变动微小，我们可以认为其不变。于是，短期内货币工资的上涨意味着物价的上涨。因此，在低失业时，往往伴随着较大的货币工资增长率和物价增长率；在高失业时，情况正好相反。

新古典综合派从另外的角度解释了失业率与物价增长率之间的交替关系。他们认为，通货膨胀之下，由于存在货币幻觉，货币工资增长低于物价涨幅，使得实际工资下降，企业因此扩大生产和劳动雇佣量，于是，失业率下降。

失业率与通货膨胀率之间的交替关系可表示为如下菲利浦斯曲线方程：

$$\pi = -\beta\ (U - U_n) \qquad (11-9)$$

式中，π 为通货膨胀率；U_n 为自然失业率；$U - U_n$ 为周期性失业；β 是衡量通货膨胀对周期性失业反应程度的参数；周期性失业前的负号表示通货膨胀与失业呈负相关关系：高失业会降低通货膨胀。

菲利浦斯曲线提供的失业率与通货膨胀率之间的关系为政府进行宏观经济管理提供了一份可供选择的菜单。它意味着可以用较高的通货膨胀为代价，来降低失业率或实现充分就业；而要降低通货膨胀率和稳定物价，就要以较高的失业率为代价。例如，假定政府认为失业率或通货膨胀超过 4% 社会就无法接受了，那么这 4% 的失业率或通货膨胀就成为一定时期社会所能承受的最大极限，被称为“临界点”。图 11－4 阴影区域就是临界点以内的区域。假定通货膨胀率高达 6%，即位于图 11－4 中的 a 点，那么，政府可以通过紧缩性的经济政策使失业率提高，从而使失业率和通货膨胀率都控制在临界区内；反之，如果失业率过高，政府也可以采取扩张性的政策使通货膨胀率提高，以换取较低的失业率，使二者都处于临界区之内。这就是所谓的“相机抉择”的做法。在 20 世纪 70 年代以前，西方国家奉行的就是这套政策。

然而，到了 20 世纪 60 年代末 70 年代初，通货膨胀在战时需求压力、石油输出国组织提价风潮等作用下失去了控制。滞胀（stagflation），即高失业和高通货膨胀并存的现象出现了，现实状况不再支持失业和通货膨胀交替的论断，作为经验规律的菲利浦斯曲线崩溃了。在这种背景下，以弗里德曼为代表的货币主义学派提出了自己的观点。

三、弗里德曼对菲利浦斯曲线的评论

弗里德曼认为，通货膨胀和失业之间总是存在一种暂时的交替关系；但没有持久的交替关系。这种暂时的交替关系并不是产生于通货膨胀本身，而是产生于未预期到的通货膨胀，这意味着产生于通货膨胀率的上升。也就是说，他否定了失业和通货膨胀之间的长期交替关系。为了解释通货膨胀和失业之间的短期与长期关系，弗里德曼把一个新变量引入到分析中：适应性预期。所谓适应性预期，是指人们在形成价格预期时，会考虑到上一期的误差，当上一期的预期价格高于实际价格时，对下一期的预期价格要相应减少，反之，则相应增加。

适应性预期改变了菲利浦斯曲线方程的结构，形成了附加通货膨胀预期的菲利浦斯曲线方程：

$$\pi = \pi^e - \beta\ (U - U_n) \qquad (11-10)$$

π^e 是通货膨胀的适应性预期，最简单的是将上期的通货膨胀率作为本期通货膨胀的适应性预期；其他变量同原菲利浦斯曲线方程 11－3。附加适应性预期的菲利浦斯曲线方程显示，在失业率回到自然失业率水平时，通货膨胀并不为零，而是等于事先的通货膨胀预期，而这个预期至少反映了上期通货膨胀的水平。图 11－5 描绘了菲利浦斯曲线短期右下倾斜与长期垂直的关系。

假定起先通货膨胀率为零，人们没有通货膨胀预期，经济运行在图 11－5 中的 A 点。现在假定总需求突然增加，使通货膨胀率上升到 2%。由于人们事先没有预计到有通货膨胀，

那么，物价上涨导致实际工资下降，因而厂商愿意扩大产量增加就业，这使失业率从5%降到3%，因此经济沿菲利浦斯曲线 PC_0 变动到B点，以2%通货膨胀率上升换取了失业下降2个百分点，这就是通货膨胀和失业在短期中的交替关系。

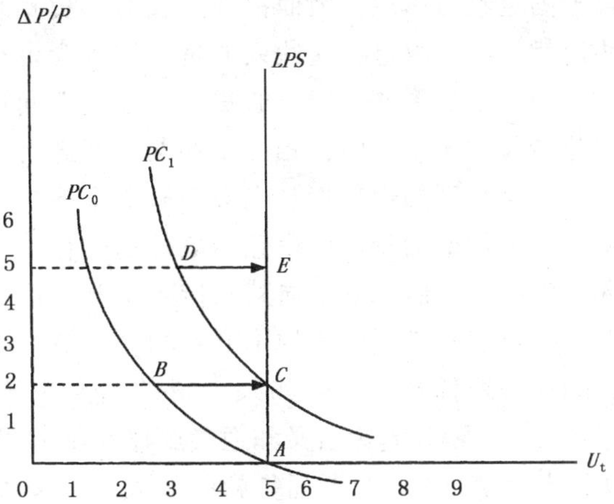

图 11－5 短期与长期的菲利浦斯曲线

假定通货膨胀率不是突然上升，而是经常上升，比如是2%，则人们就会形成2%的通货膨胀率预期。工人们要求提高工资，假定要求名义工资上升与预期的通货膨胀率同步，则企业会感到物价上升时工人实际工资没有降低，因而企业的雇工数又回到原来水平，失业率回到原先的自然失业率5%的水平上，从而经济到达C点。现在，这2%的通货膨胀率就成为自然失业水平上的通货膨胀率，而原先自然失业水平上的通货膨胀率是零（A点上），这也使菲利浦斯曲线从 PC_0 移动到 PC_1。如果政府再想把失业率降到5%以下，则经济沿着 PC_1 变动到D点，这时通货膨胀率为5%。如果5%通货膨胀率成为人们预期的通货膨胀率，人们就会把5%的通货膨胀率放入下一轮工资谈判中。一旦这样做了，企业劳动使用量又会回到原先的自然失业率水平，经济达到E点。这样的过程不断重复，形成一条A、C、E点相连的垂直的菲利浦斯曲线。这就是长期菲利浦斯曲线。这条长期菲利浦斯曲线是连接每一根短期菲利浦斯曲线上实际通货膨胀率和预期通货膨胀率相等之点的一条垂线。在长期中，通货膨胀与失业之间没有交替关系。短期菲利浦斯曲线不断右移，不但会形成垂直的长期菲利浦斯曲线，甚至可能形成向右上倾斜的正相关曲线，这样就会出现通货膨胀与失业并发的“滞胀”局面。

第五节

通货膨胀的经济效应和治理对策

通货膨胀是一个能够广泛扩散其影响的经济过程，每一个经济活动的参加者和经济单位都会在某种程度上受到它的影响。这里主要从三个方面来考察通货膨胀的效应。

一、收入分配和财富分配效应

货币是价值符号和贮藏手段。一个经济体如果发生通货膨胀，就意味着用此货币所表示的名义收入和资产的实际价值发生变化。通货膨胀对货币收入（支出）、金融债权（债务）的实际价值所产生的影响，就在社会成员之间形成了收入和财富的再分配效应。

通货膨胀是不利于靠固定的货币收入维持生活的人的。对于固定收入阶层来说，其收入是固定的货币数额，落后于上升的物价水平。其实际收入因通货膨胀而变少，他们接受每一单位货币收入的购买力将随价格的上升而下降，而且，由于他们接受的货币收入没有变化，因而他们的生活水平必然相应的降低。广大工薪阶层、退休人员以及靠救济维持生活的人都属于固定收入阶层，因而都强烈反对通货膨胀。相反，那些靠变动收入维持生活的人，则会从通货膨胀中得益，这些人的货币收入会走在价格水平和生活费用上涨之前。雇主和雇员就是两种收入阶层的代表，通货膨胀在二者间形成了收入的无形转移：原本属于雇员的收入，部分转移到雇主手中，相当于在两者间进行了国民收入的再次分配。

未预期到的通货膨胀也会带来财富的再分配效应，主要因为货币价值发生预料之外的变化。如果货币的价值出现意料之外的变化，交易双方的付出和所得就会与他们事前订立的契约发生出入。假如某甲向某乙借款1万元，一年后归还，而这段时间内价格水平上升一倍，那么一年后甲归还给乙的1万元相当于借时的一半。但是，如果一旦预期到通货膨胀，则上述的再分配就会改变。如果借贷的名义利率为10%，而通货膨胀为20%，则实际利率为-10%。实际利率为名义和通货膨胀率的差额，若名义利率为10%，通货膨胀率为5%，则实际利率为5%，只要通货膨胀率大于名义利率，则实际利率就是负值。

二、产出效应

通货膨胀对国民经济产出的影响因通货膨胀发生的原因和程度的不同而有所不同。

温和的或爬行的需求拉上型通货膨胀对产出和就业将有刺激扩大的效应。这主要因为在发生这种条件的通货膨胀时，人们没预期到通货膨胀的发生，因而产品的价格会跑到工资和其他资源的价格的前面上涨，由此而扩大了企业的利润。利润和需求的增加会刺激企业扩大生产，从而发生减少失业、增加国民产出的效果。

成本推进型通货膨胀将引起产出和就业的下降。假定在原总需求水平下，经济实现了充分就业和物价稳定。如果发生成本推进型通货膨胀，则原来总需求所能购买的实际产品的数量将会减少。那就是说，当成本推进压力抬高物价水平时，一个已知的总需求只能支持一个较小的实际产出。所以，实际产出会下降，失业会上升。如1973年末，石油输出国组织把石油价格翻了两番，则成本推进通货膨胀的后果使美国失业率从1973年不到5%上升到1975年的8.5%。

高通货膨胀严重影响生产，使生产萎缩。首先，当通货膨胀率很高时，人们会产生通货膨胀预期，这样，人们在进行工资谈判时，不但会要求增加工资以抵消过去价格水平的上升，而且要求补偿下次工资谈判前可以预料到的通货膨胀带来的损失。这使得企业利润减少，于是企业增加生产和扩大就业的积极性就会逐渐丧失。其次，在发生高的通货膨胀时，人们无心从事生产，一拿到钱就想着怎么把它花掉，以免物价再度升高，使手中的货币所能购买的实物减少；同时，资本投资于生产领域比投资于流通领域特别是金融领域获利要小得多，因此，在高通货膨胀时，不但不能吸收投资到生产领域，原来已在生产领域的资金也会抽出而流向流通领域和金融市场，结果导致生产萎缩。

三、经济增长效应

20世纪90年代新的研究检验了许多国家从60年代到80年代30年间通货膨胀和经济增长的行为。这些研究表明通货膨胀和经济增长之间存在很强的负相关关系。就是说，高或恶性通货膨胀率的国家倾向于具有较低经济增长率；相反，低或温和通货膨胀的国家倾向于具有高经济增长率。例如，如表11-1所示，亚洲国家与拉丁美洲国家相比有着较低的通货膨胀率和较高的经济增长率。况且，最近30年，在亚洲随着通货膨胀率的下降，经济增长率上升了；而在拉丁美洲，通货膨胀率在上升，对应着经济增长率在降低。高的通货膨胀与低的经济增长相联系，这主要是因为：(1) 高的通货膨胀增加了不确定性，因而减少了投资设备和厂房的激励，较少的投资会导致较少的资本存量，降低生产力，因而会降低经济增长率；(2) 在持续高的通货膨胀过程中，市场价格机制遭到破坏，失去了其应有的调节功能，这往往会促使消费者和生产者做出错误的决策，从而导致经济资源的不合理配置和严重浪费，使经济效率大大下降；(3) 高通货膨胀会动摇人们对货币的信心，并促使人们更多地持有那些价格随通货膨胀不断上涨的实物资产、黄金、外汇等，或从事房地产等投机活动，而不去从事正常的生产性活动，结果是严重阻碍经济增长。

表11－1　　拉丁美洲和亚洲的通货膨胀与经济增长比较

	拉丁美洲			亚　洲		
	1965—1973年	1973—1980年	1980—1990年	1965—1973年	1973—1980年	1980—1990年
通货膨胀率（每年%）	10	80	250	12	9	8
经济增长率（每年%）	3	2	－1	3	3.5	5

四、治理通货膨胀的对策

通货膨胀的治理应“对症下药”，选择适当的经济政策，以较小的代价换取物价目标的实现；不当的政策措施可能会加剧通货膨胀，或者是付出过大的成本。

(一) 抑制需求

对于需求拉上型通货膨胀，政府应采取紧缩性的财政政策与货币政策，压缩总需求，刺激短期供给。在财政政策方面，应压缩财政开支，提高消费税率，临时性给予进口关税减免等；在货币政策方面，应控制货币供给量、提高利率等。压缩总需求控制通货膨胀的方法，实际上是牺牲一定就业，用一定的衰退来换取物价的稳定。这种反通货膨胀策略，存在激进主义策略和渐进主义策略两种选择：前者被称为“冷火鸡”政策，即通过大规模的、激烈的政策措施来压缩总需求，以较大的失业代价和衰退程度，在较短时间内实现物价的稳定；后者则采用温和的压缩需求政策，以较小的失业代价和衰退程度，但在较长时间内实现物价稳定。

(二) 工资—物价管制的指导线

对于成本推进型通货膨胀，政府一般采取对工资和价格进行某种限制的措施，也就是采取“收入政策”，将工资和物价大幅螺旋上涨的恶性循环在中途阻断，直至人们消除了通货膨胀预期之后，才取消或放松这种价格管制。只要个人和企业存在通货膨胀预期，那么，在工资和产品定价决定中就会加入这种预期因素，从而工资与物价的循环上涨就会持续发生，愈演愈烈。其具体做法是政府根据劳动生产率增长率等规定允许工资和物价上涨的最高目标水平，此水平即“指导线”。政府可以通过不购买不听指导的企业的产品等方式引导企业服从规定。在肯尼迪—约翰逊政府时期，美国曾经制定工资—物价指导线政策。

(三) 收入指数化

从通货膨胀对经济的影响，我们知道，通货膨胀给人们，尤其是靠固定货币收入维持生活的人带来很多的痛苦，更严重的后果是造成社会的不稳定。但我们设想如果一个工人面临更高的价格，但同时口袋里的钱也相应的增多，那么他可以和以前生活得一样好。也就是说，通过建立一种收入调整机制来扭转通货膨胀带来的收入再分配及财富再分配效应。

近几年，美国形成了生活费用根据通货膨胀程度进行指数化调整的机制——劳动合同中附带生活费用调整条款。这使得在发生通货膨胀时，工人的名义工资收入能根据通货膨胀的程度进行指数化调整，以避免实际收入降低的影响，消除了通货膨胀对收入的再分配效应。

即使收入指数化能够保证在通货膨胀环境下公众的实际收入不变，货币收入随物价同比上升，但由于“税收爬级”，公众税后可支配的收入也会下降。所谓税收爬级，是指在通货膨胀期间，因收入指数化而使名义收入水平提高，进而在累进税制下应税部分的收入和税率级别提高，从而造成税收负担增加。

第六节 通货紧缩

通货膨胀已经成为各国都普遍存在的一种经济现象。但近几年来，国际范围内又出现了通货紧缩的迹象，我国自 1998 年以来也面临同样的问题。分析通货紧缩的形成及其治理已成为迫切的课题。

一、通货紧缩的含义和衡量标志

通货紧缩作为通货膨胀的对称，人们往往从对照通货膨胀的概念中提出通货紧缩的含义。一种表述是由于货币供给放慢或负增长，引起物价持续下跌的现象。另一种表述则是指物价疲软乃至下跌的持续态势。由于物价持续下跌会相应引起经济（GDP）增长放慢乃至连续负增长，因此，有的学者还将经济增长率持续下降包含在内。

通货紧缩也要反映在物价上，消费物价指数、生产物价指数和 GDP 平减指数的变动也都可用以说明通货紧缩状况。但其中消费物价指数更具有代表性，其下降状况更能灵敏地反映居民需求和市场的疲软。货币供给的状况也是重要的衡量标志，或者表现为货币供给总量（M）增长率下降，或者表现为货币流通速度（V）明显减慢。因为二者的乘积（MV）缩小，表明社会总需求正在萎缩。此外，经济增长率减缓或负增长也被视为其衡量标志之一。

二、通货紧缩的成因

通货紧缩集中表现为社会需求不足，物价水平疲软或下跌。究其形成原因，可能有直接的货币因素，也有其他因素，例如，经济结构失调、国际市场变化等等。

（一）货币因素

这主要是指货币供给偏紧或不足直接引发通货紧缩。例如，在实行反通货膨胀政策时通常要采取一些控制货币供给、提高利率等措施以压缩社会总需求，往往出现通货膨胀势头已得到抑制、而从紧的货币政策还有一定的惯性；或是主管部门未能及时调整政策，这时，政策的负面影响就会显现，出现通货紧缩。

（二）结构失调

由结构失调引起的通货紧缩常发生在一国产业结构调整时期。一方面，要开发新产业和新产品，实行技术升级；另一方面，某些传统产业和产品则面临相对过剩，需要压产或是进行产品换代。在这种情况下，有相当部分的产品面临市场需求不足、价格下跌的压力；有些企业可能被迫减产和裁减职工。这必然会导致企业投资和居民消费减退，反过来又加剧了市场需求不足、物价下跌的压力。

此外，还有一个消费结构变化的问题。在经济发展的基础上，居民消费经历着由低向高的发展过程，消费结构不断调整。在消费升级中往往出现某些原来式样的消费品消费相对饱和，销售不旺；同时，居民增加储蓄，以备进入下一阶段的高档消费。这种情况自然会使一段时期中的消费增长放慢，市场需求和物价疲软不振。

（三）国际市场的冲击

在一个对外开放度较大的国家，往往还会受到国际市场情况变化的冲击。当国际商品市场和金融市场发生动荡，一国会从以下两方面遇到困难：一是出口下降和外资流入减少，导致国内需求减少；二是国际市场商品价格下跌，进出口商品价格下降当然会增加国内物价下降的压力。一国开放度越高，则承受的冲击越大，特别是一些开放度高的小国。

三、通货紧缩影响与治理

（一）通货紧缩的消极影响

人们曾经历过多次通货膨胀，因此，对通货膨胀感受甚深。谈到物价飞涨，谈虎变色，心存余悸；反之，对物价下跌则可能感觉不错。那么，物价是否越降越好呢？其实，如果物价持续下降，也会产生很大的消极影响。首先，企业利润率会下降，甚至出现亏损，这必然会削弱企业投资的积极性；其次，持续的物价下跌还会迫使企业缩减生产，裁减员工，乃至破产倒闭；再次，持续的疲软会使人们产生不良的心理预期，因而紧缩消费支出。这种不敢投资、不敢消费、经济增长下滑的趋势，反过来又加剧社会需求不足和通货紧缩的局面，使经济陷入恶性循环的漩涡之中。因此，对于通货紧缩也必须积极进行治理。

（二）治理的对策

通货紧缩既然集中表现为社会需求不足，作为对社会需求有重要影响的财政和金融部门自应实行扩张性的财政政策和货币政策。

就刺激社会需求而言，财政扩张政策比较直接、明显，可以通过财政扩大支出，或是直接投资于基础设施等公共项目，或是增大社会福利支出等，有“立竿见影”的效果；也可以通过减免税收等，以刺激社会投资。

就长期启动社会需求和经济而言，货币政策比较有效。实行扩张性的货币政策有以下措施：(1) 下调利率，降低资金成本，刺激企业投资；(2) 增加对企业贷款和居民消费贷款；(3) 疏通储蓄——→投资渠道，包括各种直接、间接融资方式，更有效地增加投资需求。

必须看到，启动需求，关键在于调动企业投资的积极性和居民消费的愿望。因此，光靠实行扩张性的财政和货币政策是远远不够的；同时还应运用其他政策和措施，协调配合，综合治理。这些措施包括：实施扶植新的经济增长点的产业政策；调整收入分配政策，适当增加居民收入，引导消费等。

四、我国的通货紧缩

1996年中国成功地实现了“软着陆”，开始实现生产能力相对过剩、供大于求的局面。但是，我们应看到，对于中国这样的发展中国家来说，过剩的时代来得太早了。这种生产能力的过剩是与长期以来居民收入和消费受到压抑相联系的，可以说是消费的不足使得生产能力过剩的时代提前到来。

生产能力的过剩导致库存增加，价格下跌，引起企业，特别是原本效率就不佳的国有企业经营状况恶化，亏损面、亏损额扩大。企业盈利下降意味着投资回报减少，风险加大，于是银行惜贷、企业惜投，投资急剧萎缩。

企业经营困难和亏损的扩大导致大批工人下岗失业，收入减少。这种情况使无论下岗的还是仍在岗的工人，都对未来收入产生不确定性预期，而社会保障、住房、教育等领域改革的推进却清楚地预示着未来支出的增加。于是人们合理地选择减少当前消费、储蓄更多的钱以备未来之需，消费需求也进一步萎缩。在加上1997年爆发的亚洲金融危机对中国产品出口需求的影响，总需求曲线大幅度回移，最终在1998年我国经济生活中出现了明显的通货紧缩迹象。

本章小结

1. 物价总水平在一定时期内持续、明显的上升过程，或者说货币价值在一定时期内持续的下降过程，被称为通货膨胀。失业往往集中在人口中的某些人群上，而通货膨胀影响每一个人。

2. 宏观经济中常涉及到的价格指数主要有消费物价指数（CPI）、生产物价指数（PPI）和GDP平减指数。通货膨胀就是借助于这些指数的变动来表达的。通货膨胀率被定义为从一个时期到另一个时期价格水平变动的百分比。

3. 需求拉上型通货膨胀是指在市场经济条件下，由于总需求超出总供给引起的价格总水平持续上升现象。货币主义学派的代表弗里德曼认为，通货膨胀是货币现象，即过多货币追逐过少的商品。成本推进型通货膨胀（cost－push inflation）是指由于某些重要生产投入的价格上升引起的价格总水平持续上升现象，具体又包括工资推动和利润推动。供求混合型通货膨胀是将供求两方面的因素综合起来，认为通货膨胀是由需求拉上和成本推进共同起作用导致的。

4. 结构型通货膨胀是指总需求和总供给处于均衡状态时，由于经济结构性因素的变动而引起的物价普遍持续的上涨。结构性因素的变动包括需求结构的变动、各部门劳动生产率差异的变动、各部门开放程度的差异等。

5. 通货膨胀和失业之间的负相关关系用曲线的形式反映出来就是菲利浦斯曲线。菲利浦斯曲线为政府进行宏观经济管理提供了一份可供选择的菜单。它意味着可以用较高的通货膨胀为代价，来降低失业率或实现充分就业；而要降低通货膨胀率和稳定物价，就要以较高的失业率为代价。菲利浦斯曲线所描述的通货膨胀与失业之间的交替关系只在短期中成立。在长期中，预期通货膨胀根据实际通货膨胀进行调整，使短期菲利浦斯曲线移动。因此，长期菲利浦斯曲线是连接每一根短期菲利浦斯曲线上实际通货膨胀率和预期通货膨胀率相等之点的一条垂线。

6. 通货膨胀对经济的影响主要表现在收入和财富分配方面、产出方面以及经济增长方面。治理通货膨胀可以采用抑制需求、工资—物价管制的指导线以及收入指数化等方法。

7. 通货紧缩作为通货膨胀的对称，一种表述是指由于货币供给放慢或负增长，引起物价持续下跌的现象；另一种表述则是指物价疲软乃至下跌的持续态势。由于物价持续下跌会相应引起经济（GDP）增长放慢乃至连续负增长，因此，有的学者还将经济增长率持续下降包含在内。

复习与练习

一、关键概念

通货膨胀　通货膨胀率　消费物价指数　生产物价指数　GDP 平减指数　需求拉上型通货膨胀　成本推进型通货膨胀　供求混合型通货膨胀　结构型通货膨胀　工资—物价螺旋上升　菲利浦斯曲线　滞胀　适应性预期　工资—物价管制的指导线　收入指数化　通货紧缩

二、思考题

1. 通货膨胀、通货紧缩、滞胀这几个概念有何联系与区别？

2. 如果你的房东说："工资、公用事业以及别的费用上升都太快了，我只得提高你的房租。"这是属于成本推进型的还是需求拉上型的通货膨胀？如果店主说："可以提价出售，别愁卖不了，店门口排队的人多着哩！"这是属于成本推进型的还是需求拉上型的通货膨胀？

3. 工资上涨会导致消费增加，试问工资推动型通货膨胀可否也看做需求拉动型通货膨胀？

4. 短期与长期菲利浦斯曲线有什么差异？分别具有怎样的政策含义？

5. 假定某经济中有 x、y 和 z 三种产品交易，在基期它们的价格分别为 3、4 和 5 美元，产量分别为 200、250 和 300 单位，在报告期的价格分别为 4、5 和 6，产量分别为 300、400 和 500 单位，试求以基年加权和报告期加权的价格指数。

6. 已知充分就业的国民收入是 12000 亿美元，实际国民收入是 11000 亿美元，边际消费倾向是 80%，在增加 300 亿美元投资后，经济会发生通货膨胀吗？如果会发生，是属于需求拉上型的还是成本推进型的？为什么？

7. 某国的菲利浦斯曲线为 $U = U_N - h(\pi - \pi^e)$。其中，U 为失业率；U_N 为自然失业率；h 为参数；π 为通货膨胀率；π^e 为预期通货膨胀率。政府为兼顾通货膨胀和失业两个目标而设计了一个评价函数 $g(U, \pi) = U + a\pi^2$，政府以该函数极小化为目标，求最佳失业率及通货膨胀率水平。

8. 某社会的短期菲利浦斯曲线是：$\pi = \pi^e - 5 + 40/U$

（1）求 π^e 为 3%、失业率为 4% 时的现实通货膨胀率。

（2）求 π^e 为 0 时的自然失业率。

9. 为什么说通货膨胀同严重的失业现象可以并存？

10. 降低通货膨胀的措施有哪些？它们可以同时使用吗？

第十二章 经济周期

宏观经济运行的周期性波动是一种客观必然的现象，任何一个国家的经济增长都不可能以一种一成不变的速度进行。人们用“经济周期”这一概念来描述长期实践中所观察到的多少带有一定规律性的由累积性的上升和下降所构成的经济过程。经济周期理论是宏观经济学的重要组成部分，特别是在凯恩斯之后，西方经济学家更是加强了对经济周期的研究。那么，什么是经济周期？它有哪些类型？又是什么原因产生了经济周期？带着这些问题，本章将介绍几种具有代表性的经济周期理论和模型。

第一节 经济周期概述

一、经济周期的含义和阶段

（一）经济周期的含义

经济周期（business cycle）**也称为商业周期或经济波动，是指总体经济活动的扩张和收缩反复交替出现的过程**。对此，有两种不同的解释：早期的经济学家对经济周期的定义建立在实际GDP，即产出绝对量变动的基础上，认为经济周期指的是实际GDP上升和下降交替出现的过程，这一看法被称为古典型经济周期，也称经济危机理论；现代经济学中关于经济周期的定义是建立在经济增长率变化的基础上的，认为经济周期指的是经济增长率上升和下降交替出现的过程，这一定义被称为增长型经济周期。根据这一定义，衰退不一定表现为实际GDP绝对量的下降，只要GDP的增长率下降，即使不是负数，也可称之为衰退，所以在西方有增长性衰退之说。但是在当代对经济周期的经验研究中，新的定义并没有完全代替古典的经济周期定义，因为对同一时期经济周期的研究，采用不同的经济周期定义，往往会得出不同的结果。

图12－1是根据产出对长期趋势的偏离编制的1920—2000年美国经济周期的情况。图12－2是根据经济增长率绘制的1870—1990年美国经济周期的情况。

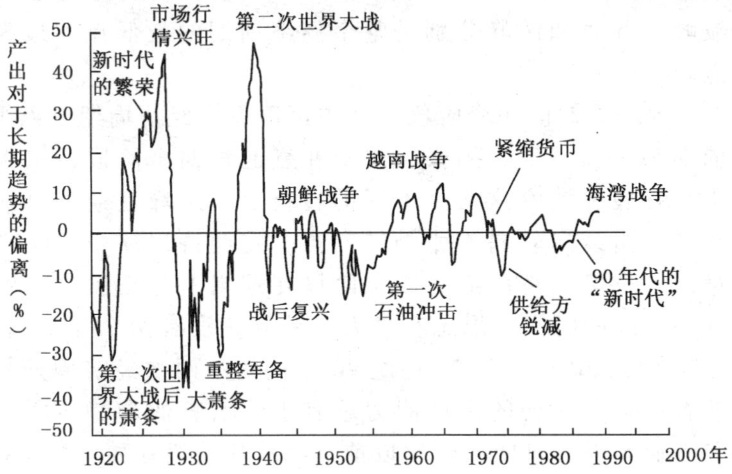

资料来源：[美] 萨缪尔森、诺德豪斯：《经济学》，华夏出版社 1999 年版，第 351 页。

图 12－1　美国 1919 年以来的商业活动

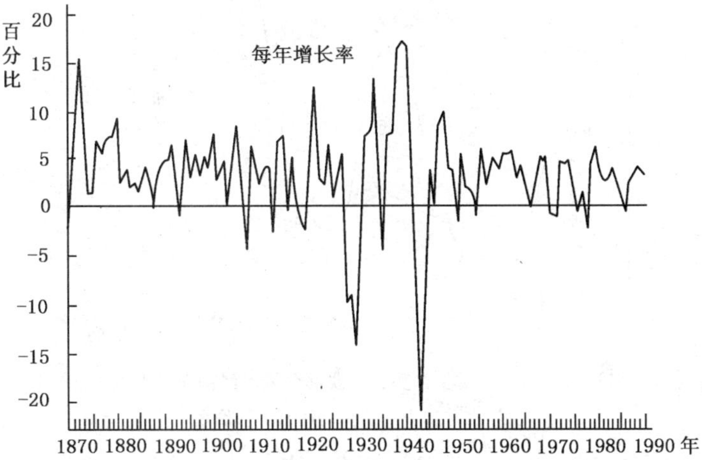

资料来源：[美] 斯蒂格利茨：《经济学》，中国人民大学出版社 2000 年版，第 768 页。

图 12－2　美国 1870—1990 年的产出变动率

从图 12－1 和图 12－2 的对比中可以看出，图 12－2 的波动幅度比图 12－1 的大。特别明显的，从 1961 年到 1969 年，图 12－1 表明这一期间的经济几乎是持续扩张的。有些经济学家就是据此断言经济危机已经被消除，经济周期已经不复存在；而图 12－2 却表明，这一时期存在着三次增长率波动，增长率经历了 1962—1963 年、1966—1967 年、1969—1970 年三个下降时期，其中前两次的下降就是所谓的增长性衰退。

（二）经济周期的阶段

西方经济学家们一般把经济周期划分成四个阶段，或者两个阶段和两个转折点：衰退（recession）、谷底（trough）、扩张（expansion）和波峰（peak）。衰退阶段是总需求和经济活动的下降时期，通常总是伴随着就业、产出、价格、货币、工资、利率和利润等的下降，衰退阶段始于波峰而结束于谷底。扩张阶段是总需求和经济活动的上升时期，通常伴随着就业、产出、价格、货币、工资、利率和利润等的上升，扩张阶段始于谷底而结束于波峰。谷底和波峰分别是整个经济周期的最低点和最高点，代表的是经济周期的转折点。

图 12－3 描绘了经济周期的四个阶段。从中可以看出经济周期有以下几个特点：第一，每一个经济周期都包括谷底、扩张、波峰和衰退这四个阶段，扩张和衰退相互交替出现，在交替中有谷底和波峰这两个不同的转折点。波峰是经济由扩张转向衰退时的转折点，谷底是经济由衰退转向扩张的转折点，在经济周期中，波峰和谷底也是相互交替出现的。第二，虽然经济周期的四个阶段在逻辑上是按照这个顺序排列的，但是它们在每次周期中持续的时间和形态有很大的差异，没有两个完全相同的经济周期。比如图 12－1 中，20 世纪 30 年代与 20 世纪 90 年代初的两次经济周期就有很显著的差异。第三，从长期看，整个社会的生产能力总有不断增长的趋势，所以某一经济周期谷底阶段的产出和就业水平有可能出现比以前周期波峰阶段还要高的情况。

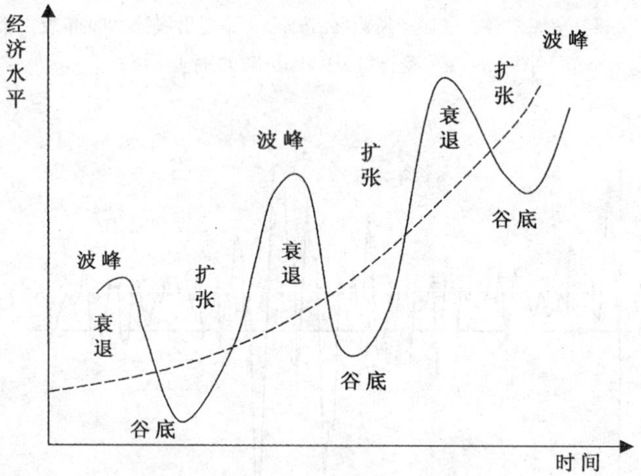

说明：图中虚线部分表示经济水平的长期增长趋势；实线部分表示经济活动围绕长期趋势上下波动的实际水平。

图 12－3 经济周期的四个阶段

二、经济周期的类型

20 世纪 40 年代以前的经济学家们分析了经济周期中长短各异的现象，并根据经济周期时间的长短把经济周期分成以下几种类型：

（一）朱格拉周期（Juglar cycles）

法国经济学家朱格拉（C. Juglar）出版了《法国、英国及美国的商业危机及其周期》（1862 年）一书，朱格拉认为，危机与恐慌并不是一种独立的现象，而是经济社会不断面临的繁荣、危机与清算这三个连续阶段中的一个，这三个阶段的反复出现形成了周期现象。在书中，朱格拉提出了这些国家的经济存在着 9～10 年的周期性波动，这以国民收入、失业率和大多数经济部门的生产、利润和价格波动为其标志。这一般称之为“朱格拉周期”，与其他的周期类型相比，属于中等长度，所以又称之为“中周期”。

（二）基钦周期（Kitchen cycles）

美国经济学家基钦（J. Kitchen）在 1923 年提出，经济周期实际上有大周期和小周期两种。小周期的平均长度是40个月左右，两个或三个小周期合成一个大周期。这里的大周期相当于朱格拉周期，是小周期的总和。而小周期也可称为“短周期”，也称“基钦周期”。从长期统计资料来看，短周期的长度大致为中周期的一半，两个周期的高峰经常出现于两个中周期的高峰之间。

（三）库兹涅茨周期（Kuznets cycles）

1930年美国经济学家库兹涅茨（S. Kuznets）在一项有关生产和价格长期运动的研究中，着重分析了美、英、法、德、比等国从19世纪初叶和中叶到20世纪中叶的60种工、农业主要产品的产量和35种工农业主要产品价格波动的时间序列资料，以及有关序列的长期过程，提出了存在着长度从15年到25年不等、平均长度为20年的周期，称之为“库兹涅茨周期”，这是一种长周期。

（四）康德拉捷夫周期（Kondratieff cycles）

前苏联经济学家康德拉捷夫（N.D. Kondratieff）于1925年提出，经济存在着40～60年（平均50年）一个周期的长波运动，这种长周期是以各时期的主要发明、新资源的利用及黄金的供求等作为其标志的。这种周期被称为“康德拉捷夫周期”。由于周期时间长，所以也称之为长周期，或者称之为“长波理论”。

第二节
外生经济周期理论

西方经济学关于经济周期原因的分析有外生因素论（外生论）和内生因素论（内生论）之分。外生因素指的是经济运行体系以外的各种因素，诸如战争、政治事件、太阳黑子、星象、金矿的发现、新资源的发现、科学发明和技术改进等等；内生因素指的是经济运行体系内生的各种因素，诸如消费、投资、货币供给、政府支出、消费者和生产者的心理因素等等。但是，现代西方经济学家通常认为，经济周期是一种极其复杂的现象，它是由多种因素共同决定的，而且外生因素和内生因素之间也没有一个明确的界限。这里为了叙述的方便，仍然从外生因素和内生因素两个方面分别加以介绍。本节主要介绍几种具有代表性的外生因素理论。

一、创新理论

美籍奥地利经济学家熊彼特（J. Schmpeter）在《经济周期：资本主义过程的理论、历史与统计分析》（1939年出版）一书中，建立了用“创新”来解释经济周期的学说。

熊彼特认为，企业家是资本主义经济的灵魂，而创新则是企业家的基本职能。所谓创新，指的就是重新组合生产要素，建立一种新的生产函数。这种创新包括以下五个方面的内容：（1）引进新产品；（2）开辟新市场；（3）采用新技术和新的生产方法；（4）创造和使用新材料和新能源；（5）创立新的企业组织。他认为，创新现象不是一个持续的过程，而是阶段性的；一旦一种创新出现时，必然有大量的人进行模仿，因此就会引起投资活动的大量增加，这种投资活动一般都是通过银行信用的扩张而进行的。银行信用的不断扩张，投资活动不断增加，由于投资的刺激，经济走向繁荣。但是，当投资逐渐完成，产品推向市场的时候，企业必然需要偿还银行贷款；同时由于其他企业家的模仿使得该创新的获利能力下降，如果此时没有一项新的创新出现，则银行的信用必然会自动收缩。银行信用的收缩，导致投资下降，经济逐渐转向萧条。

熊彼特认为，创新活动总是间断进行的，所以整个社会经济就会出现一段时期扩张繁荣、一段时期收缩萧条的现象，这就是经济周期现象。他认为，较小规模的创新造成了3～4年的短周期；小规模的创新汇集成较大规模的创新，造成了9～10年的中周期；整个经济的创新造成了40～60年的长周期。熊彼特把1780年到20世纪30年代的150多年分成三个长周期：1780—1842年为产业革命时期；1842—1897年为动力钢铁时期；1897—20世纪30年代为电器、化学和汽车时期。熊彼特还认为，在一个动态的社会里，经济周期的现象是不可避免的。

二、太阳黑子论

美国经济学家杰文斯（H.S.Jevons）以及穆尔（H.L.Moore）等人认为，经济周期是由太阳黑子这一自然因素引起的。他们认为，太阳黑子的出现是有规律的，大概每10年左右出现一次。太阳黑子周期性地造成恶劣的气候，使农业歉收，影响农业生产，进而影响工商业，从而使整个经济出现周期性的波动。由于太阳黑子大概每10年左右出现一次，所以经济周期差不多也是每10年左右出现一次。

三、政治因素论

许多经济学家将政府政策看做是造成经济周期的外生因素之一。波兰经济学家卡莱斯基（M.Kalecki）认为，政府交替执行扩张性政策和紧缩性政策的结果，造成了扩张和衰退的交替出现。政府企图保持经济稳定，实际上却是在制造不稳定。政府为了实现充分就业的经济目标，实行扩张性的财政和货币政策，这会导致成本推进型的通货膨胀。于是在政治上，这种通货膨胀和财政赤字会遭到反对。而政府制止这种通货膨胀的惟一方法是不再实施扩张性的政策，转而实行紧缩性的财政和货币政策，这就人为地制造了一次经济衰退。接着，由于公众对紧缩性政策的反对，政府出于自己再次当选和执政的考虑，重新实行扩张性的财政和货币政策，从而导致通货膨胀的再次出现。这种政府干预经济所造成的经济周期，其原因在于充分就业和物价稳定之间存在着矛盾。

四、心理自生周期论

庇古（Pigou）和巴奇霍特（Bagehot）等人用心理因素说明经济危机的原因。他们认为，经济周期波动的原因在于公众心理反应的周期变化。他们认为，人们在心理上都有一种“自身的周期”，使人的情绪在乐观和悲观之间反复交替出现，这种周而复始的情绪变动是很难控制的，它会对人们的消费行为和投资行为产生影响。当人们对前途抱有乐观态度的时候，消费者会增加消费，投资者会增加投资，从而引起经济走向繁荣；反之，当人们对前途抱有悲观态度的时候，消费和投资都将减少，从而导致经济走向衰退。这一理论用公众心理上的乐观预期和悲观预期的交替说明经济繁荣和萧条的交替出现，说明经济的周期性波动。

第三节 内生经济周期理论

本节中介绍几种具有代表性的内生经济周期理论。

一、纯粹货币理论

货币主义的代表人物、美国经济学家弗里德曼（M.Friedman）把经济周期和经济危机看成是纯粹的货币现象。他认为，经济周期性波动的基本原因是银行信用的扩张和收缩。根据货币数量论，货币存量变动是名义收入变动的主要决定因素。对货币的需求相对稳定，货币需求将实际余额与实际收入（财富）相连，并且将其与货币及其他资产的收益率相连。由于工资和物价的调整滞后较多，货币供应量的较高和较低的增长率导致总需求和实际经济活动对长期趋势的相应波动。长期为正，但较低的货币供应量增长率很可能会使经济下滑或衰退，长期为负的货币增长率会导致经济萧条。现代信用制度是建立在准备金制度基础之上的，由于货币乘数的作用，很容易造成信用的过度扩张。在这一过程中，由于需求的刺激，容易引起经济的繁荣。可是，一旦因信用扩张过度，银行和非银行金融机构为了避免风险而采取紧缩货币信用的措施，市场便出现危机，经济衰退、萧条的现象不可避免。纯粹货币理论把经济周期的原因完全归于现代货币信用制度，因而认为只有改革货币信用制度，经济周期才能消除。

弗里德曼解释说，20世纪30年代经济大危机以前，信用的过度膨胀造成过度繁荣，后来出现贷款拖欠，存款人信心下降，银行挤兑，信用扩张突然终止。信用恐慌造成工商业活动的急剧下降和一系列的倒闭风潮。当信用开始复苏后，信贷资金的困难逐渐缓解，人们的信心开始恢复，经济随之回升，直到信用的过度膨胀再次引起经济衰退。

弗里德曼认为，在美国联邦储备银行制度建立以前，这一过程是自发的、周期性的自然过程。这一制度建立以后，经济周期便与人为的因素，即国家或中央银行的货币政策相联系了。从1914年联邦储备银行作为美国的中央银行开始执行职能起，到1928年该行第一任行长本杰明·斯特朗去世之前，由于实施了正确的货币政策，在信用恐慌出现的时候，及时采取增加货币信贷供给的措施，缓解了信用紧张，从而使经济没有发生大的波动。但是斯特朗的继任者却实施了错误的货币政策，当1929年信用恐慌出现的时候，反而限制了货币信贷的供给，从而加剧了信用危机，导致了1929—1933年的经济大危机。

弗里德曼认为，第二次世界大战之后的美国，正是因为根据凯恩斯主义的理论滥用货币政策，才导致了美国经济的不稳定和不规则的波动。

二、投资过度理论

投资过度理论是一种重要的经济周期理论。这一理论认为，经济周期的产生主要是由于过度投资所造成的。这分为货币投资过度论和非货币投资过度论。这两种理论对经济周期的解释既有一定的区别，又存在着基本的共同点。这里仅介绍二者的基本共同点，对二者的区别不作详细分析。该理论认为，一国经济由投资品和消费品这两大基本生产部门组成，这两大部门之间存在着相互制约的关系。

当银行扩张信用，导致市场利率降低，如果市场利率低于均衡利率，那么资本市场上对投资资金的需求将超过储蓄，资本品的生产扩大；或者新技术、新产品的发明以及新市场的开拓的时候，经济周期走向扩张阶段。此时，投资开始增加，随之投资品和耐用消费品开始增加。投资品和耐用消费品的供给和需求相互促进，逐渐使经济由扩张阶段过渡到繁荣阶段。经济的不断扩张不可能一直持续下去，它会导致包括货币资本和实际资本在内的资本供给不足，这是因为：银行在经济扩张到一定阶段会出于避免风险的考虑而采取收缩信用的措施，使得货币资本不足；在经济高涨的后期，企业由于货币工资上涨和使用生产率较低的要素，成本提高，利润下降，也会使得资本不足；扩张时期投资和投资品部门的增长而导致居民的收入从而消费增加，消费增加意味着储蓄下降，储蓄下降就是资本供给不足，当然，这是与投资和投资品部门增长的需要相比较而言的。

货币资本供给不足导致对投资品和耐用消费品的需求不足，经济逐渐衰退，主要表现为在经济繁荣阶段进行的投资半途而废，或者表现为已经生产出来的这些投资品由于需求不足而形成存货积压。经过衰退阶段，货币资本不足的矛盾逐渐缓解。只要出现引起投资增加的动因，经济就会逐渐进入扩张阶段。

可见，投资过度理论的基本观点是投资增长从而投资品部门的增长要求劳动力以及为劳动力所必需的消费品的不断追加投入，但投资以及投资品部门的不断扩张终究会使经济达到充分就业，甚至出现劳动力短缺；同时，经济繁荣使消费信心和消费支出上升，从而挤占了储蓄和货币资本供给，于是由投资驱动的经济扩张便会停止。对实际资本而言，已经发生的投资过多了，所以称为投资过度理论。但是对已经发生的投资所需要的进一步追加资本而言，货币资本供给不足，所以投资过度理论又称为资本不足理论。资本不足就是储蓄不足，因此投资过度理论实际上就是储蓄不足理论或者是消费过度理论。

三、消费不足理论

消费不足理论认为，经济周期的产生主要是因为收入中用于储蓄的部分过多，用于消费的部分不足。储蓄过多和消费不足，又是由于收入分配过于不均等所造成的。与可投资的数量相比，富人得到了过多的收入，如果收入分配均等一些，储蓄就不会过多，消费也就不会不足。

这种理论认为，由于储蓄过多，而社会的经济制度又能促使储蓄变为投资，投资品部门的产出增加。投资品一般具有较长的生产周期，只有经过一段较长的时间后，投资品的增加才会带动消费品的增加。当这一转化尚未完成时，市场上消费品的供给显得不足，于是消费品价格上涨。这一价格信号刺激了企业继续增加投资，增加消费品的供给。当投资品的大量增加终于导致消费品大量增加的时候，过多的消费品供给由于消费需求不足而大量积压，市场上出现生产过剩的情况，价格下跌，失业率上升，造成生产的收缩。消费品供给过剩的情况又导致投资品供给过剩，于是就会爆发普遍生产过剩的经济危机。

读者在这里可能会产生疑问，上文曾经讲过投资过度理论就是消费过度理论，消费过度和消费不足似乎是针锋相对的。那么经济周期到底是由于消费过度还是由于消费不足所产生的呢？其实，两者是相互联系的。如果经济危机是由于消费不足而发生的，那么可以断定，此时的经济尚未达到充分就业的境地，因为在这种情况下，只要增加需求就可以增加就业和产出。而前文已经说过，投资过度理论，即消费过度理论所解释的经济危机发生在经济达到充分就业的时候。以这种区别为基础，就可以将投资过度理论和消费不足理论对经济危机的解释很好地统一起来。

投资和投资品部门的过度扩张总会受到资本供给不足的限制，于是扩张不得不转为收缩，这样经济危机就发生了。经济危机是由于资本供给不足造成的，而资本供给不足就是储蓄不足或消费过度。所以，消费过度可以解释经济由扩张转变为收缩。投资品部门的进一步扩张虽然被迫停止，但是已经过度扩张的投资品部门带动了消费品部门的过度扩张和消费品供给的过度扩大，而消费需求相对不足，于是进一步造成生产过剩。所以消费不足可以解释经济为何仍处于危机阶段。

四、凯恩斯的解释

凯恩斯对经济周期的解释是从消费倾向、消费者偏好以及资本的边际效率这三大要素出发的，其中资本的边际效率是更主要的。资本边际效率不仅取决于当前投资收益的高低，更取决于人们对资本品未来收益的预期。他认为，由于人们的这种心理预期呈现出周期性的变化，导致资本边际效率的循环性变动，所以产生了经济的周期性波动。

凯恩斯认为，在繁荣时期市场充满乐观情绪，即使在繁荣后期市场上的资本品已经很多，生产成本不断加大，利息率上升，但由于人们对资本收益仍作乐观估计，资本继续不断增加。由于乐观过度，失望便骤然来临，资本的边际效率便宣告崩溃。这时，人们对未来的看法变得不放心，于是流动性偏好大增，利率上涨，投资量进一步减少，市场充满悲观情绪。经过一段时间之后，资本品由于使用、腐蚀或折旧而逐渐变得稀少，于是资本的边际效率开始提高，随后经济逐渐复苏，于是人们对资本收益的预期提高，投资增加，市场又充满了乐观的情绪，从而导致经济繁荣。

第四节
经济周期模型

第二次世界大战以来，许多西方经济学家在凯恩斯理论的基础上发展了经济周期理论，使这一理论数量化、模型化。英国经济学家卡尔多（N.Kaldor）建立了一个用投资和储蓄的关系来解释经济周期的收入决定模型；美国经济学家萨缪尔森（P.A.Samuelson）建立了用乘数和加速数相互作用的过程来解释经济周期的乘数—加速数模型；英国经济学家希克斯（J.R.Hicks）在乘数—加速数模型的基础上，建立了以经济增长为背景的经济周期模型。

一、卡尔多的收入决定模型

在卡尔多的收入决定模型中，投资（I）和储蓄（S）都是一国经济活动水平（Y）的非线性函数。I＝I（Y），非线性投资曲线呈S型（见图12－4）。在经济活动较低和较高的水平上，投资曲线较为平坦，即边际投资倾向较低。卡尔多认为，这是因为在较低的经济活动水平上，生产能力过剩，缺乏获利机会；而在较高的经济活动水平上，经济较热，规模收益递减，成本上升，经济活动水平的边际投资倾向因而较低。

图 12－5 为非线性储蓄曲线，S＝S（Y）。储蓄曲线在正常经济活动水平上（曲线中段）比较平坦，在较低和较高经济活动水平上较为陡峭。卡尔多认为，这是因为在经济活动水平较低的低迷时期，如果经济状况进一步恶化，人们将大幅度减少储蓄以维持原有的生活水平；此时经济如果开始好转，人们会大幅度增加储蓄以使储蓄尽快恢复到正常水平。在经济活动水平较高的繁荣时期，如果收入进一步增加，人们将把大部分增加的收入储蓄起来。

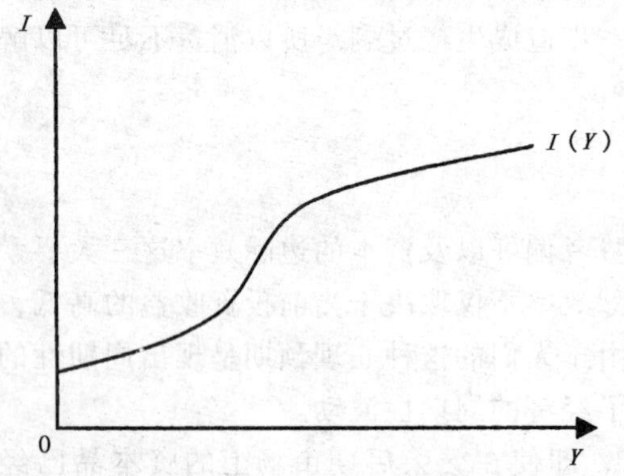

图 12－4 非线性投资曲线

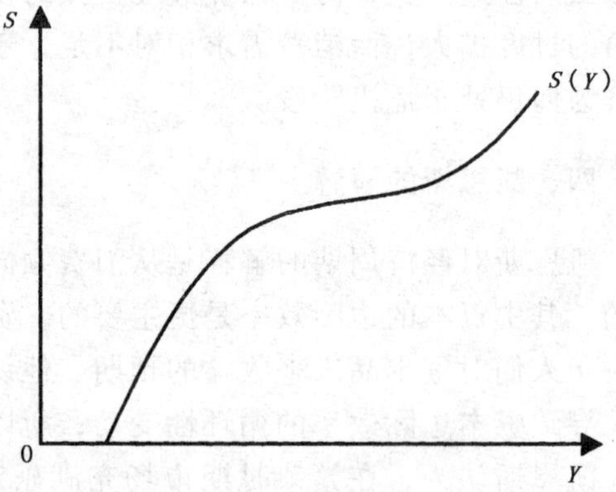

图 12－5 非线性储蓄曲线

将上述非线性投资曲线和非线性储蓄曲线置于同一坐标系中，可以得到图 12－6。在图 12－6 中，经济存在三个均衡点 A、B 和 C，其中 A 和 B 是稳定均衡点，C 为不稳定均衡点。经济水平一旦向左偏离 C 点，收入小于 Y_1 时，这个过程就会一直持续下去，直到均衡点 A，这时收入为 Y_0。经济水平如果向右偏离 C 点，国民收入将持续增加，直至均衡点 B。

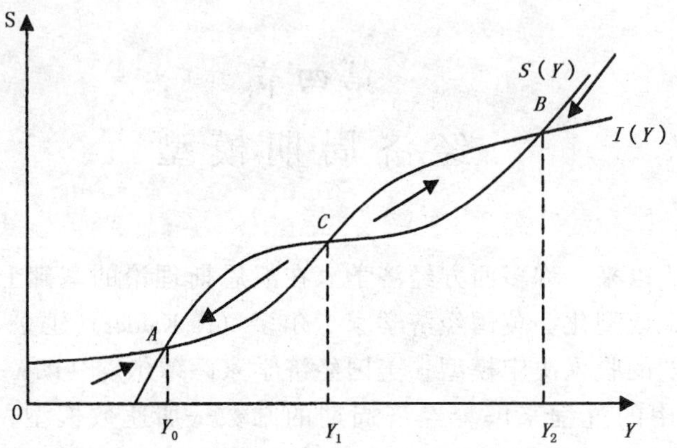

图 12－6 投资与消费的多重均衡

卡尔多指出，事实上，无论经济处于何种水平，运动都会继续进行，A，B 两点也只是在短期内才是稳定的；在长期中，两点会从稳定均衡变为不稳定均衡。为了说明这一点，卡尔多引入了决定储蓄和投资的另一变量——资本存量。卡尔多假定投资是资本存量的减函数，当资本存量较大时，资本的边际效率下降，从而每一经济活动水平对应的投资减少；当投资下降，尤其是当总投资小于折旧时，资本存量减少，从而使资本的边际效率逐渐恢复，投资增加。储蓄是资本存量的增函数，对任一经济活动水平，资本存量越大，储蓄越多；反之，当资本存量较少时，储蓄也较少。

在上述假定下，投资、储蓄、资本存量和经济活动之间的相互作用将自发地生成经济周期。考虑图 12－6 中的均衡点 B，这时经济活动处于较高水平上，收入水平高，资本存量较大，根据投资与资本存量之间的反向关系，投资趋于减少。另一方面，储蓄趋于增加，两者的共同作用使 B 点逐渐左移，C 点逐渐右移，经济活动水平逐渐下降，直至 B 点与 C 点重合，在该点投资与储蓄曲线相切，如图 12－7（a）所示。此时，在（B＋C）点的左右两边储蓄都大于投资，经济活动水平趋于下降，这一过程将延续至稳定均衡点 A。

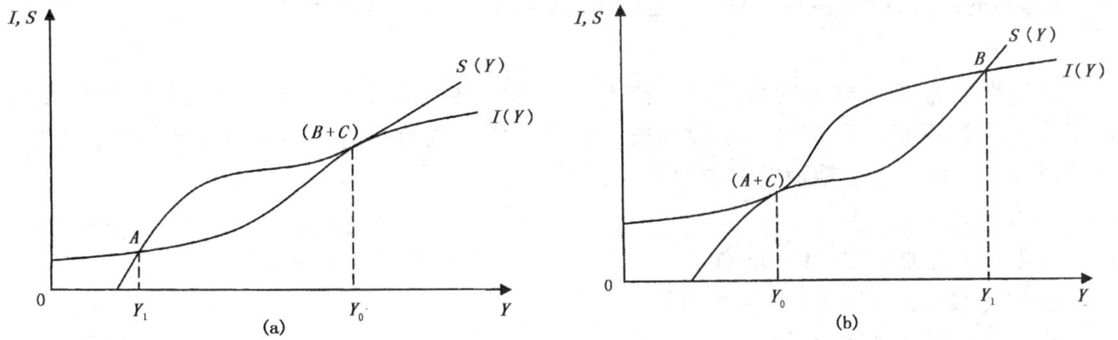

图 12－7　投资与消费的周期变动

A 点也只是在短期内稳定。经济水平在达到 A 点后将向反方向运行。A 点的活动水平很低，对应的投资水平也很低。当投资小于资本折旧时，资本存量趋于减少，资本存量的减少使得投资按反方向变动，而储蓄按同方向变动，即 A 点逐渐右移，C 点逐渐左移，国民收入趋于增加，直至 A，C 两点重合，在（A＋C）点投资与储蓄曲线相切，如图 12－7（b）所示。此时，在（A＋C）点的左右两边投资都大于储蓄，经济活动水平趋于上升，直至新的均衡点 B。

以上，卡尔多运用投资、储蓄、资本存量和经济活动之间的相互关系说明了从繁荣到衰退、再从衰退到繁荣的一个完整的周期。他认为，经济活动和资本存量的变动引起储蓄和投资的变动，储蓄和投资的变动依赖储蓄大于还是小于投资使得经济活动水平趋于下降或扩大。如果没有外来的干预或冲击，宏观经济波动将不可避免。

卡尔多认为，一国经济周期的长短取决于两个因素：一是储蓄和投资曲线变动的快慢，即储蓄和投资对经济活动和资本存量变动反应的大小与快慢；二是完成一次趋势性变动所需要的时间，即经济活动水平从（B＋C）到 A 和从（A＋C）到 B 所需要的时间。他认为，宏观经济波动幅度的大小主要由投资和储蓄曲线的形状决定，经济活动和资本存量对储蓄和投资的影响大，周期振幅就越大；反之，周期振幅就越小。

二、乘数—加速数模型

乘数—加速数模型又称汉森—萨缪尔森模型，这是由汉森和萨缪尔森先后提出。他们将乘数理论和加速数原理结合起来，指出二者的相互作用将使经济呈现出扩张—收缩—扩张—收缩……的动态过程。这是一种传统的经济周期理论。这种理论认为，经济周期的根源在于经济本身，因而是内生的。具体地说，由于乘数的作用，投资的变动会引起收入或消费的若干倍的变动；又由于加速数的作用，收入或消费的变动又会引起投资若干倍的变动。乘数和加速数的相互作用产生了经济周期。

乘数—加速数模型包括三部分内容，即消费函数、投资函数和均衡国民收入的决定关系。该模型中，t时期的消费（C_t）被看做是上期国民收入（Y_{t-1}）的函数。消费函数用公式表示为：

$$C_t = a + bY_{t-1} \tag{12-1}$$

式中，a为自发性消费部分；b为边际消费倾向（MPC）；$b = \Delta C/\Delta Y$。

t时期的投资（I_t）由自发投资（I_0）和引致投资（I）两部分组成，即

$$I_t = I_0 + I \tag{12-2}$$

自发投资I_0在这里指的是人口、技术、资源、政策等外生因素的变动所引起的投资，假定每期的I_0不变，且$I_0 > 0$；引致投资指的是由收入或消费的变动所引起的投资，按照加速数原理，它取决于上期消费需求的变动，即

$$I = V(C_t - C_{t-1}) \tag{12-3}$$

式中，V为加速数；$V = I/\Delta Y$。

由公式12－2和公式12－3可得：

$$I_t = I_0 + V(C_t - C_{t-1}) \tag{12-4}$$

式中，t时期的国民收入为Y_t，它由当期消费和当期投资决定，即

$$Y_t = C_t + I_t = a + bY_{t-1} + I_0 + V(C_t - C_{t-1}) \tag{12-5}$$

公式12－5表明，t时期的实际国民收入等于自发性消费（a）加上引致消费（bY_{t-1}），再加上自发投资（I_0）和由加速数（V）与今年消费支出增量（$C_t - C_{t-1}$）所决定的引致投资。如果已知边际消费倾向（b）、加速数（V）、各期自发投资（I_0）和前年实际国民收入（Y_{t-1}），就可以演示出乘数和加速数相互作用下的经济周期。

现在假定$b = 0.6$，$V = 1.5$，$Y_1 = 100$，各期自发性消费都为10，前两年自发投资都为30，以后各年度自发投资均为40，则根据上述公式可计算出各时期的收入变化，如表12－1所示。

从表12－1中可以看出，第3年由于自发投资（I_0）增加了10，从第2年的30增加到了40，从而使当年的国民收入增加到了110。此后国民收入逐年增长，经济复苏，到第6年国民收入为145.25，经济繁荣，达到了第一个波峰，记为P_1。从第7年开始国民收入逐年减少，经济衰退，直到第11年国民收入为109.0075，此时经济萧条，达到了第一个谷底，记为T_1。从第12年开始经济处于扩张阶段，到第16年经济达到了第二个波峰P_2，从第17年开始，经济又出现衰退。从第一个波峰P_1到第二个波峰P_2为一个完整的经济周期，共10年。表中虽然没有列出第二个谷底T_2出现的时期，但是从第一个谷底T_1到第二个谷底T_2也是一个完整的周期，应该也是10年，据此可以推断第二个谷底T_2出现的时期是第21年，感兴趣的读者可以依据表中的算法推算之。

表 12－1 **乘数—加速数模型**

时期 t	自发消费 a	引致消费 bY_{t-1}	当期消费 C_t	自发投资 I_0	引致投资 $V(C_t-C_{t-1})$	本期收入 Y_t	经济变动趋势
1	10	60	70	30	—	100	—
2	10	60	70	30	—	100	—
3	10	60	70	40	—	110	复苏
4	10	66	76	40	9	125	复苏
5	10	75	85	40	13.5	138.5	复苏
$P_1$6	10	83.1	93.1	40	12.15	145.25	繁荣
7	10	87.15	97.15	40	6.075	143.225	衰退
8	10	85.935	95.935	40	－1.8225	134.1125	衰退
9	10	80.4675	90.4675	40	－8.2013	126.2662	衰退
10	10	73.3597	83.3597	40	－10.6617	112.698	衰退
$T_1$11	10	67.6188	77.6188	40	－8.6114	109.0075	萧条
12	10	65.4045	75.4045	40	－3.3215	112.083	复苏
13	10	67.2498	77.2498	40	2.768	120.0178	复苏
14	10	72.0107	82.0107	40	7.1414	129.1521	复苏
15	10	77.4913	87.4913	40	8.2209	135.7122	复苏
$P_2$16	10	81.4273	91.4273	40	5.904	137.3313	繁荣
17	10	82.3988	92.3988	40	1.4573	133.8561	衰退
18	10	80.3137	90.3137	40	－3.1277	127.186	衰退

说明：表 12－1 中各行数字这样得出，以第 5 年为例。因为第 4 年的国民收入 $Y_4=125$，所以第 5 年的引致消费 $bY_{t-1}=bY_4=0.6\times125=75$；第 5 年的引致投资 $V(C_t-C_{t-1})=V(C_5-C_4)=V[(a+bY_4)-(a+bY_3)]=V[bY_4-bY_3]=V_b(Y_4-Y_3)=1.5\times0.6\times(125-110)=13.5$；第 5 年的国民收入 $Y_5=C_5+I_0+V(C_5-C_4)=85+40+13.5=138.5$，即将第 5 年的（4）、（5）、（6）三列相加得出的数值。

上述模型中，与经济周期关系密切的是边际消费倾向 b 和加速数 V。乘数—加速数模型为经济周期的内生性提供了一个有力的理论分析，然而，这一模型显然存在许多缺陷。比如，该模型假定边际消费倾向 b 和加速数 V 为常数，事实上两者都随国民收入的变化而变化；这一模型完全没有考虑到货币因素对经济周期的影响，事实上经济周期也可以是货币因素冲击的结果；这一模型分析了消费和投资之间的关系，但没有去探讨两种变动之间的可能中介，即存货对经济周期的影响。

乘数—加速数模型所演示的经济周期，其周期的长短、波动的幅度以及若干周期以后的趋势都取决于乘数和加速数的值。在没有政府和外贸部门的经济中，只存在被定义为 $1/(1-b)$的乘数，所以说与经济周期关系密切的是边际消费倾向和加速数，也就是说与经济周期关系密切的是乘数和加速数。因此，只要改变假定的边际消费倾向和加速数的值，就会使经济周期的长度、周期波动的幅度以及周期的长期趋势发生变化。

萨缪尔森将经济周期区分为五种不同的情况：（1）实际国民收入由某一稳定值按递减的比率上升或下降到另一个稳定值，如图 12－8（a）所示；（2）实际国民收入经过一段周期波动，由某一稳定值上升到另一新的稳定值，如图 12－8（b）所示；（3）经济波动的幅度越来越大，不再可能出现稳定于某一水平的情况，如图 12－8（c）所示；（4）实际国民收入按一递增的变化率上升或下降的情况，如图 12－8（d）所示；（5）实际国民收入按不变的波动幅度永远波动下去的情况，如图 12－8（e）所示，萨缪尔森将这看做是一种特殊的情况。

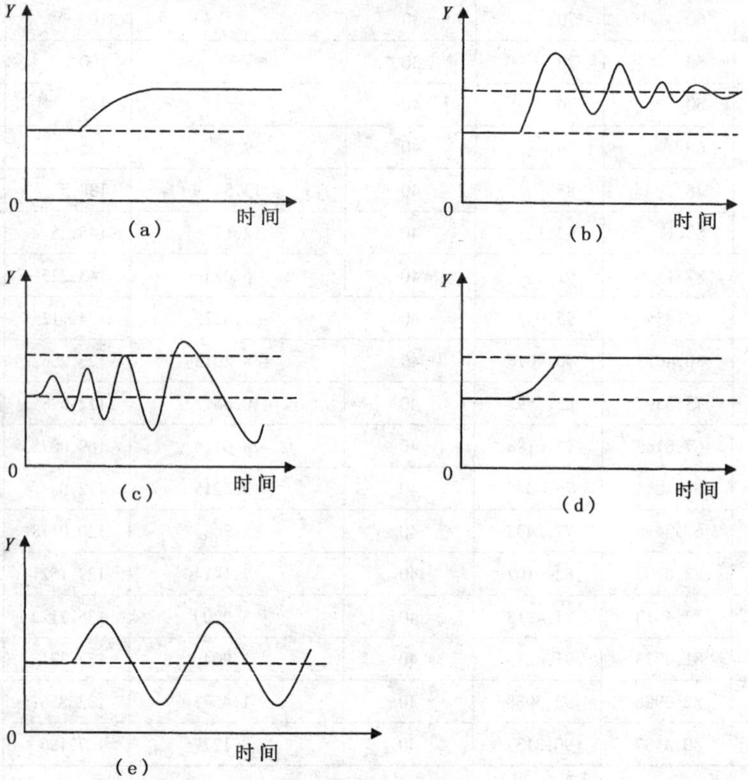

图 12－8　边际消费倾向和加速数不同取值的组合在经济周期中的体现

上述五种情况是由于边际消费倾向和加速数的不同数值造成的。萨缪尔森曾经根据边际消费倾向 b 取值范围在 0～1.2 中的所有值与加速数 V 取值范围在 0～5 的所有值的组合绘制了一张图，用来说明 b 和 V 不同组合的区域，如图 12－9 所示。图 12－9 中 A 区域内所有 b 和 V 的不同组合点都会出现（a）情况；B 区域内所有的组合点都会出现（b）情况；C 区域中所有的组合点都会出现（c）情况；D 区域中所有的组合点都会出现（d）情况；（e）情况的出现比较特殊，只有在 b 和 V 的组合点位于虚线上的时候，这一情况才会出现。

三、希克斯的经济周期模型

希克斯的经济周期模型是在乘数—加速数模型的基础上发展起来的，他的经济周期理论主要集中体现在《对经济周期理论的贡献》（Hicks，1950 年）一书中。希克斯认为，乘数—加速数模型过于暴烈了。如果储蓄是实际国民收入的函数，投资也是实际国民收入的函数，它们最简单的函数形式假定分别为：

$S = MPS \cdot Y$　　　　$I = MPI \cdot Y$。

那么根据储蓄等于投资，从这一等式便可得出：

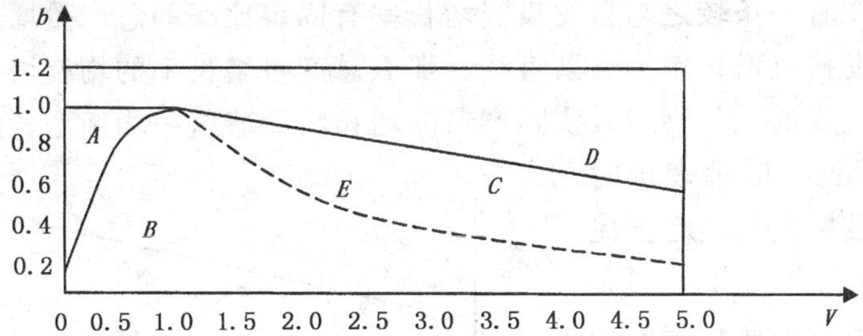

图 12-9 边际消费倾向和加速数的不同数值组合区域

$MPS = MPI$

这一关系式意味着边际储蓄倾向与边际投资倾向相等是达到均衡的一个条件，正如上文指出的乘数—加速数模型的缺陷一样，这一条件具有内在的不稳定性，任何偶然的产量（即实际国民收入）的增加都会通过加速数的作用引致更多的投资，而投资的增加又会产生乘数作用，使总产量以倍数的规模增加。但是，总产量在任何时候都不可能无限制的扩张，它有一个由生产力水平规定的极限。按照乘数—加速数模型，经济中任何最初的扩张都会使总产量迅速达到这个极限，一旦达到这个极限，产量上升会减慢和停止，这就使乘数和加速数的相互作用将经济推向相反的方向，经济出现衰退。而且在简单的模型中，除去最终的经济崩溃外，没有任何力量可以阻止这种越来越迅速的下降。

希克斯认为，要使乘数—加速数模型符合实际，就必须在简单的模型中加入冷却剂，以延缓其暴涨、暴跌的性质。希克斯加入的第一个冷却剂是时滞，这不但可以延长整个过程的时间长度，也可以减缓波动的幅度。这在上文介绍乘数—加速数模型时已经得到了一定的体现。但是仅仅将本期与上期加以区分并不能根本改变乘数—加速数模型过于暴烈的性质。如果根据公式 $Y_t = a + bY_{t-1} + I_0 + V(C_{t-1} - C_{t-2})$ 重新计算表 12-1，就会得出完全不同的结果。重新计算的结果显示出，周期的时间长度大大缩短，经济波动更加频繁。由此可见，如何加入时滞对经济周期的时间长度会产生重要的影响。

希克斯加入的第二个冷却剂是自发投资。自发投资在上文已经提及到，它是指人口、技术、资源、政策等外生因素的变动所引起的投资。这些投资与现期实际国民收入及其变动无关，它们不是现期或近期国民收入的函数，是一个外生变量。自发投资之所以是冷却剂，是因为它规定了投资的最低下限，在乘数和加速数相互作用导致经济下降时，延缓了经济衰退。当引致投资为零时，仅有自发投资在起作用，经济会在较低的增长率水平上持续一段时间，为人们改变悲观情绪、重新对经济产生信心赢得时间；当引致投资不为零时，重新使经济恢复增长。

在乘数—加速数模型中，共有五种可能的情况发生。希克斯认为，从长期看，这五种情况都没有排除总产量沿着一种下降的趋势波动的可能性。在实际经济中，一次周期谷底的总产量超过前一次周期波峰的总产量是很平常的事。经济的长期发展不会是围绕着最初的产量上下波动，因此必须在经济增长理论的基础上才能建立符合实际的经济周期理论。希克斯在分析中用总产量的增长率代替了总产量，用投资的增长率代替了投资的绝对量。

希克斯假定，自发投资的增长率是不变的，加速数和乘数也是不变的。他吸收了哈罗德—多马增长理论中关于自发投资对均衡收入的比率取决于加速数和乘数的观点。自发投资增长率不变，加速数和乘数也不变，则自发投资增长率对均衡实际国民收入增长率的比率也就不变。这样就存在着一条较之与自发投资增长率有固定比率的总产量增长率的长期均衡增长趋势线。如果自发投资增长率为一条直线，那么总产量增长率的均衡增长趋势线就是与其相平行、并高于该直线的一条直线。实际产量的增长将沿着这一均衡增长曲线上下波动。

如图 12－10 所示，横轴表示时间，纵轴表示用对数标出的实际国民收入和自发投资。图 12－10 中四条直线互相平行，表示它们所代表的变量的增长率不变，且都相同。图 12－10中直线 AA 表示自发投资，直线 EE 表示实际国民收入的均衡增长趋势线，由于国民收入增长率与自发投资增长率之间有一固定比率，所以直线 EE 所代表的均衡实际国民收入就是自发投资的一个固定的倍数。直线 FF 表示经济波动的上限，即充分就业时的最高实际国民收入的增长轨迹，直线 LL 表示经济波动的下限，即实际国民收入所能下降到的最低水平的轨迹。这样，实际国民收入将在上限 FF 和下限 LL 规定的范围内，围绕均衡增长趋势线 EE，大致以相同的相对幅度上下波动。

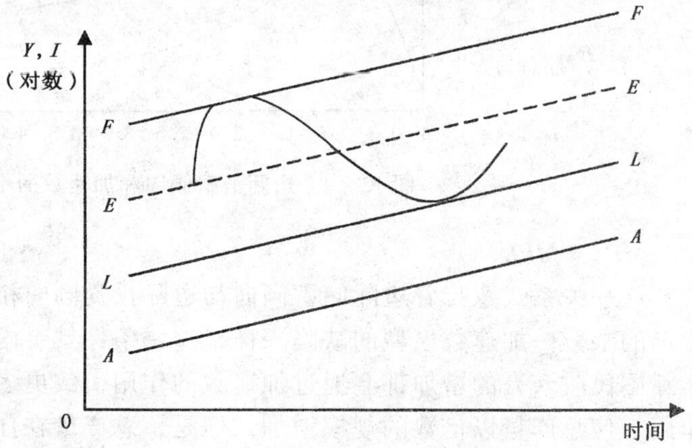

图 12－10

希克斯认为，一国经济如果最初由某种外生因素（比如技术进步）使自发投资增加，从而使得国民收入水平提高，那么由于乘数、加速数的相互作用，经济将产生爆炸性的向上运动。当收入水平达到充分就业的上限后，经济增长速度必然下降，根据加速原理，总投资将因此减少，投资减少通过乘数作用使收入下降。收入减少过程一旦开始，乘数、加速数的相互作用将使其迅速跌破增长趋势线向下限逼近。由于负投资的最大数值以资本存量的折旧为限，负投资在达到这一数量后不可能再继续增加，随着资本折旧、资本更新和自发投资的出现，收入水平开始向上运动，由此开始了一个新的循环。希克斯认为，一个标准的经济周期由复苏、高涨、下降和萧条四个阶段构成，但有时，经济在没有达到高涨时便开始掉头下降，从而形成弱周期，弱周期仅由复苏、下降和萧条三个阶段构成。

由于希克斯的经济周期理论是在综合前人理论的基础上，对经济周期问题进行了较为系统和独到的分析，从而备受西方经济学家推崇，被认为是具有权威性的一种经济周期理论。

【案例分析】

欧佩克如何促成了 20 世纪 70 年代的滞胀和 80 年代的加速

近代史上最具破坏性的供给冲击是由欧佩克，即石油输出国组织（OPEC）所引起的。在 20 世纪 70 年代初，欧佩克协调一致减少石油供给，使世界石油价格几乎翻了一番。这次石油价格的上升在大多数工业国家中引起了滞胀。表 12－2 的统计数字表明了美国发生的情况。

表 12 – 2

单位：%

年 份	石油价格变动	通货膨胀率（CPI）	失业率
1973	11.0	6.2	4.9
1974	68.0	11.0	5.6
1975	16.0	9.1	8.5
1976	3.3	5.8	7.7
1977	8.1	6.5	7.1

1974 年石油价格上升 68%意味着大幅度的不利供给冲击。正如人们可以预料到的，它既引起了较高的通货膨胀率，又引起了较高的失业率。

几年之后，当世界经济已经快要从第一次欧佩克引起的衰退中复苏时，几乎同样的事情又发生了。欧佩克再次提高油价，这引起进一步的滞胀。表 12 – 3 是美国的统计数字。

表 12 – 3

单位：%

年 份	石油价格变动	通货膨胀率（CPI）	失业率
1978	9.4	7.7	6.1
1979	25.4	11.3	5.8
1980	47.8	13.5	7.0
1981	44.4	10.3	7.5
1982	– 8.7	6.1	9.5

1979 年、1980 年和 1981 年的石油价格上升又一次引起两位数的通货膨胀率和较高的失业率。

在 20 世纪 80 年代中期，阿拉伯国家之间的政治动乱削弱了欧佩克限制石油供给的能力。石油价格下降，扭转了 70 年代和 80 年代初的滞胀。表 12 – 4 反映的是所发生的情况。

表 12 – 4

单位：%

年 份	石油价格变动	通货膨胀率（CPI）	失业率
1983	– 7.1	3.2	9.5
1984	– 1.7	4.3	7.4
1985	– 7.5	3.6	7.1
1986	– 44.5	1.9	6.9
1987	18.3	3.6	6.1

1986 年，石油价格几乎下降了一半。这种有力的供给冲击引起现代美国史上出现了一次最低的通货膨胀率和失业率下降。

近年来，欧佩克没有成为经济波动的主要原因，部分是由于 OPEC 在抬高石油价格方面不那么成功了。虽然世界石油价格曾经波动，但是变化已经不像 20 世纪 70 年代遭遇的那么大了，并且石油的实际价格还未回落到 80 年代达到的高峰。另外，储存的努力和科技变化已经使得经济对石油冲击不再那么脆弱了。每单位实际 GDP 消耗的石油在过去的 30 年里已经下降了 40%。

但是我们不能太乐观。20 世纪 70 年代和 80 年代的经历随时可能重演。中东地区的事件是冲击世界各国经济的潜在来源。

摘自曼昆：《宏观经济学》，第5版，中国人民大学出版社2005年版，第241页。

本章小结

经济周期理论是宏观经济学的重要的内容，纵观世界各国经济发展的历程，没有任何一个国家的经济可以避免经济的周期性波动而发展。

经济周期的定义有古典型经济周期和增长型经济周期之分，这两种定义对同一时期的经济周期的分析会得出不同的结论。一般来说，经济周期可以分成衰退、谷底、扩张和波峰四个阶段。西方经济学家曾根据经济周期时间的长短将经济周期分为朱格拉周期、基钦周期、库兹涅茨周期和康德拉捷夫周期（长波理论）四种类型。

解释经济周期的理论有外生因素论（外生论）和内生因素论（内生论）之分。外生经济周期理论有创新理论、太阳黑子论、心理自生周期和政治因素论等等；内生经济周期理论有纯粹货币理论、投资过度理论、消费不足理论等。

解释经济周期的模型有卡尔多的收入决定模型、乘数—加速数模型（汉森—萨缪尔森）模型和希克斯的经济周期模型。乘数—加速数模型是本章重点要求掌握的内容，乘数和加速数的相互作用导致了经济周期的产生。

复习与练习

一、关键概念

古典型经济周期　增长型经济周期　谷底　扩张　波峰　衰退　朱格拉周期　基钦周期　库兹涅茨周期　康德拉捷夫周期（长波理论）　创新　乘数　加速数　汉森—萨缪尔森模型

二、思考题

1. 经济周期有哪两个不同的定义？根据这两个不同的定义观测的经济周期会产生什么差别？

2. 请分别概述解释经济周期的创新理论和纯粹货币理论的内容。

3. 在乘数—加速数模型中，乘数作用和加速数作用分别是如何体现的？

4. “乘数的作用导致国民收入增加，加速数的作用导致国民收入减少，因此，乘数和加速数的相互作用导致了经济的周期性波动。”这一判断对吗？为什么？

5. 投资过度理论和消费不足理论分别是如何解释经济周期的？它们之间矛盾吗？为什么？

6. 在乘数—加速数模型中，经济周期有哪五种情况？它们是由什么因素决定的？

7. 假定某经济的边际消费倾向为0.8，加速数为2，每年的自发投资和自发消费分别为40亿美元和20亿美元，1998年的国民收入水平为300亿美元，比上一年增加30亿美元，试分别求出1999年和2000年的总投资和国民收入水平。

8. 试述卡尔多收入决定模型的内容。

9. 试述希克斯的经济周期模型，并说明这一模型对乘数—加速数模型作了哪些完善？

第十三章　长期经济增长

为什么有的国家经济增长迅速，人民生活富裕；而有的国家经济增长乏力，人民生活贫困？一个国家应采取什么措施来实现本国经济增长？哪些因素决定了国民收入的增长？什么样的增长是合乎理想的？怎样才能实现这种合乎理想的增长？自从亚当·斯密创立经济学以来，经济增长问题就一直是经济学家们长期探索的重要课题，尤其是在第二次世界大战后，经济增长理论取得了重大发展。哈罗德—多马模型的建立，索洛模型的提出，以及 20 世纪 80 年代中后期一大批新的有关经济增长的文献的出现，使经济增长理论在理论的严格性和对现实世界的解释力方面前进了一大步。

本章将介绍经济学家们在长期经济增长研究领域所获得的进展，通过经典模型的介绍，使读者了解一些影响一个国家长期经济增长率的重要因素以及有关经济增长问题的最新发展。

第一节　经济增长概述

一、经济增长的含义和特征

经济增长（economic growth），用传统的术语说，即国民财富或社会财富的增长。但**现代意义上的经济增长一般包括两重涵义：一是指一个国家或地区在一定时期内实际产出量的增加，包括居民所需要的商品和劳务的总产出量增加；二是指潜在生产能力的扩大，包括决定一个国家或地区生产能力的各种资源、资本形成和技术水平等诸因素的改进。**一般认为，美国经济学家库兹涅茨（Simon Kuznets）对经济增长的定义较为全面，即“一个国家的经济增长，可以定义为给居民提供种类日益增多的经济产品的能力长期上升，这种不断增长的能力是建立在先进技术及所需要的制度和意识的相应调整基础之上的”。他认为，这个定义有三个组成部分：(1) 经济增长集中表现在经济实力的增长上，而这种经济实力的增长就是商品和劳务总量的增加，即国民生产总值的增加。如果考虑到人口的增加和价格的变动，也可以说是人均实际国民生产总值的增加。这里要注意的是，经济增长仅仅是国民生产总值的增加，而不是其他。例如，经济增长并不等于社会福利或个人幸福的增进，因为国民收入增加当然是社会福利或个人幸福增进的基础，但在某些情况下，经济增长并不一定能增加社会福利或个人幸福。(2) 技术进步是实现经济增长的必要条件，即只有依靠技术进步，经济增长才是可能的。在影响经济增长的各种因素中，技术进步是第一位的。(3) 经济增长的充分条件是制度与意识的相应调整，即只有社会制度与意识形态适合于经济增长的需要，技术进步才能发挥作用，经济增长才是可能的。

库兹涅茨还根据英、美、法等 14 个国家近百年的经济增长统计分析，总结了现代经济增长的六个特征：

第一，按人口计算的产量，人口以及资本形成的高增长率；

第二，生产率本身增长的程度也是很高的；

第三，经济结构的快速变革，例如由农业转向非农业，由工业转向服务业也是很迅速的；生产规模的变化，单个私人企业转向全国性或跨国公司等；

第四，社会结构与意识形态的迅速改变，表现在社会城市化和移风易俗上；

第五，增长在世界范围内的迅速扩大，经济发达国家要向其他国家争取市场和原料；

第六，世界各国经济增长不平衡，先进国家和落后国家之间人均产出水平有很大差距。

这六个特征是密切相关的，它们标志着一个特定的经济时代。

二、经济增长的衡量指标

经济增长率可用来衡量经济增长，这与经济增长的定义是相吻合的。所谓经济增长率，是指排除价格波动影响以后的实际国民生产总值的增长率，实际上也就是产量的增长率，其公式如下：

$$\text{增长率}\ G = \frac{\text{当年}\ GNP - \text{上年}\ GNP}{\text{上年}\ GNP}$$

该公式只能计算 2 年之间的增长率，如果要计算某一时期内的年平均增长率，可以这一时期的第一年和最后一年的实际国民生产总值为依据，采用复利方法加以计算，其公式如下：

假定国民生产总值年平均增长率为 r，时间跨度为 t，Y_0 为基期（t 期第一年）实际国民生产总值，Y_t 为 t 期最后一年实际国民生产总值，则：

$$Y_t = Y_0 (1 + r)^t$$

其中，

$$r = \sqrt[t]{\frac{Y_t}{Y_0}} - 1$$

或用对数方法可求得：

$$lgY_t = lgY_0 + tlg(1 + r)$$

或

$$lg(1 + r) = \frac{lgY_t - lgY_0}{t}$$

从以上公式中可以看出：t 期的增长率与该期的第一年和最后一年的实际国民生产总值

有关，但与其他年份的实际国民生产总值无关，因此如何选择年份非常重要。如果第一年实际国民生产总值较低（经济正好处于衰退时期），而第 t 年实际国民生产总值又很高（经济正好处于繁荣时期），那么计算出来的增长率就偏高。反之，第一年较高而第 t 年又较低，则计算出的增长率就会偏低。所以在选择上，就要注意使第一年与第 t 年所处的经济周期在相同的阶段上，这样就可消除经济周期波动对增长率的影响，得出比较正确的增长率。

为避免复利计算可能出现的误差，获得更精确的增长率数值，还可以采用最小二乘法加以计算。这种方法考虑了所选时期内每一年的实际国民生产总值的变化，所计算出的结果可排除第一年与第 t 年实际国民生产总值对增长率的影响，使计算出的数值与实际的数值误差最小化。目前，联合国和世界银行等国际组织在分析各国的经济增长时，一般都采用这种方法计算。其方法如下：

假设用人均实际国民生产总值增长率来衡量经济的增长，那么可以在增长率中减去人口的增长率，如果以 r_p 代表人均实际国民生产总值增长率，p 代表人口增长率，则：

$$r_p = r - p$$

$$r_p = \sqrt[t]{\frac{Y_t}{Y_0}} - \sqrt[t]{\frac{P_t}{P_0}}$$

式中，P_0 为基年的人口数；P_t 为第 t 年的人口数。

三、经济增长的要素分析

经济增长是总产量的增长，即总供给增加。因此可以用生产函数来分析影响经济增长的要素。设经济社会的总生产函数为：

$$Y_t = A_t f（L_t，K_t） \qquad (13-1)$$

式中，Y_t 为 t 期总产量；A_t 为 t 期的技术状况；L_t 为 t 期投入的劳动量；K_t 为 t 期投入的资本量；f 为生产函数。

对该生产函数关于时间变量 t 求全导数，得：

$$dY_t/dt = f（L_t，K_t） g dA_t/dt + A_t \frac{\partial F}{\partial L_t} g \frac{dL_t}{dt} + A_t \frac{\partial F}{\partial K_t} g \frac{dK_t}{dt}$$

上式两端除以 Y_t，并定义参数。

$$\xi_L = \frac{\partial Y_t}{\partial L_t} g \frac{L_t}{Y_t} \quad \text{为劳动产出弹性系数}$$

$$\xi_K = \frac{\partial Y_t}{\partial K_t} g \frac{K_t}{Y_t} \quad \text{为资本产出弹性系数}$$

则有：

$$\frac{dY_t/dt}{Y_t} = \frac{dA_t/dt}{A_t} + \xi_L \frac{dL_t/dt}{L_t} + \xi_K \frac{dK_t/dt}{K_t}$$

即

$$\text{产出增长率} = \left(\text{劳动力份额} \times \text{劳动增长率}\right) + \left(\text{资本份额} \times \text{资本增长率}\right) + \text{技术进步增长率}$$

也可用下式表达：

$$\frac{\Delta Y}{Y} = （1-\theta） g \frac{\Delta L}{L} + （1-\theta） g \frac{\Delta K}{K} + \frac{\Delta A}{A}$$

式中，$(1-\theta)$ 为劳动力在生产中的份额；$\Delta L/L$ 为劳动力投入的增长率；θ 为资本在生产中的份额；$\Delta K/K$ 为资本投入的增长率；$\Delta Y/Y$ 为经济增长率；$\Delta A/A$ 为技术进步。

由此可以看出，影响经济增长的要素有劳动力和资本的增长以及技术进步三个方面。如果劳动力对增长的贡献是资本的3倍，那么有：

$$\frac{\Delta Y}{Y}=3/4\left(\frac{\Delta L}{L}\right)+1/4\left(\frac{\Delta K}{K}\right)+\frac{\Delta A}{A}$$

现代经济学为了强调教育和培训对经济增长的潜在贡献，还将人力资本作为一种单独的投入写进生产函数。所谓人力资本，是体现在个人身上的获取收入的潜在的能力价值，它包括天生的能力和才华以及通过后天教育、培训获得的技能，当把人力资本也作为一种单独投入时，生产函数可以写为：

$$Y_t=A_t f\left(L_t,\ K_t,\ H_t\right) \tag{13-2}$$

式中，H_t 为人力资本。

感兴趣的读者可按上述步骤推导出增长率的分解式。

第二节 经济增长因素分析

经济增长是一个复杂的社会经济现象。影响经济增长的因素很多，准确估计各种因素对经济增长的贡献，对实现经济稳定增长和制定促进经济增长的政策都是极为重要的。本节将介绍丹尼森（Edward Dennison）和肯德里克（J. W. Kendirich）对经济增长因素的分析。

一、丹尼森对经济增长因素的经验分析

20世纪50年代，美国经济的增长率远远低于日本和西欧国家，这引起了美国国内的广泛不安。到了50年代末期，经济增长问题已成为美国一个紧迫的“政治问题”，引起了全国上下的关注，尤其是经济学家对它的研究。在这方面，丹尼森做出了突出的贡献。

1962年，丹尼森出版了《美国经济增长的原因和我们面临的选择》一书，书中首次提出了增长核算问题。所谓增长核算，就是研究影响经济增长的各个要素，并分别确定它们对经济增长的贡献。丹尼森把影响经济增长的因素分为两部分：生产要素的投入量和生产要素的生产率。关于生产要素的投入量，丹尼森把经济增长看成是劳动、资本和土地投入的结果，其中土地可以看成是不变的，其余两个则是可变的。关于要素生产率，丹尼森则把它看成是产量与投入量之比，即单位投入量的产出量。要素生产率主要取决于知识进展、资源配置和规模经济。具体说来，丹尼森认为对长期增长起作用并且能影响增长率变动的主要有七类经济增长因素，它们分别是：（1）就业人数和它的年龄—性别构成；（2）包括非全日工作的工人在内的工时数；（3）就业人员的教育年限；（4）资本存量的大小；（5）资源配置，主要是指低效率使用的劳动力比重的减少；（6）规模的节约，以市场的扩大来衡量；（7）知识进展。前四种因素属于要素投入量，后三种因素属于全部要素生产率范畴。丹尼森进行增长因素分析的目的，就是通过量的测定，把产量增长率按照各个增长因素对增长所做的贡献，

分配到各个增长因素上去，再把分配的结果用来比较长期经济发展中各个因素的相对重要性。在这七个因素中，知识进步是最重要的一个因素，而劳动力教育年限的延长也是一个基本增长因素。丹尼森在计算产量增长率时，不是根据美国国民总产值或国民净产值，而是根据美国国民收入的历史统计数字计算出来的。

丹尼森对美国1929—1982年的经济增长因素进行了实证分析，如表13-1所示。

表13-1　　1929—1982年美国国民收入增长因素分析　　单位:%

增长因素	年增长率	占增长的百分比
总要素投入	1.90	65.07
劳动	1.34	45.89
资本	0.56	19.18
要素生产率	1.02	34.93
知识进展	0.66	22.60
资源配置	0.23	7.88
规模经济	0.26	8.90
其他	-0.13	-4.45
国民收入	2.92	100.00

资料来源：多恩布什·费希尔：《宏观经济学》，中国人民大学出版社1997年版，第226页。

从表13-1中可看出：

1. 1929—1982年美国经济增长率为2.92%，其中总要素投入使经济增长1.90%，对经济增长贡献率为65.07%；要素生产率使经济增长1.02%，对经济增长贡献率为34.93%。

2. 在要素投入中，劳动使经济增长1.34%，对经济增长贡献率为45.89%；资本使经济增长0.56%，对经济增长贡献率为19.18%。

3. 在要素生产率中，知识进展使经济增长0.66%，对经济增长的贡献率为22.6%；资源配置的改进使经济增长0.23%，对经济增长的贡献率为7.88%；规模经济效应使经济增长0.26%，对经济增长的贡献率为8.9%。其他要素对经济增长成反方向影响，一般包括农业气候因素、劳动争议和需求强度变化等。

据此，丹尼森的结论是：**知识进展是经济发达国家最重要的经济增长因素**。丹尼森所说的知识进展包括的范围很广，它包括技术知识、管理知识的进步和由于采用新的知识而产生的结构和设备的更有效的设计在内，还包括从国内和国外的有组织的研究、个别研究人员和发明家，或者简单的观察和经验中得来的知识。丹尼森所谓的技术知识是关于物品的具体性质和如何具体的制造、组合以及使用它们的知识。他认为，技术进步对经济增长的贡献是明显的，但是，把生产率增长的大部分仅仅看成是采用新技术和知识的结果是显然错误的。他强调管理知识的重要性。管理知识就是广义的管理技术和企业组织方面的知识。在丹尼森看来，管理和组织知识的进步更可能减低生产成本，增加国民收入，因此，它对国民收入的贡献比对改善产品物理特性的影响更大。总之，丹尼森认为，技术知识和管理知识进步的重要性是相同的，不能只重视前者而忽视后者。

二、肯德里克对经济增长因素的经验分析

美国经济学家J.W.肯德里克在分析生产率的提高（即技术进步）对经济增长的贡献时，首次采用了全要素生产率（total factor's productivity，TFP）这一概念，即产出量与全部要素投入量的比例。他通过对美国不同时期生产率的发展趋势进行研究，说明了生产率提高对经济增长的重要作用。他还根据美国的统计资料，测算了美国经济增长中来源于生产率的提高和来源于投入量的增长各占多大的比重。

肯德里克在1961年出版的《美国生产率发展趋势》一书中，对1889—1957年美国生产率的变化进行了分析，1973年又出版了《美国战后1948—1969年生产率发展趋势》一书，对1948—1969年间美国生产率的变化进行了分析。肯德里克对生产率的定义是：产出量与投入量的比例，投入量包括劳动、资本和土地三个生产要素，资本是指厂房建筑、机器设备和存货，土地包括一切自然资源。由于资本和土地都是非劳动性生产因素，肯德里克把土地并入资本，因此生产要素的投入量可简化为资本和劳动，于是，全要素生产率就是产出量与全部要素投入量之比。

通过实际测算，肯德里克发现：1889—1957年间，美国实际产值年均增长3.5%，全要素生产率年均增长1.7%，即在实际产值年均增长率中，51.4%来源于劳动和资本投入的增加，另有48.6%是由于全要素生产率的提高。1948—1969年间，实际产值年均增长4%，全要素生产率年均增长2.5%，其贡献份额高达62.5%。肯德里克认为，影响全要素生产率提高的因素十分复杂，如无形投资（对研究与发展、教育、训练等的投资）的增减；资源配置的合理化程度及适应经济变化的速度；技术革新的扩散程度；生产规模的变动；人力资本与自然资源的质量等，它们都对经济增长发挥着重要作用，但他没有从量上说明它们各自对生产率提高的影响程度。

【案例分析】

中国具备经济快速增长的条件吗？

根据2002年11月16日《经济参考报》的一篇文章报道，中国到2020年，中国经济基础有以下几项优势：第一，从市场需求看，中国只要把潜在需求变为现实需求，完全能保持足够的需求容量，推动经济实现增长。未来18年内，中西部地区农村将走上工业化道路，8亿农村人口生活的改善将是经济增长的强大动力。第二，中国的高储蓄率可以支持高投资率，成为支撑经济快速增长的根本条件。未来18年，居民储蓄和证券投资仍将以较快速度增长。第三，能源、交通、通信等基础设施环境的改善，教育事业的发展，为今后中国经济提供了必要的物质和人才条件。第四，改革开放将进一步释放出体制上的活力。中国加入WTO，外资将会持续流入，国外先进的技术和管理同中国丰富的低成本劳动力相结合，将形成新的竞争优势。

根据以上的条件，你认为中国具备经济快速增长的条件吗？为什么？

第三节 经济增长模型

一、哈罗德—多马模型

英国经济学家哈罗德（H.E.Harrod）与美国经济学家多马（E.D.Domar）分别于20世纪40年代末提出了经济增长模型。他们在著作中提出的经济增长模型在形式上极为相似，因而西方学者将二者并称为哈罗德—多马模型。由于二者中哈罗德模型被认为具有较丰富的内容，故以该模型作为二者的代表。

（一）哈罗德—多马模型的基本假设

1. 社会所生产的产品只有一种，这种产品可以用来满足个人消费，也可以作为生产要素投入生产，投入生产过程的产品称为资本。

2. 生产过程只使用两种要素，即劳动L和资本K。

3. 储蓄S被假定同国民收入Y呈一种简单的线性关系：S = sY，这里的s代表这个社会的储蓄率，即储蓄在国民收入中所占的份额。

4. 劳动力按照一个固定不变的比率增长。

5. 没有技术进步，也不存在资本折旧问题。

6. 不管生产模型的大小，单位产品所需要的成本不变，这种情况称为相对于生产规模的报酬不变。

（二）哈罗德—多马模型的基本公式

哈罗德模型研究三个变量之间的相互关系，这三个变量是收入增长率用G来代表；储蓄率用S来代表；资本—产量比率，用V来代表。哈罗德模型的基本公式为：

$$G = \frac{S}{V} \tag{13-3}$$

多马模型与哈罗德模型基本相同，区别仅在于用资本生产率来代替资本—产量比率。资本生产率又称投资率，是指每单位资本的产出，如以σ代表资本生产率，此外，在多马模型中，G指投资增长率，实际与哈罗德模型中的收入增长率是相同的。多马模型的基本公式为：

$$G = S \cdot \sigma \tag{13-4}$$

（三）哈罗德—多马模型的含义

1. 经济增长率（即产量或收入的增长率）由储蓄率和投资效率共同规定。两者中任何一个增大，都可促使经济增长。

2. 投资具有二重性。它虽然是对国民收入的总需求的一部分，但它更是增加总供给的有力因素。短暂地看，投资需求的满足程度由储蓄决定，投资达到既有的储蓄水平，国民收入就不再增长了。但投资具有生产能力效应，即投资在既有的储蓄中汲取增量时，可以增加国民收入，从而增加储蓄，而储蓄的增加则会满足更多的投资需求，新增投资又再次带动收入的增加。

3. 提高储蓄率以便增加国民收入。其先决条件是，每一时期的储蓄尽可能都转化为投资。否则，投资将出现不足甚至无以为源，也就不可能实现产量的增长。

（四）实际增长率、有保证的增长率和自然增长率

哈罗德在经济增长理论中提出了三种经济增长率：实际增长率、有保证的增长率和自然增长率，并在此基础上论述了他的稳定增长的论点。

实际增长率也就是实际发生的经济增长率。哈罗德认为，一个国家的资本存量和其社会总产量（或实际国民收入）之间存在着一定的比例，该比例为：资本—产量比，即

$$V = K/Y$$

它表示要达到实际产量 Y 就需要具备资本存量 K。随着这个国家资本的增长，该国家的产量也会增长，二者之比为：

$$\Delta K/\Delta Y$$

它表示要增加一个单位的产量就要增加一定量的资本量。基于 S = I 这一国民收入均衡条件，所以储蓄率也就是投资率，实际储蓄率等于储蓄 S 与实际产量 Y 之比，即 S/Y。如果用 V_A 代表 K/Y 或 ΔK/ΔY。用 S_A 代表 S/Y，用 G_A 代表实际增长率，则实际增长率为：

$$G_A = \frac{S_A}{V_A} = S_A \frac{1}{V_A} \qquad (13-5)$$

公式 13-5 表示，实际增长率与实际储蓄率或实际投资率正相关，与资本和实际产量之比的倒数也是正相关。而 $1/V_A$ 的倒数是 Y/K，它表示资本的平均生产力，资本的平均生产力越大，实际增长率也就越大。

有保证的增长率是指厂商感到合乎意愿或者厂商所期望的经济增长率。在这种增长率下，厂商有了行为动机的保证。如果把资本—产量的比理解为企业家意愿中所需要有的资本—产量比，用 V_W 来表示；储蓄也是合意的储蓄率，用 S_W 来表示；用 G_W 来表示有保证的增长率。则公式为：

$$G_W = \frac{S_W}{V_W} \qquad (13-6)$$

这说明合意的储蓄率和合意的资本—产量比率所决定的增长率，成为有保证的增长率。

自然增长率是指自然资源、劳动力增长和技术进步所允许达到的最适宜的，也是最大的增长率。经济增长率与劳动力增长率二者之间有一定的关系。要实现充分就业，国民收入要实现均衡增长，就必须等于劳动力的增长率。因此，决定最大产量增长率的因素有：劳动力的增长率、生产率增长率、适宜的储蓄率、预期资本—产量比率。如果不考虑生产率的增长率，用 L_N 代表劳动力增长率，用 S_R 代表适宜的储蓄率，用 V_R 代表预期的资本—产量比率，用 G_N 代表自然增长率，则自然增长率为：

$$G_N = L_N = S_R/V_R \qquad (13-7)$$

如果 $G_A = G_W = G_R$，即 $S_D/V_D = S_A/V_A = S_R/V_R$，哈罗德认为这是理想的充分就业均衡增长途径。但现实中这种情况出现的可能性是极小的，一般情况下，经济很难按照均衡增长途径增长。

哈罗德认为，当 $G_A > G_W$ 时，会形成积累性的经济扩张。因为此时意味着实际储蓄率或实际投资率大于合意储蓄率或投资率，也意味着 V_A 就会小于 V_D，企业的固定资产和存货就

会少于企业家所需要的数量，从而促使企业家增加订货，增加投资，使实际产量水平进一步提高，实际增长率与有保证的增长率之间的缺口更大，即实际增长率进一步大于有保证的增长率。反之，当 $G_A < G_W$ 时，会形成积累性的投资缩减，导致经济收缩。因为此时意味着实际储蓄率或实际投资率小于合意投资率，V_A 会大于 V_D，从而使企业家减少订货，减少投资，进一步使实际产量水平降低，使实际增长率进一步小于有保证的增长率。所以，实际增长率与有保证的增长率之间一旦出现偏离，经济发展不但不能纠正，反而会出现更多的偏离，即不是连续上升，就是连续下降，呈现出剧烈的波动状态。这就是哈罗德的“不稳定原理”。

当出现 $G_A > G_N$ 时，意味着储蓄或投资的增长率超过了劳动力的增长率和生产率所允许的程度，从而导致经济出现停滞的趋势。反之，$G_W < G_N$ 时，则意味着储蓄率或投资率还没达到劳动力和生产率所能允许的程度，从而使生产可以扩大，出现繁荣的趋势。

一些经济学家将哈罗德的 $G_A = G_W = G_N$ 实现经济长期稳定增长的条件称之为如同在“刃锋”上行走，因此也有人称哈罗德—多马模型为“刀刃上的均衡”。

二、新古典经济增长模型

依据凯恩斯经济理论建立起来的哈罗德—多马模型虽然对经济长期稳定增长的条件作了开拓型的分析，但他们所得到的“刀刃上的均衡”的增长途径的结论却不符合第二次世界大战后西方国家的实际情况。为了解决哈罗德—多马模型中经济增长的不稳定性，美国经济学家 R. 索洛、J. 托宾等人运用新古典学派的边际生产力、生产函数等基本概念，提出了一系列类似的经济增长模型，统称为新古典增长模型。

他们认为，哈罗德—多马模型在宏观上扩展了凯恩斯主义理论的分析，但这种增长模型缺乏一定的微观基础，缺乏对生产要素的分析。因此，在新古典经济增长模型的分析中，一方面以凯恩斯理论为依据，不否认国家干预的重要性；另一方面又在新古典学派的理论中寻求依据，建立自己理论的微观基础。

（一）新古典经济增长模型的基本假设

按照哈罗德—多马经济增长模型，充分就业的均衡增长是很难实现的。索洛等人认为，这种困难很大程度上是由于哈罗德—多马模型的基本假设造成的。因此，他们提出了不同的假设，主要包括以下内容：

1. 假设有资本和劳动两种因素，且假定这两种因素是可以相互替代的，资本和劳动配合的比例是可变的，即一定量的资本可以与不同数量的劳动相配合，同样，一定量的劳动可以与不同数量的资本配合。在新古典经济增长模型中，资本与产出之比也是可变的。资本与劳动之比升高，资本与产出之比下降；反之，资本与劳动之比下降，则资本与产出之比上升。

2. 假定经济处于完全竞争的条件下。由于存在完全竞争，而且资本和劳动两种要素可以相互替代，工资和利润率将分别与劳动和资本的边际生产率相等，因此资本和劳动两种生产要素都可以得到充分利用，不存在劳动和资本的闲置问题。储蓄将全部转化为投资，生产能力（可能的产量）的增长率与实际产出的增长率将保持一致。

（二）新古典经济增长模型的基本公式

在新古典经济增长模型的基本公式中，除了上述两个假设之外，还假设不存在技术进步、规模报酬不变。在这种条件下，经济增长的原因可以归结为资本的增长和劳动力的增长。用K代表资本，ΔK代表资本的增量，ΔK/K则为资本增长率；用L代表劳动量，用ΔL代表劳动的增量，ΔL/L则代表劳动的增长率；用Y代表国民收入，用ΔY代表国民收入的增量，ΔY/Y则为国民收入的增长率。用a代表资本的收入占国民收入的比例，b代表劳动的收入占国民收入的比例。由于在完全竞争条件下，资本和劳动的收入等于各自的边际生产率，因此，a，b分别反映了资本和劳动对产出增长的相对贡献的比例和权数。这样，可写出新古典经济增长模型的基本公式为：

$$\frac{\Delta Y}{Y} = a\left(\frac{\Delta K}{K}\right) + b\left(\frac{\Delta L}{L}\right) \tag{13-8}$$

此基本公式中是假定不存在技术进步的。如果考虑到技术进步的因素，并以T表示技术进步，将其纳入基本公式中，则可以得到技术进步条件下经济增长的公式为：

$$\frac{\Delta Y}{Y} = a\left(\frac{\Delta K}{K}\right) + b\left(\frac{\Delta L}{L}\right) + T \tag{13-9}$$

只要技术进步T是正数，即使资本增长率和劳动增长率为零，仍可实现收入正增长。在新古典增长模型中，经济增长取决于以下四大因素：(1) 资本增长率；(2) 劳动力增长率；(3) 资本和劳动对收入增长的相对作用；(4) 技术进步。

新古典增长模型将资本投入和劳动投入的增加以及技术进步作为经济增长的三大要素，因此它不像哈罗德—多马模型，只注重投资对经济增长的作用，而是同时强调了资本和劳动对经济增长的共同作用，同时也认为技术进步不仅会改变劳动生产率，而且会改变资本—产出比率，并将其作为一个独立的变量加在经济增长模型中。

（三）新古典经济增长模型的含义

在不存在技术进步的条件下，新古典经济增长模型的含义是：

1. 国民收入的增长率取决于资本投入的增长率和劳动投入的增长率，而且与生产中劳动与资本的比例有关。这样，如果要使经济长期、稳定的增长，除去可以改变储蓄率来实现，还可以通过改变劳动与资本配合的比例来实现。

2. 如果控制人口增长，使得劳动力供给不致于过快的增加，那么，在收入的增加过程中，资本量不断增加，资本的边际生产力递减下来，因而利润率不断下降。另一方面，劳动量不断相对减少，随之而来的是劳动边际生产力不断增大，因而工资率不断上升。反之，如果劳动力增加迅速，工资总量虽可能提高，但平均工资或工资率则难以上升，反而可能下降，而且，在每个新增工人所配给的机器与原有工人一样的条件下，必须从现有收入中拿出一部分以提供新资本装备，这样，消费份额不得不被挤掉一部分，这就不利于劳动者消费。

3. 这一模型暗示，收入增加、经济成长的途径不止一条。根据模型所显示的资本和劳动可有多种组合比例的原理，发展经济可以是资本密集型的，也可以是劳动密集型的。不过，资本密集型经济中，如果不考虑其他因素，利润率较低，工资率较高；而劳动密集型经济中，利润率较高，工资率较低。当然，这并不意味着两种条件下，工资与利润在国民收入中的比例也是同样的对比关系。因为，劳动与资本的绝对量也影响着工资与利润在国民收入中的比例。

如果考虑技术进步条件，则经济增长模型还包含了这一层含义，即技术进步也是决定经济增长的重要因素，技术进步的作用，可以从资本生产率和劳动生产率两个方面体现出来。

如果忽视了技术因素，技术老化了，水平倒退了，即T成为负数，则资本和劳动对产值增加的作用减弱。

所以，新古典经济增长模型既有外延式的经济增长，即经济增长取决于资本增长率、劳动增长率、资本和劳动对产量增长的权数；也有内涵式的经济增长，即取决于技术进步水平的提高。

（四）新古典经济增长模型中的增长因素分析

1. 生产要素供给的增长。大多数经济的生产要素的供给一直在增加，劳动力在增长，资本存量在增加。那么，产出的增长中有多少是直接依靠要素供给的增长而取得的呢？

为了使这个问题的分析简单明了，可以假设社会只生产一种产品，生产要素只有劳动和资本，而且劳动是单一的工种，资本也是单一的机器设备，还假定要素只有数量在增长，而质量没有改进，也不存在技术进步。

在以上假定的条件下，投入和产出的关系如何呢？如果劳动和资本的投入按相同的比例增加，产出也按相同的比例增加，即劳动和资本的供给各增加1%，产出也增加1%，这就是规模报酬不变。在这样的情况下，经济增长率取决于劳动和资本组合起来的要素供给增长（劳动一般用劳动小时量度，资本一般用资本设备总量来测量），即取决于总要素的投入。

然而，劳动和资本对产出所起的作用并不相同。劳动和资本对产出的增加所作的贡献用每一要素所获得的国民收入份额来测量。因此，如果劳动得到3/4的国民收入而资本得到1/4的国民收入，我们就说，劳动比资本"重要"3倍，在计算综合的增长率时，劳动的增长率占3/4，而资本增长率占1/4。这个原理可用公式表示。令：

$\Delta Y/Y$ = 产出增长率

$\Delta K/K$ = 资本供给增加率

$\Delta L/L$ = 劳动供给增加率

α = 资本产出占国民收入份额

β = 劳动产出占国民收入份额

劳动和资本的综合增长率是：

（资本收入份额×资本增长率）＋（劳动收入份额×劳动增长率）

用符号表示是：

$\alpha \cdot \Delta K/K + \beta \cdot \Delta L/L$

由于假定规模报酬不变，所以，

$\Delta Y/Y = \alpha \cdot \Delta K/K + \beta \cdot \Delta L/L$

这个方程的含义是：在一个规模报酬不变和没有技术进步的经济中，产出的增长率是资本和劳动增长率的加权总和。

例如，假设资本得到1/4的国民收入，而劳动得到3/4的国民收入，资本供给每年增长3%，而劳动供给每年增长1%，则产出的增长率为：

$\Delta Y/Y = 1/4 \times 3\% + 3/4 \times 1\% = 1.5\%$（每年）

2. 生产要素的生产率提高——剩余。美国经济学家肯德里克在测算一些国家长期投入和产出的增长时，发现产出的增长率一般大大高于投入的增长率。比方说，某国一年实际投入增长2%，而产出却增长了4%。产出的实际增长和根据要素投入增加而预期的增长之间的差距可称为剩余，它说明，生产要素的生产效率如何，它是一个除劳动和资本增加以外的一切产出增长的源泉。

产出增加率 $\Delta Y/Y \neq \alpha \cdot \Delta K/K + \beta \cdot \Delta L/L$，而是 $\Delta Y/Y > \alpha \cdot \Delta K/K + \beta \cdot \Delta L/L$，两者的差额，即要素生产率的增长率。在1889—1919年期间，美国国民总产值的年增长率（3.5%）中，要素投入的贡献和要素生产率提高的贡献约各占50%。但自从1919年以后，这两个增长的来源相对的贡献改变了。投入的增长率下降，而生产率的贡献增加。在1919—1957年间，总的要素投入每年只增加1.1%，而要素生产率每年增加2.1%，大大快于过去。在近40年里，每年产出增加3.2%，其中，要素生产率提高的贡献约占2/3，而要素投入增加的贡献仅是1/3。这是技术进步的结果。

研究发现，大部分产出增长归因于总的要素生产率的提高，这推动了对要素生产率提高原因的研究。差不多近一个世纪以来，生产要素生产效率大大提高的原因是什么呢?

首先，要归功于技术革新。技术革新包括发现和应用新技术、生产新产品、降低产品的生产成本等。技术革新又依赖于基础科学和应用科学的研究以及产品设计和试制等。

管理的改进对生产要素的生产率的提高也起到很大的作用。改进管理不是变革生产要素的数量和质量，而是使这些要素利用得更有效。管理方法的改进包括生产管理、人事管理、金融管理、市场管理等各个方面。近年来，运用数学方法进行管理决策的技术也日益成熟。

技术和管理的进步都要靠人才，因而必须重视教育，增加对人力资本的投资。这是使生产要素不断提高效率的根本方法。

（五）增长模型中的中性技术进步分类

英国经济学家希克斯（J.R.Hicks）在1932年出版的《工资理论》一书中指出：按照发明对资本的边际生产力和劳动的边际生产力的影响，可以把技术进步分为劳动节约型技术进步、中性技术进步和资本节约型技术进步三种。

1. 希克斯（Hicks）中性的技术进步，是指不改变资本和劳动的边际产量之比率的技术进步，生产函数形式为：$Y = A(t)F(L, K)$。希克斯把新旧生产函数中资本—劳动比率（$K/L = k$）相同之点进行比较，如果对任一既定的K/L值来说，技术进步都没有改变资本的边际产量（FK）对劳动的边际产量（FL）这两者的比例，即FK/FL保持不变，这种技术进步称为希克斯中性技术进步。希克斯中性技术进步的最突出特征是：对于任何给定的资本—劳动比率，尽管生产函数发生变化，劳动的边际产量与资本的边际产量之比始终保持不变。

2. 劳动节约型的技术进步，又称为哈罗德（R.F.Harod）中性的技术进步，是指扩大劳动使用量的技术进步，生产函数的形式为：$Y = F(A(t)L, K,)$。在两个时点的新旧两种生产函数中，对于资本—产量比率（K/Y）相等之点，如果利润率也相等，那么包含在新的生产函数中的技术进步就是哈罗德中性技术进步。哈罗德中性技术进步的最显著特征是：对于任何给定的资本—产量比率，尽管生产函数发生变化，与不同生产函数相对应的资本的边际产量始终保持不变。

3. 资本节约型的技术进步，又称为索洛（R.Solow）中性的技术进步，是指扩大资本使用量的技术进步，生产函数的形式为：$Y = F(L, A(t)K)$。索洛中性技术进步与哈罗德中性技术进步完全对称。在新旧人均生产函数上劳动—产量比率（L/Y）相同的点，劳动的边际产量，即工资率W保持不变，或者换一种说法，如果工资率固定，人均产出不变，那么，这种技术进步称为索洛中性技术进步。在人均产出固定不变从而工资率不变的条件下，技术进步使得生产函数向上移动（与任一K/L相应的Y/L增加），这种技术进步好像是提高了资本的效率，所以索洛中性技术进步等同于资本扩大型的技术进步。

三、新剑桥经济增长模型

英国剑桥大学的琼·罗宾逊、卡尔多等倡导的新剑桥经济增长模型，以哈罗德增长模型为基础，其鲜明特色是把国民收入的分配状况作为影响经济增长的主导因素。新剑桥经济增长模型接受了哈罗德增长模型所揭示的经济有效、稳态增长所必须遵循的一致性条件。和新古典经济增长模型抓住其中的资本生产率 a 因素不同，新剑桥经济增长模型抓住了其中的储蓄率 s 因素。

（一）新剑桥经济增长模型的基本假设

1. 社会成员只分为利润收入者（资本家或雇主）与工资收入者（工人或雇员）两个阶级。

2. 利润收入者与工资收入者的储蓄倾向是不变的。

3. 利润收入者的储蓄倾向大于工资收入者的储蓄倾向。

（二）新剑桥经济增长模型的基本公式

新剑桥学派仍然以哈罗德—多马模型的基本公式 G = S/V 作为分析经济增长的基本公式，不同的是新剑桥学派将其研究重点放在储蓄率的变化上，并认为可以通过调整储蓄率满足稳定增长的条件，其公式为：

$$G=\frac{S}{V}=\frac{\left(\frac{P}{Y}S_P+\frac{W}{Y}S_W\right)}{V} \qquad (13-10)$$

式中，V 仍然表示资本—产量比率；P/Y 表示利润在国民收入中所占的比例；W/Y 表示工资在国民收入中所占的比例；S_p 表示利润收入者的储蓄倾向（即储蓄在利润中所占的比例）；S_w 表示工资收入者的储蓄倾向（即储蓄在工资中所占的比例）。根据假设条件 S_p 和 S_w 都为定值，且 $S_p > S_w$。由于国民收入就分为工资和利润两部分，所以，

$$\frac{P}{Y}+\frac{W}{Y}=1$$

由于 S_p 和 S_w 为定值，则储蓄率的大小就取决于国民收入的分配状况，即利润与工资在国民收入中所占的比例。例如：

假设 $S_p = 40\%$，$S_w = 10\%$，且 $\frac{P}{Y} = 30\%$，$\frac{W}{Y} = 70\%$

则：

$$S = S_p\cdot\frac{P}{Y} + S_w\cdot\frac{W}{Y} = 0.4\times0.3+0.1\times0.7 = 19\%$$

若：

$$\frac{P}{Y} = 30\%,\quad \frac{W}{Y} = 70\%$$

则：

$$S = 0.4\times0.7+0.1\times0.3 = 31\%$$

从计算我们可以得出：利润在国民收入中所占的比例越大，则储蓄率越高，而工资在国民收入中所占的比例大，则储蓄率低。若资本—产量比率不变，在经济增长的过程中，工资和利润在国民收入中所占的相对份额将朝着不利于工人的方向发生变化。经济增长率越高，

国民收入的分配必然越有利于资本家而不利于工人。

所以，新剑桥经济增长模型的结论是：经济增长是以加剧收入分配的不平等为前提的，经济增长的结果也必然加剧收入分配的不平等。

（三）经济长期稳定增长的条件

新剑桥经济增长模型从储蓄率的角度分析了经济长期稳定增长的条件。

要使经济以一定的增长率不断增长，就必须保持一定的储蓄率，而储蓄率又与利润收入者和工资收入者的储蓄倾向及他们的收入在国民收入中所占的份额有关。S_p 和 S_w 固定不变，所以，要保持一定的储蓄率就必须使国民收入中工资和利润保持一定的比例。这个过程是通过价格进行调节的。

经济要长期稳定增长，利润和工资在国民收入中就要保持一定的比例，这一比例并不是不变的，而是随经济增长，在国民收入分配中，利润所占的份额在提高，工资所占的份额在下降。

在这种情况下，可以通过改变收入分配的方法，使利润收入占总收入的比例提高、工资收入占总收入的比例下降，从而导致社会储蓄率提高、合意增长率提高，一致性条件得到满足。

新剑桥经济增长模型就是这样从收入分配的角度探求经济有效稳态增长的途径。

第四节 经济增长理论的新发展

一、知识、技术进步与内生经济增长

（一）AK 模型

尽管传统的索洛经济增长模型在经济增长理论的发展史上有着十分重要的地位，但该模型具有严重的缺陷。具体说，索洛模型将技术进步和生产率的提高当作外生给定的因素，这就无法解释为什么不同国家之间以及历史上不同的时期内技术进步的速率差异。前面的讨论已经介绍了影响人们长期生活水平的各种因素中最重要的是技术进步带来的生产率的提高。然而，索洛模型实际上将最重要的经济变量排除在模型之外。将技术进步因素内生化也就成为经济增长理论进一步发展的方向。

20 世纪 80 年代，以罗默和卢卡斯等为代表的一批经济学家在对新古典增长理论进行反思的基础上，发展了一类新的经济增长模型。这些模型的共同特点是将技术变动看做内生的，从而将经济增长率也看做内生的；也就是指用规模收益递增和内生技术进步来说明一国长期经济增长和各国增长率差异。这些模型重视对知识外溢、边干边学、人力资本积累研究与开发、递增收益、开放经济等问题的研究，为长期增长提供了一幅全新的图景。

卢卡斯和罗默被公认为“新经济增长理论”的代表，他们构建的模型是以在生产中累积的资本来代表当时的知识水平，将技术进步内化。这一类模型可称之为知识积累模型，简称 AK（accumulation of knowledge）模型。

1. 罗默的模型。罗默在1986年发表的《收益递增经济增长模型》一文中提出了罗默模型。在模型中，罗默把知识作为一个变量直接引入模型，同时也强调了知识积累的两个特征：第一，专业化知识的积累随着资本积累的增加而增加，这是由于随着资本积累的增加，生产规模的扩大，分工的细化，工人能在实践中学到更多的专业化知识；第二，知识具有"溢出效应"，随着资本积累的增加，生产规模的扩大，知识也在不断的流通，每个企业都从别的企业那里获得了知识方面的好处，从而导致整个社会知识总量的增加。

在这一思想的指导下，罗默建立了生产函数：

$$F_i = F(k_i, K, x_i) \tag{13-11}$$

式中，F_i为i厂商的产出水平；k_i为i厂商生产某产品的专业化知识；x_i为i厂商其他各生产要素的向量，表示整个社会的知识水平总和。对于这个生产函数，罗默作了进一步的假定：(1) 对于给定K值，F是k_i与x_i的一次奇次函数。也即当整个社会知识水平固定时，单个厂商用专业知识及生产要素投入进行生产时，其规模收益不变。(2) 从社会观点看，由于知识具有"溢出效应"，所以F值具有全球知识边际生产力的递增性，即对于给定x_i，F是K的递增函数。(3) 单个厂商的专业化知识的积累是资本积累的减函数。

从罗默上述的生产函数及假定中可以推出如下结论：(1) 当专业知识积累的递减速度大于全球知识积累的增加速度，那么，此时生产处于规模收益递减状态。当个体知识的边际生产率等于折现率时，经济增长停止。(2) 当专业知识积累的递减速度恰好等于全球知识积累的递增速度，则生产处于规模收益不变状态。此时，经济将按一常数增长。(3) 当专业知识积累的递减速度小于全球知识积累的递增速度，则生产处于规模收益递增状态，增长率将以常数增长，g趋向于无穷大，模型是扩散的。

罗默的这个模型虽然把技术进步内生化了，但存在两个明显缺陷：第一，这个模型是扩散的，因此，不存在均衡解；第二，该模型认为知识是资本积累的函数，这意味着一个国家资本越多，增长就越快，而一般大国的资本总量总会比小国多。因此，逻辑的结论是大国一定比小国增长快，这与经济现实不相吻合。

2. 卢卡斯的模型。1988年，卢卡斯（R.Lucas）发表了著名论文《论经济发展的机制》，提出了经济增长模型。他把舒尔茨的人力资本理论和索洛的技术决定论的增长模型结合起来并加以发展，形成人力资本积累增长模型。

其模型为：

$$h'(t) = h(t)\delta[1-u(t)]$$

式中，h(t)表示表现为劳动技能的人力资本；h'(t)表示人力资本的增量；δ表示人力资本的产出弹性；u表示全部生产时间；[1-u(t)]表示脱离生产的在校学习时间。

公式表明，如果u=1，则h'(t)=0即无人力资本积累；如果u(t)=0，则h(t)按δ的速度增长，即h'(t)达到最大值。由此可见，卢卡斯在模型中强调劳动者脱离生产、从正规或非正规的学校教育中所积累的人力资本对经济增长的作用。

罗默和卢卡斯的内生经济增长理论对国家政策，特别是财政政策和产业政策的制定提供了有益的思路。

3. 对AK模型的简要评述。如果单从罗默和卢卡斯所构造的模型来看，他们都假定了报酬递增的生产函数，但是从产生内生增长的机制上来说，这两个模型是不一样的。在罗默模型中，由于知识的积累存在"溢出效应"，这使得知识资本的平均产品不再递减，从而克服了资本边际报酬递减的趋势，长期的人均正增长得以实现；而卢卡斯模型只是一般的具有人力资本的两部门增长模型的一种特殊形式，一般来说，在具有人力资本的模型中产生内生增长的主要原因是：资本的报酬率依赖于物质资本存量和人力资本存量的相对比例，当这两种资本以相同的速度增长时，报酬递减就不再适用，从而稳态的正增长就得以实现，在这种意义上，可以说人力资本是对技术进步的一种替代。巴罗和萨拉—伊—马丁证明了，在具有人力资本的两部门增长模型中，即使物质资本的积累是历经报酬递减的，仍然可以在模型中得到内生增长（见图 13－1）。

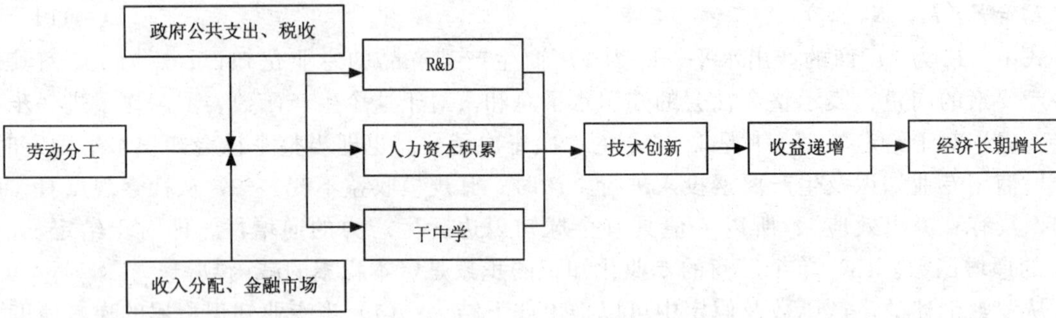

图 13－1　新增长理论（内生经济增长理论）的基本分析框架

应该说，在所有试图消除资本报酬递减趋势的内生增长模型中，冯·诺伊曼（Von Neumann）的 AK 模型是最早也是最简单的一个。但是，AK 模型的一个重要缺陷是缺乏收敛的性质，即在 AK 模型中，增长率不依赖于模型的状态变量，具有不同初始水平的经济都将以相同的速度增长，这是和大量关于经济增长的经验研究的文献所支持的条件收敛结论相悖的。为克服这一点，琼斯和曼纽利（Jones & Manuelli）提出了修正形式的 AK 模型，从而保证了在实现内生增长的同时又预测出条件收敛的性质。

值得一提的是，巴罗和萨拉—伊—马丁曾构造了两个内生增长模型，即政府购买的公共品模型和政府购买的拥挤模型，强调的是政府的生产性贡献，即政府购买这一变量作为生产要素出现在生产函数中。这两个模型之所以产生内生增长的原因是：政府的活动可以影响到基本的技术水平，从而影响到经济的增长率。因此，这两个模型的内生增长机制和罗默（1986 年）模型以及 AK 模型是一致的。

（二）内生技术进步

我们已经看到，即使在缺乏技术进步的情况下，只要能够消除掉模型中的资本报酬递减趋势，就可以得到内生的正增长。真正将内生技术进步引入增长模型的奠基性工作是由罗默（1990 年）、阿洪和豪伊特（1992 年）以及格罗斯曼和赫尔普曼（Grossman & Helpman，1991 年）共同完成的。在他们的模型中，技术进步是有目的的科学研究活动的结果，并且由于赋予了知识这种物品不同于普通物品和公共物品的特征，其报酬将不符合完全竞争经济中只能作为价格接受者的厂商行为假定，而是具有一定的垄断权利，由此获得的垄断利润可以作为对科研活动的激励。

罗默讨论的是产品种类的增加对于增长的影响。在他的模型中，新产品的开发类似于基础创新的活动，其中所需的知识是一类特殊的物品，既不同于普通的物品，也不同于公共物品。一般来说，普通物品是竞争性的，并且也是排他性的；公共物品是非竞争性的，并且也是非排他性的。罗默认为，对于经济增长最有意义的，也是最能体现技术进步特征的知识物品一般是非竞争性的，但同时具有一定的排他性。对于这类知识的创造者来说，他们一般会在创造之初申请专利，从而在一定程度上限制了他人的使用，这种垄断权利正是模型得以产生内生增长的关键。琼斯认为，只有在保护无形产权的法律充分完善时，以英国工业革命为开端的现代经济增长时期才真正开始，“……历史证明只有当市场刺激充分时，广泛的创新行为和随之的经济增长才会发生”。

需要注意的是，罗默关于知识特征的这种假定和他在 1986 年的文献中关于知识的假定是不一样的，在那里，知识的外溢效应是内生增长的源泉，并且知识一旦产生就会立即外溢到整个经济范围，也就是说，在罗默模型（1986 年）中，知识是一种公共物品。此外，罗默在 1990 年的文献中所讨论的知识也不同于卢卡斯模型中的人力资本，一般来说，人力资本是个人专有的，从而在使用上也是竞争性的。

如果我们将罗默在 1990 年的文献中所描述的产品种类增加型的技术进步称为水平方向的创新（horizontal innovation）的话，则阿洪—豪伊特模型所定义的技术进步类型可称为垂直方向的创新（vertical innovation），这种类型的技术进步描述的不是新产品的开发，而是已有产品质量的不断改进。基于熊彼特（Schumpeter）提出的“破坏性创新”思想，阿洪和豪伊特构造了一个内生增长模型，其中的增长源泉正是垂直方向的创新，而这种创新是由竞争性的研究部门提供的。在任一时期当中，研究活动的数量取决于下一时期当中研究活动的期望数量，这是因为下一次创新会导致当前垄断利润的完全丧失，而下一次创新成功概率的大小则取决于研究活动的多少，因此，期望的将来的研究活动越多，从事当前的研究活动的积极性就越低。在阿洪—豪伊特模型中，产出取决于整个经济范围内研究活动的数量，而作为随机变量的增长率本身，其均值和方差都是关于创新规模、技术型劳动的规模以及研究活动的生产率的递增函数，都是关于代表性个体的时间偏好率的递减函数。

关于产品质量改进型技术进步，格罗斯曼和赫尔普曼在 1991 年的另一篇经典文献中构造了一个较为复杂的多物品模型，但其中的原理和罗默类似，他们并没有使用“破坏性创新”这一说法，而是将他们的技术进步类型称为质量阶梯（quality ladder）。

无论是在罗默 1990 年的文献中，还是在阿洪和豪伊特 1992 年的文献中，影响到增长率的参数基本上也是影响到这两个模型所描述的经济中的技术进步水平的参数。无论是人力资本、科研的效率（或创新成功的概率），还是技术型劳动的投入、创新的规模，首先影响到的都是技术进步水平，而技术进步又会进一步带动产出的增长。因此，在本节所介绍的模型中，产生内生增长的根本原因是技术进步，这正是此类模型区别于上一节中所介绍的通过非递减的资本报酬来实现内生增长的地方。当然，本节所引入的技术进步也从根本上不同于索洛模型中的外生技术进步。在罗默模型和阿洪—豪伊特模型中，技术的进步是通过市场机制来驱动的，是内生的。而在前面所讨论的各种增长模型中，无论是索洛模型，还是具有外部经济的增长模型，都是将知识作为纯粹的公共物品来考虑，从而无法对知识的增长给出内生且合理的解释。

需要指出的是，上述两种技术进步类型都是产品创新方面的，并不涉及到过程创新。如何将过程创新模型化并整合进现代经济增长理论，仍是增长经济学领域中有待开发的课题。此外，对于技术进步的方向性问题（即研究者可以通过选择不同的技术进步来增加不同的生产要素数量），阿塞莫格洛（Acemoglu，2002 年）提供了一个很好的概括。

二、制度与经济增长

(一) 以诺斯为代表的新经济史学

经济为什么会增长？历史上一些国家发达起来，而另一些国家为什么停滞不前，处在落后地位？从哈罗德到罗默、卢卡斯等对这些问题的回答形成了主流经济学的经济增长理论。而美国经济学家道格拉斯·C. 诺斯则独辟蹊径，从制度方面来说明经济增长的原因。他在用传统的经济增长理论对经济史的研究中，发现运用这些模型（古典的和新古典的增长模型）的经济增长因素进行分析不能得出令人满意的结论，尤其是无法说明1600—1860年间，世界海洋运输业中在并未发生诸如轮船取代帆船这样的重大技术变革，但海洋运输生产率却大幅度提高的现象。因此，诺斯认为在经济增长中，除传统经济学所说的增长因素外，还有一个被忽略的很重要的因素，即制度。他得出的结论是：在技术没有发生变化的情况下，通过对制度创新也可以提高生产率，实现经济增长。

首先，诺斯指出了产权制度对经济增长的重要作用。他认为，创造财富的不是物而是人，是人的积极性，所以经济增长的实质在于社会有没有一种激励人们积极、负责和创造性劳动的机制。人本身是追求自身利益最大化的，只有当个人拥有明确的产权，其积极性才会最大限度地调动起来，由此促使社会的经济迅速增长。因此，产权的界定与变革是经济增长的诱因和动力。他分析说，有效率的经济组织是增长的关键因素；西方世界兴起的原因就在于发展了一种有效率的经济组织。要保持经济组织的效率，就需要在制度上做出安排并确立产权，以便造成一种刺激，将个人的经济努力变成私人收益率接近社会收益率的活动。因此，一种能提供充当个人刺激的有效的产权制度是促进经济增长的决定因素。

其次，诺斯指出国家对经济增长起着重要作用。他认为，产权的界定与实施是要耗费成本的，历史上有效率的产权不多见的原因是因为产权类似“公共产品”，完全由私人界定不仅成本过高，而且供给不足，这就必须借助国家的作用。诺斯提出，国家是产权的界定和实施者，产权并非总是有效的，国家最终要对造成经济增长、衰退或停滞的产权结构的效率负责。诺斯认为，国家在经济增长中的作用有两重性：一方面，由于国家具有暴力上的比较优势，能够规定和实施为经济增长提供一个非个人努力所能达成的运行环境，甚至在制度失衡时通过强制力量推进制度变革；另一方面，由于特殊利益集团的作用和政策失败等因素，在社会面临制度变革时，国家不一定积极努力地推动制度的变革。因此，国家的目标函数也是双重的、矛盾的，一方面，它会力图使自身收入最大化；另一方面，又要力图减少交易成本，实施有效产权，使社会产出最大。这双重目标的冲突，可能导致无效率产权，阻碍经济持续增长。所以，由国家决定产权结构，就必须对产权的有效或无效安排，从而对经济增长与衰退负责。

再次，诺斯把意识形态纳入了他的理论框架，指出意识形态对经济增长起着不可忽视的作用。他认为，意识形态是人们关于世界的一套信念，它既是一种规范制度，又是一种世界观，它能支配和解释信念、制度的合法性；是一种行为方式，是个人与环境达成协议的一种节约成本的工具，这种方式通过提供给人们一种世界观而使行为决策更为经济。在诺斯看来，既然意识形态是经济增长的一个变量，人们就必须建立一个有利于经济增长的成功的意识形态。他认为，成功的意识形态不仅要使人们认识到现行体制中可能存在的不公平与低效率，而且要使人们确认只有通过他所参与的改革活动，才能创造出一个公正而有效率的体制。而衡量这样的意识形态的一个根本的标准，就是看它能否克服社会中普遍存在的“搭便车”的问题，其基本目的“在于促进一些群体不再按照有关成本与收益的简单的、享乐主义和个人计算来行事”。同时意识形态不可避免地要与人们的公平道德和伦理评判等交织在一起，这意味着有一种关于可能的非此即彼的选择观念，当人们的经验与思路不相符时，他们就会试图改变意识形态。可见意识形态对人们的影响力是很大的。所以意识形态也需要有灵活性，以适应形势的要求。当然，建立一种意识形态也要考虑成本问题，当其成本过大时，反映一个集团利益的意识形态就不会形成。

总之，诺斯认为，对经济活动产生动力的是产权，而界定和实施产权的单位是国家，决定个人观念转变为行为的是意识形态体系，正是它们共同形成了制度和推动制度变迁。在形成制度和推动制度变迁的过程中，促进了经济增长，使制度也成为经济增长的一个重要因素。

（二）制度促进经济增长的实证研究

诺斯和托马斯曾经说过：“我们列出的那些因素（创新、规模经济、教育、资本积累等等），它们并不是经济增长的原因，他们就是经济增长本身。”在最近 Acemoglu 等人为《经济增长手册》撰写的论文中，他们再次重复了诺斯的论断：制度是经济增长的根本原因。但近年来关于制度与经济增长的研究重点则集中于探讨的是哪些制度促进了经济的增长？各种制度的效应强度如何？好的政府（保护私人产权、减少干预）究竟是怎样产生的？为什么有些国家能够放弃赶超战略，走上市场化的道路？一个好的或者坏的制度环境（综合各种因素）在不同的国家是怎么形成的？当前，关于制度与经济增长的研究主要集中于实证方面，将制度对经济增长的促进作用进行量化，如 Glaeser 等在“*Do institution cause growth*”中就利用全世界 100 多个国家的数据进行了实证分析，其分析显示：在发展中国家中，由于处于经济起飞阶段，经济发展路径，特别是执政领导人的选择可能比制度等更重要，此时要做的主要工作是提高国民的教育水平，构建一个适合制度生存的环境；当经济发展到一定阶段，制度的核心作用开始凸现，此时，制度就如诺斯所说，制度即增长本身。他们观点的核心就是：在经济转型期间，培育制度的生存环境也许比制度本身更重要，经济发展的加速期和平稳期，经济增长更多的是捕捉良好制度的“红利”。他们分别以亚洲四小龙和中国的发展路径来佐证其观点，在世界上产生了相当大的影响。

本章小结

1. 经济增长通常被规定为产量的增加。经济增长的程度可以用增长率来描述。

2. 影响经济增长的要素可以概括为劳动和资本等投入量的增长及全要素生产率的增长，即技术的进步。

3. 丹尼森把影响经济增长的因素归结为七个：（1）就业人数和它的年龄—性别构成；（2）包括非全日工作的工人在内的工时数；（3）就业人员的教育年限；（4）资本存量的大小；（5）资源配置，主要是指低效率使用的劳动力比重的减少；（6）规模的节约，以市场的扩大来衡量；（7）知识进展。

4. 肯德里克在分析经济增长因素时，提出了全要素生产率的概念，并根据美国的统计资料，测算了美国经济增长中全要素生产率对经济增长的贡献。

5. 哈罗德—多马模型认为经济增长取决于储蓄率、资本存量的增加和使储蓄与投资相等。经济增长要保持长期稳定的增长，就必须满足条件：实际增长率 = 有保证的增长率 = 自然增长率，这三种增长率之间的相互关系决定了经济的收缩与扩张。

6. 新古典模型认为，研究经济增长必须考虑技术进步，技术进步是通过改变资本与劳动的比率而对经济增长发生作用的，实现经济长期稳定增长的条件是：国民收入的增长率 = 资本存量的增长率。

7. 新剑桥模型认为，要保持经济长期稳定的增长，政府必须使用分配政策，即通过调整利润和工资在国民收入中所占的比例来改变社会储蓄率，以使：有保证的增长率 = 自然增长率，这样可以实现在充分就业条件下的经济的长期、稳定的增长。

8. 罗默—卢卡斯的新经济增长理论主要是将技术变动看做内生的，从而将经济增长率也看做内生的；也就是指用规模收益递增和内生技术进步来说明一国长期经济增长和各国增长率差异。

9. 诺斯认为，在经济增长中，除传统经济学所说的增长因素外，还有一个被忽略的很重要的因素，即制度。他得出的结论是：在技术没有发生变化的情况下，通过对制度创新也可以提高生产率，实现经济增长。

复习与练习

一、关键概念

经济增长　增长核算　全部要素生产率　哈罗德—多马模型　实际增长率　有保证的增长率　自然增长率　新古典模型　新剑桥模型　人力资本　罗默模型　卢卡斯模型

二、思考题

1. 影响经济增长的要素一般有哪些？

2. 肯德里克是从哪方面来分析经济增长的现象的？

3. 哈罗德和多马认为，要实现均衡的经济增长必须满足什么条件？哈罗德—多马模型遇到了哪两个不容易解决的问题？

4. 在新古典经济增长模型中，经济增长取决于哪些基本的经济变量？它们与总量之间有何关系？

5. 根据新古典经济增长模型，如果不存在技术进步，那么，就长期来说，经济体系的总成长如何？人均产量、人均消费、人均资本的情况呢？

6. 有人说，在没有技术进步的前提下，稳态时的资本—劳动比越高，则人均消费就越高。这种说法是否正确？请解释原因。

7. 已知资本增长率为2%，劳动增长率为0.7%，产出或收入增长率为3.1%，资本产出占国民收入份额 $\alpha = 0.25$，劳动产出占国民收入份额 $\beta = 0.75$，在以上假定条件下，技术进步对经济增长的贡献是多少？

8. 某经济社会连续3年的产出水平Y、资本存量K、劳动量N的数据如表13－2所示。

表 13－2

Y	100	115	126.5
K	400	500	562.5
N	200	204	208

假设技术进步率不变，分别求资本收入分配率、劳动收入分配率以及技术进步率。

9. 新经济增长理论模型与新古典经济增长模型有哪些区别？

10. 诺斯是从哪三个方面来说明制度对经济增长的重要性？

11. 根据丹尼森的分析将提高经济增长率的措施分类。

12. 简述卢卡斯的新经济增长理论。

13. 简述哈罗德—多马模型与新古典经济增长模型的主要区别。

14. 比较新剑桥模型、哈罗德—多马模型和新古典增长模型。

15. 假设资本—产出率为 3，一国的国民收入为 1000 亿美元，消费为 700 亿美元，而该年的储蓄全部转化为投资。按照哈罗德增长模型，第二年的增长率应该为多少？

16. 在包含人口变化、折旧的新古典模型中，假设一个经济的人均生产函数为 $y=\sqrt{k}$，如果储蓄率为 28%，人口增长率为 1%，技术进步速度为 2%，折旧率为 4%，那么该经济的稳态产出为多少？如果储蓄率下降到 10%，而人口增长率上升到 4%，这时该经济的稳态产出为多少？

参考答案

第二章

二、选择题

1. B； 2. E； 3. D； 4. A； 5. C； 6. B； 7. A； 8. D。

四、计算题

1.

（1）折旧 = 总投资 − 净投资 = 800 − 300 = 500

国内生产净值 = 国内生产总值 − 折旧 = 4800 − 500 = 4300

（2）国内生产总值 = 消费 + 总投资 + 政府购买 + 净出口

所以，净出口 = 4800 − 3000 − 800 − 960 = 40

（3）政府预算盈余 = 政府税收减去转移支付的收入 − 政府购买

所以，政府税收减去转移支付的收入 = 960 + 30 = 990

（4）在本题的情况下，个人可支配收入 = 国内生产净值 − 政府税收减去转移支付的收入（因为政府的收入增加了，居民的收入就减少了）。

所以，个人可支配收入 = 4300 − 990 = 3310

（5）个人储蓄 = 个人可支配收入 − 消费

个人储蓄 = 3310 − 3000 = 310

2.

（1）雇员酬劳 = 工资 + 薪金 + 其他酬劳 = 14420 + 2800 = 17220

净出口 = 出口 − 进口 = 3670 − 3380 = 290

私人国内净投资 = 私人国内总投资 − 资本耗费补贴 = 4370 − 3070 = 1300

（2）支出法计算的 GDP = 个人消费支出 + 私人国内总投资 + 政府购买商品劳务 + 出口 − 进口

= 18100 + 4370 + 5770 + 3670 − 3380 = 28530

收入法计算的 GDP = 资本耗费补贴 + 间接税 + 雇员酬劳 + 租金 + 利息 + 公司利润 + 业主收入

= 3070 + 2550 + 17220 + 330 + 2010 + 880 + 600 + 550 + 1320 = 28530

注：公司利润 = 公司所得税 + 股息 + 公司未分配利润

(3) 国内生产净值 = 国内生产总值 - 资本耗费补贴 = 28530 - 3070 = 25460

国民收入 = 国内生产净值 - 间接税 = 25460 - 2550 = 22910

个人收入 = 国民收入 - 社会保险 - 公司所得税 - 公司未分配利润 + 转移支付

= 22910 - 1480 - 880 - 550 + 3200 = 23200

个人可支配收入 = 个人收入 - 个人所得税 = 23200 - 3720 = 19480

3.

(1) 最终产品法

最终产品为项链售价 40 万美元，故 GDP 为 40 万美元。

(2) 增值法

第一阶段增值：10 - 0 = 10（万美元）

第二阶段增值：40 - 10 = 30（万美元）

GDP = 10 + 30 = 40（万美元）

(3) 收入法

工资 = 7.5 + 5 = 12.5（万美元）

利润 = (10 - 7.5) + (40 - 10 - 5) = 27.5（万美元）

GDP = 12.5 + 27.5 = 40（万美元）

4.

应计入 GDP 的为甲应付乙 350 美元和乙应付甲 300 美元的总和，即

GDP = 350 + 300 = 650（美元）

如果是自己做家务，由于是非市场交易活动，不计入 GDP。

5.

(1) 1998 年名义 GDP = 10 × 100 + 1 × 200 + 0.5 × 500 = 1450（美元）

(2) 1999 年名义 GDP = 10 × 110 + 1.5 × 200 + 1 × 450 = 1850（美元）

(3) 1998 年实际 GDP 是 1450 美元

1999 年实际 GDP = 10 × 110 + 1 × 200 + 0.5 × 450 = 1525（美元）

GDP 变动百分比 = (1525 - 1450) ÷ 1450 = 5.17%

(4) 1999 年实际 GDP 是 1850 美元

1998 年实际 GDP = 10 × 100 + 1.5 × 200 + 1 × 500 = 1800（美元）

GDP 变动百分比 = (1800 - 1850) ÷ 1850 = -2.7%

(5) 以 1999 年为基期，1998 年 GDP 折算指数 = 1450 ÷ 1800 = 80.56%

以 1998 年为基期，1999 年 GDP 折算指数 = 1850 ÷ 1525 = 121.31%

可见，1999 年价格比 1998 年价格上升了 21.31%。

第三章

二、单项选择题

1. A; 2. A; 3. B; 4. D; 5. A; 6. C; 7. B; 8. C。

四、计算题

1.

（1）Y = 7500 亿美元；C = 7000 亿美元；S = 500 亿美元

（2）500 亿美元

（3）$\Delta Y = 2500$ 亿美元

（4）当 $C = 100 + 0.9Y$，$I = 50$ 时，Y = 15000 亿美元，S = 500 亿美元；当 $C = 100 + 0.9Y$，$I = 100$ 时，Y = 20000 亿美元，$\Delta Y = 5000$ 亿美元

（5）K_I 从 5 变为 10

2.

（1）原来收入：$Y = (1000 + 300) \div 0.25 = 5200$

现在收入：$Y = (1000 + 500) \div 0.25 = 6000$

（2）$Y_1 = 1000 + 0.75 \times 5200 + 500 = 5400$

$Y_2 = 1000 + 0.75 \times 5400 + 500 = 5500$

$Y_3 = 1000 + 0.75 \times 5500 + 500 = 5662.5$

$Y_4 = 1000 + 0.75 \times 5662.5 + 500 = 5746.9$

3.

（1）根据 $C = 100 + 0.8Y_d$，$Y_d = Y - tY + TR$，$Y = C + I + G$

得 $Y = (100 + 0.8 \times 62.5 + 50 + 200) \div (0.2 + 0.8 \times 0.25) = 10000$（亿美元）

（2）$K_I = 2.5$，$K_G = 2.5$，$K_T = -1.5$，$K_{TR} = 1.5$，$K_B = 1$

（3）收入缺口 $\Delta Y = 12000 - 10000 = 2000$（亿美元）

增加政府购买 $\Delta G = \Delta Y / K_G = 2000/2.5 = 800$（亿美元）

减少税收 $\Delta T = 2000/|K_T| = 2000/1.5 = 1333$（亿美元）

增加政府购买和税收各 2000（亿美元）

4.（1）$Y = (150 + 0.8 \times 62.5 + 50 + 200) \div [1 - 0.8 \times (1 - 0.25) + 0.05]$
$= 10000$(亿美元)

（2）$K_I = K_G = 2.22$，$K_T = -1.33$，$K_{TR} = 1.33$

本题中各乘数值（绝对值）比上题的乘数值小，这是因为总需求的变化会“溢出”到国外。

第五章

二、选择题

1. D；　2. C；　3. B；　4. B；　5. B；　6. B；　7. D；　8. C。

四、计算题

1.

M1 = 600 + 100 + 2000 = 2700（亿美元）

M2 = 2700 + 1000 = 3700（亿美元）

M3 = 3700 + 1600 = 5300（亿美元）

2.

（1）Ms = 1000 + 400/0.12 = 4300（亿美元）

（2）Ms = 1000 + 400/0.2 = 3000（亿美元），货币供给减少 1333 亿美元

（3）货币供给增加：$\Delta M = 10 \times 1/0.12 = 83.3$（亿美元）

3.

（1）$L = L_1 + L_2 = 0.20y + 2000 - 500r$

（2）$Md = 0.2 \times 10000 + 2000 - 500 \times 6 = 1000$（亿美元）

（3）$2500 = 0.2 \times 6000 + L_2$，$L_2 = 1300$（亿美元）

（4）$2500 = 0.2 \times 10000 + 2000 - 500r$，$r = 3$

第六章

二、思考题

7.

（1）由：$Y = C + I$

得：$Y = 80 + 0.8(Y - 400) + 400 - 20r + 400$

IS：$Y = 2800 - 100r$

（2）IS 移动距离为：$\frac{1}{1-0.8} \times 100 = 500$

8.

（1）由 $M_s = M_d$

得 LM：$\frac{1000}{P} = 0.3Y + 100 - 15r$

右移的距离：$\frac{90}{0.3} = 300$

9.

（1）IS：$Y = 3200 - 50r$

（2）LM：$\frac{500}{P} = 0.2Y + 100 - 50r$

（3）$r = 4$

$Y = 3000$

第八章

二、思考题

5.

（1）$N^s = 175$

（2）$\frac{W}{P} = 30$

（3）$Y = 11375$

（4）$Y = 11375$

6.

（1）$P = 1$

（2）$Y = 4000$

（3）$P=1$、$Y=4000$

第九章

二、选择题

1. A；　2. C；　3. D；　4. B；　5. B。

第十章

二、选择题

1. B；　2. A。

第十一章

二、思考题

5. 基期加权的价格指数：

$(4\times200+5\times250+6\times300)/(3\times200+4\times250+5\times300)=3850/3100=124.2\%$

报告期加权的价格指数：

$(4\times300+5\times400+6\times500)/(3\times300+4\times400+5\times500)=6200/5000=124\%$

6. 当边际消费倾向为0.8时，KI = 5，当 $\Delta I=300$ 时，$\Delta Y=1500$，$1500+11000=12500$ 亿美元，大于12000亿美元，因此会发生需求拉上的通货膨胀。

7. 将菲利浦斯曲线为 $U=U_N-h(\pi-\pi^e)$ 代入评价函数 $g(U,\pi)=U+\alpha\pi^2$。

得：$g(U,\pi)=U_N-h(\pi-\pi^e)+\alpha\pi^2$，两边对 π 求导，由于该函数以极小化为目标，得到 $\pi=h/2\alpha$。

8.

（1）直接代入 $\pi=3-5+40/4=8\%$。

（2）根据图形，当 π^e 为0时，π 也为0，此时 $U=8\%$。

第十二章

二、思考题

7. 由已知条件，1997年的国民收入水平为 $Y_{97}=Y_{98}-\Delta Y_{98}=300-30=270$（亿美元），则：

$C_{98}=0.8\times270+20=236$

$C_{99}=0.8\times300+20=260$

根据加速原理，1999年的行政投资为：

$I_{i99}=V(C_{99}-C_{98})=2\times(240-216)=48$

则1999年的总投资为：

$I_{99} = Id + I_{i99} = 40 + 48 = 88$

1999 年的国民收入水平为：

$Y_{99} = C_{99} + I_{99} = 260 + 88 = 348$

同理：$C_{00} = 0.8 \times Y_{99} + 20 = 298.4$

$I_{00} = V \times (C_{00} - C_{99}) + 40 = 2 \times 38.4 + 40 = 116.8$

$Y_{00} = C_{00} + I_{00} = 415.2$

第十三章

二、思考题

7. $\alpha \times K + \beta \times L = 0.25 \times 2\% + 0.75 \times 0.7\% = 0.5\% + 0.525\% = 1.025\%$

又知道产出或收入增长率为 3.1%，则技术进步对经济增长的贡献率为：

$3.1\% - 1.025\% = 2.075\%$

8. 根据 $\Delta Y/Y = \alpha \times \Delta K/K + \beta \times \Delta L/L + \Delta A/A$，又由于技术进步率不变，代入数据：

$0.15 - 0.25\alpha - 0.02\beta = 0.1 - 0.125\alpha - 0.0196\beta$

又因为 $\alpha + \beta = 1$，得出：

$\alpha = 0.4$，$\beta = 0.6$；

再将 α 和 β 代入原公式

$\Delta A/A = 0.038$

15. 根据题意，$s = 1 - \frac{c}{y} = 1 - \frac{700}{1000} = 30\%$，$v = 3$

据哈罗德增长模型基本公式，$G = \frac{s}{v} = \frac{30\%}{3} = 10\%$

所以第二年的增长率应为 10%。

16. 前者：人均资本为 16，人均产出为 4；后者：人均资本为 1，人均产出为 1。

经济的稳态满足：人均资本产出增长率为 0。根据索罗模型：$k = sy - (n + g + t)k$，其中，s 为储蓄率，n 为人口增长率，g 为折旧率，t 为技术进步率。将数值代入即可。

参考文献

[英] 凯恩斯:《就业利息和货币通论》,商务印书馆 1997 年版。

[美] 萨缪尔森、诺德豪斯:《经济学》,华夏出版社 1999 年版。

[美] 斯蒂格利茨:《经济学》,中国人民大学出版社 2000 年版。

[美] 曼昆:《经济学原理》,北京大学出版社 1999 年版。

[美] 曼昆:《宏观经济学》,中国人民大学出版社 2000 年版。

[美] 多恩布什、费希尔:《宏观经济学》,中国人民大学出版社 1997 年版。

[美] 霍尔、泰勒:《宏观经济学》,中国人民大学出版社 2000 年版。

张一驰:《宏观经济分析——理论与政策》,中国经济出版社 1996 年版。

范家骧、王志伟主编:《宏观经济学》,东北财经大学出版社 2003 年版。

尹伯成主编:《西方经济学简明教程》,上海人民出版社 2002 年版。

易纲、海闻:《宏观经济学》,上海人民出版社 2003 年版。

黄亚钧、袁志刚主编:《宏观经济学》,高等教育出版社 2000 年版。

石良平主编:《宏观经济学》,高等教育出版社 2000 年版。

姜波克主编:《国际金融学》,高等教育出版社 2000 年版。

司春林、王安宇:《宏观经济学》,上海财经大学出版社 2002 年版。

刘凡主编:《增长经济学》,湖北人民出版社 2002 年版。

胡振华主编:《宏观经济学》,中南大学出版社 2002 年版。

Olivier Blanchard, Macroeconomics, second edition, 清华大学出版社 2001 年版。

P. Krugman, M. Obsfeld., International Economics—Theory and Policy, Addison Wesley, 1997.